NIEHUES-PRÖBSTING · KYNISMUS — ZYNISMUS

HUMANISTISCHE BIBLIOTHEK

ABHANDLUNGEN · TEXTE · SKRIPTEN

In Verbindung mit dem 'Centro Italiano
di Studi Umanistici e Filosofici' und dem
'Center of Medieval and Renaissance Studies
of Barnard College', Columbia University,
sowie dem 'Institute for Vico Studies'. N. Y.

Herausgegeben von Ernesto Grassi
Redaktion Eckhard Keßler

REIHE I: ABHANDLUNGEN

BAND 40

HEINRICH NIEHUES-PRÖBSTING

Der Kynismus des Diogenes und der Begriff des Zynismus

1979

WILHELM FINK VERLAG MÜNCHEN

ISBN 3-7705-1669-9
D 6

Satz und Druck: Alpha Druck GmbH, München
Buchbindearbeiten: Großbuchbinderei Monheim
Gedruckt mit Unterstützung der Westfälischen Wilhelms-Universität Münster

INHALT

Wenn ich nicht Alexander wäre, wollte ich Diogenes sein.
(Alexander der Große bei Plutarch)

Diogenes konnte in der Tonne leben und war damit zufrieden. Aber er war Philosoph, und das sind wir meistens alle nicht.
(Bundeskanzler Schmidt laut ,Spiegel')

I. *EINLEITUNG*

1. *Die Themenstellung: „Kynismus" – „Zynismus"*

Warum er den Begriff der Ironie im Ausgang von der Sokrates-Gestalt zu erläutern beabsichtigt, begründet Kierkegaard in der Einleitung zu seiner Magisterdissertation mit einer Bemerkung über das dialektische Verhältnis von Begriff und Geschichte; darin legitimiert er die historische Darstellungsweise als eine Methode philosophischer Begriffserörterung mit einem anschaulichen poetischen Bild: „Die Begriffe haben nämlich ebenso wie die Individuen ihre Geschichte und vermögen es ebenso wenig wie diese der Gewalt der Zeit zu widerstehen, aber bei alledem und mit alledem behalten sie gleichwohl eine Art Heimweh nach ihrer Geburtsstätte." Hieraus ergibt sich für Kierkegaard die Notwendigkeit der geschichtlichen Betrachtung bei der philosophischen Erörterung eines Begriffs, auch wenn diese darin nicht aufgehen könne, sondern als eine weitere Dimension das systematische Verständnis erfordere, das das historische sozusagen überhöht: „Ebenso wenig wie nun einerseits die Philosophie gleichgiltig sein kann gegen diese spätere Geschichte des Begriffs, ebenso wenig kann man bei seiner ersten, wenn auch noch so inhaltsreichen Geschichte als solcher stehen bleiben. Die Philosophie erheischt allezeit ein Mehr, heischt das Ewige, das Wahre, dem gegenüber doch sogar das gediegenste Dasein als solches der glückliche Augenblick ist."[1]

Wenn man unter dem Aspekt, unter dem Kierkegaard dem Begriff der Ironie bis zu Sokrates nachgeht, den Begriff des Zynismus in seiner Geschichte zurückverfolgt, so stößt man als auf seine „Geburtsstätte" auf die Gestalt des Proto-

[1] Über den Begriff der Ironie mit ständiger Rücksicht auf Sokrates. Übersetzt von Emanuel Hirsch. Frankfurt a. M. 1976. S. 13.

kynikers Diogenes — auf diejenige skurrile Figur der Philosophiegeschichte, die Platon in einem beziehungs- und aufschlußreichen Bonmot einen „Sokrates mainomenos", einen „verrückt gewordenen Sokrates" genannt haben soll.[2]

Kann der Rückgang auf die Diogenes-Gestalt und den antiken Kynismus Wesentliches zum Verständnis des Zynismus beitragen? Oder entspricht der etymologischen Herkunft des modernen Begriffs aus dem der Antike keine wesentliche Beziehung im Inhalt, so daß eine gemeinsame Untersuchung über beide Begriffe sich lediglich etymologisch, nicht aber von der Sache her rechtfertigen ließe? Verschiedene Äußerungen zu dieser Frage lassen eher das letzte vermuten, und von ihnen will ich vorläufig nur einige als Bedenken zitieren.

„Zynisch ist für uns sehr schlimm: wer gänzlich abgebrüht, hämisch-aggressiv gegen das anderen Heilige sich gemein hinwegsetzt über jede menschliche Regung, wer giftige Angriffe gegen die Scham führt. Die spätsokratischen Straßenprediger, die eine moralische Rückkehr zur Natur lehren und bedürfnislos wie die Hunde (daher κυνικοί Kynikoi) leben und wie diese die Leute mit der schonungslosesten Wahrheit anbellen, würden sich gegen das Prädikat zynisch mit Recht wehren. Ihre Straßenpredigten sind freilich oft sehr stark und nackt, aber nicht — zynisch. Die Kyniker sind eine philosophische Sekte mit einem festen weltanschaulichen Kern, die Zyniker nicht."[3]

Die hier vollzogene Differenzierung geht von einer unterschiedlichen Wertung der beiden Begriffe aus; aber es erscheint fraglich, ob die gegenseitige Absetzung, die dadurch erreicht wird, in dieser Weise und uneingeschränkt haltbar ist. Zwar tragen „zynisch", „Zyniker" und „Zynismus" in der umgangssprachlichen Verwendung zumeist einen sehr negativen Akzent, die Worte werden überwiegend in polemischer Absicht und zum Zweck starker Vorwürfe gebraucht. Doch gibt es daneben immer wieder Bemühungen, sie wertfrei oder sogar positiv zu definie-

---

[2] „Plato äußerte, wie man sagt, öfters, Diogenes sey ein rasender Sokrates." Claudius Aelianus. Vermischte Nachrichten 14,33. Übersetzt von Ephorus Dr. Wunderlich. In: Werke. Drittes Bändchen. Stuttgart 1839. S. 327. — Bei Diogenes Laertius VI 54 steht in der Übersetzung Otto Apelts (Leben und Meinungen berühmter Philosophen. Hrsg. von Klaus Reich. Hamburg [2]1967): „Auf die Frage, die einer an ihn richtete: ‚Wie denkst du, Diogenes, über Sokrates?' antwortete er: ‚Er war nicht recht bei Sinnen.' " Schon Menagius in seiner kritischen Ausgabe von 1664 erkannte dies als Einschub, der in den Haupthandschriften fehlt; nach K. Reichs textkritischer Anmerkung sollte die Stelle im Sinne der Aelian-Überlieferung korrigiert werden. Aber sinnvoll ist der Einschub, selbst wenn er auf einer faschen Lesart beruhen sollte. Denn der idealistische platonische Sokrates muß in den Augen des Diogenes ebenso verrückt erscheinen wie dieser in der Perspektive Platons. Könnte nicht ein später Leser des Diogenes Laertius diese Kritik am kanonisierten Sokrates Platons bewußt dem Diogenes in den Mund gelegt haben?

[3] Franz Dornseiff. Die griechischen Wörter im Deutschen. Berlin 1950. S. 75 (11.63, Menschenhaß).

ren; der Zynismus, so heißt es zum Beispiel, sei „die Grundlage einer Philosophie von höchstem Rang", und es besage nichts über „das Wesentliche der zynischen Einstellung" und nichts gegen sie, daß sie praktisch oft in einer „Haltung der aggressiven Skeptik" erstarre und dadurch in Manier oder gar Pose übergehe.[4] – Andererseits ist in der Antike der Kynismus ein seinem Wert nach umstrittenes Phänomen und wird keineswegs so eindeutig positiv gesehen, wie es aufgrund der zitierten Abgrenzung vom Zynismus erscheinen könnte. „Dann gibt es in der Stadt eine nicht unbedeutende Zahl von sogenannten Kynikern, und wie bei allem anderen ist auch bei ihnen der Zulauf gewaltig – ein gemeinsames Bastardgeschlecht von Menschen, die sozusagen nichts wissen und nichts zum Leben haben. An Kreuzungen, engen Winkeln und Tempeltüren sammeln sie Straßenjungen, Seeleute und dergleichen Volk um sich und machen ihnen etwas vor, reißen eine Posse und einen Witz nach dem anderen und tischen ihnen die bekannten Antworten auf, die auf dem Markt zu haben sind. Etwas Gutes kommt dabei natürlich nicht heraus, nur das größtmögliche Übel: Sie gewöhnen die urteilslose Menge daran, über die Philosophen zu lachen, wie wenn jemand die Kinder daran gewöhnen wollte, ihre Lehrer zu verachten, und statt der Menge ihre Einbildungen zu nehmen, wird sie von ihnen darin noch bestärkt."[5] Zahlreiche ähnliche und schärfer formulierte abfällige Äußerungen finden sich nicht nur bei Dion Chrysostomos, sondern auch bei Epiktet, Lukian und dem Kaiser Julian, um nur die wichtigsten zu nennen, die kynische Erscheinungen ihrer Zeit – der ersten nachchristlichen Jahrhunderte – kritisieren und ihnen ihre eigenen, jeweils wieder verschiedenen Auffassungen eines wahren und positiv verstandenen Kynismus entgegenhalten. Die Bezeichnung „Kyniker" oszilliert in der Antike zwischen Schimpfwort und philosophischem Ehrentitel; daher kann die Wertung kein eindeutiges und entscheidendes Differenzierungsmerkmal zum modernen Zynismusbegriff hergeben.

Bei Paul Tillich findet sich folgende Unterscheidung. Er will den Zynismus als „eine unschöpferische existentialistische Haltung" begreifen und konstatiert bei dieser Definition, daß wer heute ein Zyniker genannt werde, es nicht mehr in dem gleichen Sinne sei, „in dem die Griechen dieses Wort gebrauchten."[6] – Tillichs Original ist in englischer Sprache verfaßt, die die orthographische Unterscheidung zwischen „Kyniker" und „Zyniker" nicht kennt; diese ist eine Eigentümlichkeit des Deutschen und hat sich darin auch erst im 19. Jahrhundert herausgebildet.

---

4 Otto Flake. Pandämonium. Eine Philosophie des Identischen. München 1921. S. 251 f.

5 Dion Chrysostomos 32,9. In: Sämtliche Reden. Eingeleitet, übersetzt und erläutert von Winfried Elliger. Zürich und Stuttgart 1967. S. 422.

6 Der Mut zum Sein. Stuttgart 1953. S. 110 – Übersetzung der amerikanischen Originalausgabe ‚The Courage to be' (1952) von Gertie Siemsen.

Tillich spricht also von dem einen Wort „cynic". — Die Griechen, so fährt er fort, hätten in einem Zyniker einen „Kritiker der zeitgenössischen Kultur auf der Basis der Vernunft und des Naturgesetzes" gesehen: „er war ein revolutionärer Rationalist, ein Schüler des Sokrates." Mit dieser Einschätzung des Kynikers hätte sich Tillich gut auf Jacob Bernays berufen können, der den Kynismus als eine Ausrichtung praktischer Philosophie dargestellt hat, die durchgängig in den acht Jahrhunderten vom Beginn des Hellenismus bis in die byzantinische Zeit lebendig gewesen sei; sie sei „in ihren edelsten Vertretern nie etwas Anderes gewesen, als ein praktischer Protest Einzelner gegen die Leiden, Thorheiten und Sünden einer in entseelten Formen erstarrten, dem Untergang geweihten Civilisation und ein Versuch, aus dem allgemeinen Schiffbruch die Freiheit des Individuums zu retten."[7]

Den modernen Zyniker beschreibt Tillich im Unterschied zum Kyniker ausschließlich als ein Phänomen der Negation, das sich allein von seinen Verneinungen und von seinem Mangel aus bestimmen läßt: er akzeptiert keinen Lehrer, nicht den Glauben an die Vernunft, kein Wertsystem, kein Kriterium der Wahrheit, keine Antwort auf die Sinnfrage; er versucht, jede Norm zu untergraben und lehnt jede Lösung ab, die seine Freiheit der Negation beeinträchtigt. Sein Mut bleibt unschöpferisch. „Die Zyniker sind einsam, obwohl sie die Gesellschaft brauchen, um ihre Einsamkeit zeigen zu können. Sie kennen keine vorläufigen Sinnbezüge und auch keinen letzten Sinn und werden daher leicht Opfer der neurotischen Angst. Viel zwanghafte Selbstbejahung und viel fanatische Selbstaufgabe sind Ausdrucksformen des nichtschöpferischen Mutes man selbst zu sein."

Auf diesen Zynismusbegriff und seine Unterscheidung vom Kynismus der Antike rekurriert Iring Fetscher zu Anfang eines Aufsatzes ‚Reflexionen über den Zynismus als Krankheit unserer Zeit'[8]; und er ergänzt die zitierten Ausführungen Tillichs durch den Zusatz, man könne die Differenz „zwischen dem antiken und dem zeitgenössischen Zynismus auch so definieren, daß man sagt, jener habe die Autonomie eines vernünftig-sittlichen Individuums, dieser aber die des nur noch vital definierten Ich postuliert, für das alle intellektuellen Fähigkeiten nur ‚Mittel' animalischer Selbstbehauptung und Lustmaximierung sind." Der Kynismus also ein gewisser Idealismus der Persönlichkeit, der Zynismus dagegen animalische Selbstbehauptung?

Um auch diese Unterscheidung ein wenig infrage zu stellen, möchte ich sie mit der zeitgenössischen Interpretation der Diogenes-Gestalt bei Klaus Heinrich kon-

---

[7] Lucian und die Kyniker. Mit einer Übersetzung der Schrift Lucians ‚Über das Lebensende des Peregrinus'. Berlin 1879. S. 25.

[8] In: Denken im Schatten des Nihilismus. Festschrift für Wilhelm Weischedel. Hrsg. von Alexander Schwan. Darmstadt 1975. S. 334-345. — Hier: S. 334.

frontieren.[9] Dabei wird sich zeigen, daß eben das für Fetscher konstitutive Merkmal des Zynismus, die tendenzielle Finalisierung und Verabsolutierung der animalischen Selbstbehauptung, eine Entsprechung in der kynischen „Askese" findet. Wenn diese Verbindung auf den ersten Blick befremdlich erscheint, so liegt das an dem Bedeutungswandel, den der Askesebegriff durch das Christentum erfahren hat; denn die christliche Askese ist mit einer metaphysisch-religiösen Zwecksetzung verbunden, die die kynische nicht kennt. An einigen zentralen Diogenes-Anekdoten demonstriert Heinrich das fundamentale Prinzip des Kynismus, den Standpunkt des Protokynikers Diogenes: die „Reduktion der Existenz auf einen animalischen Kern" zum Zweck der Selbstbehauptung. Der Kyniker beschränkt seine Bedürfnisse auf das „animalische Minimum", um dem Schicksal möglichst wenig Angriffsfläche zu bieten; in der Beschränkung macht er sich klein, um unter ihm gleichsam hinwegzugleiten. Das wird aufgrund der Schwächung der Polis und des Zerfalls ihrer Ordnung notwendig, da nämlich nicht mehr sie den Einzelnen gegen das Schicksal als den Inbegriff aller Existenzbedrohungen ausreichend abschirmt und damit nicht mehr die notwendigen Bedingungen seiner Selbstverwirklichung gewährleistet. Diogenes rekurriert auf die „animalische Selbstbehauptung" als das Fundament der Selbstverwirklichung, und diese geht bei ihm in jener nahezu auf. Die auf Animalität reduzierte kynische Existenz stellt sich bewußt in die Öffentlichkeit, um die Schwäche der Polis und ihrer Institutionen zu demonstrieren. So gerät sie zur Provokation; sie ist ein „existentialistischer Protest gegenüber allen Bewegungen, die sie um ihre Selbstverwirklichung betrügen."[10]

Heinrichs Intention in der Abhandlung ‚Antike Kyniker und Zynismus in der Gegenwart' besteht darin, durch eine Konfrontation der Diogenes-Gestalt mit den Erscheinungsweisen des zeitgenössischen Zynismus „Aufschluß zu erhalten über die veränderte Funktion, die der Begriff in einer veränderten Situation erhalten mußte." Sein methodischer Ansatz fußt auf der Annahme eines wesentlichen tertium comparationis: beide Begriffe, der antike wie der moderne, bezeichnen Formen der Selbstbehauptung. Auf dem Hintergrund dieser grundlegenden Gemeinsamkeit differenziert Heinrich dann: der antike Kynismus entstand in einer bestimmten historischen Situation, als Reaktion nämlich auf den Zerfallsprozeß der Polis. Der Zynismus dagegen – so Heinrich – erscheint eher als eine Form intellektueller Selbstbehauptung angesichts einer „allgemeinen Sinnlosigkeit", aus der die „die Existenz bedrohende Angst in unserer Situation" herrühre.

---

9 Antike Kyniker und Zynismus in der Gegenwart. In: Parmenides und Jona. Vier Studien über das Verhältnis von Philosophie und Mythologie. Frankfurt a. M. 1966. S. 129-156.

10 A.a.O. S. 142.

Heinrich beruft sich mit seiner Interpretation der Diogenes-Gestalt und des Kynismus auf die Monographie ‚A History of Cynicism' von Donald R. Dudley;[11] über ihn urteilt er, Dudley habe den Kynismus auf dem Hintergrund seiner Zeit „am eindringlichsten – d. h. ohne die Aussparung seiner dunklen Züge – dargestellt." Das zielt auf eine lange und einflußreiche, schon in der Antike begründete Tradition der Idealisierung der Diogenes-Gestalt. In ihr sind die „dunklen Züge" – was damit konkret gemeint ist, wird später noch deutlich werden – übergangen, wegdiskutiert oder zumindest abgeschwächt; eine solche Aufhellung hatte gewöhnlich auch eine Verharmlosung des Protokynikers zur Folge. Dieser Tradition gehören etwa im 18. Jahrhundert der Diogenes-Roman Wielands an, im 19. Goettlings Portrait des Protokynikers und – wenn auch weniger ausgeprägt – im frühen 20. dasjenige von Eduard Schwartz, um nur drei der wichtigsten Autoren zu nennen, die das Diogenes-Bild der neueren Zeit mitgeprägt haben.[12] Nun ist allerdings auch Dudley's Monographie nicht frei von Einseitigkeiten, die die Darstellung des Kynismus, die er liefert, im ganzen zu undifferenziert erscheinen lassen. Dudley behandelt den Kynismus weniger unter philosophie- als vielmehr unter sozialgeschichtlichem Aspekt; in seiner Sicht erscheint er primär als eine soziale Bewegung, eine historisch-soziologisch zu erklärende praktische Lebensweise und nicht als eine Philosophie mit einem theoretischen Hintergrund und einer Tradition theoretischer Lehrsätze. Viel Wert legt Dudley darauf, Diogenes von Sinope als den ersten und zugleich exemplarischen Kyniker herauszustellen, weil bei ihm der Kynismus am reinsten eine bloße Lebensweise repräsentiere. Damit weicht er von der traditionellen Auffassung ab, die den Sokratiker Antisthenes, der ein philosophischer Autor und theoretischer Philosoph war, wenigstens als einen Mitbegründer zur kynischen Schule rechnete. Daß der angebliche Antisthenes-Schüler Diogenes deren eigentlicher Begründer und daher der wahre Protokyniker sei, hat in der Tradition, die es nicht so genau nahm, daneben auch gegolten; nur wird dies in einer bestimmten Richtung innerhalb der Geschichtsschreibung der Philosophie neuerdings stärker betont und mit dem Ausschluß des Antisthenes verbunden. Dudley verwendet besondere Mühe darauf nachzuweisen, daß aus rein zeitlichen Gründen Diogenes nicht wie überliefert mit Antisthenes in Kontakt treten und sein Schü-

---

11 London 1937. Reprografischer Nachdruck Hildesheim 1967.

12 Christoph Martin Wieland. Σωκρατης μαινομενος oder die Dialogen des Diogenes von Sinope. Leipzig 1770. Später von Wieland in ‚Nachlaß des Diogenes von Sinope. Aus einer alten Handschrift' umgetitelt.
C. W. Goettling. Diogenes der Cyniker oder die Philosophie des griechischen Proletariats. In: Gesammelte Abhandlungen aus dem classischen Alterthume. 1. Band. Halle 1851. S. 251-277. Eduard Schwartz. Diogenes der Hund und Krates der Kyniker. In: Charakterköpfe aus der Antike. Hrsg. von Johannes Stroux. 2. Auflage der Neuausgabe. Leipzig 1943. S. 116-135.

ler werden konnte; dabei wird allerdings die historische Tragfähigkeit der Fakten, auf die Dudley sich stützt, manchmal ein wenig überstrapaziert. — Diese historische Problematik wird später noch ausführlicher zu besprechen sein.

In Dudley's primär sozialgeschichtlich ausgerichtetem Verständnis kommt nun ein wichtiger Aspekt zu kurz: der literarische. Denn der Kynismus hat nicht nur eine praktische, sondern auch eine literarische Seite — dies bewußt zunächst so vage formuliert —, und daher hat aus philologischer Sicht K. von Fritz in einer Rezension kritisch vermerkt, daß Dudley weniger interessiert sei an dem Einfluß, den der Kynismus auf die Entwicklung bestimmter literarischer Gattungen genommen habe.[13] Mit dieser Vernachlässigung hängt zusammen, daß die vornehmlich literarischen Qualitäten des Kynismus wie Witz, Parodie und Satire bei Dudley eine untergeordnete Rolle spielen. Das wiederum wird K. Heinrich beeinflußt haben, der in seiner Interpretation der Diogenes-Anekdoten deren Witz überhaupt nicht für die Deutung thematisiert; vielmehr schiebt er das als einen nicht authentischen Zug der Diogenes-Gestalt beiseite: „Dieser Mann war weder ein prahlerischer Spaßmacher noch ein abgeklärter Weiser, wozu ihn eine platonische Tradition einerseits und eine stoische Tradition andererseits erklären. Er war vielmehr ein Opfer und ein Kritiker seiner Zeit."[14] Genau betrachtet aber gibt es kein absolut zuverlässiges Kriterium für diese Unterscheidung zwischen einem durch verschiedene Traditionen fälschlich stilisierten und dem historisch echten Diogenes. Die Diogenes-Gestalt ist — mit einer Formulierung Blumenbergs über den Mythos — immer schon in Rezeption übergegangen. Wenigstens für ihre Nachwelt repräsentiert sie sowohl den Narren — den Spaßmacher und Spötter — als auch den Weisen und Philosophen; in dieser Janusköpfigkeit hat sie als Prototyp des Kynikers bis in die Neuzeit hinein eine vielschichtige Rezeptionsgeschichte erlebt.

Dabei hätte K. Heinrich die witzige „Schlagfertigkeit" des Kynikers, wie sie in den Diogenes-Anekdoten so anschaulich zum Ausdruck kommt, vorzüglich als Phänomen der Selbstbehauptung verstehen und darüber hinaus im Witz ein zweites wichtiges Verbindungsglied zum modernen Zynismusbegriff finden können. Daß gerade der Witz der Kynikeranekdoten zum Begriff des Zynismus führe, konstatiert Karl Joël, wenn er es ablehnt, aus ihnen den authentischen antiken Kynismus zu rekonstruieren; er räumt ein, daß er mit seiner eigenen historischen Theorie darüber im Gegensatz stehe zu „fast der gesamten Anschauung, die nun einmal in den Kynikern zu sehr die Zyniker, die Clowns der Straße sah, all jene Anekdoten für bare Münze nahm". Damit meint er primär die bedeutsamsten und rezeptionsgeschichtlich wirkungsvollsten dieser Anekdo-

[13] In: Mind. A quarterly Review of Psychology and Philosophy. Vol. XLVII. London 1938. S. 390-392.

[14] A.a.O. S. 134.

ten, eben die über Diogenes, „die der Fluch des Kynikers geworden [sind], die ihn schließlich zum Zyniker verzerrten." Die Kynikeranekdoten, so gesteht Joël zu, „drängen natürlich als Anekdoten, als satirische Schläger nach der ‚zynischen' Seite, auf Befreiung, denn Lachen befreit."[15]

Resümiert man diesen ersten Versuch, auf die Ausgangsfrage zu antworten, ob der Rückgang auf die Diogenes-Gestalt heute noch zum Verständnis des Zynismusbegriffs beitragen könne, so ergeben sich zwei Anhaltspunkte für inhaltliche Beziehungen: die Reduktion des Menschen auf Animalität sowie Witz und Lachen. Aufgrund dieser beiden Momente ist der antike Kynismus offensichtlich für den modernen Begriff des Zynismus prädisponiert.

2. *Der Begriff des Kynismus*

Ein bestimmter Begriff des Kynismus zumindest, wird man vielleicht einschränkend hinzufügen müssen. Denn schon in den bisher zitierten Äußerungen sind erhebliche Differenzen in der Auffassung dieses antiken Phänomens angeklungen; nicht zuletzt ihretwegen sind die Bestimmungen über das Verhältnis der beiden zur Erörterung stehenden Begriffe oft widersprüchlich und unklar. Daher wird es notwendig sein, die wichtigsten historischen Theorien zum Kynismus zu sichten, ohne daß hier endgültig zwischen ihnen entschieden werden soll.

Welche geschichtlichen Phänomene sich exakt dahinter verborgen, darüber sind heute in vieler Hinsicht nur noch Hypothesen und indirekte Erschließungen möglich. Vor diesem Hintergrund ist eine Fußnote von Olof Gigon zu lesen, die wörtlich verstanden ein vernichtendes Urteil über den historischen Erkenntniswert sämtlicher vorliegender Forschungen zum Kynismus darstellt. „In die Nachbarschaft der Stoiker nach historischer Filiation wie z. T. nach ihrem Temperament gehören die Kyniker. Ihre eigene Geschichte ist freilich noch völlig ungeklärt." Am Schluß der Anmerkung urteilt Gigon über die geschichtliche Bedeutung des Kynismus, sie sei „immer bescheiden und sein Einfluß auf das Christentum sehr gering gewesen."[16] Auch zu dieser Einschätzung gibt es das völlige Gegenteil; die Fußnote liest sich wie eine direkte Erwiderung auf Einleitung und Schluß des schon zitierten und gut sechzig Jahre vor Gigons Text erschienenen Aufsatzes von Karl Joël ‚Die Auffassung der kynischen Sokratik'. Joël beginnt: „Es wird mir immer deutlicher, daß unser Verständnis des klassisch antiken Gei-

[15] Die Auffassung der kynischen Sokratik. In: Archiv für Geschichte der Philosophie. Bd. 20. Berlin 1906. S. 1-24 und S. 145-170. — Hier: S. 147 und 146.

[16] Die antike Kultur und das Christentum. Gütersloh 1966. S. 60 f.

stes sehr wesentlich hängt am Verständnis des Kynismus, nicht etwa weil der Kynismus das Zentrum jenes Geistes bildet, sondern weil er es gerade nicht bildet, wohl aber z. T. fremdartig hineingreift in diese Zentralsphäre, in der Sokrates und Platon stehen." Und er schließt damit, daß er den Kynismus als den „Vorläufer der römisch-christlichen Welt" im klassischen Griechenland aufbaut; „mitten in der Blüte hellenischer Klassik, unmittelbar an den Erzhellenen Sokrates und vis-à-vis dem Erzhellenen Platon setzt sich im Kynismus noch klein und schwach ein Neues und Fremdes an, das spät zum Sieg kommt und das wir erkennen müssen, um Hellas rein zu scheiden von all der Welt, die nach ihm kommt."[17] Das mag vielleicht wie so manches bei Joël exaltiert und überzogen sein. Aber es ist nicht gänzlich aus der Luft gegriffen und ist auch nicht die einzige Einschätzung, die dem Kynismus eine solch große Bedeutung und Wirkungspotenz beimißt; ich werde gleich noch eine weitere zitieren. Jedenfalls findet man bei Joël einen sehr hilfreichen Fingerzeig, wie man den Kynismus erklären kann; ich möchte das aufgreifen und ihn — wenn auch nicht konkret im Sinne Joëls — verstehen als die notwendige Ergänzung und Kehrseite des Platonismus; als respektlose Randglosse dazu, deren Konjektur zu machen wäre, und als Satyrspiel zum erhabenen platonischen Idealismus; als dessen „verrückte" Entsprechung — so wie angeblich Platon in Diogenes den „verrückt gewordenen Sokrates" erblickte.

Die Schwierigkeiten, die der Kynismus dem historischen Verständnis bietet, fangen bei der Etymologie seines Namens an; ja sie lassen sich daran fast exemplarisch aufzeigen. Denn es gibt schon in der Antike darüber zwei verschiedene Erklärungen.[18] Die eine leitet ihn von dem Gymnasion Kynosarges ab, und danach wäre der Begründer des Kynismus derjenige, der an diesem Ort als erster seinen philosophischen Unterricht erteilte. Das war nach antiker Überlieferung Antisthenes.

Antisthenes war Sophist und Sokratiker; die anekdotische Überlieferung läßt ihn durch eine Art Bekehrung vom Gorgias- zum Sokrates-Schüler werden. Es sei dahingestellt, ob dies historisches Faktum ist oder später durch den schlechten Ruf der Sophistik evoziert wurde, wodurch Sokrates und die Sophisten in einen unvereinbaren Gegensatz gerieten, so daß es unerklärlich wurde, daß jemand gleichzeitig beides, Sokrates-Schüler und Sophist sein konnte. In jüngster Zeit hat Antisthenes die vielleicht gewichtigste Beachtung bei Arnold Gehlen gefun-

---

[17] A.a.O. S. 1 und 170.

[18] Zur Etymologie vgl. u. a.: R. Helm. Art. ‚Kynismus' in: Paulys Real-Encyclopädie der classischen Altertumswissenschaft. 23. Halbband. Stuttgart 1924. Sp. 3. — Wegen der Fülle antiker Belegstellen und der ausführlichen Darstellung der Überlieferung zum Kynosarges noch immer hilfreich: Jacob Bruckers, Kurtze Fragen Aus der Philosophischen Historie, Von Anfang der Welt, Biß auf die Geburt Christi. Erster Theil. Ulm 1731. S. 899-902.

den, der ihm das erste Kapitel von ‚Moral und Hypermoral'[19] widmete; darin wird seine auch nach Gehlen „kynische" Ethik gleichsam exemplarisch und auf diese Weise aktualisiert als ein historisches Beispiel „ethischer Neuorientierung" rekonstruiert: In der sich abzeichnenden Krise der Polis nach dem peloponnesischen Krieg propagiert Antisthenes den Rückzug in die Sphäre des Individuums und in den Naturzustand. „Sein Kynismus drückte zunächst den Überdruß eines Mannes aus, der sich aus den verwahrlosten und verkommenen Zuständen einer widerlegten, an Überanstrengung verendeten Gesellschaft als einzelner herauszuwinden sucht, dabei nach Möglichkeit Ballast abgibt und glaubt, sich als Person zu behaupten, wenn er die Fäden abschneidet, die ihn an seine eigenen alten Entschlüsse und an die gemeinsame trostlose Geschichte binden. Von dieser Bewegung des Imstichlassens ist eine gewisse Primitivisierung unabtrennbar, und gerade sie nahm dieser entschlossene Denker auch noch in sein Programm hinein."[20] Kynismus bedeutet für Gehlen primär „die Endgültigkeit der Ichbetonung", das Sich-Entziehen aus der „Inpflichtnahme" – und damit unvermeidbar verbunden eine Annäherung an den „Pöbel" –, „die große Entlastung aus der Verantwortung". Aber daran knüpfen sich bei Antisthenes weitere Merkmale an: die weitschauende Voraussicht auf die kommende Herrschaft der Monarchie – Gehlen entnimmt den überlieferten Titeln zweier antisthenischer Schriften, daß er Dialoge über das Königtum schrieb; der Kosmopolitismus, der sich konsequent aus der Isolierung des Einzelnen, seiner Loslösung aus der Polis ergibt, weil dieser seine Heimat jetzt überall und nirgendwo hat, – und daraus folgend wiederum der Monotheismus. „Das war der rationalistische Systemabschluß – Gott der Philosophen, doch empfand man wohl schon den inneren Zusammenhang: Ein Gott, ein Weltreich, ein König."

Gehlen sieht Antisthenes und Diogenes, den er hier mehrfach einflicht, als typische „Intellektuelle" – und das ist bei ihm ein zwiespältiges Prädikat –, die früh die politischen Zeichen der Zeit erkennen, sie scharfsinnig deuten und realistisch-pragmatisch darauf reagieren. Sie gehen in Opposition zu der alten, noch bestehenden Ordnung, von der sie wissen, daß sie dem Untergang geweiht ist; aber sie flüchten sich nicht wie etwa Platon in die Utopie. Ihr Haß auf das Alte trübt nicht ihren Blick für die Realität und die nahe Zukunft, sie orientieren sich an dem, was bald Realität sein wird. Anders als Platon denkt Antisthenes „von den Regierten her, und dies in einer überaus geistvollen Kombination von Motiven." Er konzipiert nämlich die kynische Ethik in der Erwartung der Monarchie als der zukunftsträchtigen Regierungsform; denn der rigorose Individualismus läßt sich durchaus mit der Macht des Königtums vereinbaren. Den kommenden Herrschern – den makedonischen Königen – ist das egozentrische

[19] Frankfurt a. M. 1969.
[20] A.a.O. S. 14.

und isolierte Individuum ein willkommenes, weil leichtes Objekt der Unterwerfung. „Wenn man sich dann noch so klein machte, daß diese Kolosse unterlaufen werden konnten, indem man auf alle mehr als primitiven Ansprüche verzichtete, dann hatte der Philosoph gewonnen: Die Realität honoriert und doch ein Asyl gefunden, eine radikale Moral verkörpert und sich doch geistig behauptet, Endgültigkeit vertreten und doch die Zukunft offen gehalten." — Immer wieder läßt Gehlen bei der Beschreibung des Antisthenes Raum für Assoziationen auf ein zeitgenössisches Intellektuellentum hin. — Aus dem Arrangement mit der Macht ergibt sich wie von selbst, daß der Kyniker als „Seelenlenker und Guru" in die Rolle des philosophischen Beraters des Königs gerät. Und er bietet dem Herrscher zur Interpretation und Legitimation der Macht ein überaus erfolgreiches wie ebenso wirkungsvolles Symbol des Königtums an: das des Völkerhirten. In ihm sind sowohl die Interessen des Herrschers wie die der entpolitisierten Massen aufgehoben: „Dieser Topos verspricht unten geschützten Frieden, fette Weiden und scherbare Wolle, oben leichtes Regieren." Darüber hinaus stecke in dem Symbol ansatzweise eine „verharmlosende Anthropologie", die bei den Kynikern zuerst begegne und die damals wie heute Klugheit nicht ausschließe: die Annahme, der Mensch sei gut.

Das Maß an Bedeutung und historischer Tragweite, das Gehlen Antisthenes und dem Kynismus zuschreibt, steht dem von Joël dazu Gesagten keineswegs nach. Gehlen verleiht nämlich seiner Überzeugung Ausdruck, daß die Stoa zunächst nichts anderes gewesen sei „als eine entproletarisierte und womöglich noch bewußter politische Variante des Kynismus"; er beruft sich dabei auf die Äußerung des Diogenes Laertius, der zu Antisthenes überliefert, er habe „auch als der geistige Urheber der so überaus mannhaften Sekte der Stoiker" gegolten.[21] Diese Verbindung war in der Antike durch eine Art philosophischer Genealogie abgesichert; Zenon war Schüler des Krates, Krates Schüler des Diogenes, Diogenes Schüler des Antisthenes, und dieser kam von Sokrates her. Aber solche Stammbäume, die alle nachsokratischen Schulen zuletzt auf Sokrates zurückführen, sind nach ihrer historischen Seite hin mit Zurückhaltung zu rezipieren.[22]

Unter dem Aspekt, daß er die Stoa vorbereitete und ihr die entscheidenden Impulse gab, wird dann allerdings verständlich und bedenkenswert, wenn Gehlen abschließend resümiert, man müsse alles in allem „den Antisthenes unter die großen politischen Denker rechnen; sein geschichtlicher Einfluß war, über die Stoa geleitet, weit machtvoller als der platonische, der im wesentlichen bücherhaft blieb. Sein Thema war die Eroberung des Eroberers, vom Intellekt und einem neuen, schwer widerlegbaren Ethos her. Graecia capta ferum victorem ce-

---

[21] Diogenes Laertius VI 14.

[22] Vgl. dazu: D. R. Dudley. A.a.O. S. 2-6. K. Heinrich. A.a.O. S. 132 f.

pit: wenn das gefangene Griechenland den wilden Sieger überwand, wie Horaz meinte, so gab Antisthenes dazu den ersten Entwurf."[23]

Gehlen hat noch an anderer Stelle das „Ethos" der Kyniker in einem Atemzug mit dem der Stoiker genannt und den Grundgedanken beider: die Bewahrung der persönlichen Handlungsfreiheit, die Selbstbehauptung der Individualität durch reflektierte Gegenbewegung gegen das allgemeine Schicksal aus den historischen Umständen erklärt: Die politischen und kulturellen Entwicklungen im Hellenismus — die „endlosen Siege und Niederlagen" und infolgedessen „Kulturüberschwemmungen und Kulturunterwanderungen" — drohten die Vorstellung illusionär zu machen, daß der Mensch „ein Täter sei". Doch habe man diese Überzeugung nicht aufgegeben, „sondern das Tätertum auf die eigene Umgestaltung verwendet: der wache Denkende hat aus sich eine Gegenfigur der bestehenden Verhältnisse herausgearbeitet. Die Stoiker oder Kyniker waren plastische Gestalten, die zeigten, wie man dem Chaos der Umstände dennoch eine Freiheit des Handelns gegenüberstellen konnte, jetzt aber gerichtet auf die Herausarbeitung der eigenen Unberührbarkeit von den Ereignissen und Schicksalen." Gehlen stellt in diesem Kontext, wenn auch eher assoziativ als historisch deduktiv, einen Zusammenhang mit neuzeitlichem Zynismus her: „Daß es die stoische Geste nicht mehr gibt, und auch keine aggressive zynische Literatur, nicht einmal in England" — zu denken wäre dabei etwa an Mandeville —, „das zeigt, wie die Reserven der Indignation schon erschöpft sind, sie haben dem Mißmut des Kostgängers der bestehenden Verhältnisse Platz gemacht."[24] Sieht Gehlen vielleicht insgeheim sich selbst in dieser von ihm als zusammenhängend skizzierten Tradition von Kynismus, Stoizismus und Zynismus, deren Aussterben er beklagt? Das Prädikat „Zynismus" ist ihm nicht selten angehängt worden, und zwar sowohl als Vorwurf wie auch als Auszeichnung, von links wie von rechts; von „stärkendem Zynismus" etwa wird in einer Rezension zu ‚Moral und Hypermoral' gesprochen.[25]

Nun werden allerdings in der neueren Geschichtsschreibung der Philosophie vermehrt Bedenken geltend gemacht, die sophistisch-sokratische Ethik des Antisthenes schon zum Kynismus zu rechnen. So ist zum Beispiel die Hypothese aufgestellt worden, die Ableitung der Bezeichnung „Kynismus" von „Kynosarges" sei eine spätere Analogiebildung zur Benennung philosophischer Schulen wie der Akademie oder der Stoa, die sich ihren Namen nach ihrem Versammlungsort gaben.[26] Dahinter könnte das Interesse stehen, den Kynismus zu einer regelrechten

[23] A.a.O. S. 21.

[24] Studien zur Anthropologie und Soziologie. Neuwied und Berlin 1963. S. 330.

[25] Vgl. den Klappentext von ‚Der Mensch. Seine Natur und seine Stellung in der Welt.' Frankfurt a. M. ^{10}1974.

[26] Kurt von Fritz. Quellenuntersuchungen zu Leben und Philosophie des Diogenes von Sinope (Philologus. Supplementband XVIII, Heft II). Leipzig 1926. S. 47 f.

Schule aufzuwerten, die er ursprünglich vielleicht gar nicht war, und für dieses Interesse wiederum bestehen verschiedene Erklärungsmöglichkeiten; etwa darin, daß die Kyniker der römischen Kaiserzeit, die eine Art Sekte bildeten, deren Zusammenhang jedoch mit dem hellenistischen Kynismus ziemlich unklar ist, in ihr Vorbild eine Schulorganisation gleichsam hineinprojizierten. Ich will hier zunächst nur die äußerlichen Gründe für eine Abtrennung des Antisthenes vom Kynismus aufzählen: Rein sprachlich ist die Ableitung von „Kynosarges", wie der Philologe von Fritz feststellt, unwahrscheinlich. Außerdem existiert keine Überlieferung, nach der spätere Kyniker — d. h. nach Antisthenes — irgendwie in Verbindung mit diesem Gymnasion stehen; dagegen werden die Anhänger des Antisthenes noch bei Aristoteles „Antistheneer" genannt.

Schließlich gibt es in der Antike die sprachlich einleuchtende Ableitung des Namens „Kyniker" von „Kyon", „Hund"; danach müßte als der erste Kyniker derjenige Philosoph gelten, der als erster den Beinamen „Hund" führte. Aber auch in dieser Hinsicht ist von der vorhandenen Überlieferung keine absolut eindeutige Auskunft zu erhalten. Diogenes Laertius schreibt, daß Antisthenes als „Haplokyon" (schlechtweg Hund) und Aristipp von Diogenes als ein „königlicher Hund" bezeichnet worden seien.[27] Aber da er in beiden Fällen seine Quellen nicht angibt, ist der Ursprung dieser beiden Mitteilungen historisch nicht fixierbar. Außerdem scheint die Benennung „Hund" damals — wie heute — ein verbreitetes Schimpfwort gewesen zu sein.

Am häufigsten aber fällt der Name in Beziehung auf Diogenes; deswegen und weil er in mehreren Überlieferungen diese Bezeichnung für sich akzeptiert, gilt er allgemein als der Protokyniker und der „Hund" schlechthin. Theodor Gomperz bezieht in seiner Darstellung der Kyniker den Antisthenes zwar mit ein, meint jedoch, man könne Diogenes „den Vater des praktischen Kynismus" nennen.[28] In dieser Richtung geht Eduard Schwartz noch weiter; er behauptet nämlich, daß die antike Theorie Antisthenes zu Unrecht „zum Stifter der kynischen Sekte" gemacht habe; „vor Diogenes konnte es keine Kyniker geben, und das, was für ihn das Wesentliche war, hat er weder von Antisthenes noch von irgend jemand gelernt. Aber manche Gedanken mag er von dem sophistischen Sokratiker übernommen haben."[29] Daß Dudley in seiner ‚History of Cynicism' deutlich die Position dieser Theorie bezieht, geht allein schon aus dem programmatischen Untertitel der Monographie hervor: ‚From Diogenes to the 6th Century A. D.' Ich habe bereits erwähnt, daß er versucht, die These vom Beginn des Kynismus bei Diogenes zu untermauern, indem er die Unmöglichkeit eines persönlichen Schüler-Lehrer-Verhältnisses zwischen ihm und Antisthenes meint nachweisen zu kön-

---

27 Diogenes Laertius VI 13; II 66.
28 Griechische Denker. 2. Bd. Berlin und Leipzig ²1903. S. 127.
29 A.a.O. S. 123 f.

nen. Dieser Position wird man auch die zwar materialreiche, aber ansonsten in fast jeder Hinsicht mangelhafte und unkritische Arbeit von Farrand Sayre ‚Diogenes of Sinope. A Study of Greek Cynicism'[30] zurechnen müssen.

Dagegen hielt am Beginn dieses Jahrhunderts Karl Joël an der engen Verbindung des Antisthenes mit dem Kynismus, und das heißt zugleich an einer mehr theoretischen Auffassung, fest. Angeregt von Ferdinand Dümmler versuchte er in dem häufig attackierten und viel kritisierten Werk ‚Der echte und der xenophontische Sokrates'[31], die eminente Bedeutung des Antisthenes und seine zentrale Stellung in der griechischen Philosophie zu erweisen. Eine modifizierte Wiederaufnahme der These von dem Einfluß des Antisthenes auf den Kynismus bedeutet Ragnar Höistads ‚Cynic Hero and Cynic King', worin zumal gegen Dudley Stellung bezogen wird. Höistad hat in einem umfangreichen Artikel ‚Cynicism' aus seiner Sicht eine ausgereifte und übersichtliche Gesamtdarstellung des Kynismus sowie dessen zentraler Themen geliefert. Diese Darstellung kann gewissermaßen als Alternative zur methodisch und sachlich ganz anders orientierten Diogenes-Interpretation Heinrichs gelesen werden; beide Arbeiten sind in geringem zeitlichen Abstand veröffentlicht, wobei allerdings weder Heinrich auf das frühere Buch Höistads noch dieser in seinem Artikel auf Heinrich Bezug nehmen. Höistads ideengeschichtlich-doxographisch ausgerichtete Perspektive übergeht den satirischen Aspekt des Kynismus — zu Unrecht, wie ich meine. Doch liegt das nicht unwesentlich an der Auswahl der Quellen und ihrer fragmentarischen Überlieferung, die Höistad als ein zentrales Problem neuzeitlicher Kynismus-Rezeption hervorhebt: „The problem of Cynicism is essentially a problem concerning the sources."[32]

[30] Baltimore 1938. Weil sich seine Ansichten dazu teilweise geändert hätten, wie er schreibt, hat Sayre das Buch so völlig überarbeitet, daß ein neues daraus geworden ist: ‚The Greek Cynics'. Baltimore 1948. Im Vorwort gibt er hier zur Diogenes-Gestalt eine bezüglich der historischen Existenz skeptischere und wie mir scheint treffendere Einschätzung: „Diogenes of Sinope was a semi-mythical character whose connection with Cynicism is doubtful."

[31] Berlin 1893 (Bd. I) und 1901 (Bd. II, 1. und 2. Teil). In der Vorbemerkung zu seinem Sokrates-Buch hat O. Gigon diesem Werk als „dem großen Buche", dem er neben den Werken von Wilamowitz am meisten verdanke, eine späte Rechtfertigung und Würdigung widerfahren lassen (Sokrates. Sein Bild in Dichtung und Geschichte. Bern 1947. S. 6). Gigons Untersuchung überführt das Problem des historischen Sokrates weitgehend in eines der vielfältigen, in sich unterschiedlichen sokratischen Literatur. Methodisch ähnlich angelegt ist das Sokrates-Buch von A. H. Chroust, auf das ich hier verweise, weil es umfangreich kynische Überlieferung einbezieht. Hinsichtlich des historischen Sokrates ergibt sich für Chroust die These, daß er mehr eine politische als eine philosophische Gestalt gewesen sei (Socrates, Man, and Myth. London 1957).

[32] Art. ‚Cynicism' in: Dictionary of the History of Ideas. Hrsg. von Philip P. Wiener. Bd. 1. New York 1968. S. 627-634. — Hier: S. 628. — Cynic Hero and Cynic King. Studies in the Cynic conception of man. Uppsala 1948.

Nun erscheint aber auch die Erklärung, daß nicht Antisthenes, sondern Diogenes der geschichtliche Begründer des Kynismus sei – des praktischen oder des Kynismus überhaupt –, in einem exakt historischen Sinne fragwürdig und unbefriedigend, wenn man nämlich an sie denjenigen historisch-kritischen Maßstab anlegt, den man in anderen philosophiegeschichtlichen Zusammenhängen längst für erforderlich hält. Denn Diogenes ist geschichtlich nicht direkt und absolut sicher nachweisbar, und wenn in der ‚Real-Encyclopädie' Paul Natorp in dem entsprechenden Artikel noch schrieb: „Seine Individualität steht als eine der schärfst gezeichneten aus dem Altertum vor uns; selbst aus den Übertreibungen gewährloser Anekdoten läßt sie sich fast immer glatt herausschälen",[33] so kann man dies heute nicht mehr in einem historisch-kritischen Sinne unterschreiben. Der bescheidenere Nachfolger der ‚Real-Encyclopädie', ‚Der kleine Pauly', konstatiert denn auch, daß Diogenes mit Ausnahme des Theophrast von keinem zeitgenössischen Autor erwähnt werde.[34] Und selbst bei diesem von Diogenes Laertius aufbewahrten Theophrast-Zitat, das ein Erleuchtungserlebnis des Diogenes schildert,[35] kann man in Erwägung ziehen, ob es nicht ursprünglich den Diogenes von Apollonia meinte. Von dem Protokyniker Diogenes besitzen wir nichts unanzweifelbar Authentisches, weder die historisch hinreichend beglaubigte Nachricht einer Handlung noch ein einziges authentisches Wort, denn auch die unter seinem Namen verzeichneten Schriften sind ihm schon in der Antike mehrfach alle abge-

---

33 5. Bd. Stuttgart 1905. Sp. 767. Es mag auf den ersten Blick verwunderlich erscheinen, daß ausgerechnet der Verfasser von ‚Platos Ideenlehre' den Artikel über den Protokyniker schrieb, den man doch als die Verkörperung des äußersten Antiplatonismus begreifen kann. Aber Natorp sieht beide, Platon und Diogenes, aus einem gemeinsamen Hintergrund hervortreten und versteht Platons Staatslehre gleichsam als Schlüssel, die Erscheinung des Protokynikers zu deuten. „Hier wie dort dieselbe tiefe Überzeugung von der Unrettbarkeit der gegenwärtigen hellenischen Cultur; daher zahlreiche Berührungen im einzelnen, mag man nun von Kynismen Platons oder von Platonismen des Kynikers sprechen. Mit derselben radicalen Schärfe verurteilen beide die bestehende Staatsordnung, Eigentumsordnung, Ordnung des Geschlechtsverkehrs, die nationale Dichtung, die geltende Religion." Allerdings hebt Natorp auch die extremen Gegensätze hervor: Platon baut auf die Wissenschaft, Diogenes verwirft sie, Platon ist Idealist, Diogenes Sensualist; Platon will an die Stelle des bestehenden Staates einen anderen, straff organisierten setzen, Diogenes bricht mit jedem Staatsleben überhaupt; Platon denkt sozialistisch, Diogenes radikal individualistisch. So versteht Natorp in Gemeinsamkeiten und Gegensätzen Diogenes in enger Beziehung auf Platon. „Gerade neben Platon aber und im Unterschied von ihm begreift sich D. als Auflösungserscheinung, als fast naturnotwendiges Symptom einer rettungslos sinkenden Cultur." (Sp. 772). – Dies stützt, wie ich meine, nur den Ansatz, Diogenes als einen „verrückten" vom platonischen Sokrates her zu interpretieren.

34 2. Bd. Stuttgart 1967. Sp. 47.

35 Diogenes Laertius VI 22.

sprochen worden. In dieser formalen Hinsicht hat Diogenes für uns die Qualität einer mythischen Gestalt — er ist nur in der Rezeption faßbar —, und man könnte ihn als solche bezeichnen, wäre nicht das, was diese Gestalt inhaltlich verkörpert, vielfach rationalistische Kritik am Mythos und der sophistischen Aufklärung nahestehend. Das Fehlen authentischen Materials hat für die wissenschaftliche Beschäftigung mit der Gestalt des Protokynikers wichtige methodische Konsequenzen. Ich werde darauf später noch näher eingehen.

Eine weitere Konsequenz daraus bedeutet — und das möchte ich hier klar herausstellen —, daß für uns mit Sicherheit als Kyniker historisch faßbar erst diejenigen Namen sind, die Diogenes Laertius gewissermaßen als die dritte Generation der Schule — nach Antisthenes und Diogenes — und in der Mehrzahl als die Schüler des Diogenes aufführt. Davon werden zwei, Monimos und Krates, namentlich in der zeitgenössischen mittleren Komödie erwähnt — Krates, der nach Diogenes und Antisthenes später der bekannteste und meistgenannte Vertreter des Kynismus ist, bei Menander ausdrücklich mit dem Prädikat „Kyniker".[36] Komödien sind als Informationsquellen über griechische Philosophen und ihre Schulen von erheblicher Bedeutung, wenn auch wegen ihrer satirischen Absicht mit Vorsicht zu rezipieren, wie das Beispiel der aristophanischen ‚Wolken' in Hinsicht auf Sokrates lehrt. ‚Die Philosophen in der Komödie' behandelt Rudolf Helm in einem Anhang zu dem Vergleich zwischen ‚Lucian und Menipp'.[37] Darin konstatiert er etwas erstaunt, daß von den Kynikern nur die genannten zwei vertreten seien und daß vor allem Diogenes fehle, „der doch sicherlich für die Dichter eine anziehende Person war und reichlichen Stoff bot."[38] Er sieht das als Beweis für die nur bruchstückhafte Überlieferung der Komödie an. Diese Erklärung ist gewiß unwiderlegbar, aber vielleicht auch zu dürftig; denn der Grund könnte auch darin liegen, daß die kynische Schule historisch im vierten vorchristlichen Jahrhundert nicht das war, was wir uns heute zumeist darunter vorstellen, und daß man von daher mit falschen Erwartungen nach Namen von Kynikern, zumal des Diogenes, in der Komödie sucht.

Die Mitglieder dieser dritten — oder ersten — Kynikergeneration, je nachdem wie man es betrachtet, bezeichnet man am besten mit einem Doppeltitel als Satiriker und Moralisten. Bei Überweg / Prächter steht über diese sogenannten Schüler und Enkelschüler des Diogenes die erwägenswerte Bemerkung, sie seien „für die Geschichte des Kynismus in erster Linie durch ihre Schriftstellerei bedeut-

---

36 Diogenes Laertius VI 93.

37 Leipzig und Berlin 1906. Reprografischer Neudruck Hildesheim 1967.

38 A.a.O. S. 384. Friedrich Leo hat versucht, Diogenes über eine Stelle bei Plautus in der mittleren Komödie nachzuweisen, doch scheint mir die Darstellung nicht zwingend. In: Hermes. Zeitschrift für Classische Philologie. 41. Bd. Berlin 1906. S. 441-446.

sam", obwohl typisch kynische Praktiken auch von den meisten von ihnen überliefert seien.[39] Der Vorrang der Schriftstellerei bei ihnen bildet einen gravierenden und zu erklärenden Gegensatz zu Diogenes und der an ihm gewonnenen Vorstellung, der Kynismus bestehe überwiegend oder gar ausschließlich in einer praktischen Lebensweise.

Die gemeinsame Eigentümlichkeit der kynischen Literatur macht das spoudogeloion aus, die Vermischung von Ernst und Scherz, wobei mit dem ersten moralischer Ernst gemeint ist. Die kynische Literatur ist ihrem Grundcharakter nach moralisch-satirisch. Wenn man hier einwenden will, das sei dann offensichtlich nicht Philosophie, sondern eben Literatur, so trifft das nur auf dem Hintergrund eines bestimmten neuzeitlichen Philosophiebegriffs zu, der aber nicht oder wenigstens nicht ausschließlich der der Antike ist. Derselbe Einwand bezöge sich übrigens auch auf die sokratische Literatur, darunter manche platonische Dialoge, worin die Propagierung einer bestimmten Moral — der des Sokrates — mit ironisch-satirischen Angriffen auf die Sophisten verbunden ist.

Der Name „Kyniker" ließe sich sowohl aus der spezifischen Eigenart der in dieser Literatur propagierten Moral wie aus der Schärfe und Bissigkeit ihrer Satire erklären. Die Beinamen „Hund" und „Schwätzer" erhielt nach dem Bericht des Diogenes Laertius auch der Eretrier Menedemos — nicht zu verwechseln mit dem Kyniker gleichen Namens; der Biograph sagt von ihm, er sei ein „scharfer Tadler" gewesen und habe kein Blatt vor den Mund genommen.[40] Hieraus ergibt sich, daß „Hund" ursprünglich nicht eine schulspezifizierende Bezeichnung gewesen sein kann, sondern womöglich generell auf besonders bissige Satiriker bezogen wurde. Ob daher die kynischen Literaten eine Schule bildeten, über deren Zusammenhalt auch kaum mehr berichtet wird, als daß sie in einem Schülerverhältnis zu Diogenes standen, muß daher ernsthaft in Zweifel gezogen werden.

Wenn es stimmt, daß die ersten für uns historisch faßbaren Kyniker primär Literaten sind, so hat dies für den Begriff des Kynismus entscheidende Konsequenzen — und für seinen Zusammenhang mit dem Zynismusbegriff. Man sollte vielleicht die These von dem Primat des Literarischen bei diesen Kynikern dahingehend modifizieren, daß man sagt: Über ihre Praxis, ob sie etwa ein Wander- und Bettlerleben führten und ob sie eine feste Schule bildeten, wissen wir nichts oder fast nichts. Was darüber in spätantiker Zeit geschrieben wurde, kann größtenteils als Projektion oder als Kurzschluß von der Literatur auf das praktische Leben verstanden werden. Ich will das durch folgende Beobachtungen erläutern.

Die frühe neuzeitliche Geschichtsschreibung der Philosophie etwa vom Typ Bayles oder Bruckers war insofern „kritisch", als sie aus der Masse des Überlie-

---

39 Grundriß der Geschichte der Philosophie. 1. Teil. Die Philosophie des Altertums. Berlin [12]1926. S. 169 f.

40 Diogenes Laertius II 140; II 127.

ferten als unglaubwürdig ausschied, was wegen grober Widersprüche nicht mit sich selbst bzw. mit dem gesichert Scheinenden vereinbar war. Bei dem übernommenen Rest wurde nun kaum danach gefragt, wie diese oft anekdotischen Überlieferungen zustande gekommen waren, und auch ihre Lücken machten erstaunlich wenig Bedenken. So ist z. B. hinsichtlich des Kynismus lange unkritisch hingenommen worden, daß fast alles antike Material, das die Neuzeit über ihn besitzt, drei- bis fünfhundert Jahre jünger ist als die ersten Kyniker und daß eine relativ geringe Zahl von Namen sich über acht Jahrhunderte erstreckt. Wie diese angebliche Schule sich fortpflanzte, wurde lange Zeit als Problem nicht aufgeworfen. Dabei ist vor allem eine große Lücke erklärungsbedürftig, nämlich die zwischen dem hellenistischen Kynismus und dem der römischen Kaiserzeit.

Eduard Zeller war anscheinend der Meinung, die kynische Schule sei im dritten Jahrhundert v. Chr. ausgestorben und zu Beginn der christlichen Zeitrechnung aus der Stoa neu hervorgegangen wie diese zuvor aus ihr.[41] Das kritisiert R. Helm als „durch nichts gerechtfertigt und eine an sich unnatürliche Vorstellung";[42] und auch Dudley wendet sich in diesem Punkt explizit gegen Zeller: Es gebe eindeutige Beweise, daß der Kynismus im zweiten und ersten Jahrhundert fortdauerte. Aber bevor er die Belege anführt, spricht auch er nun selbst erstaunlicherweise vom „langen Verschwinden" (lengthy eclipse). Er nennt eine ganze Reihe von Gründen, die das erklären könnten: Der Kynismus sei an die Existenz überzeugender Persönlichkeiten gebunden gewesen wie der des Diogenes und Krates, da er einer Theorie ermangelte und nicht, was beim Epikureismus der Fall gewesen sei, als ein theoretisches System ohne bedeutende Leitfiguren fortexistieren konnte. Epikureismus und Stoizismus hätten das Ideal des unabhängigen, in sich ruhenden Weisen akzeptabler, da ohne den kynischen „Schmutz" und mit einem theoretischen Hintergrund angeboten, den Kynismus also gleichsam überflüssig gemacht. Vor allem aber habe sich in dieser Zeit der Schwerpunkt der zivilisierten Welt nach Rom verlagert; die Römer hätten aus ihrem politischen Selbstverständnis heraus mehr Affinität zu einem modifizierten Stoizismus gefühlt als zum Kynismus, dessen Entstehungs- und Existenzbedingungen der Überdruß an der Politik zur Zeit der Diadochen gewesen sei, ein Apolitismus also, den die Römer zumindest der Republik nicht gekannt hätten. Aus all diesen Gründen, so folgert Dudley — und das muß ich wiederum als ausgesprochen wichtig hervorheben — sei der Kynismus als ein literarisches Phänomen nach Rom eingeführt worden: „For all these reasons, Cynicism was known at Rome mainly as a literary phenomenon, as an examination of the evidence shows." Dudley erwähnt in diesem Zusammenhang Varro, der ein „Cynicus Romanus" genannt wurde; er legt diese

41 Die Philosophie der Griechen in ihrer geschichtlichen Entwicklung. Dritter Teil, erste Abteilung. Leipzig [4]1909. S. 791 ff.
42 Art. ‚Kynismus'. A.a.O. Sp. 5.

Bezeichnung im literarischen Sinn aus: „Nor can we assume with Hirzel that Varro had an ‚early phase of Cynicism' because he wrote ‚satirae Menippeae'. Admittedly he is called ‚Cynicus Romanus', but the reference is to his imitation of Cynic Satire: he is the ‚Romani stili Diogenes'. As Cicero makes him say, ‚he did not so much translate Menippus as imitate him'; it was a Romanization of a Greek literary form, much as were the satires of Lucilius and Horace."[43]

Selbst Dudley, der doch generell eine andere Tendenz verfolgt, stellt es so dar, daß der Kynismus zunächst als ein literarisches Phänomen nach Rom kommt und als solches dort existiert, bevor um die Zeitenwende, also ziemlich gleichzeitig mit dem Christentum, ein Sektenwesen und Wanderpredigertum entsteht, deren Anhänger sich auf Antisthenes, Diogenes und Krates berufen und sich Kyniker nennen. Dieser praktische Kynismus ist nun primär ein soziologisch interessierendes Phänomen, das manche Parallelen zum Christentum aufweist. Durch seine Brille sehen wir wohl oder übel den hellenistischen Kynismus. Wenn man genauer als bisher den Kynismus der römischen Kaiserzeit aus seinen spezifischen — zeitlichen und räumlichen — Entstehungsbedingungen versteht, wird man aber, so glaube ich, zu einer schärferen Unterscheidung vom hellenistischen kommen. Ein organisatorischer Schulzusammenhang läßt sich, wie gesagt, überhaupt nicht nachweisen. Inhaltlich gesehen fallen dagegen mancherlei Differenzen ins Auge: Der hellenistische Kynismus, der im engen Zusammenhang mit der sophistischen Aufklärung steht, verhält sich zum Mythos durchweg kritisch-parodierend, oft blasphemisch und ist extrem rationalistisch; das kynische Sektenwesen der Kaiserzeit trägt vielfach religiöse Züge und knüpft zumindest an einige mythische Traditionen — etwa den Herakleskult — an.[44] Der erste ist in seiner Wendung gegen das Gemeinwesen der Polis extrem individualistisch, nirgends wird z. B. Diogenes in einem regelrechten Schul- oder Sektenverbund vorgestellt; im letzten findet man Erscheinungen, die an ein Gemeinwesen in der Art des christlichen erinnern.

Was die Differenzierung so schwierig und die Aussagen darüber weitgehend hypothetisch macht, ist der Zustand der Überlieferung, die wir aus der Antike

---

[43] A History of Cynicism. S. 119 f.
Die Bezeichnung des Varro als „Romanus Cynicus" und „Romani stili Diogenes" stammt von Tertullian (Apologeticum 14, 9; Ad nationes 1, 10).
Gellius überliefert, die Satiren des Varro seien von einigen „cynicas", von ihm selbst „Menippeas" genannt worden (Noctes Atticae II 18, 7; vgl. auch XIII 31, 1). Auch hier also ist „cynicus" ein literarisches Prädikat!
Zu Varro als Dichter der menippeischen Satire sowie zu dieser Literaturgattung allgemein vgl.: Alfred Scherbantin. Satura Menippea. Die Geschichte eines Genos. Phil. Diss. Graz 1951.

[44] Auch Natorp fragt, ob es nicht lediglich die „Anschauungen des jüngeren Kynismus" seien, wenn der Kyniker etwa bei Dion Chrysostomos oder Epiktet und Lukian als Diener des Zeus, als Heiland, Erlöser, Prophet o. ä. auftritt (Art. ‚Diogenes'. A.a.O. Sp. 771).

zum Kynismus besitzen. Abgesehen von wenigen Fragmenten besteht sie aus Texten, die alle unter dem Eindruck des nachchristlichen kynischen Sektenwesens und in Auseinandersetzung mit ihm entstanden sind. Die gebildeten Schichten der römischen Kaiserzeit empfanden dieses Sektenwesen als abstoßend. Aber es gab darunter Philosophen und Literaten wie Epiktet, Lukian, Dion Chrysostomos und den Kaiser Julian, die mit der Kritik an zeitgenössischen kynischen Erscheinungen eine Hochschätzung der in dieser Zeit schon fast legendären Gestalten des Antisthenes, Diogenes und Krates verbanden. Ihre Aussagen und Schriften zu diesem Thema sind geprägt von der Verteidigung einer vermeintlich echten kynischen Haltung gegen eine als entartet empfundene der eigenen Gegenwart. Ihr positiver Kynismusbegriff ist aber jeweils die subjektive und unterschiedliche Interpretation der hellenistischen Vorbilder, keineswegs deren historisch getreue Nachzeichnung.

Das meiste zu den hellenistischen Kynikern, zugleich am wenigsten durch Absicht gefärbt, wenn auch durch genügend andere Mängel entstellt, ist uns von dem in der Neuzeit vielgeschmähten, aber mangels anderer Quellen überaus wertvollen und unentbehrlichen Diogenes Laertius überliefert. Das sechste seiner zehn Bücher Philosophenbiographien ist ausschließlich den Kynikern des vierten und dritten vorchristlichen Jahrhunderts gewidmet. Diese Darstellung hat die Wirkungs- und Rezeptionsgeschichte des Kynismus in der Neuzeit am nachhaltigsten beeinflußt; sie beginnt mit Antisthenes, beschäftigt sich in dem weitaus größten Abschnitt mit Diogenes und fügt dem eine Reihe von Namen hinzu, die in der Mehrzahl als seine Schüler bezeichnet sind. Diogenes Laertius verfolgt primär die Absicht des Sammelns, und so finden sich nebeneinander die unterschiedlichsten Merkmale des Kynismus, die zu einer positiven wie extrem negativen Bewertung von Kynismus und Diogenes-Gestalt Anlaß gegeben haben. Auf Diogenes Laertius wird sich eine Beschäftigung mit dem frühen hellenistischen Kynismus am meisten beziehen müssen.

Das Werk entstand vermutlich in der ersten Hälfte des dritten nachchristlichen Jahrhunderts. Es ist die einzig erhaltene Schrift der Antike zur Philosophiegeschichte und daher sehr wertvoll; aber es bietet keineswegs Philosophiegeschichte in einem neuzeitlichen, historisch-kritischen Sinn. Dieser Unterschied wird auch heute noch nicht immer genügend berücksichtigt. Um das Werk seiner literarischen Form nach näher zu charakterisieren, zitiere ich eine längere Passage aus der Einleitung der neuesten Ausgabe von Klaus Reich. „Diese uns nicht geläufige Literaturgattung, die Ergebnisse der Gelehrsamkeit und Erfindungen zu Unterhaltungszwecken mischt, hat sich im Laufe von fünf Jahrhunderten — vom dritten vorchristlichen bis zum dritten nachchristlichen — aus der Form eines raffinierten Spiels mit Dichtung und Wahrheit zugleich in die einer stumpfsinnig-fleißig zusammengebrachten Sammlung heterogener Lesefrüchte verwandelt. Einem Werk dieser Art ist es nicht mehr sofort anzumerken, daß das Mitgeteilte durchaus nicht in seiner Gesamtheit als Wahrheit genommen werden d a r f. Darum ist es gut, wenn der moderne Leser zur Kenntnis nimmt, daß die ursprüngliche Form eines solchen Buches über die berühmten Philosophen gar nicht so genommen werden w o l l t e. Das Ganze als solches trug ursprünglich eher den Charakter der Sage. Nur Teile waren zuverlässige Kunde; anderes war reine Konstruktion — etwa von Zusammenhängen und Abhängigkeiten —; es konnte, ohne Anstoß zu erregen, von verschiedenen Autoren verschieden gefaßt werden. Die späte Form eines solchen Buches, wie sie in Diogenes Laertius' Kompilation vorliegt, erregt allzu leicht den Schein der Existenz von Nachricht und Überlieferung, wo Erfindung oder Legende vorliegt; am Anfang dieser Literatur aber wäre es selbstverständlich gewesen, daß derjenige, der eine Aussage eines ihr zugehörigen Werks als philosophiehistorische Überlieferung benutzen wollte, immer erst ihre Urkundlichkeit zu beweisen gehabt hätte. Jenem Schein aber, den die späte Form erzeugt, ist man in den autoritätsgläubigen Zeiten der Spätantike, des Mittelalters und des Humanismus verständlicherweise erlegen, und erst mit der Aufklärung ist das in der griechischen Literatur- und Philosophiegeschichte allmählich anders geworden (etwa seit Bentley, 1697, oder auch Pierre Bayle), obwohl auch heute noch gelegentlich in der alten Weise gesündigt wird."[45]

Man wird also, um historische Mißverständnisse zu vermeiden, gut daran tun, bei jedem Bericht des Diogenes Laertius die Frage nach Dichtung oder Wahrheit zu stellen. Oft stößt man darauf, daß er Fiktionales, ursprünglich in literarischen Zusammenhängen Stehendes isoliert und als Nachricht kolportiert; dadurch wird aus literarischer historische Wirklichkeit, aus literarischem praktischer Kynismus, was sich am Beispiel der notorischen kynischen Schamlosigkeiten sexueller Art zeigen ließe durch Zurückführung auf literarische Obszönitäten. Solche Obszönitäten sind bekanntlich in der alten Komödie fester Bestand.[46]

---

[45] A.a.O. S. XIII f.

[46] Um an einem anderen konkreten Beispiel aufzuzeigen, wie bei Diogenes Laertius und seinen Rezipienten kynische Satire als praktischer Kynismus mißverstanden wird: Armin Müller stellt als eines von verschiedenen Auflösungssymptomen, die sich im Kynismus fänden, heraus, daß „das Kynische statt vollen Ernstnehmens einer bestimmten Konzeption zur Attitüde" werde; dazu paraphrasiert er als Beleg Diogenes Laertius VI 102: „Um Eindruck zu machen, tritt MENEDEMOS in furchterregendem Aufzug auf und gibt sich als Sendbote des Hades" (Historisches Wörterbuch der Philosophie. Hrsg. von J. Ritter und K. Gründer. Bd. 4. Basel/Stuttgart 1976. Art. ‚Kynismus'). Wie die Stelle bei Diogenes Laertius verstanden werden muß — nämlich literarisch —, hat in seiner Textkritik W. Crönert gezeigt: Sie gehört eigentlich zu Menipp, der in den Biographien unmittelbar vor Menedemos abgehandelt wird. Sie wird hinreichend interpretierbar durch die Nachricht, daß Menipp eine Schrift ‚Die Unterwelt' (Nekyia) verfaßt hat, die offensichtlich mythische Hadesvorstellungen — etwa Homers Nekyia und Platons Schlußmythos im Gorgias — parodierte. Lukian hat nach dem Vorbild der menippeischen Schrift zwei Satiren verfaßt,

Den Eindruck willkürlicher Konstruktion erweckt die Generationenfolge in Diogenes Laertius' Darstellung der kynischen Schule; sie liefert noch heute überwiegend das Schema für entsprechende Abschnitte der Philosophiegeschichten. Besonders auffällig und verdächtig daran ist, daß die zweite Generation nur aus einer Person — eben Diogenes — besteht, der als einziger Schüler des Antisthenes herausgestellt wird; an ihn seinerseits schließen sich mehrere Schüler an. Nun geht aus anderen Überlieferungen hervor, daß Antisthenes einen Schulbetrieb nach Art der Sophisten abhielt, so daß Diogenes nicht in Wirklichkeit sein einziger Schüler sein konnte. Dagegen kann man sich den Diogenes kaum als Lehrer vorstellen, und zumindest auf dem Hintergrund dessen, was Diogenes Laertius überliefert, erscheinen sowohl sein Schülerverhältnis zu Antisthenes als auch das Lehrerverhältnis zu seinen sogenannten Schülern konstruiert. Historisch datierbar sind beide Verhältnisse — wie die Diogenes-Gestalt überhaupt — nicht.

3. *Die Diogenes-Gestalt*

Die Rede von dem Protokyniker Diogenes kann nach dem Vorangehenden nicht in einem exakt historischen Sinn gemeint sein; sie besagt vielmehr, daß Diogenes am reinsten den Geist des Kynismus, den Prototyp des Kynikers präsentiert, an dem literarische Fiktionalität und Stilisierung von historischer Realität nicht mehr zu unterscheiden sind; ich möchte Diogenes als einen sehr wirkungsvollen, aber historisch selbst nicht faßbaren Impuls hinter der kynischen Literatur begreifen, so wie Sokrates von Olof Gigon als ein „reiner Impuls" bezeichnet worden ist.[47] Wenn man einerseits den Diogenes nur als eine Art idealen Prototyps aus der kynischen Literatur rekonstruieren kann, so läßt er umgekehrt auf sie wichtige

aus denen das Original erschließbar und die Stelle bei Diogenes Laertius erklärbar werden. In ‚Die Höllenfahrt des Menippus' erscheint zu Anfang Menipp in einem seltsamen Aufzug, behauptet, er käme aus dem Hades und erzählt, was er gesehen hat. In ‚Charon oder die Weltbeschauer' kommt der mythische Fährmann Charon aus der Unterwelt herauf, um sich die Verhältnisse auf der Erde anzusehen. (Vgl. Wilhelm Crönert. Kolotes und Menedemos. München 1906. Unveränderter Neudruck Amsterdam 1965. S. 1 f.) — Da wir die Mythen nur noch ästhetisch, nicht aber mehr religiös rezipieren, haben wir für die satirische Qualität solcher Parodien kein unmittelbares Verständnis mehr. Den spätantiken Kaiser Julian dagegen haben manche kynische Parodien tragischer Mythen noch sehr abgestoßen; was er ihnen vorwirft, kommt der Bedeutung von „Zynismus" im modernen Sinn durchaus nahe.

47 „Sokrates erweist sich für die geschichtliche Betrachtung als ein reiner Impuls, der unendlich und unfaßbar wirkt, als eine Urkraft, die wir vielleicht spüren, aber nicht benennen können". (Sokrates. S. 14).

Rückschlüsse zu; das ist von Bedeutung, weil diese Literatur im Original nicht mehr erhalten ist. Friedrich Nietzsche hat zu ihrer Charakterisierung das literarische Bild des „verrückten Sokrates" aufgegriffen und so die enge Wechselbeziehung zwischen Diogenes-Gestalt und kynischer Literatur ausgedrückt; darüber hinaus hat er sie in einem größeren Zusammenhang in ihrem Verhältnis zur sokratischen Literatur Platons gesehen.

In der ‚Geburt der Tragödie' spricht Nietzsche mit einem Ausdruck, der hier auf den ersten Blick überraschen mag, vom „naiven Zynismus" des Sokrates gegenüber der Tragödie und der Kunst überhaupt.[48] Damit ist der sokratische Rationalismus gemeint, der die Tragödie kalt und distanziert mustert sowie ihr erhabenes Pathos und ihre „dionysischen Abgründe", kurz: alles dem Verstand Inkommensurable als unvernünftig entlarvt. Sokrates schätzt von der Dichtung nur – so streicht Nietzsche als bezeichnend heraus – die äsopische Fabel; sie entspricht nämlich dem rationalistischen Prinzip des Nützlichen. – Nietzsche hätte in diesem Zusammenhang die Affinität der Fabel zum Kynismus und die Ähnlichkeit zwischen Äsop und Diogenes erwähnen können; eine der bekanntesten Diogenes-Anekdoten z. B. wird auch von dem Fabeldichter erzählt.[49] – Im sokratischen Rationalismus liegt für Nietzsche die intellektuelle Destruktion der Tragödie. Sichtbarster Ausdruck dafür: der jugendliche Tragödiendichter Platon muß, um Schüler des Sokrates werden zu können, zuvor seine Dichtungen verbrennen. Aber Nietzsche zufolge waren Platons Anlagen zum Tragischen unbesiegbar; obwohl er dem sokratischen Zynismus gegenüber der Tragödie in nichts nachstand, kehrte er mit seinem Idealismus gleichsam auf Umwegen zu ihr zurück. Die formale Entsprechung zu dem Nebeneinander von Destruktion und Erhaltung der Tragödie ist die dichterische Gestalt der platonischen Dialoge: „Wenn die Tragödie alle früheren Kunstgattungen in sich aufgesaugt hatte, so darf dasselbe wiederum in einem exzentrischen Sinne vom platonischen Dialog gelten, der, durch Mischung aller vorhandenen Stile und Formen erzeugt, zwischen Erzählung, Lyrik, Drama, zwischen Prosa und Poesie in der Mitte schwebt und damit auch das strenge ältere Gesetz der einheitlichen sprachlichen Form durchbrochen hat." Die kynische Literatur nun sieht Nietzsche als die radikalere Konsequenz in diesem Prozeß: „auf welchem Wege die zynischen Schriftsteller noch weiter gegangen sind, die in der größten Buntscheckigkeit des Stils, im Hin- und Herschwanken zwischen prosaischen und metrischen Formen, auch das literarische

---

[48] Werke in drei Bänden. Hrsg. von Karl Schlechta. München 1966. 1. Bd. S. 79. – Man muß bedenken, daß Nietzsche noch einheitlich „Cynismus" schrieb, worin der antike mitgemeint war. Durch die Umschreibung, die in neueren Ausgaben üblich ist, geht diese bei Nietzsche bewußte und gewollte Assoziation des Begriffs mit dem antiken Phänomen verloren.

[49] Vgl. dazu später S. 82.

Bild des ‚rasenden Sokrates', den sie im Leben darzustellen pflegten, erreicht haben. Der platonische Dialog war gleichsam der Kahn, auf dem sich die schiffbrüchige ältere Poesie samt allen ihren Kindern rettete; auf einem engen Raum zusammengedrängt und dem einen Steuermann Sokrates ängstlich untertänig, fuhren sie jetzt in eine neue Welt hinein, die an dem phantastischen Bilde dieses Aufzugs sich nie satt sehen konnte."[50] Die kynische Literatur als „Kind" des platonischen Dialogs, das dessen formale Revolution überbietet wie Diogenes als der „rasende" den wirklichen Sokrates. Wenn man von dieser stilistisch-formalen Betrachtung wieder zum Inhalt zurückkehrt, so wird man gewahr, daß die kynische Überbietung in einen Gegensatz zum Platonismus umschlägt. Um in Nietzsches Bild zu bleiben: die kynische Literatur ist das schwarze Schaf in der Familie des platonischen Dialogs.

In dieser zweifachen Hinsicht will ich das Diktum vom „verrückten" oder „rasenden Sokrates" zum Leitfaden der Diogenes-Interpretation machen: unter dem Aspekt der Überbietung und des Gegensatzes zum platonischen Sokrates. Den Aspekt der Überbietung legt schon Diogenes Laertius nahe, wenn er im Hinblick auf die Überlieferung eines Diogenes-Wortes sagt, was manche als besonders charakteristisch für Sokrates anführten, das lege Diokles dem Diogenes bei.[51] Als eine Überbietungs- und Konkurrenzfigur zur Gestalt des Sokrates begreift auch Olof Gigon den Diogenes. In einer Nebenbemerkung zur sokratischen Literatur weist er auf „die ziemlich zahlreichen Dichtungen" hin, „die mit voller Absicht als Konkurrenz zu den sokratischen Dialogen entstanden sind." Bei dem „agonalen" Charakter der Griechen wäre es geradezu paradox gewesen, wenn die umfangreiche Literatur über Sokrates nicht Unternehmungen evoziert hätte, „die sich zum Ziel setzten, die Sokratesdichtungen zu übertrumpfen und Sokrates selbst durch einen eigenen Helden in den Schatten zu stellen. Merkwürdigerweise ist die Forschung diesen Konkurrenzdichtungen niemals systematisch nachgegangen." — Eine Feststellung, die nach dreißig Jahren heute noch immer gilt. — „Als die bedeutendsten darf man wohl die verschiedenen Erzählungen von Diogenes von Sinope bezeichnen, bei denen die Absicht, Sokrates zu überbieten, vielfach offen zutage tritt."[52]

Der Vergleich mit Motiven der sokratischen Literatur unter dem Aspekt der Überbietung liefert einen ausgezeichneten Ansatz zur Interpretation zahlreicher Diogenes-Anekdoten und damit der Diogenes-Gestalt überhaupt. Nun wird aller-

---

[50] A.a.O. S. 79 f. — Vgl. auch: Werke. 2. Bd. (‚Götzen-Dämmerung') S. 1028. „Plato wirft, wie mir scheint, alle Formen des Stils durcheinander, er ist damit ein ‚erster décadent' des Stils: er hat etwas Ähnliches auf dem Gewissen, wie die Zyniker, die die ‚satura Menippea' erfanden."

[51] Diogenes Laertius VI 103.

[52] Sokrates. S. 67 f.

dings die Anekdote als eine Art Wechselbalg aus Historie und Literatur in der Philosophie sowie in ihrer Geschichtsschreibung unterschiedlich geachtet; das wirkt sich natürlich auf die Aufmerksamkeit aus, die der Diogenes-Gestalt zuteil wird. Gern und vielseitig verwendet wird die Anekdote von so „literarischen" Philosophen wie Kierkegaard oder Nietzsche, wohingegen sie bei Systematikern und „streng wissenschaftlichen" Theoretikern mehr oder weniger auf Nichtbeachtung, wenn nicht gar Verachtung stößt. Anekdoten sind narrativ, d. h. nicht methodisch, nicht systematisch und ohne geregelte Terminologie. Sie sind vieldeutig; sie wandeln sich in neuen Zusammenhängen und werden sinnreicher, je häufiger sie in neue Kontexte gestellt und je mehr sie zur Illustration unterschiedlicher Gedanken und Sachverhalte zitiert werden.

Zu wenig spezifisches Verständnis hat die Anekdote, wie mir scheint, in der neuzeitlichen kritischen Geschichtsschreibung der Philosophie angetroffen; diese ist in ihrer Bemühung um historische Wahrheit nicht selten über das Ziel hinausgeschossen und hat ein historisch-wissenschaftliches Anathema über Anekdoten verhängt, die dem geschichtlichen Wahrheitsanspruch nicht strikt nachkommen. Aus der Geschichtsschreibung der Philosophie sind auf diese Weise viele bedeutsame Anekdoten gleichsam wegkritisiert worden, ohne anderswo einen adäquaten wissenschaftlichen Aufbewahrungsort wiedergefunden zu haben; und auch das hatte für die Gewichtung der Diogenes-Gestalt erhebliche Konsequenzen. Man vergleiche nur einmal den Umfang des Diogenes-Kapitels bei Thomas Stanley[53] oder bei Jacob Brucker, die noch am Beginn der kritischen Geschichtsschreibung stehen, mit dem entsprechenden Abschnitt einer beliebigen zeitgenössischen Philosophiegeschichte.

Wie die zahlreichen Diogenes-Anekdoten entstanden sind, ist weitgehend noch ungeklärt; in dieser Frage hat die Fixierung auf eine für sicher gehaltene historische Existenz des Protokynikers als ein Hemmnis gewirkt.[54] Einen großen Teil von ihnen wird man den sogenannten Schülern und Enkelschülern des Diogenes zuschreiben müssen. Nur wird man daraus nicht gleich schließen dürfen, diese hätten Aussprüche und Taten ihres „Lehrers" historisch getreu aufgezeichnet.

---

53 The History of Philosophy. London 1701 (Neudruck Hildesheim und New York 1975). S. 281-290. — Die erste Ausgabe erschien in drei Bänden 1655-1662.

54 A. Packmohr (De Diogenis Sinopensis apophtegmatis quaestiones selectae. Münster 1913. S. 18 ff.) hat eine erstaunliche Anzahl von Diogenes-Sprüchen und -Anekdoten als Wanderanekdoten herausgefunden, d. h. als solche, die auch von anderen Persönlichkeiten erzählt werden. Nach Packmohr gehen wiederum andere Anekdoten auf Komödien zurück. — Ein Ansatz, die Diogenes-Gestalt nicht in ihrer historischen Existenz zu suchen, sondern typologisierend zu beschreiben, findet sich bei Gunnar Rudberg. Zum Diogenes-Typus. In: Symbolae Osloenes 15/16. Oslo 1936. S. 1-18. Vgl. auch: Ders. Zur Diogenes-Tradition. In: Symbolae Osloenses 14 (1935). S. 22-43.

„Schüler" hieß möglicherweise auch derjenige, der an der literarischen Stilisierung des Protokynikers mitwirkte. Das Verhältnis von Dichtung und historischer Wahrheit ist hier nicht mehr zu bestimmen; für die Interpretation fruchtbarer jedoch erweist es sich, soweit wie möglich von literarischen Intentionen auszugehen, weil die Suche nach der historischen Realität immer im Dunkel der Geschichte verläuft.

Ihrer literarischen Form nach können die Anekdoten einmal als solche entstanden sein, etwa innerhalb der Chrien des Metrokles oder der „Schwänke" des Monimos; letztere werden von Diogenes Laertius, der diese beiden kynischen Autoren dem Schülerkreis des Diogenes zurechnet, als „tiefer Ernst in der Hülle des Scherzes" charakterisiert.[55] Die Chrie definiert H. Lausberg als eine „lehrreiche kurze Anekdote, die eine Sentenzweisheit als Realität des praktischen Lebens erweist."[56] Andererseits vermute ich, daß ein erheblicher Teil der Diogenes-Anekdoten entstanden ist durch Isolierung aus einem größeren Kontext; in einem weiteren Verständnis des Wortes sollen hier unter die Anekdoten auch die Aussprüche bzw. Apophtegmen gerechnet werden, die oft nur durch eine minimale Situationsbeschreibung eingeleitet sind. Hinsichtlich der Form wären mögliche Kontexte solcher Anekdoten vor allem Dialoge, da in ihnen ebenfalls Situationsbeschreibung mit wörtlicher Rede wechselt — wie manche Anekdoten überhaupt Dialoge in nuce sind. Nun gibt es aus der Antike die Beschreibung eines Dialogtyps, zu der inhaltlich gesehen die Diogenes-Gestalt ebenso paßt wie die des Sokrates zum sokratischen Dialog; dieser Typ ist die komische Umformung des ernsten philosophischen Dialogs. Die gemeinte Beschreibung ist ihrerseits in eine witzige Form gekleidet, nämlich in eine Klage des ernsten Dialogs, hinter dem man aufgrund der Charakteristik den platonisch-idealistischen vermuten kann, über eine Vergewaltigung: „Die Kränkungen und Beleidigungen aber, die ich von diesem Syrer erlitten habe, sind ungefähr diese: Ehe ich mit ihm bekannt wurde, stellte ich immer eine sehr ernsthafte Person vor; ich gab mich mit tiefsinnigen Untersuchungen über die Götter, die Natur und das Universum ab und schritt hoch über den Wolken in den Himmelslüften einher, da, wo der große Zeus auf seinem ‚geflügelten Wagen' daherfährt. Ich hatte bereits den ‚Gipfel des Himmels' erflogen und war im Begriff, noch ‚über den Himmel' hinauszusteigen, als dieser Mensch mich zu packen kriegte und herunterzog, mir die Flügel zerbrach, wo ich mit allen anderen gemeinen Leuten in einer Linie stehe. Kurz, er zog mir die stattliche tragische Maske, in der ich meine Rolle bisher gespielt hatte, ab, steckte mich in eine andere komische und satyrische, um nicht gar burleske zu sagen, und sperrte mich zum Spott, zum Jambus, zum Kynismus und zum Eupolis und Aristophanes ein, zu ganz entsetzlichen Leuten, sobald es darauf ankommt,

[55] Diogenes Laertius VI 83.
[56] Handbuch der literarischen Rhetorik. München ²1960. § 1117.

die ehrwürdigsten Dinge lächerlich zu machen und über alles, was schön und gut ist, Grimassen zu schneiden." – Man beachte, daß hier der Kynismus offensichtlich als eine Art literarischen Prinzips begriffen wird; er wird in einem Atemzug genannt mit komischer, spottender und parodierender Literatur. – „Zuletzt trieb er es gar so weit, daß er einen von den alten Kynikern, einen gewissen Menippus, einen von den bissigsten Belferern des ganzen Ordens, aus dem Grabe hervorrief und zu mir ins Haus brachte, einen bitterbösen Hund, von dem man gebissen ist, ehe man sich's versehen kann, weil er sogar lachend beißt. Wie sollte ich also nicht Ursache haben, über schwere Mißhandlungen zu klagen, da er mich genötigt hat, meinen eigenen Charakter abzulegen, um den Komödianten und Possenreißer zu machen und zu den abenteuerlichsten Rollen und Vorstellungen von ihm mißbrauchen zu lassen?"

Der Autor dieses Textes ist Lukian,[57] und er ist zugleich auch der von dem Dialog verklagte „Syrer"; denn Lukian beschreibt hier in einem komischen Dialog, wie er zu der literarischen Form seiner Satiren gekommen ist, die ihn berühmt gemacht haben. Er spielt in dem Text auf seine literarischen Vorbilder an und nennt von ihnen zuletzt das wichtigste, den hellenistischen Kyniker Menipp. Tatsächlich hat Lukian ganze Sujets von Menipp übernommen, in dessen Nachfolge er steht.[58] Daß schon der literarisch überaus wirkungsvolle Menipp Platon parodierte, läßt sich aus dem überlieferten Titel ‚Symposion' vermuten.[59] Er schrieb satirische Attacken auf Philosophen und ihre Schulen, speziell ‚Gegen die Physiker, Mathematiker und Grammatiker' – so ein weiterer Titel, der in seinem Schriftenverzeichnis bei Diogenes Laertius aufgeführt ist.[60] Ein anderer Titel, ‚Verkauf des Diogenes', schließlich besagt, daß Menipp sich ebenfalls mit der Diogenes-Gestalt beschäftigte.[61] In seinen Satiren vermute ich eine wichtige Quelle von Diogenes-Anekdoten und Apophtegmen, zumal antiplatonischer und solcher, die sich gegen Theoretiker und Philosophen richten.

Mit der Antike ging der Kynismus unter, sowohl der literarische als auch der praktische, d. h. letzterer vielleicht nicht vollständig, wenn die hin und wieder vertretene Auffassung richtig ist, daß eine direkte Beziehung zwischen den spätantiken Kynikern und den christlichen Mönchen besteht.[62] In der neuzeitlichen

---

57 Der doppelt Angeklagte. In: Lukian. Werke in drei Bänden. Nach der Übersetzung von Chr. M. Wieland herausgegeben von J. Werner und H. Greiner-Mai. Berlin und Weimar 1974. 3. Bd. S. 336 f.

58 Vgl. dazu: R. Helm. Lucian und Menipp.

59 Vgl. dazu: Paul Kroh. Lexikon der antiken Autoren. Stuttgart 1972. S. 412 f.

60 Diogenes Laertius VI 101.

61 Diogenes Laertius VI 29.

62 Vgl. dazu: R. Helm. Art. ‚Kynismus'. A.a.O. Sp. 23. – H. Kusch. Art. ‚Diogenes von Sinope'. In: Reallexikon für Antike und Christentum. Bd. III. Stuttgart 1957.

Rezeption des Kynismus wird der Vergleich mit dem Mönchtum ein gängiger Topos, der aber das Bild des hellenistischen Kynismus verfälscht, was schon Schopenhauer konstatierte.[63] – Nach der Spätantike hat erst wieder die frühe Neuzeit der Diogenes-Gestalt ein nennenswertes Interesse entgegengebracht. Es wurde dann allerdings so rege, daß z. B. Jacob Brucker sein Diogenes-Kapitel mit der Feststellung einleiten konnte, der Kyniker habe „wegen seiner besondern Aufführung nicht nur zu seiner, sondern auch zu unsern Zeiten, großes Aufsehen gemacht."[64] Dieses Interesse hat vielschichtige Gründe; ein allgemeiner liegt in der Abwendung von der mittelalterlich-scholastischen, und d. h. letztlich auch der aristotelischen Philosophie. Das frühneuzeitliche Wiederaufblühen des Platonismus, aber auch eine bedeutende Hinwendung zum Stoizismus verdanken sich nicht zuletzt der Suche nach philosophischen Alternativen zum Aristotelismus der Scholastik. Ein weiteres Interesse wird in der Neuzeit wach: das an der unabhängigen individuellen Existenz. Auch dies ist noch Opposition gegen den Aristotelismus der Scholastik und gegen das „System". Das Vorbild schlechthin des nichtsystematischen, des „unpedantischen" Philosophen, wie er in der Zeit der Aufklärung vielfach heißt, wird in der Neuzeit Sokrates. Am konsequentesten durchgeführt, am prägnantesten ausgebildet ist diese Sokrates-Auffassung bei Kierkegaard, dem „dänischen Sokrates", der den antiken nun nicht mehr gegen das scholastisch-aristotelische, sondern gegen das aktuelle und bestimmende System der eigenen Zeit wandte: gegen das idealistische Hegels. Für Kierkegaard ist Sokrates der exemplarische Denker deswegen, weil bei ihm Philosophie als Vollzug des individuellen, subjektiven Daseins, der Existenz, den Vorrang vor der Ausbildung des objektiven Systems erhält. Aber um Sokrates diese Bedeutung voll beimessen zu können, mußte er ihn in seinem Sinne gleichsam erfinden; er selbst würde vielleicht sagen, er habe ihn zuerst historisch entdeckt. Gegenüber der an Xenophon orientierten Sokrates-Auffassung des 18. Jahrhunderts[65] mußte er ihn „negativer" und gegenüber der platonisch-idealistischen Darstellung subjektiver und individualistischer sehen; auch der platonische Idealismus ist für Kierkegaard letztlich „System" und daher nicht prinzipiell unterschieden vom Hegelianismus – und vom Christentum der offiziellen Kirche. An diesem Sokrates, den er in aller Schärfe zuerst in der Magisterdissertation als Ironiker entwarf, hielt Kierkegaard grundsätzlich fest, obwohl er später manches daran modifizierte und differenzierte. Unter Berufung auf Kierkegaards eigene Ver-

---

Sp. 1063-1075. Hier: Sp. 1074 f. Der Artikel enthält u. a. eine umfangreiche Dokumentation über die Diogenes-Rezeption in frühchristlicher Literatur.

63 Vgl. später S. 156.

64 Kurtze Fragen Aus der Philosophischen Historie. 1. Teil. S. 921.

65 Vgl. dazu: Benno Böhm. Sokrates im 18. Jahrhundert. Studien zum Werdegang des modernen Persönlichkeitsbewußtseins. Neumünster [2]1966.

gleiche bezeichnet J. Himmelstrup den Standpunkt des ironischen Sokrates als „intellektuellen Cynismus."[66]

Die Diogenes-Gestalt konnte dem neuzeitlichen Bedürfnis nach einem Vorbild für einen Individualismus entsprechen, für den Sokrates einerseits zu wenig oppositionell, zu schnell vereinnahmbar für einen konformistischen Tugend- und Moralbegriff, kurz: zu harmlos war und andererseits zu eng liiert mit dem platonischen Idealismus. Wofür die Gestalt des Protokynikers bei ihrer frühneuzeitlichen Wiederentdeckung als Beispiel stehen und wofür die Berufung auf sie als Argument dienen konnte, das deutet sich in der Vorrede zu einer Übersetzung von Pseudo-Diogenesbriefen aus dem Griechischen ins Lateinische an, die zuerst 1487 in Florenz erschien. Der Übersetzer Francesco Aretino hielt diese Briefe noch für authentisch und glaubte, daß die lateinische Fassung den Zeitgenossen die Möglichkeit böte, aus ihnen die historische Persönlichkeit Diogenes zu erkennen. In der Vorrede an Pius II., dem die Übersetzung gewidmet ist, gibt der Autor zu verstehen, daß er das für wünschenwert halte, da keine lateinische Literatur über das Leben des Diogenes existiere und weil dieser ihm als ein großer und bewunderungswürdiger Mann erscheine. „Quem ego uirum uel maxime in humanis rebus contemnendis admiror: ut homo non stultus: nullius odio: aut inuidia: omni affectu uacuus: tam libere in omnes loqueretur." Das letzte führt der Übersetzer aus: Er vergleiche hin und wieder Diogenes mit den Menschen des eigenen Zeitalters, denen für den Tugendeifer und die Geringschätzung der Angelegenheiten Sterblicher vom unsterblichen Gott so viele und so große Belohnungen ausgesetzt seien. Dennoch glaube er keinen zu sehen, der gegen Menschen von geringerem Vermögen das zu äußern wage, was Diogenes ohne solche Erwartungen gegenüber dem Makedonen Alexander sagte. — Explizit kritisiert hier das Beispiel der starken moralischen Persönlichkeit nur die konkreten Zeitgenossen; aber die offensichtliche Möglichkeit einer Moral ohne jegliche religiösen oder metaphysischen Jenseitserwartungen kann Zweifel an der alleinigen Verbindlichkeit solcher Moral erwecken, die mit Jenseitserwartungen arbeitet und die religiös-metaphysisch begründet wird, aber die Menschen doch nicht unübertroffen moralisch macht.

Die spezifische Wertschätzung der Diogenes-Gestalt in der Renaissance kommt etwa auch darin zum Ausdruck, daß ein Geist wie Machiavelli eine Reihe von Diogenes-Anekdoten und Aussprüchen übernimmt und auf seinen Castruccio

---

[66] Sören Kierkegaards Sokratesauffassung. Neumünster 1927. S. 30: „Würde man indes versuchen, mit einem einzelnen, mehr modernen und weniger abstrakten Ausdruck den Kern in der Auffassung Kierkegaards von der Ironie zu treffen, so würde man einen Ausdruck anwenden können, der sich durch die Vergleichung Kierkegaards von der Ironie mit dem Cynismus ergibt. Dieser Ausdruck ist der des intellektuellen Cynismus."

umschreibt.[67] Umgekehrt wird das Prädikat „zynisch" in dieser Zeit auf eine Gestalt der Gegenwart übertragen, auf eine typische Renaissance-Erscheinung, die in mancher Hinsicht – der satirischen Schärfe des Witzes oder der Obszönität – dem Diogenes entspricht: auf Pietro Aretino, der sich selbst „die Geißel der Fürsten" und den Jakob Burckhardt den größten Spötter moderner Zeiten nannte. In einer Beschreibung des jungen Aretino berichtet der Zeitgenosse Francesco Berni: „Vor seinem satirischen Talent zittern die Leute, und er schwelgt in allen Nachreden, die ihn einen zynischen schamlosen Verleumder heißen."[68] Völlig im Geist des Diogenes ist die Art, in der er die Beschimpfung aufnimmt.

Um an einem herausragenden Beispiel aus späterer Zeit, der Aufklärung, den Zusammenhang von neuzeitlicher Diogenes-Rezeption und der Herausbildung des modernen Zynismusbegriffs aufzuzeigen: Diderot schreibt in seinem Seneca-Essay: „Bei uns würde Diogenes in einer Dachkammer wohnen, nicht aber in einer Tonne; er würde in keinem Land Europas eine solche Rolle spielen, wie er in Athen gespielt hat. Die unabhängige und unerschütterliche Seele, die er von der Natur empfangen hatte, hätte er sich vielleicht bewahrt; doch hätte er einem unserer kleinen Herrscher keinesfalls wie Alexander dem Großen geantwortet: ‚Geh mir aus der Sonne!' "[69] Als eine dialektische Spekulation über eben diese Frage, ob eine moderne Diogenes-Existenz um die Mitte des 18. Jahrhunderts möglich sei, wie sie eventuell verändert aussehen und ob sie unter diesen Umständen noch eine „unabhängige und unerschütterliche Seele" bewahren würde, kann man Diderots früher entstandenen philosophisch-satirischen Dialog ‚Rameaus Neffe' lesen, den ein heutiges Wörterbuch der Philosophie als das „grundlegende Werk des modernen Zynismus" ausgibt.[70]

Ich will diese Interpretationshypothese zu belegen versuchen, ohne auf die abenteuerlich komplizierte Überlieferungsgeschichte der Satire einzugehen. Der Dialog spielt zwischen dem Neffen des großen Komponisten Rameau und dem Erzähler-Ich Diderots. Die beiden begegnen sich in einem Café; der Erzähler kennt den jungen Rameau schon seit langem als eine heruntergekommene Existenz, die gewöhnlich kaum die Miete für ein kleines Dachzimmer aufbringen kann, dann aber hin und wieder anscheinend bessere Tage erlebt, als ein notorisches Original der Pariser Gesellschaft, das er nicht schätzt, dessen Name jedoch und mehr noch dessen schroffe Gegensätze in der Person seine Aufmerksamkeit

---

67 Das Leben des Castruccio Castracani. In: Gesammelte Schriften. 2. Bd. München 1925. S. 115-148.

68 Zitiert bei Hermann Kesten. Pietro Aretino. Ein Journalist in Italien. In: Lauter Literaten. München 1966. S. 15-55. – Hier: S. 30.

69 Philosophische Schriften. Hrsg. von Theodor Lücke. 2. Bd. Berlin 1961. S. 257.

70 Wörterbuch der philosophischen Begriffe. Hrsg. von Johannes Hoffmeister. Hamburg ^{2}1955. Art. ‚Zynismus'. S. 683.

anziehen. Der Neffe tritt an ihn heran, beginnt ein Gespräch und bekundet gleich zu Beginn ausdrücklich, daß er sich dem Diogenes nahe fühlt. Als er sich nämlich selbstironisch Gedanken darüber macht, wie gut sein Portrait sich als Büste in Erz oder Marmor ausnehmen würde, geht der Erzähler halb schmeichelnd, halb ironisch darauf ein: „Neben Cäsar, Marc Aurel, Sokrates." Aber das sind nicht die Vorbilder, die für den jungen Rameau infrage kommen; er erwidert: „Nein! Ich stünde lieber zwischen Diogenes und Phryne. Unverschämt bin ich wie der eine, und die andern besuch ich gern."[71]

Gegen Ende der Unterhaltung kommt das Gespräch wieder auf Diogenes, und zwar diesmal ausführlicher. Jetzt aber ist es der dialogische Gegenpart des Rameau, der sich auf ihn beruft und der ihn seinerseits der Position des Neffen entgegenhält. Vor dem mal faszinierten, mal abgestoßenen Erzähler hat sich der junge Rameau als ein musiktheoretisches und mimisches Talent, aber auch als ein völlig moral- und würdeloses Subjekt enthüllt. Für ihn gibt es im Ernst keinen anderen bestimmenden Wert als den der animalischen Bedürfnisbefriedigung, und selbst diese läßt er noch krude provozierend im Stuhlgang gipfeln. „Der Hauptpunkt im Leben ist doch nur: frei, leicht, angenehm, häufig alle Abende auf den Nachtstuhl zu gehen. O stercus pretiosum! das ist das große Resultat des Lebens in allen Ständen."[72] Mit dieser Position brüstet sich der Neffe als illusionsloser Realist; und er macht sie zur Perspektive für eine satirische Entlarvung der Gesellschaft. Er zeichnet „die Gesellschaft und sich, wie ein Student der Medizin in der Anatomie die zerstückelte Menschheit sieht, wie der Mann von unten. Rameau malt den Hintern der Gesellschaft, die schmutzige Unterseite, die der professionelle Parasit erlebt, vor dem sich jeder und jede ungeniert die Hose auszieht. Aus dieser Rückseite des Lebens zieht dieser Rameau seine Überzeugungen und Lebensmaximen. Da überzeugt er sich selber, er habe recht, der Zyniker hat recht, es ist der Triumph des Zynikers." Noch der heutige Interpret von ‚Rameau's Neffe', Hermann Kesten, wiedererkennt in dem „Zyniker" Rameau, der „die blutige Satire des Zynismus" schreibe, den antiken Protokyniker: „Er ist ein Philosoph im Faß, ein Zyniker, der hundertmal recht hat, dem man nur widersprechen kann, wenn man alle Talente, wenn man den Witz, wenn man die geistige Würde, den Charakter, das Genie von Diderot hat, und sogar Diderot macht in der Replik nicht immer die beste Figur."[73]

Der Zynismus Rameaus ist Satire auf dem Boden der Amoral bzw. der Unmoral; der Neffe glaubt nicht an die Tugend und predigt das Laster. Ihm steht im

---

71 Denis Diderot. Ästhetische Schriften. Hrsg. von Friedrich Bassenge. 2. Bd. Frankfurt a. M. 1968. S. 408 (Übersetzung von Goethe).

72 A.a.O. S. 420.

73 Hermann Kesten. Denis Diderot. Ein Revolutionär in Frankreich. In: Lauter Literaten. S. 62-160. — Hier: S. 154.

Erzähler, den man wohl nicht ganz mit Diderot identifizieren sollte, ein philantropischer Moralist und ein Pädagoge der Tugend gegenüber. Auch er ist Satiriker, auch er sieht „einen Pantalon in einem Prälaten, einen Satyr in einem Präsidenten, ein Schwein in einem Mönch, einen Strauß in einem Minister, eine Gans in seinem ersten Sekretär."[74] Aber gegen den jungen Rameau ist er überzeugt von der Möglichkeit der unabhängigen Persönlichkeit und verteidigt in diesem Sinne den Kynismus des Diogenes gegen den Zynismus Rameaus.

Dessen Amoralität gipfelt in seiner Ehr- und Würdelosigkeit. Obwohl er die Gesellschaft durchschaut, sie verachtet und satirisch entblößt, paßt er sich ihr an, ja er wirft sich ihr sogar als Parasit zu Füßen; er macht „Pantomime". Und genau dagegen protestiert der Erzähler am Ende der Unterhaltung mit dem Vorbild des Diogenes; der Kynismus des Protokynikers wird von ihm als die letzte und äußerste Möglichkeit der Moral dem Parasitentum des Neffen entgegengehalten: „Aber doch gibt es ein Wesen, das von der Pantomime freigesprochen ist: der Philosoph, der nichts hat und nichts verlangt." Der Neffe bezweifelt das: „Und wo ist denn das Tier? Hat er nichts, so leidet er; bemüht er sich um nichts, so erhält er nichts und wird immer leiden." Der Erzähler widerspricht und nennt den Philosophen, den er meint: „Diogenes, der über die Bedürfnisse spottete." Der Neffe versucht nun, an den einzelnen Bedürfnissen der Kleidung, der Nahrung und schließlich der Sexualität nachzuweisen, daß auch Diogenes zur „Pantomime" gezwungen gewesen sei: „Da hab ich Euch! Diogenes hat also auch seine Pantomime getanzt, wenn auch nicht vor Perikles, wenigstens vor Lais oder Phryne." Der Erzähler entgegnet ihm mit einer Anekdote, nach der sich diese Edelhuren Athens dem Diogenes umsonst zur Verfügung stellten. Doch Rameaus Neffe zweifelt weiter: „Begab sich's aber, daß die Schönheit sonst beschäftigt war und der Zyniker nicht warten konnte." Nach mehreren antiken Anekdoten half sich Diogenes in einem solchen Fall selbst, d. h. er onanierte öffentlich; damit antwortet der Erzähler nun bezeichnenderweise nicht, sondern er läßt Diogenes auf diese Bedürfnisse verzichten lernen: „So ging er in sein Faß und suchte sie entbehrlich zu finden." Dieser Verzicht bedeutet das Abweichen vom Prinzip des ungehinderten Auslebens aller natürlichen Triebe, und in dieser Überhebung über die Natur liegt eigentlich der Sprung in die Moralität. Der Zyniker Rameau fragt denn auch sofort zurück, ob sein Gegenüber ihm das rate, und entlockt damit dem Erzähler ein hochmoralisches Bekenntnis: „Ich will sterben, wenn es nicht besser wäre, als zu kriechen, sich wegzuwerfen, sich zu beschimpfen." Animalische Selbstbehauptung und Moral stehen sich gegenüber. Der Neffe bleibt bei dem Prinzip, die physischen Bedürfnisse mit dem geringsten Aufwand maximal zu befriedigen; das heißt für ihn, lieber durch Parasitentum als durch Arbeit.

[74] A.a.O. S. 477.

Der Erzähler drückt seine ganze Verachtung für diesen Standpunkt aus: „Weil Ihr ein Nichtswürdiger, ein Vielfraß, ein Niederträchtiger seid, eine Kotseele." Aber nicht einmal damit kann er den Zyniker treffen: „Das hab ich Euch, glaub ich, schon alles gestanden." Der Erzähler: „Ohne Zweifel haben die Dinge des Lebens einen Wert; aber Ihr kennt nicht den Wert des Opfers, das Ihr bringt, um sie zu erlangen. So tanzt Ihr die schlechte Pantomime, Ihr habt sie getanzt und werdet sie tanzen."[75]

Nach diesen Worten, am Ende des Dialogs, bricht für einen Moment der Zyniker in Rameau zusammen und gibt den Blick auf einen enttäuschten und gebrochenen Idealisten frei. Auch Rameau hatte einmal Glückserwartungen, die mehr bedeuteten als das schamlose Vegetieren im Parasitentum; er erinnert sich an seine Frau, die er jetzt als „eine Art Philosoph" nach dem Begriff seines Gegenübers erkennt. Für ihn war das Glück unzertrennlich mit der Schönheit dieser Frau verbunden. Er konnte sie aber, und darin deutet sich seine moralische Unfähigkeit schon an, nicht als Person, sondern nur als sein Geschöpf begreifen; sie war für ihn hauptsächlich die unpersönliche Befriedigung seiner ästhetischen Bedürfnisse. Aber wohl nicht ausschließlich; denn ihren Verlust hat er nicht verschmerzt, und darin liegt ansatzweise ein moralisches Verhältnis. Im Schmerz ist er nicht mehr Zyniker.

Doch flüchtet er daraus wieder in den Zynismus. Nach dem Eingeständnis seines Unglücks verabschiedet er sich von dem Erzähler: „Lebt wohl. Ist's nicht wahr, Herr Philosoph, ich bin immer derselbe?" Dieser bestätigt ihm das: „Jawohl, unglücklicherweise." Darauf antwortet Rameau noch einmal, und mit dieser Replik endet der ganze Dialog: „Laßt mich das Unglück noch vierzig Jahre genießen. Der lacht wohl, der zuletzt lacht."[76]

Der Zynismus Rameaus ist die Selbstbehauptung gegenüber der Gefährdung, die aus einem Glücksbedürfnis entsteht, das mehr verlangt als die Befriedigung der physischen Triebe. Er reduziert Moral, die das Glück sichern soll, auf animalische Selbstbehauptung und verzichtet dadurch auf Glück. Rameau erklärt sein Einverständnis mit dem Unglück, das er lachend ertragen will, und erst das macht ihn vollends zum Zyniker: das Lachen als Moralersatz im Verein mit animalischer Selbstbehauptung.

Wo und hinter welcher Person steht der Autor Diderot in diesem Dialog? Oder steht er zwischen beiden? Oder über beiden? Ist auch er ein Anhänger des Diogenes, und wenn ja, in welcher Interpretation, der des Neffen oder der des Erzählers? Ist er vielleicht sogar ein Zyniker im modernen Sinn des Wortes?

„Diderot ist, wenn auch keineswegs in Sitten und Handlungen, der entschiedenste Cyniker", so urteilte Varnhagen von Ense in einer Rezension nachgelas-

---

[75] A.a.O. S. 478 f.
[76] A.a.O. S. 480.

sener Schriften Diderots.[77] Er erläutert dieses Urteil und räumt die negative Wertung aus, die damit verbunden ist, indem er den „Cynismus" Diderots durch eine Erklärung seiner Genese und Funktion relativiert. Am Hofe Ludwigs des Vierzehnten habe zunächst eine „naive Freiheit des Ausdrucks" geherrscht, bis verfeinerte Bildung diese verdrängte und zu verschleiern begann. Dann aber habe wieder „Überbildung" den Schleier „frech" weggezogen und mit „Pöbelhaftigkeit" gewetteifert. „Für edlere Naturen aber wurde der Cynismus eine Waffe und Protestation gegen Heuchelei und Unnatur, und die Ablösung von der christlichen Weise führte ihn zum plastischen Antiken zurück, wie dies auch in Italien als feststehend wahrzunehmen ist. Von dieser letzteren Gattung ist Diderot's Cynismus großentheils, und deshalb ist er schon leichter zu ertragen." Danach ist der „Cynismus" bei ihm lediglich Form der Darstellung und Mittel der Kritik, nicht eine absolute Position. Für Varnhagen wird er noch verzeihlicher durch den Geist, den Witz und den Tiefsinn, womit er bei Diderot verbunden auftrete; er sei das Gegengewicht auch der Empfindsamkeit gewesen, die Diderot ausgezeichnet habe. In genau derselben Weise hatte zuvor schon B. G. Niebuhr Diderots „Cynismus" aus den Zeitumständen erklärt und dagegen sein Genie sowie seine „wahre Tugend" aufgewogen.[78]

Der Witz und die darin gegebenen satirischen Möglichkeiten machten Diderot die Diogenes-Gestalt und den Kynismus interessant. Wie sehr er beide schätzte — und nicht nur in der von krassen Obszönitäten gereinigten, idealisierenden Fassung Wielands, die er kannte[79] — mag daraus hervorgehen, daß er sich selbst bei Gelegenheit mit einem schamlosen Witz als Diogenes präsentiert. Im ‚Salon von 1767' erzählt er, wie er von der preußischen Malerin Therbusch portraitiert wurde und diese seine hochgeschlossene Kleidung bemängelte. Da zog er sich hinter einem Vorhang aus und erschien vor ihr nackt als Modell, wobei er folgende Überlegung anstellte: „Da wir seit dem Sündenfall nicht allen Körperteilen ebenso gebieten können wie den Armen, da es unter ihnen einige gibt, die gerade dann wollen, wenn der Sohn Adams nicht will, und die gerade dann nicht wollen, wenn der Sohn Adams sehr gern wollte: so hätte ich mich, wenn dieser Zufall eingetreten wäre, des Wortes erinnert, das Diogenes zu dem jungen Ringer sprach: ‚Mein Sohn, fürchte nichts, ich bin nicht so boshaft wie der da!' "[80] Von derselben Anekdote macht übrigens auch der Arzt Bordeu gegenüber dem Fräulein von Les-

---

77 K. A. Varnhagen von Ense. Zur Geschichtschreibung und Litteratur. Hamburg 1833. S. 426 f.

78 Kleine historische und philologische Schriften. Erste Sammlung. Bonn 1828. S. 350 f.

79 Vgl. dazu: Roland Mortier. Diderot in Deutschland 1750-1850. Stuttgart 1972. S. 401. Anm. 91. Wielands Diogenes-Roman erschien 1772 in französischer Übersetzung (‚Socrate en délire, ou Dialogues de Diogène de Synope') und hatte in Frankreich mehr Erfolg als in Deutschland.

80 Ästhetische Schriften. 2. Bd. S. 166 f.

pinasse in ‚Gespräche mit d'Alembert' Gebrauch, indem er den Spruch des Diogenes auf seine Philosophie bezieht.[81]

Aber Diderots Interesse an Diogenes-Gestalt und Kynismus, für das man einen Anhalt auch in der Tatsache sehen mag, daß er den Artikel ‚cyniques' der Encyclopédie selbst verfaßte, war nicht nur das an Witz und Satire, sondern, wie die Zitierung in ‚Rameaus Neffe' zeigt, ebenso ein moralisches. Diderot war Antiplatoniker und lehnte die platonische Ideenlehre ab. Orientiert man sich unter diesem Aspekt an alternativen ethischen Vorbildern der Antike, so stößt man zumal als Satiriker schnell auf den Kynismus und die Figur des Protokynikers. Im Artikel ‚Erhaltung' der Encyclopédie formuliert Diderot als ethischen Imperativ die Maxime: „Handle so, daß alle deine Handlungen auf deine Selbsterhaltung und auf die Erhaltung der anderen abzielen: das ist der Ruf der Natur; aber sei vor allem ein rechtschaffener Mensch. Es gibt keine Wahl zwischen der Existenz und der Tugend."[82] Der platonische Sokrates etwa der ‚Apologie' oder des ‚Kriton' würde diesen letzten Satz nicht gelten lassen. Noch deutlicher wird Diderots antiplatonische Fundierung der Ethik in der Apologie des Abbé de Prades, worin Selbstinteresse und Selbsterhaltung als die Ur-Instinkte des Menschen bezeichnet sind, die älter seien als alle Ideen von Gott sowie von Gut und Böse. Im ethischen Antiplatonismus besteht eine wesentliche Affinität zur Diogenes-Gestalt, aber auch die Gefahr des Zynismus, und beides thematisiert Diderot in ‚Rameaus Neffe'.

Daß er den Erzähler dem Neffen, der sich selbst auf Diogenes beruft, nicht etwa den Idealismus-verdächtigen Sokrates, sondern seinerseits den Protokyniker als Vorbild entgegenhalten läßt, erscheint von hier aus konsequent. Dennoch hat dieser Erzähler samt seiner Diogenes-Auffassung selbst etwas verdächtig Idealistisches an sich, wenn er erklärt, er wolle lieber sterben, falls es nicht besser wäre, mit Diogenes die Bedürfnisse entbehrlich zu finden als ihretwegen zu kriechen. Gegen die zynische Selbstbehauptung Rameaus kann er diese Wertvorstellung nur beteuern, nicht aber begründen; und in der Tat ist nicht zu sehen, wie man ohne Idealismus – oder ohne einen dialektischen Sprung – von einem konsequenten Selbsterhaltungsprinzip aus zu Normen kommen sollte, die dieses Prinzip möglicherweise sogar aufheben. Daher stellt der Neffe den Erzähler ernsthaft infrage, nicht nur dieser ihn.

Diderots satirischer Dialog hat sehr unterschiedliche Stellungnahmen evoziert. In Absetzung vom Lob des ersten und prominentesten deutschen Übersetzers, Goethe, kritisierte Saint-Beuve mit dem Urteil des Marquis von Castellux, es seien „betrunkene Gedanken", die in dem Dialog einander nachliefen.[83] Der Aus-

81 Denis Diderot. Philosophische Schriften. 1. Bd. S. 577.

82 Zitiert nach: Philosophische Schriften. 1. Bd. S. 305.

83 Zitiert nach Karl Rosenkranz. Diderots Leben und Werke in zwei Bänden. Bd. 2. Neudruck der Ausgabe Leipzig 1866. Aalen 1964. S. 113.

druck erinnert an die Formulierung, mit der Heine den Dramatiker Grabbe als Zyniker charakterisiert. – Aus dem einheitlichen Begriff „Cynismus", der ursprünglich den antiken Kynismus bezeichnete, entwickelt sich im 19. Jahrhundert endgültig der moderne Zynismusbegriff. Auch diese Ablösung vom Ursprung ist bei Heine dokumentiert in der Weise, wie er das platonische Diktum über Diogenes als den verrückten Sokrates auf Grabbe ummünzt. Alle Vorzüge Grabbes, so bedauert er, seien „verdunkelt durch eine Geschmacklosigkeit, einen Zynismus und eine Ausgelassenheit, die das Tollste und Abscheulichste überbieten, das je ein Gehirn zu Tage gefördert." Er führt das nicht auf eine physische Krankheit wie Fieber oder Blödsinn zurück, sondern auf „eine geistige Intoxikation des Genies. Wie Plato den Diogenes sehr treffend einen wahnsinnigen Sokrates nannte, so könnte man unsern Grabbe leider mit doppeltem Rechte einen betrunkenen Shakespeare nennen."[84] Hier wird der moderne Zyniker nicht mehr mit dem Protokyniker identifiziert, sondern mit der Heine kennzeichnenden Assoziationsfähigkeit in eine komplizierte Analogie gesetzt.

Wenn Flaubert den Zynismus als „die Ironie des Lasters"[85] definiert, so ist darin explizit nicht mehr die Beziehung auf Diogenes und den Kynismus enthalten; aber implizit steckt in diesem Ausdruck sogar noch das platonische Diktum über den Protokyniker: der Zynismus als eine gewisse Umkehrung der sokratischen, auf Moral und Tugend basierenden Ironie. Unter diesem Aspekt dürfte es sinnvoll sein, zum Verständnis des modernen Zynismusbegriffs auf seine antike Vorgeschichte zurückzugehen, selbst wenn sich mit dem Namen des Diogenes allgemein nicht die Vorstellung eines modernen Zynikers verbindet und ein Politiker, der vielleicht eher solche Assoziationen weckt, sich in suggestiver Verächtlichkeit gegenüber der Philosophie von dem Protokyniker glaubt distanzieren zu müssen, mit dem doch Alexander der Große sich identifizieren wollte.

Und wenn das dazu beitragen sollte, die einstmals viel berufene Gestalt des Protokynikers Diogenes, die gegenwärtig aus den Philosophiegeschichten immer mehr zu verschwinden droht, samt den daran geknüpften Anekdoten vor dem Vergessen zu bewahren und etwas von ihrer ursprünglichen Brisanz spüren zu lassen, dann hätte auch darin, wie mir scheint, eine solche Arbeit ihr Recht. Obwohl es fast aussichtslos erscheint, von Diogenes anders als in Anekdoten zu handeln.

---

84 Werke und Briefe in zehn Bänden. Hrsg. von Hans Kaufmann. Bd. 7. Berlin 1962. S. 194. – Auch bei Heine steht im Original noch „Cynismus".

85 Brief vom 24. 4. 1852 an Louise Colet. In: Gustave Flaubert. Briefe. Hrsg. und übersetzt von Helmut Scheffel. Stuttgart 1964. S. 199.

II. *SOKRATES MAINOMENOS ODER DER VERRÜCKTE SOKRATES*

1. *Paracharattein to nomisma oder die Münze umprägen: die sophistische Herkunft der Diogenes-Gestalt*

a) Die Münzmetaphorik und das Orakel des Diogenes

Die Umstände, unter denen jemand zu einem berühmten Philosophen wird, sind bloß in der Chronik zufällige und isolierte Fakten. Wenn dagegen eine Anekdote über den Beginn einer philosophischen Laufbahn berichtet, enthält sie immer mehr als ein Ereignis; sie steht in Bezug auf die spätere Ausbildung der Lehre, die sie im günstigsten Fall schon in nuce repräsentieren kann. Daher sind gute Anekdoten gewöhnlich erfunden oder durch vielfache Umarbeitung und Ausgestaltung beziehungsreich und sinnvoll geworden. Je mehr sie an philosophischem Sinn darbieten, desto skeptischer sollte man gegenüber ihrer historischen Authentizität sein. Das gilt vor allem für die Anekdoten über solche Philosophengestalten, deren Persönlichkeit nicht hinter ihrer Lehre zurücktritt, sondern gleichsam darin aufgeht, die – um es mit dem Hegelschen Gegensatz zu verdeutlichen – nicht ein wissenschaftliches System entworfen haben, sondern individuelles, d. h. exemplarisches Leben darstellen.

Einer der markantesten Vertreter dieses Philosophentypus ist Diogenes, der aus folgendem Anlaß zur Philosophie kam: „Diogenes, des Wechslers Hikesias Sohn, stammte aus Sinope. Diokles erzählt, sein Vater habe ein öffentliches Wechslergeschäft gehabt und sei wegen Falschmünzerei flüchtig geworden (1). Eubulides aber berichtet in seinem Buch über Diogenes, dieser sei selbst der Täter gewesen und sei mit seinem Vater in die Fremde gegangen (2). Ja, er selbst sagt von sich in seinem Pordalos, er habe die Münze verfälscht (3). Einige behaupten, er sei zum Aufseher gemacht worden und habe sich von den Werkleuten bereden lassen, nach Delphi oder nach Delos, der Heimat des Apollon, zum delischen Tempel sich zu begeben, um dort anzufragen, ob er das vornehmen dürfe, wozu man ihn auffordere. Als der Gott es erlaubte, nämlich eine Änderung der staatlichen Ordnung überhaupt, faßte er es anders auf, fälschte die Münze, ward gefaßt und mußte, wie einige vermelden, in die Verbannung gehen (4a), während er nach anderen freiwillig aus der Stadt entwich, aus Furcht (4b); noch andere behaupten, er sei vom Vater zur Münzfälschung veranlaßt worden und dieser sei im Gefängnis gestorben, er aber sei flüchtig geworden und nach Delphi gegangen und habe da angefragt, nicht ob er das Geld fälschen dürfe, sondern was ihm dazu verhelfen würde, alle an Ruhm zu übertreffen, und habe darauf jene Antwort erhalten." (5)[1]

---

[1] Diogenes Laertius VI 20-21 (die Zahlen in Klammern zur Unterscheidung der verschiedenen Versionen Zusatz von mir).

Es bedarf einiger philologischer Vorarbeit, damit der Sinn dieser Anekdote verständlich und der geistesgeschichtliche Hintergrund ihrer Entstehung erschließbar werden. Der Bericht des Laertius enthält fünf kommentarlos aneinandergereihte, in den Details sich widersprechende Versionen über die Münzfälschung; die ersten drei werden einem Diokles (1), einem Eubulides (2) und Diogenes von Sinope selbst (3) zugeschrieben. Die vierte – beginnend mit „Einige behaupten" – hat am Schluß wiederum zwei Lesarten: „wie einige vermelden" (4a), „während er nach anderen" (4b). Die fünfte schließlich wird eingeleitet durch: „noch andere behaupten". Während es in (1) bis (3) lediglich darum geht, wer der Täter war, erwähnen die beiden letzten Versionen die näheren Umstände der Tat, ihren Anlaß und ihre Folgen. Besonders interessant werden sie dadurch, daß sie ein Orakel ins Spiel bringen, über dessen Zusammenhang mit dem Verbrechen allerdings keine Übereinstimmung herrscht. In (4) wird Diogenes von Werkleuten der Münzstätte, die er beaufsichtigt, zur Münzfälschung gedrängt. Er wendet sich in seiner Unschlüssigkeit an die Priester des Apollon und erhält eine doppeldeutige Anweisung, deren wörtlicher Sinn, den er allein versteht, ihm das geplante Verbrechen befiehlt. So wird er zum Münzfälscher. – In der fünften Version ist die Rolle des Orakels weniger eindeutig. Diogenes kommt erst nach der Tat in den Tempel des Apollon; seine Frage an den Gott betrifft diesmal nicht die Münzfälschung, sondern zielt auf ganz anderes. Dennoch wird ihm dieselbe Antwort wie in (4) gegeben. Was er mit ihr anfängt, ist nicht überliefert. Die Version bricht hier ab und mit ihr der ganze Bericht des Laertius über den Anlaß, aus dem heraus Diogenes seine Vaterstadt Sinope verlassen mußte und nach Athen kam.

Über den abrupten Abbruch der fünften Version erscheinen zwei Vermutungen sinnvoll. Nach K. von Fritz[2] muß die Geschichte genauso wie in (4) weitergehen: Diogenes versteht das Orakel im wörtlichen Sinne. Diese Fortsetzung steht aber im offenen Widerspruch dazu, daß die Münzfälschung dem Orakel vorangeht; deswegen habe Laertius sie fallengelassen. Dagegen soll hier eine Erklärung vorgeschlagen werden, die weniger mit der allgemein bekannten unkritischen Arbeitsweise des Laertius, Geschichten anzuhäufen, rechnet: Die Geschichte ist gar nicht so scharf von dem Folgenden abgeschnitten; der Biograph verweist in ihr schon auf die nächste Anekdote, in der geschildert wird, wie sich Diogenes durch besondere Hartnäckigkeit erfolgreich um den Zugang zu dem abweisenden Antisthenes bemüht. Als selbstverständlich vorausgesetzt wird dabei, daß er das Orakel richtig, nämlich in seiner bildlichen Bedeutung, versteht. Damit stünde der doppeldeutige Spruch des Apollon am Anfang jener Entwicklung, in deren Verlauf Diogenes der berühmte, alle Werte verändernde Philosoph wird. Wie in der

---

[2] Quellenuntersuchungen zu Leben und Philosophie des Diogenes von Sinope. S. 19 f.

vierten Version für die Entscheidung zum Verbrechen ist er hier ausschlaggebend für die Hinwendung zur Philosophie.

Darüber, ob das Münzverbrechen ein geschichtliches Faktum und das Orakel eine späte Erdichtung dazu oder ob umgekehrt das Orakel die Quelle aller literarischen Erzählungen über die Geldfälschung sei, geht ein unentschiedener Meinungsstreit.[3] Die historische Diskussion soll an dieser Stelle nicht aufgenommen, sondern lediglich ein Argument entkräftet werden, das F. Sayre zur Stützung der ersten Theorie anführt. Dessen Widerlegung führt in jenen geistesgeschichtlichen Raum, in dem der Spruch, über den so viel Unklarheit herrscht, erst entstehen konnte und — fast möchte man behaupten — entstehen mußte.

Das Orakel, dessen Wortlaut Laertius nicht mitteilt, heißt in der infiniten Form: paracharattein to nomisma, die Münze umprägen. Die für einen Orakelspruch typische metaphorische Leistung beruht auf der Doppeldeutigkeit sowohl des Substantivs „nomisma" als auch des Verbs „paracharattein". Mit dem Hinweis, daß die bildliche Verwendung des Ausdrucks „die Münze fälschen" eine sehr späte sei — außer bei Diogenes Laertius ist das Orakel nur noch bei Julian und im ‚Wörterbuch des Suidas' überliefert — votiert Sayre für die Ansicht, die metaphorische Redensart sei von einem historischen Ereignis ausgegangen.[4] Dieser Hinweis jedoch ist ebenso unzutreffend wie die allgemeine Vorstellung, auf der er beruht: Die unausgesprochene Voraussetzung des Arguments ist die Meinung, am Anfang habe jedes Wort eine einzige und klare gegenständliche Bedeutung, die metaphorische Ausweitung sei erst eine späte Entwicklung.

„Nomisma" meint ursprünglich das, was Geltung hat.[5] Aus der allgemeinen Bedeutung „Sitte", „Brauch" — beides nicht im heutigen folkloristischen, sondern in einem verbindlichen und fast politischen Sinn — heraus wird es im fünften Jahrhundert v. Chr. zur Bezeichnung für die Münze als das geltende Zahlungsmittel. Dabei waren beide Bedeutungsbereiche nicht sofort scharf voneinander getrennt. Wie in der Wortgeschichte von „Geld" lange eine Beziehung auf das Verb „gelten" vorhanden war, so lag bei der Verwendung von „nomisma" als „Münze" zunächst der allgemeine Sinn von „Geltung" sehr nahe; der metaphorische Sprung von „Münze" zu „Sitte" war also im Anfang gering, er wurde in dem Maße größer, in dem sich beide Bedeutungsbereiche auseinanderentwickel-

---

3 Vgl. dazu den Exkurs über die Rezeptionsgeschichte der Münzanekdote. S. 56 ff.

4 Diogenes of Sinope. A Study of Greek Cynicism. S. 73: „The examples which we have of the figurative use of the expression ‚falsify the currency' are quite late (D. L. 6,71; Julian 6,188); it seems more probable that the figurative sense of the expression was a late development than that the story of Diogenes adultering the currency grew out of the use of the figurative expression."

5 Zur Wortgeschichte von „nomisma" vgl.: F. Heinimann. Nomos und Physis. Herkunft und Bedeutung einer Antithese im griechischen Denken des 5. Jahrhunderts. Darmstadt 1965. S. 75 f.

ten.[6] Die Münzmetaphorik entstand zur gleichen Zeit, in der „nomisma" zur Bezeichnung für das Geld wurde; diese Vermutung wird durch Belege bei Sophokles und Euripides bestätigt. Zwei Beispiele lassen erkennen, wie die allgemeine Münzmetapher zur speziellen der Münzfälschung sich entwickelte und welche Anwendungsbereiche — mit einer Formulierung J. Triers, die H. Weinrich[7] aufgegriffen hat: „bildempfangende Felder" — sich für beide ergaben. Das erste Beispiel ist den ‚Wolken' des Aristophanes entnommen und steht in folgendem Zusammenhang. Der Athener Bürger Strepsiades ist in eine Notlage geraten, in der er sich nur noch von der neuen Kunst der Sophistik Hilfe verspricht. Daher wendet er sich an Sokrates als das Haupt dieser Bewegung; für dessen Unterricht bietet er jedes geforderte Honorar. Was Strepsiades zur Sophistik treibt, ist der pure äußere Zwang, nicht innere Affinität; vielmehr hängt er der alten Ordnung an. Daher bekräftigt er auch sein Honorargebot mit dem alten Schwur „bei allen Göttern, unverkürzt", worauf Sokrates sofort zurückfragt: „Bei welchen Göttern unverkürzt? Denn Götter sind / Nicht gang und gäbe Münze bei uns." Darauf Strepsiades: „Wie schwört ihr denn? / Soll lieber ich schwören bei Heller und Pfennig unverkürzt?"[8] Wenn der Sophist die Religion ein „nomisma" nennt, so bedeutet das in dieser Zeit, daß sie wie das Geld auf menschlicher Satzung beruht; man kann mit ihr wie mit einer Währung umgehen: sie einsetzen, außer Kraft setzen, verändern und so fort, und genauso manipuliert sie der Sophist — bis zur Abschaffung — nach der Ansicht des Aristophanes. Nun ist die Religion in Athen keine Privatsache, sondern die Götter garantieren die staatliche Ordnung; daher betrifft die Tätigkeit des Sophisten das ganze gesellschaftliche Le-

---

[6] Diesen Zusammenhang macht ein Exkurs über das Geld, der die Grundzüge einer Geldtheorie enthält, in der ‚Nikomachischen Ethik' des Aristoteles deutlich. Aristoteles erklärt den Namen „nomisma" als Bezeichnung des Geldes daraus, daß es nicht von Natur, sondern durch Herkommen gelte und es an den Menschen liege, es zu verändern und wertlos zu machen. Nicht zufällig findet sich dieser Exkurs in dem Teil über die Gerechtigkeit; denn zwischen Gerechtigkeit und Geld besteht nach Aristoteles eine funktionale Analogie: beide sind Mittel des Ausgleichs und bilden die Mitte zwischen Extremen. Das Geld vermittelt auf dem Wege des Tausches zwischen einem Übermaß an Gegenständen — etwa an Schuhen beim Schuster — und dem Mangel. Es ist der einheitliche Maßstab der Bedürfnisse, ohne den eine Gemeinschaft nicht auskommt; es erfüllt wie die Gerechtigkeit eine gemeinschaftsbildende und -erhaltende Aufgabe. „Es muß also ein einheitliches Maß geben, und zwar auf Grund einer Voraussetzung. Darum heißt es auch Nomisma. Dieses macht alles kommensurabel, denn alles wird am Geld gemessen" (1133 b 21. Übersetzung von Olof Gigon. München [2]1975. S. 166). Im Horizont dieser Definition wird die politische Bedeutung des Ausdrucks „paracharattein to nomisma" bzw. seine besondere Eignung als ethisch-politische Metapher ersichtlich.

[7] H. Weinrich. Münze und Wort. In: Romanica. Festschrift für G. Rohlfs. Halle a. S. 1958. S. 508-521.

[8] Die Wolken V. 246-250. Übersetzt von J. G. Droysen. Leipzig o. J.

ben. Die entlarvende Rückfrage des Strepsiades zeigt, was der Sophist zu dessen Organisierung an die Stelle der alten, von der Religion bestimmten Ordnung setzt: das bloße Geld.

Der Gegensatz zur Sophistik wird im Werk Platons prinzipieller und tiefer als bei Aristophanes, der Schwerpunkt der Auseinandersetzung wird von der politisch-religiösen auf die philosophische Ebene verlagert. Nicht daß er die Götter, sondern daß er die Wahrheit außer Kraft setzt, macht Platon dem Sophisten zum Hauptvorwurf. Er stellt der Sophistik nicht allein die Empfehlung des Aristophanes entgegen, zum Glauben und zur Ordnung der Alten zurückzukehren – die ‚Wolken' enden mit der Vertreibung der Sophisten und der Verbrennung ihrer „Denkerei" – sondern die sichere Erkenntnis der unverfälschbaren Wahrheit; darum ist im idealen Staat der Herrscher zugleich Philosoph. Soviel zum Verständnis des zweiten Beispiels, in dem Platon das Besitzverbot für die beiden oberen Stände, denen die Leitung und der Schutz des Staates anvertraut sind, begründet. „Gold und Silber aber, muß man ihnen sagen, haben sie von den Göttern göttliches immer in der Seele und bedürfen gar nicht auch noch des menschlichen. Es sei ihnen auch nicht verstattet, jenes Besitz durch Vermischung mit des sterblichen Goldes Besitz zu verunreinigen, da gar vieles Unheilige mit dieser gemeinen Münze vorgegangen, die ihrige aber ganz unverfälscht sei; sondern ihnen allein von allen in der Stadt sei es verboten, mit Gold und Silber zu schaffen zu haben und es zu berühren und auch unter demselben Dach damit zu sein oder es an der Kleidung zu haben oder daraus zu trinken. So würden sie selbst wohlbehalten bleiben und auch die Stadt im Wohlstande erhalten."[9] Die „gemeine Münze", mit der „gar vieles Unheilige" vorgegangen ist, bedeutet zunächst das für viele Arten der Verschlechterung wie Inflation und Fälschung anfällige reale Geld. Darüber hinaus ist sie das „Erz" in den Seelen des überwiegenden Bevölkerungsteiles, der den dritten Stand bildet. In einem Mythos erklärt Platon die Herkunft und die Art der drei Stände: Den Herrschern und ihren Gehilfen hat der bildende Gott Gold und Silber in die Seele gegeben, den Handwerkern und Bauern Erz. Eine der vornehmsten Aufgaben der Herrscher ist es, darauf zu achten, welches Metall ein junger Mensch in der Seele trägt, da nicht jeder Stand unbedingt sein eigenes vererbt. Die Herrschernaturen werden in einem Prozeß der Prüfung herausgefunden, indem man sie Gefahren aussetzt, bei denen sie von der wahren Erkenntnis abweichen können: Schmerz, Lust und künstlichen Täuschungen. Dabei scheiden alle unedlen Naturen aus, und wer übrigbleibt, ist „weit mehr als das Gold im Feuer"[10] geprüft, seine Seele enthält das „unverfälschte" nomisma des Herrscher-Philosophen, den die Täuschungen

---

[9] Politeia 416e-417a. Übersetzt von F. Schleiermacher. (Sämtliche Werke. 3. Bd. Hrsg. von W. F. Otto, E. Grassi und G. Plamböck. Hamburg 1958).

[10] Politeia 413e.

der Sophisten nicht von der Wahrheit abbringen. Die große Masse dagegen kann nach der aristokratischen Ansicht Platons zwischen sophistischer Augenwischerei und philosophischer Wahrheit nicht unterscheiden, wegen ihres vordergründigen Glanzes leuchtet ihr erstere noch eher als die letztere ein.

Aus den zwei Beispielen geht hervor, daß die Münzmetapher während der Aufklärung im fünften und vierten Jahrhundert v. Chr. vornehmlich auf die Tätigkeit der Sophisten bezogen wurde, die in den Augen ihrer Gegner ein Außer-Kraft-Setzen oder negativer noch ein Verfälschen des nomisma war. Dies legt die Vermutung nahe, auch das Orakel des Diogenes könnte als eine für die Zeit typische Münzmetapher im Zusammenhang mit der Sophistik entstanden sein. Tatsächlich weist die Interpretation, die Diogenes Laertius an anderer Stelle, nicht im Zusammenhang mit den zitierten Versionen der Münzanekdote gibt, in diese Richtung. In eine ansonsten kommentarlose Aneinanderreihung von Aussprüchen und Lehrsätzen des Diogenes schiebt er einmal die Erklärung ein: „Solches lehrte er und handelte auch danach, indem er wirklich die Münze umprägte dadurch, daß er weniger Gewicht legte auf die Vorschriften des Gesetzes als auf die der Natur."[11] Daraus geht hervor, was bei der ersten Erwähnung des Orakels unklar geblieben war, daß Diogenes Laertius es in seinem metaphorischen Sinn verstanden wissen will, und zwar als die rhetorische Einkleidung jener berühmten sophistischen Antithese von nomos und physis.

Vor der Erörterung dieser Antithese, die nach der Deutung des Laertius gleichsam die Quintessenz des kynischen Lebens darstellt, muß aber noch der Wortlaut des Orakels genauer untersucht werden. Die zitierten Münzmetaphern bei Aristophanes und Platon sind aus einer antisophistischen Haltung heraus verfaßt und lassen den Sophisten als jemanden erscheinen, der am nomisma verdächtige Manipulationen vornimmt. Das läuft darauf hinaus, daß dem Sophisten metaphorisch angelastet wird, was manche Erzählungen dem Diogenes als wörtlich zu verstehenden Vorwurf machen, die Verfälschung der Münze. Die neutralere Deutung der Münzmetapher bei Laertius dagegen verweist darauf, daß die sophistenfeindliche Entwicklung der Münzmetaphorik nicht die einzig mögliche war. Dem muß zunächst nachgegangen werden.

Die Mehrdeutigkeit eines Orakels kann einmal darin bestehen, daß es sowohl eine konkrete als auch eine metaphorische Auslegung zuläßt; andererseits kann auch eine Wahl zwischen positiver und negativer Interpretation vorliegen. Im Orakel des Diogenes sind beide Doppelmöglichkeiten so vorhanden, daß sich nicht unbedingt die metaphorische mit der positiven und die konkrete Auslegung mit der negativen decken. Die erste Alternative — das wurde gezeigt — ist in der Doppeldeutigkeit von „nomisma" begründet, die zweite — die zwischen positivem

---

[11] Diogenes Laertius VI 71. (Abweichend von der Übersetzung Apelts wurde hier paracharattein nicht durch „fälschen", sondern durch „umprägen" wiedergegeben).

und negativem Sinn – hängt weitgehend vom Verb „paracharattein" ab. Damit das Orakel in seiner ganzen Vieldeutigkeit und die Möglichkeiten seiner unterschiedlichen Rezeption verständlich werden, muß dies zuvor geklärt sein: Welche von dem einfachen Prägen einer Münze verschiedenen Vorgänge kann das Kompositum von „charattein" bezeichnen?[12] Drei Bedeutungen kommen infrage: die ursprüngliche Prägung verderben oder eine schlechte Prägung anfertigen, eine neue Prägung auf einer alten Münze anbringen und schließlich mit einem nachgemachten, nicht offiziellen Stempel einfaches Metall, das lediglich vergoldet oder versilbert ist, Münzen neu prägen. Der dritte Vorgang ist ein eindeutiges Fälschungsverbrechen, weniger klar ist der zweite, der doch allein offensichtlich ein wirkliches Umprägen darstellt; er besteht in folgendem. Um einer Wertveränderung des Geldes Rechnung zu tragen, konnte man die alten Münzen einschmelzen und neue prägen oder zusätzlich auf die alte Prägung einen Stempel setzen, der den neuen Wert angab. Wenn dies von der offiziellen Münze vorgenommen wurde, war es natürlich kein Verbrechen. Das Verb „paracharattein" muß also keinen negativen, es kann einen neutralen Sinn haben, so daß das Orakel in der übertragenen Bedeutung befiehlt, das alte Gesetz umzuprägen – nicht es zu fälschen –, damit es den neuen Bedingungen entspreche. Diese Vorstellung von „paracharattein" liegt zugrunde, wenn Laertius ohne negative Wertung das Umprägen des Diogenes als die Verwirklichung der sophistischen Antithese von nomos und physis bezeichnet. Wäre die Umprägung nicht ein neutraler Vorgang, dann wären die Münzanekdote und das Orakel des Diogenes nicht offen für die positiven Deutungen der folgenden zwei Beispiele.

Plutarch erwähnt wiederholt die in der späten Antike häufig erzählte und berühmte Begegnung zwischen Alexander und Diogenes. Einmal interpretiert er den bekannten Ausspruch des Königs, den dieser bei der Erinnerung an den Philosophen oft getan habe: „Wenn ich nicht Alexander wäre, so wäre ich Diogenes." Der Sinn des Diktums sei nicht, daß Alexander sich als König über den Philosophen stelle und nur, wenn die erste Rolle nicht infrage käme, er sich mit der zweiten zufrieden gäbe. Der König und der Philosoph stehen nach Plutarch vielmehr auf einer Stufe: Alexander verwirkliche den Kosmopolitismus des Kynikers und löse so dessen philosophischen Anspruch ein. Mit dem Satz wolle er zu erkennen geben, daß er sich der Theorie zuwenden würde, wenn er die Philosophie nicht schon praktisch realisierte. Plutarch faßt seine Interpretation in folgendem Ausspruch zusammen, den er Alexander sagen läßt: „Auch ich muß die Münze ändern und das ausländische Gesetz durch die griechische Staatsform umprägen."[13]

[12] Vgl. dazu: P. Gardner. Diogenes and Delphi. In: The Classical Review. Vol. 7. London 1893. S. 437-439. – Und: I. Bywater. Paracharaxis. In: The Classical Review. Vol. 54 (1940). S. 10-12.

[13] Moralia 331 F-332 E.

Im Munde des Alexander wird die Münzmetapher zum Spruch eines Halbgottes; göttlicher Spruch des Apollon ist das Orakel des Diogenes, dessen wörtliche Fassung wir durch die Überlieferung Julians kennen. In den zwei Reden gegen die Kyniker seiner Zeit, die er ganz in die Nähe der ihm verhaßten Christen rückt, legt Julian seine — neuplatonisch gefärbte — Auffassung vom echten Kynismus dar. Die erste Rede ist eine Verteidigung des Diogenes, dem von einem Vertreter des mit dem Christentum sympathisierenden neuen Kynismus effekthaschendes Auftreten vorgeworfen worden war; ihre Idealisierung des Diogenes liegt in der allgemeinen Tendenz Julians, der am Ausgang der Antike vergeblich versuchte, das aufkommende Christentum durch die Verbindung von alter griechischer Philosophie und Religion zurückzudrängen. Der Diogenes, den er darstellt, ist kein empiristischer und ungläubiger Sophist, sein Kynismus nicht unvereinbar mit Platonismus und Religion. Überhaupt sei Philosophie nichts anderes als die von Gott befohlene Selbsterkenntnis, und daher solle man sie nicht „in viele Stücke auseinanderreißen oder in viele Teile zerschneiden oder, besser gesagt, aus der einzigen Philosophie viele Philosophien machen wollen. Denn gerade so, wie es nur eine einzige Wahrheit, so gibt es auch bloß eine einzige Philosophie."[14] Daher leitet Julian die kynische Schule auch nicht von Antisthenes und Diogenes her, sondern von Apollon selbst, „dem die Griechen ohnehin alles Schöne verdanken". Zusätzlich zu der allgemeinen, die Philosophie begründenden Weisung „Erkenne dich selbst!" habe er dem Diogenes einen eigenen Auftrag gegeben: „Er spornte ihn aber nicht wie die übrigen Menschen bloß durch eine in Verse gekleidete Weisung an, sondern durch eine tatsächliche Belehrung, indem er ihm seine Absicht in symbolischer Weise durch die zwei Worte: ‚Präge die gangbare Münze um' zu verstehen gab."[15] Julians Interpretation des Orakels, die er in der zweiten Rede gibt, ist eine ganz und gar platonische; sie macht aus dem „Umprägen der Münze" statt für die sophistische eine Metapher für die platonische Philosophie. Dieser überraschende Kunstgriff, durch den Platonismus und Kynismus miteinander verbunden werden, gelingt Julian dadurch, daß er das Orakel des Diogenes an das des Sokrates als seiner unverzichtbaren Voraussetzung bindet, ja beide letztlich sogar als in ihrer Aussage identische deutet. Damit nimmt er der Münzmetapher ihre sophistisch-relativistische Spitze. Was der Gott denn mit der Weisung an Diogenes habe sagen wollen, fragt er. „Er wollte ihn anweisen, die Meinung der großen Menge zu verachten und umzuprägen — nicht die Wahrheit, sondern die ‚gangbare Münze'. Worauf haben wir aber die Weisung: ‚Erkenne dich selbst' zu beziehen? Etwa auf die ‚gangbare Münze'? Oder werden wir vielmehr darin nichts anderes als den Inbegriff der

[14] Des Kaisers Julianus Rede gegen die ungebildeten Hunde. In: Kaiser Julians Philosophische Werke. Übersetzt und erklärt von R. Asmus. Leipzig 1908. S. 55.

[15] A.a.O. S. 59.

Wahrheit zu sehen und in den Worten: ‚Erkenne dich selbst' lediglich eine andere Wendung für den Ausspruch: ‚Präge die gangbare Münze um' zu erblicken haben? Wie nämlich ein Mensch, welcher die gangbaren Meinungen gänzlich verachtet und anstatt dessen zu der Wahrheit selbst vorgedrungen ist, auch bezüglich seiner eigenen Person nicht den gangbaren Meinungen, sondern der tatsächlichen Wahrheit beipflichten wird, so wird meines Erachtens auch derjenige, welcher sich selbst erkennt, genau wissen, was wirklich ist, und nicht bloß, was nach der gangbaren Meinung dafür gilt."[16]

Als Bezeichnung für die kynische Philosophie kann paracharattein also einen positiven Sinn haben; eher negativ dagegen ist es — bezogen auf die kynische Umwandlung der Lebensführung — bei Lukian in der Beschreibung des Demonax gemeint. Dieser Philosoph gilt als Kyniker des zweiten Jahrhunderts n. Chr.; von seinem Biographen, der manchen kynischen Strömungen abweisend gegenüberstand und einen anderen zeitgenössischen Kyniker satirisch karikierte,[17] wird er als leuchtendes Beispiel dargestellt. Demonax habe sich aus allen philosophischen Schulen das Beste herausgesucht, am meisten aber aus der sokratischen, und er habe den Diogenes nachgeahmt. „Indessen trieb er dies nicht so weit, daß er in seiner Lebensweise etwas Besonderes affektiert hätte, um Aufsehen zu erregen und von dem großen Haufen angestaunt zu werden".[18]

Das „Umprägen der Münze" ist ein in seiner metaphorischen Bedeutung ambivalenter Ausdruck; das wäre unmöglich, wenn der zugrunde liegende konkrete Sinn nur Negatives — ein Verbrechen — meinte. Diese Folgerung macht es notwendig, noch einmal dem nachzugehen, was Diogenes, der wörtlichen Aufforderung des Orakels gehorchend, tun konnte. Einmal von der durch eine bestimmte Tradition fixierten Vorstellung losgekommen, es sei eindeutig Geldfälschung gewesen, werden wir die Münzanekdote umfassender begreifen. Dazu sind zunächst jedoch einige Vorbemerkungen über das Geld erforderlich.

G. Simmel hat den modernen Zynismus — im Unterschied zum Kynismus der Antike — vom Geld her erklärt. Der Zyniker finde sein Lebensgefühl erst adäquat ausgedrückt, „wenn er die Niedrigkeit auch der höchsten Werte, den Illusionismus der Wertunterschiede theoretisch und praktisch erwiesen hat. Dieser Stimmung kann nichts wirksamer entgegenkommen, als die Fähigkeit des Geldes, die höchsten wie die niedrigsten Werte gleichmäßig auf eine Wertform zu reduzieren und sie dadurch, um so verschiedene Arten und Maße derselben es

---

[16] Des Kaisers Julianus Rede gegen den Kyniker Heraklios. In: Kaiser Julians Philosophische Werke. S. 94 f.

[17] Über das Lebensende des Peregrinus. Vgl. dazu: J. Bernays. Lucian und die Kyniker.

[18] So die freie Übersetzung Wielands in: Lukian. Werke 2. Bd. S. 111 f. Wörtlich: dieses nicht in die Lebensweise umprägend, daß er bewundert und von allen möglichen angeblickt würde".

sich auch handeln mag, auf dasselbe prinzipielle Niveau zu bringen." Darin, daß alles durch Geld erworben würde, fände der Zyniker seine Rechtfertigung und seinen Triumph über den Idealisten; sein Revier seien die Umschlagplätze großer Geldsummen. „Je mehr hier das Geld selbst zum alleinigen Interessenzentrum wird, je mehr man Ehre und Überzeugungen, Talent und Tugend, Schönheit und das Heil der Seele dagegen eingesetzt sieht, eine umso spöttischere und frivolere Stimmung wird diesen höheren Lebensgütern gegenüber entstehen, die für dasselbe Wertquale feil sind wie die Güter des Wochenmarkts, und so schließlich auch einen ‚Marktpreis' erhalten. Der Begriff des Marktpreises für Werte, die ihrem Wesen nach jede Schätzung außer der an ihren eigenen Kategorien und Idealen ablehnen, ist die vollendete Objektivierung dessen, was der Zynismus in subjektivem Reflex darstellt."[19]

Ein frühes Phänomen und eine der ersten Gestalten der abendländischen Kulturgeschichte, auf die diese Beschreibung zutrifft, sind die Sophistik und der Sophist aristophanischer und platonischer Observanz. Man erinnere sich an die entlarvende Frage, die in den ‚Wolken' des Aristophanes Strepsiades dem Sokrates stellt: Ob er denn bei dem Heiligtum der Sophisten, bei Heller und Pfennig, schwören solle, nachdem Sokrates ihm eröffnet hatte, die alten Götter — als Garanten aller Werte — seien nicht mehr „gängige Münze". Wenn Platon einen prinzipiellen Gegensatz zwischen Sokrates und den Sophisten darin zeichnet, daß der erste kein Geld für seinen Unterricht nimmt, letztere aber sich bezahlen lassen, dann ist dies der Grund: Die Wahrheit und die in ihr fundierten ideellen Werte sind nicht verkäuflich. Was der Sophist für Geld anbietet, ist nicht die Wahrheit und das Wissen um sie, sondern erschöpft sich in bloßer Meinung. Darum geht es Platon in der Polemik gegen die Geldgeschäfte der Sophisten und nicht primär um das einfache und bedürfnislose Leben an sich; sein Sokrates anerkennt nicht — im Gegensatz zu dem sophistischen des Aristophanes — die geprägte Münze als den Garanten einer universalen und nivellierten Wertordnung.

Metrokles, der von seinem Schwager Krates auf eine sehr sonderbare Weise zum Kynismus bekehrt wurde,[20] macht eine im Ansatz platonische Unterschei-

---

19 G. Simmel. Philosophie des Geldes. 4., unveränderte Auflage. München 1912. S. 264.

20 Die Anekdote, auf die beispielsweise Montaigne zurückgreift (Michel de Montaignes Gesammelte Schriften. Unter Zugrundelegung der Übertragung von J. J. Bode hrsg. von O. Flake und W. Weigand. 4. Bd. München und Leipzig 1910. S. 48 f.), sei auch zitiert, weil sie ein bezeichnendes Licht auf Krates und seine Art, kynische Schamlosigkeiten für einen menschenfreundlichen Zweck einzusetzen, wirft. „Metrokles, der Bruder der Hipparchia, der zuerst den Peripatetiker Theophrast hörte, war dermaßen verschüchtert, daß, als ihm einst während der Schulübung ein Wind entfuhr, er sich aus Verzweiflung in seinem Zimmer einschloß in der Absicht, sich durch Hunger das Leben zu nehmen. Als Krates dies erfuhr und sich, aufgefordert

dung zwischen käuflichen und ideellen Werten; darin, daß letztere für ihn nicht auf dem platonischen Wege der reinen Theorie zugänglich sind, ist er ein typischer Kyniker. „Er lehrte, von den Dingen seien die einen für Geld käuflich, z. B. ein Haus; die anderen nur für den Einsatz von Zeit und Fleiß." Der platonisch-sophistische Gegensatz in der Frage des Geldes wird bei den Kynikern offensichtlich fortgesetzt und zu einer Auseinandersetzung um die moderne Zivilisation, deren Geist wesentlich von der Sophistik geprägt war, verallgemeinert. Das Geld spielt in mehreren Kynikerbiographien eine auffallend zentrale Rolle; wie sich der Kyniker jeweils zu ihm verhält, daran offenbart sich, ob er ein ernsthafter Nachfolger des Sokrates und positiv zu bewerten oder ob er ein Anhänger der Sophisten und damit zu verwerfen ist. Auf der sokratischen Seite z. B. stehen Krates und Monimos, auf der sophistischen Menippos.

Über Krates, der der menschenfreundlichste der Kyniker und ganz und gar das Gegenteil von einem Zyniker ist – man nannte ihn den „Türenöffner", weil er wegen seiner Freundlichkeit und seiner guten Ratschläge Zutritt zu jedem Haus hatte – gibt es die meisten Erzählungen über eine ablehnende Haltung zum Geld. Er habe seinen großen Reichtum an seine Mitbürger verteilt bzw. ihn für seine Kinder deponiert für den Fall, daß diese nicht Philosophen würden – als Philosophen hätten sie ihn nicht nötig. Nach der radikalsten Version soll sein Lehrer Diogenes ihn überredet haben, „sein Landgut zur freien Schafweide zu machen, und was er an barem Geld habe, ins Meer zu werfen."[21] Ebenso symbolträchtig ist die Handlung, mit der Monimos, ein anderer Schüler des Diogenes, den Anfang seines kynischen Lebens setzte. Er war Diener bei einem Wechsler; über einen Geschäftsfreund des Herrn hörte er von Diogenes, wodurch Monimos so begeistert wurde, „daß er sich wahnsinnig stellte und das Kleingeld sowie sämtliches Silbergeld auf dem Wechslertisch bunt durcheinander warf, bis ihn sein Herr entließ." Ansonsten schildert ihn der Biograph als einen Mann „von ernstester Würde, ein Verächter des Ruhmes und ganz nur dem Dienst der Wahrheit ergeben."[22] – Während Metrokles, Krates und Monimos die universale Macht des Geldes bestreiten und bekämpfen, steht das Leben des Menippos unter seiner Gewalt; diesem Thema ist der größte Teil der biographischen Notiz über ihn

---

durch die Angehörigen, zu ihm begab, nachdem er absichtlich zuvor Bohnen genossen, suchte er ihm zunächst durch vernünftige Vorstellungen klarzumachen, daß er keine Schandtat begangen habe; denn es müßte doch wunderbar zugehen, wenn nicht auch die Winde sich ihren natürlichen Abzug verschafften; schließlich aber richtete er ihn dadurch wieder auf, daß er selbst sich dieser Sünde schuldig machte und so zu seinem Troste sich tatsächlich mit ihm auf die gleiche Stufe stellte. Von da ab war er sein Zuhörer und brachte es in der Philosophie zu einer beachtenswerten Stellung." (Diogenes Laertius VI 94).

[21] Diogenes Laertius VI 87.

[22] Diogenes Laertius VI 82-83.

gewidmet. Er sei ein Possenreißer und kaum ernst zu nehmen, Wucherei habe ihm zu ungeheurem Reichtum verholfen. „Schließlich sei er aber durch Nachstellungen um sein ganzes Vermögen gekommen und habe aus Verzweiflung seinem Leben durch Erhängen ein Ende gemacht."[23]

In die typische Kynikerbiographie gehört offensichtlich eine symbolische Geldgeschichte, die den Philosophen charakterisiert. Unter diesem Aspekt ist es sinnvoll, die Münzanekdote des Diogenes wörtlich zu verstehen und zu überlegen, was er mit dem Geld angestellt habe: Hat er es gefälscht und gehört er deswegen eher auf die Seite Menipps, des schlechten Kynikers? Das würde die negativen Seiten in seinem Erscheinungsbild erklären, steht aber zu den positiven im Widerspruch. Daher hat man wohl schon früh versucht, zwischen dem vermeintlichen Verbrechen und dem späteren Leben eine innere Wandlung, eine „Kehre" des Diogenes anzusetzen. Laertius überliefert zwei schlagfertige Antworten, die er auf den Vorwurf der Falschmünzerei gegeben habe: „ ‚Es war einmal eine Zeit, wo ich einer war, wie du es jetzt bist; aber so wie ich jetzt bin, wirst du nimmermehr.' Und einem anderen, der ihm den nämlichen Vorwurf machte, entgegnete er: ‚Ja, ich pißte auch die Leute ohne weiteres an, aber jetzt nicht mehr.' "[24] Die letzte Behauptung trifft nicht ganz zu, und das beweist, daß die Wandlung wohl nicht vollständig war.

Oder hat Diogenes seine Verachtung des Geldes ausgedrückt, indem er — nach der ersten Bedeutung von „paracharattein", die bisher zur Interpretation der Anekdote noch nicht herangezogen wurde — die Prägung der Münzen verdarb und so das Geld aus dem Verkehr zog? Dies und nicht „fälschen" ist im vierten Jahrhundert v. Chr. der Sinn des Verbs nach Seltman, der anhand von Münzfunden eine neue Erklärung über den historischen Kern der Anekdote gegeben hat.[25]

„Paracharattein" ist zu selten belegt, als daß man mit völliger Gewißheit die Anekdote zum Typ der Erzählung über Menipp oder zu dem der Geschichten über Krates und Monimos rechnen könnte. Daher paßt neben ihrer metaphorischen Aussage auch ihr wörtlicher Sinn gut zu Diogenes, der eine ambivalente Gestalt ist, für extrem positive und ebenso negative Wertungen offen.

---

23 Diogenes Laertius VI 99-100.

24 Diogenes Laertius VI 56.

25 Referiert wird sie bei: D. R. Dudley. A History of Cynicism. S. 20-22 und 54 f. Der Inhalt der Hypothese ist folgender: Münzfunde mit der Aufschrift „Ikesio" belegen, daß der Vater des Diogenes um 350 v. Chr. ein hoher Münzbeamter in Sinope war. In dieser Zeit wurde die Währung der Stadt durch auswärtige Nachprägungen geschwächt. Um den Geldwert zu stabilisieren, zog man vor allem die auswärtigen Münzen aus dem Verkehr. Die offizielle Münzstätte, deren Vorsteher Hikesios war, zerstörte durch einen Stempel die Prägung — solche entprägten Münzen wurden gefunden. Seltman und mit ihm Dudley folgern, daß diese Aktion zur Stützung des Geldwertes in Sinope politische Auseinandersetzungen evozierte, in deren Verlauf Hikesios ins Gefängnis kam und Diogenes die Stadt verlassen mußte.

Zum Schluß bleibt noch zur metaphorischen Interpretation der Anekdote eine Erklärung darüber nachzutragen, wie die Münzmetapher in die Form eines Orakels gelangen konnte. Man muß mit H. Diels[26] bezweifeln, daß er ursprünglich ein religiöser Spruch war. Seine Entstehung ist vor dem fünften vorchristlichen Jahrhundert nicht denkbar, da vorher ein Spiel mit dem Doppelsinn von „nomisma" nicht möglich war. Diels hat folgende Vermutung über die Entstehung geäußert, die ganz der parodistischen und witzigen Art des Diogenes entspricht. Sie geht von einer schon zitierten Bemerkung des Laertius aus, nach der Diogenes in seinem ‚Pordalos' von sich selbst behauptet, er habe die Münze verfälscht. Angenommen, dies sei nicht ein bloßes Eingeständnis, sondern ein in seiner Zeit naheliegendes und verbreitetes Spiel mit dem Doppelsinn des Satzes: in welchem Zusammenhang könnte die Aussage gestanden haben? Diogenes sucht nach einer einprägsamen und provozierenden Formel für seine Philosophie. Dabei orientiert er sich an Sokrates, der, von dem Beruf der Mutter inspiriert, seine Tätigkeit eine „Hebammenkunst" nannte und dem sein Tun von Apollon durch ein Orakel aufgetragen worden war. Analog dazu bezeichnet Diogenes seine Philosophie mit einem Ausdruck aus der Berufswelt seines Vaters — eines Bankiers — als das „Umprägen der Münze", das er als göttlichen Auftrag ausgibt. Soweit Diels' plausible Hypothese.

In die Spekulation über den literarischen Aufhänger der Münzanekdote läßt sich noch eine Überlieferung einbeziehen, nach der Diogenes den Vorschlag gemacht haben soll, das Geld durch Knöchel bzw. Würfel zu ersetzen. Der engere Kontext dieses Vorschlags ist unbekannt, nur daß er in einer Staatsschrift gestanden hat, scheint gesichert.[27] Daher sind über seinen Sinn und seine Absicht eben-

---

26 Aus dem Leben des Cynikers Diogenes. In: Archiv für Geschichte der Philosophie. 7. Bd. Berlin 1894. S. 313-316.

27 Die Überlieferung bei Athenäus (IV 159) geht vermutlich auf Chrysipp zurück; zu einem entsprechenden Fragment des Stoikers vgl.: Th. Gomperz. Eine verschollene Schrift des Stoikers Kleanthes, der ‚Staat' und die sieben Tragödien des Cynikers Diogenes. In: Zeitschrift für die österreichischen Gymnasien. 29. Jahrgang. Wien 1878. S. 252-256. Die dort von Gomperz vertretene Auffassung, die ‚Politeia' sei eine authentische Schrift des Diogenes, kann nicht als gesichert gelten. W. W. Tarn stellte die Hypothese auf, das Buch sei womöglich ein Auszug aus der Politeia des Stoikers Zenon gewesen (Alexander, Cynics, and Stoics. In: American Journal of Philology. Vol. LX. Baltimore 1939. S. 41-70. Hier: S. 47).
Tatsächlich müssen die Staatsschriften, die unter den Namen des Diogenes und des Zenon liefen — wie auch die Politeia Chrysipps — inhaltlich verwandt gewesen sein. Diogenes Laertius nennt die drei in einem Atemzug mit Platons Politeia, weil in allen die individuelle Ehe für nichtig erklärt und Frauengemeinschaft postuliert wurde (VII 131). Über Zenons Staatsschrift ging das Scherzwort, sie sei auf dem „Schwanze des Hundes" geschrieben (Diogenes Laertius VII 4); sie hatte offensichtlich — wie die Chrysipps — einen kynischen Einschlag, der späteren Stoikern peinlich war. Man versuchte, sie durch verschiedene Argumente zu entschuldigen, so z. B.

falls nur Spekulationen möglich. Th. Gomperz sieht in dem „Knöchelgeld" des Diogenes die Antizipation des modernen Papiergelds, welches der Erkenntnis vom bloß konventionellen Wert des Geldes Rechnung trägt. Die Lokalisierung in einer Staatsschrift legt den Schluß nahe, daß auch hier das Geld als Bild oder Paradigma für den nomos überhaupt gebraucht wurde, um dessen ausschließlich konventionelle Geltung zu veranschaulichen.

Exkurs über die neuzeitliche Rezeptionsgeschichte der Münzanekdote

Der Kynismus und Diogenes haben in der Neuzeit eine sehr unterschiedliche Rezeption und Bewertung erfahren; darüber wird an anderer Stelle ausführlicher zu handeln sein. Daß Diogenes zunächst als Falschmünzer in die neuere Geschichtsschreibung der Philosophie einging und dort lange als solcher apostrophiert war, verdankt er nicht zuletzt einer christlich-theologischen Interpretation der antiken Überlieferung. Bei der Alternative zwischen Julians metaphorischer Deutung des Orakelspruches und Diogenes Laertius' Bericht über die Münzfälschung entschied man sich für die vermeintlich historische Darstellung, die trotz ihrer Widersprüche und Unklarheiten als die glaubwürdigere erschien; denn die Befolgung eines göttlichen Auftrags paßte nicht in das Bild eines Philosophen, der als besonders hochmütig galt — dem Vorwurf des Hochmuts von seiten der christlichen Lehre sind alle Theorien und Lebensweisen ausgesetzt, die menschliches Handeln nicht göttlichen Geboten unterwerfen, sondern es auf die Autarkie des Individuums hin ausrichten. Ein Verbrechen dagegen rechnete man dem Diogenes durchaus zu, da auch aus seinem späteren Leben Taten berichtet werden, die nach christlichem Verständnis unter die schlimmsten Versündigungen zählen. Das Münzverbrechen war aus dieser Sicht nicht ein völlig fremdes und isoliertes Faktum im Leben des Diogenes, ein Ausrutscher, der vor seinem philosophischen Dasein passierte; vielmehr sah man darin zunächst eine charakteristische und fast symbolische Tat.

---

mit dem Hinweis auf Zenons Jugend (vgl. dazu Th. Gomperz. A.a.O. S. 252) oder leugnete dessen Verfasserschaft. Die für den gegenwärtigen Zusammenhang interessanteste Parallele zu Diogenes bietet eine Notiz, wonach sich Zenon über das Münzwesen dahingehend geäußert habe, daß geprägtes Gold für den Handel und auf Reisen unnötig sei (Diogenes Laertius VII 33).

War vielleicht die sogenannte Politeia des Diogenes eine Staatsschrift — möglicherweise eines stoischen Autors —, in der der Kyniker als Protagonist und Sprachrohr des Verfassers auftrat? Diogenes ist Gegenstand und literarische Figur gewiß nicht erst bei späteren Stoikern, etwa bei Dion Chrysostomos, der mehrere Diatriben als Diogenes-Reden verfaßt hat, sondern schon früher. Th. Gomperz macht wahrscheinlich, daß Chrysipp in seiner Schrift ‚Über das Grabdenkmal des Diogenes' den Protokyniker enkomiastisch dargestellt hat (a.a.O. S. 253 f).

In seiner ‚Historie der Heydnischen Morale' schließt G. Stolle in dem Abschnitt über die „Cynische (oder hündische) Secte" das auf Antisthenes folgende Kapitel mit dem Satz an: „Sein Nachfolger D i o g e n e s war aus einem falschen Müntzer endlich einer der aller hochmüthigsten Philosophen geworden / so die Welt jemahlen gesehen hat."[28] Stolle belegt dieses Urteil unter anderem durch den Verweis auf eine kurz zuvor erschienene Dissertation, deren These kaum treffender und kürzer als durch ihren Titel referiert werden kann: ‚Fastus Philosophicus virtutis colore infucatus, in imagine Diogenis Cynici'. Der Theologe G. C. Lentner kommentiert darin in einer ausführlichen Anmerkung die verschiedenen Versionen der Münzanekdote, als deren historischen Grundbestand er lediglich die Münzfälschung und die Flucht gelten läßt; diejenigen Versionen, in denen das Orakel erwähnt wird, erklärt er als Erdichtungen. Besonders infam, aber auch durchsichtig ist für ihn die Erzählung, die Apollon zu dem eigentlichen Verursacher der Fälschung macht: das sei der Versuch, die Verantwortung für das Verbrechen auf den Gott abzuwälzen. Aber wer nicht „einen Lichtschnuppen anstatt des Gehirns" habe, erkenne nichts Verständiges in der Darstellung, daß Diogenes von dem göttlichen Beschützer des Rechts den Rat zu dem Verbrechen erhalten hätte. Die metaphorischen Auslegungen, nach denen Diogenes durch den bildlichen Sinn des Orakels zur Philosophie gekommen sei, entlarvt der Autor als Vertuschungsversuche: „Stat igitur nobis magis probabilis sententia Diogenem fraude egisse in adultandero aere, et postquam reus factus fuisset, aufugisse et philosophiae simulato amore ignominiam tegere voluisse, hocque quod dictum, vel ipsius vel admiratorum speciosum figmentum esse."[29] Diese Erklärung kennzeichnet die Argumentationsweise Lentners, der jede Tat und jeden Satz des Diogenes aus dessen Hochmut ableitet; die Philosophie ist nur das Mittel zur Befriedigung des Stolzes und zur Verdeckung der Verbrechensschande.

Lentners Dissertation entstand bei F. Mentz, Professor der Weltweisheit und Poesie zu Leipzig, der später selbst eine Schrift über den Kynismus mit dem programmatischen Titel ‚De Cynismo nec philosopho nec homine digno' verfaßte. Mentz' scharfe Ablehnung verschont Antisthenes und zielt hauptsächlich auf Diogenes. Die Münzfälschung wird als eine für ihn typische Tat mit der Philosophie des Kynikers in Verbindung gebracht. In folgendem Zusammenhang bespricht Mentz die Anekdote: Er wolle darlegen, daß Diogenes nichts für heilig halte, daß er die Natur verkehrt und das Gesetz der Gesellschaft aufgehoben wünsche; dazu müsse man die Aufmerksamkeit dem zuwenden, was Diogenes vor seiner Aufnahme in die Schule des Antisthenes getan habe. Hier referiert Mentz den An-

---

[28] G. Stolle. Historie der Heydnischen Morale. Jena 1714. S. 102.

[29] F. Mentz (Autor: G. C. Lentner). Fastus philosophicus virtutis colore infucatus, in imagine Diogenis Cynici inclu̅to philosophorum ordine concedente. Leipzig 1712. S. 5-7. Anm. (C).

fang der Biographie nach Laertius und erklärt die verschiedenen Versionen, auf deren innere Widersprüchlichkeit er hinweist, wie sein Schüler Lentner, allerdings ohne ihn zu zitieren.[30]

Dagegen beruft sich Mentz auf die Autorität des „celeberrimi" und „cultissimi" J. Brucker. In seiner an Wirkung weitreichenden Geschichte der Philosophie hatte Brucker zwar den Kyniker differenzierter beurteilt und nicht gleich Schlüsse von Diogenes' Vergehen auf dessen Lehre und späteres Verhalten gezogen, sondern beides auseinandergehalten und die Verwandlung des Betrügers in einen Philosophen durch eine Kehre erklärt; die Geschichte mit dem Orakel allerdings hielt auch er für ein beschönigendes Märchen. „Es schmäckt aber diese Erzählung gar sehr nach einer ausgesuchten Erfindung, dem Diogeni mit Ehren durchzuhelffen. Andere erzählen es noch anders; es ist aber überhaupt so viel richtig, daß er in seiner Jugend nicht viel nütze gewesen, und davon lauffen müssen, diese Flucht aber ihm Gelegenheit gegeben habe, auf einmal ein gantz anders Leben anzufangen, wie es gemeiniglich zu gehen pflegt, daß man von einem extremo auf das andere fällt."[31]

Diese Version blieb bis zum Ende des 19. Jahrhunderts bestimmend. C. W. Goettling hat sie in der häufig zitierten und für die Zeit repräsentativen Abhandlung ‚Diogenes der Cyniker oder die Philosophie des griechischen Proletariats' zu epischer Breite ausgeweitet. Aus dem fast zynischen Betrüger am Anfang der Schrift wird durch Bekehrung ein abgeklärter Weiser, in dessen Portrait noch Wielands rokokohafter Diogenes durchscheint. Die einzigartige Leistung Goettlings liegt darin, daß er mit der Phantasie eines Romanciers alle widersprüchlichen Versionen der Münzanekdote zu einer verarbeitet. Die Umwelt, in der Diogenes aufwächst, schildert er eindringlich. „An sich schon galten die Paphlagonier, in deren Gebiet Sinope lag, als durchtriebene, ränkevolle Männer in Griechenland, und die milesische Pflanzstadt mag wohl, vielfach mit ihnen in Berührung gebracht, sich von diesem moralischen Einfluß ihrer Umgebung überhaupt nicht ganz frei gehalten haben." Soviel zur Erklärung der Tatsache, daß der Vater sein Wechslergeschäft zur Falschmünzerei mißbraucht, in die er sogar den Sohn mithineinzieht. Nach anfänglichen Gewissensbissen beruhigt sich Diogenes „darüber bei längerer Ausübung des Geschäftes, und hatte später sogar die Schwäche, sein Gewissen auf eine wahrhaft perfide Weise durch jesuitische Auslegung eines Götterausspruchs zum Schweigen zu bringen." Auf einer Reise durch Griechenland nämlich kommt er nach Delphi und in den Tempel des Apollon. Dort liest er in der Vorhalle sechs Sinnsprüche; „sein Leichtsinn, mit dem Humor gepaart, der ihm von jeher eigen war, haftete mit einem gewissen Vergnügen auf dem dritten

---

[30] F. Mentz. De cynismo nec philosopho nec homine digno. (Drei Universitätsreden) Leipzig 1744. Zweite Rede. S. II-IV.

[31] J. Brucker. Kurtze Fragen Aus der Philosophischen Historie. Erster Teil. S. 932 f.

doppelsinnigen Spruche: ‚Auf die Münze präg' den eignen Stempel!' Er überredete sich, der Spruch enthalte eine offenbare Billigung seines Falschmünzergeschäftes." So in seinem betrügerischen Tun bestätigt, kehrt er mit seiner „falschmünzerischen Interpretation des Götterausspruchs" heim, und was macht er? Er „münzte mit seinem Vater aufs tapferste fort mit eigenem Stempel, bis die Strafe über Beide hereinbrach. Der Vater starb im Gefängnis, der Sohn suchte das Weite; die Acht ward über den Fliehenden ausgesprochen, der sich nach Athen wandte." Auf der Flucht vollzieht sich die Bekehrung: „Das Bewußtsein seines doppelten Verbrechens, einmal der fort und fort geübten Falschmünzerei, und dann dieser noch arglistigeren Beschönigung durch einen an sich guten und reinen Götterausspruch, – dieses Bewußtsein scheint auf dem langen Wege seiner Flucht dem besseren Gefühle seines Herzens endlich zum Durchbruch verholfen und eine heftige Sehnsucht in ihm erregt zu haben, sich mit seinem Gewissen in jeder Weise wieder zu versöhnen. Er glaubte dies, durch die Sprüche des delphischen Gottes darauf hingewiesen, allein durch die Philosophie erreichen zu können."[32] Das Bild, das Goettling anschließend von dem kynischen Philosophen Diogenes entwirft, ist frei von allen Lastern wie Hochmut, Gottlosigkeit, obszönes Verhalten, die Lentner, Stolle, Mentz und mit Einschränkungen auch Brucker als die hervorstechendsten Eigenschaften seines Charakters angesehen hatten. Überhaupt könne man ihm „in späteren Jahren nichts Unsittliches nachweisen". Daß er seine Verachtung alles menschlichen Herkommens mit der Metapher von der Münzumprägung bezeichnete, sei „höchst merkwürdig und rührend", da es an das eigene Vergehen erinnere: „Darin liegt das Geständniss der schönsten, liebenswürdigsten Reue."[33]

Goettling teilt die Gestalt des Diogenes in zwei ganz verschiedene Personen, die nur durch eine recht unglaubwürdige Bekehrung miteinander verbunden sind:

---

32 C. W. Goettling. Diogenes der Cyniker oder die Philosophie des griechischen Proletariats. In: C. W. G. Gesammelte Abhandlungen aus dem classischen Alterthume. 1. Bd. S. 251 ff.

33 A.a.O. S. 275. – Hermann (Zur Geschichte und Kritik des Diogenes von Sinope. Schulschrift. Heilbronn 1860) übernimmt Goettlings Diogenesbild und Version der Münzanekdote, ohne sie allerdings so breit auszumalen. Dessen Bemerkung über die Paphlagonier fügt er hinzu als Erklärung für das Verbrechen des Diogenes, „daß das Hinterlistige und Trügerische überhaupt im Charakter der Griechen lag" (S. 5). Auch er modelliert seinen Diogenes nach dem Motto, je größer der Sünder desto größer der Heilige: „Dass er, der vielleicht verdorben, vielleicht ein roué war, sich dahin wandte, wo man Alles finden konnte, nur Das nicht, was die genießende Welt begehrt, dass er mit unerschütterlicher Festigkeit sich an den düsteren Sittenprediger klammerte, von dem sich so Viele mit Widerwillen abgekehrt hatten, setzt eine Tiefe des Gemüthes voraus, ohne welche ein so überraschender Umschwung, ein so wunderbares Wachsthum zu einem mit eiserner Willenskraft begabten Manne nicht wohl begreiflich gemacht werden könnte" (S. 7).

den raffinierten Verbrecher und den liebenswürdigen, etwas kauzigen Philosophen – nur der letzte Teil ist kynisch. Von hier aus wird die in der zweiten Hälfte des 19. Jahrhunderts einsetzende begriffliche Unterscheidung zwischen „Zynismus" und „Kynismus" verständlich. Mit der Idealisierung des Kynikers verträgt sich die alte weitgehend negative Bedeutung von „cynisch" nicht; sie geht auf das moderne Adjektiv „zynisch" über, das jetzt – ohne die Ambivalenz des alten – nur eindeutig negativ verwendet wird. Als Verbrecher ist Diogenes zynisch, nicht aber als kynischer Philosoph. Nicht zufällig wird in einem frühen Aufsatz über den modernen Zyniker dieser als „ein dem Verbrecher aufs engste verwandtes Phänomen" definiert. Die Beschreibung dieses Phänomens paßt ziemlich genau auf Goettlings frühen Diogenes. Der wirkliche Verbrecher neige „stets zum Cynismus, welcher dann fälschlich als Humor ausgelegt wird; und der Cyniker hat ausgesprochen verbrecherische Züge, vor allem freilich die diskretere Mischung rücksichtsloser Grausamkeit und feiger Scheu."[34] – Die neueren Forschungen der Philologie und Geschichtsschreibung der Philosophie haben zwar die Idealisierung des Kynikers teilweise rückgängig gemacht, nicht aber die sprachliche Unterscheidung zwischen „Zynismus" und „Kynismus" wieder aufgehoben.

Am Ende des 19. Jahrhunderts fanden zwei frühere und bis dahin unbeachtet gebliebene Umdeutungen der Münzanekdote Resonanz, durch die das vermeintliche Faktum der Münzfälschung zur Diskussion und infrage gestellt wurde. W. S. Landor, der in einem der ‚Imaginären Gespräche' Diogenes zum Sprachrohr seiner Platonkritik machte, erklärte das Entstehen der Münzanekdote aus einem mißverstandenen Diogenes-Wort: „He says that he *marked* false money: for an equivoke was ever the darling of Diogenes, and, by the marking of false money, he means only that he exposed the fallacies of pretenders to virtue and philosophy."[35] Mit einem Münzfälscher – so Landor's Argumentation, hätte sich Alexander niemals unterhalten; denn wenn auch Geldfälschung von manchen nicht für besonders schändlich gehalten würde, für einen König, dessen moralische Maßstäbe ebenfalls nicht immer sehr genau seien, rangiere sie neben Verrat und Aufruhr über allen anderen Verbrechen. – Damit wurde Landor zum Vorläufer der schon zitierten englischen Untersuchungen über die Bedeutung von „paracharattein".

Steinhart und die an ihn anknüpfenden Neuinterpretationen dagegen gingen von der Doppeldeutigkeit des Nomens „nomisma" aus. Durch grundsätzliche

---

[34] O. Ewald. Zur Psychologie des Cynikers. In: Logos. Internationale Zeitschrift für Philosophie der Kultur. Bd. V. Tübingen 1915. S. 34 f.

[35] W. S. Landor. Diogenes and Plato. In: The Complete Works of Walter Savage Landor. Edited by T. Earle Welby. Vol. I. London 1927. S. 115 (Erstausgabe in: Imaginary Conversations IV. 1829).

Skepsis gegen den historischen Charakter der über Diogenes erzählten Anekdoten kam Steinhart ebenfalls zu der Vermutung, aus einem Witzwort des Diogenes sei die die historische Wirklichkeit entstellende Geschichte von der Münzfälschung entstanden, die allerdings als Metapher auf die Philosophie des Kynikers vollkommen zutreffe; „nichts aber wäre mehr in dem Geiste des derb sinnlichen Ausdruckes, wie alle Apophtegmen des Cynikers ihn zeigen, als die Vergleichung seines Wirkens und Strebens, wie es, gegen alles Positive sich auflehnend, darauf ausging, allen Lebensverhältnissen ein neues Gepräge zu geben, mit dem Geschäft eines Falschmünzers, indem, wie diesen, auch den Radicalreformer der Sitten Haß und Verfolgung treffe."[36] H. Diels[37] griff diese Erklärung in einer Kritik der Goettling'schen Darstellung auf und deutete weitergehend das Orakel des Diogenes als Nachbildung des Sokrates-Orakels und des Spruches „Erkenne dich selbst"; dem schlossen sich unter anderen K. von Fritz[38] und E. Schwartz[39] an, letzterer in seinem vielgelesenen Aufsatz ‚Diogenes der Hund und Krates der Kyniker'. Neben der metaphorischen steht allerdings auch heute noch die historische Auffassung von der Münzfälschung; sie paßt zu gut in die Vorstellung von einem nicht gänzlich weißgewaschenen Diogenes. Schon E. Zeller, der Goettlings Erläuterung der Anekdote „nicht ganz treu" fand, wies dennoch Steinharts Zweifel am historischen Charakter der Erzählung apodiktisch zurück; sie hätten trotz der Widersprüche der „Berichterstatter" kein Recht.[40] Ebenso verwirft Sayre[41] alle Versionen, die Diogenes nicht als Münzfälscher gelten lassen. R. Vischer übernimmt dessen „bestechendes, aber illusionsloses Bild des Diogenes" und will die Münzanekdote in dem wörtlichen Sinn als Münzfälschung verstanden wissen.[42] Dabei unterliegt er allerdings einem Irrtum, wenn er dies mit dem Hinweis auf Seltman / Dudley begründet; deren Interpretation der Münzfunde revidierte — wie gezeigt wurde — gerade eine solche Auffassung, weil nach ihrer Darstellung der historische Vorgang kein Fälschen, sondern ein Entprägen der Münze war.

In der bisher letzten Erörterung des Problems legt P. Von der Mühll, anknüpfend an die metaphorische Deutung Diels', folgende zwei geschichtliche Fakten

---

[36] Steinhart. Artikel ‚Diogenes'. In: Allgemeine Encyklopädie der Wissenschaften und Künste. Hrsg. von J. S. Ersch und J. G. Gruber. 1. Section. A-G. 25. Theil. Leipzig 1834. S. 302.

[37] Aus dem Leben des Cynikers Diogenes.

[38] Quellenuntersuchungen. S. 19 f.

[39] Charakterköpfe aus der Antike. S. 125.

[40] E. Zeller. Die Philosophie der Griechen in ihrer geschichtlichen Entwicklung. 2. Teil. 1. Abteilung. Leipzig [5]1922. S. 283.

[41] Diogenes of Sinope. S. 71-74.

[42] R. Vischer. Das einfache Leben. Wort- und motivgeschichtliche Untersuchungen zu einem Wertbegriff der antiken Literatur. Göttingen 1965. S. 75 f.

der Anekdote zugrunde: „1. das Dictum im Pordalis, 2. daß Diogenes als Sohn eines Bankhalters nach Athen gekommen ist."[43] Es sei darum „von vorneherein eine Illusion, unter den erhaltenen sinopeischen Münzen Umschau halten zu wollen, nur darum, um diese ja erfundene Münzfälscherei fixieren zu können und daraus, wie geschehen ist, für Diogenes und sein Kommen nach Athen chronologische Schlüsse zu ziehen." Die Münzfunde könnten höchstens die These stützen, Diogenes sei aus politischen Gründen aus Sinope verbannt worden. Für diese Vermutung führt Von der Mühll mehrere Aussprüche des Diogenes an, die sich auf das Verlassen der Heimatstadt beziehen und nur sinnvoll sind, wenn man von einer Verbannung und nicht einer Flucht ausgeht. „Als ihm einer seine Verbannung vorrückte, sagte er: ‚Eben deshalb, du Elender, bin ich Philosoph geworden.' Und als wieder einer zu ihm sagte: ‚Die Sinopeer haben die Verbannung über dich verhängt,' entgegnete er: ‚Und ich habe das Verbleiben über sie verhängt.' "[44] Dennoch läßt sich daraus nicht auf ein historisches Ereignis schließen. Von der Mühll bemerkt mit Recht: „Wie in andern Fragen, steht es mit den Bonmots des Diogenes so, daß man eventuell Unechtheit beweisen kann, Echtheit nicht."[45] Man muß diese Faustregel sogar auf die zwei Fakten anwenden, die der Autor selbst als historisch gesichert annimmt. Wer den ‚Pordalis'[46] und das darin enthaltene Diktum des Diogenes, er habe die Münze umgeprägt, verfaßt hat, ist ungewiß. Dem Diogenes sind schon in der Antike von einigen Biographen sämtliche unter seinem Namen in Umlauf befindliche Schriften abgesprochen worden.[47] Kein einziger Satz ist überliefert, den man ihm mit Sicherheit zuschreiben könnte. Die zweite Annahme, Diogenes sei als Sohn eines Bankhalters nach Athen gekommen, scheint durch die bei Dudley erwähnten Münzfunde gefestigt zu sein. R. Höistad allerdings hat in einer kritischen Besprechung der These Dudley's durch genauere Recherchen ermittelt, daß die bisher gefundenen Münzen, die entprägt wurden bzw. die Aufschrift „Ikesio" tragen, kaum mit dem Vater des Diogenes in Verbindung gebracht werden können.[48]

Was läßt sich aus all dem folgern? Zwar vermute ich, daß hinter den Erzählungen von der Münzfälschung und dem Orakel die Uranekdote und der geschichtliche Kern der Diogenes-Gestalt verborgen liegen könnten, doch scheint mir Skepsis angebracht in der Erwartung, daß hier historische Gewißheit so bald er-

---

[43] P. Von der Mühll. Interpretationen biographischer Überlieferung. In: Museum Helveticum. 23. Jahrgang. Basel 1966. S. 236-239.

[44] Diogenes Laertius VI 49.

[45] Interpretationen biographischer Überlieferung. S. 239.

[46] Der Titel wird unterschiedlich als ‚Pordalos', ‚Pordalis' bzw. ‚Pardalis' — d. h. ‚Panther' — zitiert; außer dem Diktum des Diogenes ist von der Schrift nichts bekannt.

[47] Diogenes Laertius VI 80.

[48] R. Höistad. Cynic Hero and Cynic King. S. 10-12.

reicht werden wird – auch nicht durch neue Münzfunde, wie Höistad glaubt. Es ist nicht entscheidbar, ob am Anfang ein metaphorischer Satz oder ein Ereignis gestanden hat. Es werden daher die verschiedenen Versionen der Münzanekdote weiter tradiert werden, je nachdem, welche gerade in das Bild des Diogenes paßt; denn literarisch sinnvoll sind sie alle. Auch die Geschichte von der realen Münzfälschung wird wohl darunter sein; mit ihr wird es wie mit der Anekdote vom Faß des Diogenes gehen, die ein kluger Kritiker des frühen 18. Jahrhunderts glaubte endgültig erledigt zu haben.[49] Sie ließ sich dennoch nicht aus der Biographie des Kynikers streichen.

b) Nomos und physis oder die Umwertung der Werte

Diogenes ist für seine Nachwelt eine bis heute in hohem Maß ambivalente Gestalt; das wurde beispielhaft augenscheinlich an dem wörtlichen Gehalt des Ausdrucks „paracharattein to nomisma“, der gar nicht so eindeutig den realen Vorgang als Münzfälschung ausgibt, wonach dann Diogenes aus Gewinnsucht gehandelt hätte. Mit stichhaltigen Gründen ließ sich deuten, daß Diogenes Münzen entprägte und aus dem Verkehr zog, um seine Ablehnung des Geldes zu demonstrieren. Die Ambivalenz der Diogenes-Gestalt hat ihren Ursprung in den zwei Wesenszügen, die sie in sich vereinigt: Diogenes ist zugleich ein Philosoph vom Typ des Sophisten wie des Sokrates, beides in extremer Ausformung. Zwischen den zwei Typen besteht seit der literarischen Gestaltung, die Platon ihnen gegeben hat, ein absoluter Gegensatz, der, bedingt durch die überragende Wirkung des platonischen Werkes, in der Geschichte der Philosophie lange als verbindliches und unangezweifeltes Urteil gegolten hat. Nun wird diese Unterscheidung zwischen Sokrates und den Sophisten noch nicht in der frühesten literarischen Gestaltung der Sokrates-Figur, in den ‚Wolken' des Aristophanes, gemacht, und es ist bezeichnend, daß der Protagonist der aristophanischen Komödie mehr Affinität zu Diogenes als zum platonischen Sokrates besitzt. In diesem Kapitel möchte ich darzustellen versuchen, wie die Gestalt des Diogenes aus der Sophistik hervorgeht, um in dem nächsten ihre Prägung durch sokratische Züge und Motive zu zeigen, wobei diese Prägung sich in der Auseinandersetzung mit platonischen Lehren vollzieht.

Dabei soll wiederum von der Münzanekdote ausgegangen werden, und zwar von der metaphorischen Deutung, die der antike Biograph Diogenes Laertius ge-

[49] C. A. Heumann. Von dem Fasse des Diogenis Cynici. In: Acta Philosophorum, Das ist: Gründl. Nachrichten Aus der Historia Philosophica, Nebst beygefügten Urtheilen von denen dahingehörigen alten und neuen Büchern. Halle im Magdeburgischen 1716 (2. Bd.). S. 58-69.

geben hat und die bereits im Vorangehenden zitiert wurde. „Solches lehrte er und handelte auch danach, indem er wirklich die Münze verfälschte dadurch, daß er weniger Gewicht legte auf die Vorschriften des Gesetzes als auf die der Natur.“[50] Was in dieser vorsichtigen Formulierung mehr als eine Akzentverschiebung erscheint, wird in einem Diktum, das Laertius dem Diogenes selbst zuschreibt, als ein Gegensatz ausgesprochen. „Dem Schicksal, sagte er, stelle ich den Mut, dem Gesetz die Natur, der Leidenschaft die Vernunft entgegen.“[51] Darin ist als mittlere jene Antithese enthalten, die das wichtigste Leitmotiv des Diogenes darstellt und die ihn mit der späten Sophistik verbindet. Daß diese antithetische Gegenüberstellung von Gesetz und Natur ein Erzeugnis sophistischen Geistes ist, belegt nicht nur philologisch exakt die Untersuchung von F. Heinimann;[52] im Werk Platons wird der Gegensatz zwischen nomos und physis mehrfach als Theorem von Sophisten behauptet und erörtert. Darüber handelt ein Abschnitt im zehnten Buch der ‚Nomoi', in dem es um die Asebiegesetze und die metaphysisch-theologische Begründung der Gesetze allgemein geht. Dort referiert der wortführende Athener, Platons Sprachrohr, als eine falsche und verderbliche Meinung die folgende Lehre, die er als eine allgemeine Grundauffassung der Sophisten kennzeichnet.

„Die Götter, du Hochbegabter, seien, behaupten zuerst diese Männer, nicht von Natur, sondern durch gewisse Gesetze, und sie seien verschiedene an verschiedenen Stellen, je nachdem jegliche bei der Gesetzgebung untereinander übereinstimmten. Und auch das Schöne sei ein Anderes von Natur, dem Gesetze nach aber ein davon Verschiedenes; das Gerechte aber sei überhaupt nicht von Natur, vielmehr seien die Gesetzgeber fortwährend miteinander in Zwiespalt und träfen hier stets Veränderungen; und jegliches, was sie abänderten, sei dann, wenn sie es taten, gültig, durch Kunst und Gesetze dazu werdend, aber gewiß nicht durch eine Einwirkung der Natur. Das alles, ihr Freunde, sind die Reden von hochweisen Männern nach dem Urteil der jungen Leute, von Prosaikern und Dichtern, die für das Gerechteste erklären, was immer jemand mit Gewalt durchsetzt; wodurch junge Leute in Gottlosigkeit geraten, als ob nicht Götter seien von solcher Beschaffenheit, wie das Gesetz vorschreibt, daß man sie sich zu denken habe; dadurch entstehen Aufstände, indem dieselben auf die der Natur nach richtige Lebensweise dringen, welche in Wahrheit darin bestehe, daß man im Leben andere beherrsche, nicht aber dem Gesetze nach andern sklavisch unterworfen sei.“[53]

---

[50] Diogenes Laertius VI 71.

[51] Diogenes Laertius VI 38.

[52] Nomos und Physis. Herkunft und Bedeutung einer Antithese im griechischen Denken des 5. Jahrhunderts.

[53] Nomoi 889e-890a.

Die Sophisten und die von ihnen beeinflußten Dichter – denn damit sind die von den Jugendlichen für „hochweise" gehaltenen Männer gemeint – schaffen einen Gegensatz zwischen der Natur einerseits sowie der Religion, den ästhetischen Normen und den Gesetzen auf der anderen Seite, indem sie erklären, die Götter, das Schöne und das Gerechte seien von Menschen geschaffen und gesetzt. Daraus ergibt sich im politischen Bereich die Anarchie; denn wenn die Götter selbst ein Produkt des Menschen und die Gesetze völlig auf menschliche Satzung reduziert sind, verlieren diese ihre religiöse Sanktion und absolute Gültigkeit. Als letzte Norm des Handelns werden die Gesetze verworfen und von der Natur abgelöst. Doch ist diese Natur nicht dieselbe wie die, mit der zuvor die Götter, das Schöne und das Gerechte identisch waren, sondern eine entgöttliche, materialistisch aufgefaßte Natur, aus der keine Ordnung schaffenden Gesetze, sondern die Rechtfertigung der Gewalt und der Triebe abgeleitet werden. – Platon läßt in dieser Darstellung die Abwertung der Gesetze und ihre Gegenüberstellung zur Natur wie selbstverständlich aus den zwei Theoremen hervorgehen, nach denen die Götter selbst etwas Gesetztes und die Gesetze ebenfalls aus menschlicher Satzung hervorgegangen sind. Nun sind Erklärung und Bewertung zwei verschiedene Akte; der Gedanke, daß der Mensch die Gesetze selbst geschaffen habe, läßt sich sowohl zu deren Rechtfertigung als auch zu deren Ablehnung verwenden. Verschiedene Sophisten haben mit der historischen Erklärung der Gesetze beide Wertungen verbunden. An sich ist in der Sophistik dadurch, daß man den Gesetzen die religiöse Sanktion bestreitet und sie auf menschliche Satzung reduziert, nicht die Möglichkeit einer Legitimation überhaupt genommen.

In der vorsophistischen Zeit werden die menschlichen Gesetze als Abkömmlinge des göttlichen nomos betrachtet, der universell und unabhängig vom Willen der Menschen herrscht. „Nähren sich doch alle menschlichen Gesetze von dem einen göttlichen; denn dieses gebietet, soweit es nur will, und reicht aus für alle (und alles) und ist sogar noch darüber."[54] Heraklits Einschätzung des nomos als einer gewaltigen göttlichen Kraft ist dieselbe wie die, die aus den Versen Pindars hervorgeht. „Die rechte göttliche Ordnung, zugleich die Gottheit der Ordnung, der König über alle, tut mit überlegener Hand das Gewalttätigste, indem sie es zugleich zu Recht macht."[55] Diese Auffassung vom nomos entspricht der aristokratischen Ordnung der Polis und ihrer Adelsethik; sowohl der nomos als auch die Polis sind religiös sanktioniert. Beide Begriffe bezeichnen inhaltlich nahezu dasselbe. „Mit dem Begriff des Gesetzes, handle es sich um das durch Alter geheiligte Herkommen oder das kodifizierte Recht, ist derjenige der Polis so gut

---

54 Heraklit. Fragment B 114. In: Die Fragmente der Vorsokratiker. Griechisch und Deutsch von H. Diels. Sechste verbesserte Auflage. Hrsg. von W. Kranz. 1. Bd. Berlin 1951. S. 176.

55 Zitiert nach der Übersetzung von F. Heinimann. Nomos und Physis. S. 70.

wie identisch."[56] Die zwei Eigenschaften des nomos, die bei Heraklit und Pindar angesprochen sind — seine universale und autoritäre Macht sowie seine göttliche Abkunft — haben für das Leben des Einzelnen entscheidende Konsequenzen: Erstens gibt es für ihn keine Selbsterhaltung außerhalb von Gesetz und Staat, und zweitens sind die Frömmigkeit sowie der Glaube an die Götter politische Tugenden, keine Angelegenheiten der privaten Innerlichkeit. „Der in den Gesetzen verkörperte Staat schafft die Daseinsbedingungen, denen sich zu entziehen einer physischen und moralischen Selbstvernichtung gleichkäme. Für ihre Ansprüche erhält die Polis durch die Götter, die über ihr wachen, religiöse Sanktion, so daß die Dreiheit Vaterland, Heiligtümer und Gesetze beinahe zu einer Beschwörungsformel wird."[57]

Die Anschauung, daß hinter allen menschlichen Gesetzen als ihr Ursprung und Fundament ein einziger göttlicher nomos stehe, wird von der sophistischen Aufklärung erschüttert. Wollte man das Wesen dieser in der Mitte des fünften vorchristlichen Jahrhunderts beginnenden Bewegung, die ja keine einheitliche philosophische Schule darstellt, sondern in vielfältigen Erscheinungen das geistige, politische und soziale Leben durchdringt, mit wenigen Worten zu erfassen versuchen, so wären dazu wohl keine treffenderen zu finden als zwei Sätze, die an ihrem Beginn stehen und die von dem bedeutendsten der Sophisten formuliert worden sind. Es sind die Eingangssätze zweier Bücher des Protagoras, aus denen wörtlich jeweils nicht mehr als nur der Anfang überliefert ist. Das Buch ‚Von den Göttern' begann: „Von den Göttern weiß ich nicht, weder daß sie sind, noch daß sie nicht sind; denn vieles hemmt uns in der Erkenntnis, sowohl die Dunkelheit der Sache wie die Kürze des menschlichen Lebens."[58] Die Konsequenz dieses Satzes, seine positive Umformulierung, ist der bekannte Anfang der Schrift ‚Aletheia': „Der Mensch ist das Maß aller Dinge, der seienden, daß sie sind, der nicht seienden, daß sie nicht sind."[59] Der skeptische Satz über die Götter zeigt an, daß Protagoras keine mythischen Erklärungen zur Deutung der Welt und zur Legitimierung des in der menschlichen Gemeinschaft herrschenden Rechtes mehr gelten läßt. Der homo-mensura-Satz ist das Programm einer Philosophie, die das Interesse von der Kosmologie und der Naturphilosophie auf erkenntnistheoretische und ethische Probleme verlagert. Protagoras relativiert empirisch den Begriff einer einzigen Wahrheit, den die eleatische Ontologie aus der Lehre vom einen, unveränderlichen Sein ableitet, und den politisch-religiösen Begriff einer absoluten göttlichen Gerechtigkeit. Allerdings ist der Grad der Relativie-

---

[56] Fritz Wehrli. Hauptrichtungen des griechischen Denkens. Zürich und Stuttgart 1964. S. 101.

[57] A.a.O. S. 101.

[58] Diogenes Laertius IX 51.

[59] Diogenes Laertius IX 51.

rung in der Erkenntnistheorie ein anderer als in der Ethik, so daß man nicht pauschal behaupten kann, Protagoras lehre den „vollständigen Relativismus sowohl für die Erkenntnis als auch für die Sittlichkeit."[60] Nach O. Gigons Rekonstruktion der protagoreischen Gedankengänge des Buches ‚Aletheia' hat der Sophist hinsichtlich der Relativität des Wahren sowie des Guten und Gerechten einen deutlichen Unterschied gemacht, der in folgender Weise begründet wird: Jede Wahrnehmung eines jeden Menschen ist wahr — dafür steht das extreme Beispiel der unterschiedlichen, aber gleich wahren Auffassung desselben Sachverhaltes durch einen gesunden und einen kranken Menschen. Der eine kann eine bestimmte Speise als süß empfinden, die dem anderen bitter schmeckt. Ebenso, wie es unendlich verschiedene Wahrnehmungen gibt, existieren auch verschiedene Ansichten darüber, was gerecht, schön und gut sei — diese Feststellung des Protagoras wird im fünften Jahrhundert durch die vergleichende Ethnographie und die Historiographie angeregt.[61] Dennoch ist nicht alles, was in den verschiedenen Ländern für gut und gerecht gehalten wird, in allen Aspekten für einen Einzelnen und für eine Polis gleich zuträglich; hier muß der Gesetzgeber zwischen der rich-

---

60 Johann Fischl. Geschichte der Philosophie. Graz, Wien, Köln 1964. S. 45.

61 Wie die Beobachtung, daß bei verschiedenen Völkern für wesentliche Bereiche des menschlichen Lebens ganz unterschiedliche und oftmals unvereinbare Sitten herrschen, den Glauben an einen einzigen, naturhaften nomos erschüttern kann, geht aus einer Anekdote hervor, die bei Herodot überliefert ist (Das Geschichtswerk des Herodotos von Halikarnassos. Übertragen von Theodor Braun. 1956. 3. Buch. 38. Kap. S. 235 f.). Darin werden in krasser Antithese zwei Bräuche vorgestellt, die bei Griechen und Barbaren den Umgang mit den Leibern verstorbener Eltern regeln. „Als König Dareios einige Griechen seines Reiches fragte, was sie haben wollten, wenn sie ihre toten Eltern essen sollten, sagten sie, dazu würden sie sich für kein Geld verstehen. Darauf ließ er Inder kommen, Kallatier, wie sie heißen, welche ihre toten Väter essen, und fragte sie in Gegenwart jener Griechen mit Hilfe eines Dolmetschers, was sie haben wollten, wenn sie ihre toten Väter mit Feuer verbrennen sollten; die aber schrieen vor Entsetzen und baten ihn, um Gottes willen nur solche Worte nicht in den Mund zu nehmen." Herodot nimmt die Anekdote als einen Beleg für folgendes Gedankenexperiment, das er anstellt: „wenn man den Menschen unter allen Sitten und Bräuchen die Wahl ließe, würden sie schließlich alle ihre eigenen wählen." Es fehlt an dieser Überlegung nicht viel, daß aus ihr eine relativistische Auffassung der Gesetze und Sitten abgeleitet wird. Bei Herodot verhindern noch Traditionsverbundenheit und Gläubigkeit eine solche Konsequenz; er schließt daher den Abschnitt mit der Bemerkung, daß man die Bräuche eines jeden Volkes achten müsse und daß Pindar mit Recht die Sitte „den allmächtigen König" nenne. Bezeichnenderweise unterläßt diesen Schluß auf die absolute Gültigkeit des nomos eine spätere, anonyme sophistische Schrift, in der ebenfalls Sitten verschiedener Völker gegenübergestellt werden. Dasselbe Gedankenexperiment wie bei Herodot, allerdings schärfer pointiert, wird hier als Beleg für die nur relative Gültigkeit der Sitten herangezogen: Wenn man alles Häßliche auf einen Haufen zusammentrüge und dann den Menschen befehle, etwas Schönes daraus zu wählen, so bliebe nichts übrig. (Dialexeis 2,18. Zitiert bei F. Heinimann. Nomos und Physis. S. 80 f.).

tigen und der falschen Auffassung von der Gerechtigkeit unterscheiden. Der Begriff der Gerechtigkeit selbst wird von Protagoras nicht preisgegeben; aber er wird nicht metaphysisch oder religiös begründet, sondern er verbleibt in einer pragmatischen Unschärfe und ist an dem für den Menschen Zuträglichen orientiert. Der Begriff des Zuträglichen hat in der Ethik des Protagoras eine zentrale Funktion. „Es ist nicht ausgeschlossen, daß Protagoras in eleatischer Dialektik den Gegensatz zwischen der unendlichen Veränderlichkeit der Seinsaussagen und der Konstanz der Aussagen über das Zuträgliche, Förderliche, Nützliche scharf herausgearbeitet hat."[62]

An die Stelle des göttlichen nomos tritt bei Protagoras ein humaner Maßstab der Ethik. Das bedeutet jedoch nicht eine Relativierung und völlige Auflösung der Sittlichkeit von den Bedürfnissen des Einzelnen her; denn im ethischen Sinne wird der Mensch als Maß aller Dinge nicht nur als Individuum, sondern ebenso als Gattung begriffen. Protagoras, der der Überlieferung nach selbst als Gesetzgeber tätig geworden ist,[63] hat von den Bedingungen der menschlichen Natur und den Erfordernissen der Gattung ausgehend eine theoretische Begründung der Sittlichkeit und des Staates gegeben, die in einem bei Platon erzählten Mythos enthalten ist. In dem nach ihm benannten Dialog beweist Protagoras in einer groß angelegten Rede die Lehrbarkeit der Tugend, ein Theorem, das zuvor von Sokrates bestritten worden ist und an dessen Verteidigung die Sophisten ein vitales Interesse besitzen, da es die Voraussetzung ihrer praktischen Tätigkeit als Lehrer der Tugend bildet. Der erste Teil der Rede besteht in einem Mythos, der aus einer bestimmten Vorstellung über den Urzustand des Menschen eine Theorie der Sittlichkeit und des Staates entwickelt. Hegel hat diesen Mythos mit Recht als „unendlich merkwürdig"[64] bezeichnet.

„Es war einst eine Zeit, wo es Götter zwar gab, sterbliche Geschlechter aber gab es noch nicht; nachdem aber auch für diese die vorherbestimmte Zeit ihrer Erzeugung gekommen war, bildeten die Götter sie innerhalb der Erde aus Erde und Feuer und auch das hinzumengend, was von Erde und Feuer gemengt ist. Und als sie sie nun ans Licht bringen sollten, übertrugen sie dem Prometheus und Epimetheus, sie auszustatten und die Kräfte unter sie, wie es jedem zukomme, zu verteilen. Vom Prometheus aber erbat sich Epimetheus, er wolle verteilen, und, sagte er, wenn ich ausgeteilt, so komme du, es zu besichtigen." Ausführlich wird geschildert, wie Epimetheus zunächst die Tiere versorgt und sie mit Kräften und Eigenschaften ausstattet, die so aufeinander abgestimmt sind, daß jeder Art die Erhaltung gesichert ist. „Wie aber Epimetheus doch nicht ganz weise war,

---

62 O. Gigon. Sokrates. S. 251.
63 Diogenes Laertius IX 50.
64 Vorlesungen über die Geschichte der Philosophie I. Werke 18. Theorie-Werkausgabe. Frankfurt a. M. 1971. S. 416.

hatte er unvermerkt schon alle Kräfte aufgewendet für die unvernünftigen Tiere; übrig war ihm noch unbegabt das Geschlecht der Menschen, und er war ratlos, was er diesem tun sollte. In dieser Ratlosigkeit nun kommt ihm Prometheus, die Verteilung zu beschauen, und sieht die übrigen Tiere zwar in allen Stücken weislich bedacht, den Menschen aber nackt, unbeschuht, unbedeckt, unbewaffnet, und schon war der bestimmte Tag vorhanden, an welchem auch der Mensch hervorgehen sollte aus der Erde an das Licht. Gleichermaßen also der Verlegenheit unterliegend, welcherlei Rettung er dem Menschen noch ausfände, stiehlt Prometheus die kunstreiche Weisheit des Hephaistos und der Athene, nebst dem Feuer – denn unmöglich war, daß sie einem ohne Feuer hätte angehörig oder nützlich sein können –, und so schenkte er sie dem Menschen." Durch den Raub wird der Mensch in den Stand versetzt, Techniken auszubilden, mit Hilfe derer er Wohnungen bauen, sich kleiden und ernähren kann. Außerdem entwickelt er, der ein vernünftiges Wesen geworden ist, die Sprache und die Religion. Dennoch ist in diesem Zustand die Erhaltung der Menschheit noch nicht gesichert. „So ausgerüstet, wohnten die Menschen anfänglich zerstreut, Städte aber gab es nicht. Daher wurden sie von wilden Tieren ausgerottet, weil sie in jeder Art schwächer waren als diese, und die verarbeitende Kunst war ihnen zwar zur Ernährung hinreichende Hilfe, aber zum Kriege gegen die Tiere unwirksam; denn die bürgerliche Kunst hatten sie noch nicht, von der die kriegerische ein Teil ist. Sie versuchten also, sich zu sammeln und sich zu erretten durch Erbauung der Städte; wenn sie sich aber gesammelt hatten, so beleidigten sie einander, weil sie eben die bürgerliche Kunst nicht hatten, so daß sie wiederum sich zerstreuend auch bald wieder aufgerieben wurden." Da macht sich Zeus selbst Sorgen um den Fortbestand des menschlichen Geschlechts. Er schickt den Hermes zu den Menschen, damit er ihnen Scham und Recht bringe. Diese bürgerlichen Tugenden machen es den Menschen möglich, daß sie sich im Staat zusammenfinden und gemeinsam die Erhaltung der Art sichern. Während die technischen Fähigkeiten bei den Individuen unterschiedlich ausgebildet sind, gibt Hermes auf den ausdrücklichen Befehl des Zeus die bürgerlichen Tugenden an alle Menschen zu gleichen Teilen ab. Dazu befiehlt Zeus ein Gesetz, daß jeder, der unfähig sei, sich die bürgerlichen Tugenden anzueignen, als ein Schaden des Staates getötet werde.[65]

---

[65] Protagoras 320c-323a. Daß die Rede des Protagoras in dem Dialog gedanklich auf die Lehre des historischen Protagoras zurückgeht, wird allgemein angenommen. F. Heinimann: „Als Meinung des historischen Protagoras dürfen dabei mit großer Wahrscheinlichkeit diejenigen Anschauungen gelten, die Platon seinen Protagoras in zusammenhängender, sophistisch gefärbter Rede vortragen läßt." (Nomos und Physis. S. 115. Dort weitere Belege für diese Auffassung). W. Nestle (Griechische Geistesgeschichte von Homer bis Lukian. Stuttgart [2]1955) führt den Inhalt des Mythos auf die bei Diogenes Laertius (IX 55) erwähnte Schrift des Protagoras ‚Vom Ur-

Um die eigentliche Intention dieser Erzählung zu erkennen, muß man das Mythische als literarische Form von dem rationalen Gehalt trennen. Denn bevor Protagoras in dem Dialog mit seiner Rede beginnt, erklärt er, er könne, was er sagen wolle, sowohl als ein „Märchen" (mythos) wie auch in Form einer Abhandlung (logos) vortragen. Daß auch der historische Protagoras den Mythos als integralen Bestandteil einer Theorie über den Staat nicht mehr verwendet haben kann, geht aus dem skeptischen Satz über die Götter hervor. Aufgrund dieses Satzes wird man jedoch auch annehmen müssen, daß er eine rationale Erklärung nur für den Staat, nicht aber für die Religion gegeben hat. Daher vermute ich, daß der historische Protagoras wohl den Staat und die Gesetze, nicht aber — wie spätere Sophisten — die Götter für eine Erfindung der Menschen gehalten hat. Mit dieser Einschränkung läßt sich die mythische Erzählung etwa folgendermaßen in eine Theorie umformulieren: Der Mensch ist hinsichtlich seiner primären, physischen Natur den Tieren heillos unterlegen; Protagoras stellt ihn, modern gesprochen, als ein Mängelwesen dar. Zur Überwindung seiner anfänglichen Unterlegenheit entwickelt der Mensch zunächst seine technischen Fähigkeiten; diese ermöglichen ihm, in ausreichendem Maß für Nahrung, Kleidung und Unterkunft zu sorgen, doch ist er als Einzelner den Tieren noch immer nicht gewachsen. Daher versucht er, sich mit anderen zusammenzuschließen und Gemeinschaften zu bilden, was zunächst am Mangel der bürgerlichen Tugenden scheitert. Erst nachdem der Mensch sich diese unter dem Zwang der feindlichen Umwelt geschaffen hat, kann er sich gegenüber den Tieren behaupten und die Erhaltung seines Geschlechts sichern.

Anders als ältere, mythische Anschauungen, nach denen die Menschheit aus einem ursprünglichen goldenen Zeitalter herausgetreten ist und sich seitdem stetig abwärts entwickelt hat, beruht die Theorie des Protagoras auf dem Gedanken eines Fortschritts, der in der Bildung des Staates gipfelt. Zu seinen höchsten und wertvollsten Eigenschaften, den politisch-sittlichen Tugenden, gelangt der Mensch erst in dem letzten Stadium seiner Entwicklung. Der Staat ist keine göttliche Stiftung, sondern ein Instrument, das die Menschen zum Zweck der Erhaltung ihrer Gattung hervorgebracht haben. In dieser Erklärung, die zugleich eine Legitimierung des Staates ist, bedingen sich gegenseitig zwei Gedanken, die für eine Aufklärung typische Annahme, daß der Mensch von Natur aus schwach ist und diese

zustande' zurück. „Den Inhalt der Schrift ‚Über den Urzustand' können wir aus Platons Wiedergabe (Prot. 220c ff.) erkennen. Es ist eine bewußt in einen Mythos gekleidete Kulturentstehungstheorie." Über die inneren Widersprüche des Mythos, die die Vermutung anregen, er sei aus verschiedenen Stücken nachträglich zusammengesetzt worden, vgl. O. Gigon. Studien zu Platons Protagoras. S. 124-130. In: Phyllobolia. Festschrift für Peter Von der Mühll. Hrsg. von O. Gigon u. a. Basel 1946. S. 91-152. Dort erwägt Gigon die Athetese des Dialogs aus den Werken Platons (S. 102 f.).

Schwäche nicht einmal durch seine technische Vernunft ausgleichen kann, und die Behauptung, daß erst der Staat die menschliche Selbsterhaltung gewährleistet. Jede höhere Einschätzung der physischen Stärke und der technischen Fähigkeiten muß den Staat weniger notwendig erscheinen lassen, und umgekehrt zwingt die Abwertung des Staates und der Gesetze, die Natur und die Technik des Menschen aufzuwerten. Diese Verlagerung der Akzente geschieht in der späteren Sophistik. Aus dem Ergänzungsverhältnis, das bei Protagoras zwischen der schwachen menschlichen Natur und den Gesetzen besteht, machen jüngere Sophisten, die aufgrund ihrer Tätigkeit und durch politische Umstände in Distanz zum Staat geraten, einen Gegensatz.

Ebenfalls in dem platonischen Dialog ‚Protagoras' tritt der Sophist Hippias auf, der die Antithese von Gesetz und Natur emphatisch ausspricht. „Ich denke, sagte er, ihr versammelten Männer, daß wir Verwandte und Befreundete und Mitbürger von Natur sind, nicht durch das Gesetz. Denn das Ähnliche ist dem Ähnlichen von Natur verwandt, das Gesetz aber, welches ein Tyrann der Menschen ist, erzwingt vieles gegen die Natur."[66] Nun bringt Hippias diesen Gedanken nicht als einen Beitrag zur Sache, sondern um einen Streit über die Form der Gesprächsführung zu schlichten; was sich als ein bedeutendes philosophisch-politisches Theorem ankündigt, entpuppt sich als ein bloßer Beschwichtigungs- und Vermittlungsvorstoß. Doch ist in der Banalisierung die platonische Ironie am Werke, die den historischen Hippias und dessen Auffassung von dem Zwangscharakter der Gesetze lächerlich zu machen sucht. Ganz ähnlich parodiert Platon an anderer Stelle ein weiteres Theorem des Hippias, das in genauem Sinn den Komplementärgedanken zu der Antithese von nomos und physis und der darin enthaltenen Abwertung des Staates bildet. Im Dialog ‚Hippias II' wird der Sophist als ein eitler und selbstgefälliger Tausendkünstler dargestellt, über den Sokrates sich ironisch lustig macht. Sokrates erinnert daran, daß Hippias einmal in Olympia aufgetreten sei und sich seiner Fähigkeiten gerühmt habe. Hippias habe erwähnt, er habe alles, was er zur Körperpflege brauche und was er am Leibe trüge, selbst verfertigt: Siegelring, Badekratzer, Ölfläschchen, Schuhe, Mantel, Unterkleid und Gürtel.[67] „Dahinter steht ein sehr ernsthaftes Theorem, das von Platon mehrmals diskutiert wird, die Forderung der totalen Autarkie des Einzelnen, der sich damit von jeder fremden Hilfe freimacht. Platon stellt dem sein Prinzip der Arbeitsteilung in organisierten Gemeinschaften entgegen. Es handelt sich also nicht um eine wirkliche biographische Mitteilung über Hippias. Eher ließe sich denken, dass Hippias in einer Rede in Olympia, einem ‚Olympikos' (wie es dies auch von Gorgias gab) sein Ideal der Autarkie theoretisch entwickelt hat und dass jener Text dann in der genannten Weise in ein anschauliches Bild umgesetzt worden wä-

[66] 337c-d.
[67] 368b-d.

re."[68] Die Antithese von nomos und physis sowie das Ideal der Autarkie ergänzen sich zu einer zusammenhängenden philosophisch-politischen Theorie, in der der Gedanke der Selbsterhaltung nicht mehr — wie bei Protagoras — in bezug auf die Gattung, sondern vom Individuum her gedacht wird. Die Autarkie des Einzelnen löst als Garanten der Selbsterhaltung den Staat ab; für das autarke Individuum haben der Staat und die Gesetze ihre notwendige und nützliche Funktion verloren. Sie bedeuten ihm daher nicht mehr als überflüssigen Zwang.

Aus der antithetischen Gegenüberstellung von Gesetz und Natur erwachsen die Ablehnung des positiven Rechts und der Gedanke eines Naturrechts, das an die Stelle des positiven Rechts tritt. Nun kann dieser Gedanke zu sehr unterschiedlichen Zwecken entwickelt werden. W. Nestle unterscheidet daher zwei Arten von Naturrecht, die aus der Antithese von nomos und physis entstehen, das „Naturrecht des Starken" und das „Naturrecht des Schwachen".[69] Das letztere, das nach Nestle vermutlich auf Hippias zurückgeht, betont die Gleichheit aller Menschen und hebt die Unterschiede zwischen Barbaren und Hellenen, später sogar die zwischen Herren und Sklaven als bloß gesetzliche und widernatürliche auf. Das Naturrecht des Starken geht aus der Verbindung aristokratischer und sophistisch-aufklärerischer Gedanken hervor. Auch mit ihm wird die Ablehnung der bestehenden Gesetze und des Staates begründet, aber es zielt nicht auf die Gleichheit aller Menschen, sondern auf die Unterscheidung zwischen einigen wenigen Starken und der großen Masse der Schwachen. Ein typischer Vertreter dieser Art von Naturrecht ist der in Platons Dialog ‚Gorgias' auftretende Sophist Kallikles.

Nachdem in diesem Dialog Sokrates seine Idee der Gerechtigkeit und die mit ihr verbundene These, daß Unrechtleiden besser sei als Unrechttun, gegen die übrigen Gesprächsteilnehmer erfolgreich verteidigt hat, widerspricht ihm Kallikles als letzter der Sophisten und verwirft mit dem Hinweis auf die Unvereinbarkeit von nomos und physis die von den Gesetzen her definierte Gerechtigkeit: Die Gesetze seien eine Vereinbarung der Schwachen und des „großen Haufens" gegen die Starken, deren natürliches Recht sie beschnitten. „Daher wird nun gesetzlich dieses unrecht und häßlich genannt, das Streben, mehr zu haben als die meisten, und sie nennen es Unrechttun. Die Natur selbst aber, denke ich, beweist dagegen, daß es gerecht ist, daß der Edlere mehr habe als der Schlechtere und der Tüchtigere als der Untüchtigere. Sie zeigt aber vielfältig, daß sich dieses so verhält, sowohl an den übrigen Tieren als auch an ganzen Staaten und Geschlechtern der Menschen, daß das Gerechte so bestimmt ist, daß der Bessere über den Schlechteren herrsche und mehr habe. Denn nach welchem Recht führte Xerxes Krieg gegen Hellas, oder dessen Vater gegen die Skythen? Und tausend anderes der Art könnte man anführen. Also, meine ich, tun sie dieses der Natur gemäß,

---

[68] O. Gigon. Sokrates. S. 265.
[69] Griechische Geistesgeschichte von Homer bis Lukian. S. 186-191.

und, beim Zeus, auch dem Gesetz gemäß, nämlich dem der Natur; aber freilich nicht nach dem, welches wir selbst willkürlich machen, die wir die Besten und Kräftigsten unter uns gleich von Jugend an, wie man es mit den Löwen macht, durch Besprechung gleichsam und Bezauberung knechtisch einzwängen, indem wir ihnen immer vorsagen, alle müssen gleich haben, und dies sei eben das Schöne und Gerechte. Wenn aber, denke ich, einer mit einer recht tüchtigen Natur zum Manne wird: so schüttelt er das alles ab, reißt sich los, durchbricht und zertritt all unsere Schriften und Gaukeleien und Besprechungen und widernatürlichen Gesetze und steht auf, offenbar als unser Herr, er der Knecht, und eben darin leuchtet recht deutlich hervor das Recht der Natur."[70]

Der Individualismus der jüngeren Sophistik — ob er auf Hippias' Ideal der Autarkie oder wie bei Kallikles auf dem Recht des Stärkeren basiert — zerstört die bei Protagoras vorhandene Einheit von Erklärung und Legitimierung des nomos; die Einsicht in den historischen Charakter der Gesetze bewirkt dann unmittelbar deren Destruktion. Die Erklärung, daß die Gesetze von Menschen geschaffen seien, führt zu der Bewertung, sie seien willkürliche Setzungen und daher unverbindlich. Damit ist zugleich derjenige Begriff der Gerechtigkeit, nach dem gerechtes und gesetzmäßiges Handeln identisch sind, infrage gestellt. Zu zeigen, daß diese Gerechtigkeit mit den Bedürfnissen des Einzelnen nicht in Übereinstimmung zu bringen ist, ist die Intention des Sophisten Antiphon; in einer nur fragmentarisch überlieferten Schrift weist er am Leitfaden der Antithese von nomos und physis nach, daß die von den Gesetzen her definierte Gerechtigkeit nicht überall und nicht einmal überwiegend imstande ist, das dem Einzelnen jeweils Zuträgliche zu verschaffen. Daher muß dieser mit der Gerechtigkeit pragmatisch umgehen, sie kann ihm nicht ein absoluter Maßstab des Handelns sein. „Gerechtigkeit besteht darin, die gesetzlichen Vorschriften des Staates, in dem man Bürger ist, nicht zu übertreten. Es wird also ein Mensch für sich am meisten Nutzen bei der Anwendung der Gerechtigkeit haben, wenn er vor Zeugen die Gesetze hochhält, allein und ohne Zeugen dagegen die Gebote der Natur; denn die der Gesetze sind willkürlich, die der Natur dagegen notwendig; und die der Gesetze sind vereinbart, nicht gewachsen, die der Natur dagegen gewachsen. Wer also die gesetzlichen Vorschriften übertritt, ist, wenn es ihren Vereinbarern verborgen bleibt, von Schande und Strafe verschont; bleibt es ihnen nicht verborgen, so nicht. Wer dagegen eins der von Natur mit uns verwachsenen Gesetze wider die Möglichkeit zu vergewaltigen sucht, für den ist, wenn es vor allen Menschen verborgen bleibt, das Unheil um nichts geringer und, wenn alle es bemerken, um nichts größer; denn der Schade beruht nicht auf bloßer Meinung, sondern auf Wahrheit. Die Betrachtung dieser Dinge ist im allgemeinen um dessen willen angestellt, weil die meisten gesetzlichen Rechtsbestimmungen feindlich

---

[70] 483c-484b.

zur Natur stehen. Es sind ja Gesetze aufgestellt für die Augen, was sie sehen dürfen und was nicht; und für die Ohren, was sie hören dürfen und was nicht; und für die Zunge, was sie sagen darf und was nicht; und für die Hände, was sie tun dürfen und was nicht; und für die Füße, wozu sie schreiten dürfen und wozu nicht; und für den Sinn, wessen er begehren darf und wessen nicht. Dabei sind wahrlich die Verbote der Gesetze an die Menschen und ihre Gebote genau ebenso wenig naturfreundlich oder -gemäß. Dagegen das Leben untersteht der Natur und auch das Sterben, und zwar kommt das Leben ihnen von dem Zuträglichen, das Sterben dagegen von dem nicht Zuträglichen. Das Zuträgliche ist, soweit es durch die Gesetze festgesetzt ist, Fessel der Natur, soweit dagegen durch die Natur, frei." Es werden Beispiele dafür angeführt, daß das Gesetz unfähig sei, immer das dem Menschen Zuträgliche zu bewirken, und daß es oftmals Widernatürliches anordne; so befehle es den Kindern, den Eltern Gutes zu tun, auch wenn sie von diesen Mißhandlungen erfahren hätten. Gehorche man solchen Gesetzen, so sei die Folge, „daß man mehr Schmerz erleidet wo weniger möglich wäre und weniger Freude empfindet wo mehr möglich wäre und Schlimmes erduldet wo nichts nötig wäre."[71]

Die Argumentation Antiphons basiert auf dem Grundgedanken der Naturnotwendigkeit, der sich alles Handeln des Menschen unterordnen muß. Auf den modernen Leser macht diese Argumentation in vielem einen zynischen Eindruck. Bis in die Zeit der sophistischen Aufklärung hinein ist für die Griechen die Sittlichkeit an die – geschriebenen oder ungeschriebenen – Gesetze des Staates gebunden. Im Mythos des Protagoras wird der Mensch einerseits als ein vernünftig-technisches, andererseits als ein politisch-sittliches, nicht aber als ein autonom moralisches Wesen beschrieben; es gibt nicht die Vorstellung einer von den Gesetzen und Sitten verschiedenen, im Individuum begründeten Moral. Die antithetische Gegenüberstellung von Gesetz und Natur bedeutet daher in letzter Konsequenz die Destruktion von Sittlichkeit und Moral sowie die Reduktion des Menschen auf seine technische Vernunft und seine triebhafte Natur.

In den ‚Wolken' des Aristophanes, die nach der Intention des Verfassers die amoralischen Auswirkungen der Sophistik vorführen sollen, taucht die Antithese von nomos und physis als ein sophistisches Argument auf. In einer Szene der Komödie bestreiten der „Gerechte" und der „Ungerechte" einen Redewettkampf vor dem Schüler Pheidippides, um ihn jeweils auf ihre Seite zu bringen. Dabei propagiert der „Ungerechte", der die Sophistik repräsentiert, einen völligen Libertinismus; auch der Ehebruch sei gestattet, wenn man ihn nur rhetorisch geschickt rechtfertigen könne, denn das Ausleben aller Triebe liege in der Natur. „Folgst du mir nach, / So tust du, was Natur dich heißt, liebkosest, küssest,

---

[71] Fragment B 44. In: Fragmente der Vorsokratiker. 2. Bd. S. 346-351.

wagst du, / Hältst nichts für Unrecht".[72] Pheidippides, der von seinem Vater in den Unterricht der Sophisten geschickt worden ist, lernt nur allzu gut von ihnen, den nomos mit dem Doppelargument, daß er willkürlich gesetzt und gegen die Natur sei, zu kritisieren und zu verwerfen. Er stößt sogleich ein Gesetz um, das bei Antiphon als Beispiel für die Widernatürlichkeit der Gesetze genannt wird, nämlich jenes, nach dem die Kinder den Eltern dankbar sein sollen und erlittene Züchtigungen nicht vergelten dürfen. In einer Auseinandersetzung schlägt Pheidippides den Vater und begründet das Recht dazu, wie er es von den Sophisten gelernt hat; auf den Vorwurf, es gehöre sich nicht, so mit den Eltern umzugehen, antwortet er: „Ist der, der aufgebracht den Brauch, nicht auch ein Mensch gewesen / Wie du und ich? Und mußt' er nicht mit Gründen ihn empfehlen? / Wär's minder mir für künft'ge Zeit erlaubt, in Brauch zu setzen, / Daß seinem Vater jeder Sohn die Schläge wiedergebe? / Was Hiebe wir vorweg empfahn, eh' dies Gesetz gegeben, / Quittieren wir und schenken's euch als Schulden, die verjährten. / Doch sieh einmal die Hähne an und sonst dergleichen Wesen, / Die schenken ihren Vätern nichts; und doch, was haben jene / Und wir Verschiedenes, außer daß sie nicht Psephismen schreiben?"[73]

In den sophistischen Figuren der ‚Wolken' sind zahlreiche Züge der Diogenes-Gestalt bereits enthalten; so ist der Tiervergleich, als die anschaulich gemachte Antithese von Gesetz und Natur, eines der Hauptargumente, mit denen Diogenes seine Kritik an den Gesetzen und Sitten der griechischen Polis äußert. In der zehnten Rede des Dion Chrysostomos, ‚Diogenes oder über die Sklaven', legt am Ende Diogenes in einem Exkurs seine Ansicht über den Oidipus dar. Hauptthema der Rede, in der Diogenes durch eine Unterhaltung einen Mann belehrt, der seinen entlaufenen Sklaven sucht, ist die Behauptung, daß erst die Selbsterkenntnis und die völlige Unabhängigkeit von äußeren Umständen den Menschen fähig machen, in rechter Weise mit der Welt umzugehen. Dieses wird im Geist eines kynisierenden Stoizismus abgehandelt; in dem Exkurs über den Oidipus erhält die Rede einen bis dahin unbekannten, ausgesprochen zynischen Akzent. Die Umwertung der sittlichen Werte, die hier vorgenommen wird, entspricht ganz dem Geist des Pheidippides. Diogenes stellt Oidipus als einen Dummkopf hin, der durch rationales Handeln seiner Katastrophe hätte entgehen können. „Was ich vorhin bei Oidipus noch vergaß: Er ging nicht nach Delphi, um das Orakel zu befragen, sondern traf mit Teiresias zusammen und erfuhr durch dessen Sehergabe großes Leid, was er aber seinem eigenen Unverstand zuzuschreiben hatte. Er bekam nämlich zu hören, daß er bei seiner eigenen Mutter geschlafen und Kinder von ihr habe. Das hätte man vielleicht geheimhalten oder in Theben als gesetzlich erklären sollen. Statt dessen machte er es später aller Welt kund und

---

72 Vers 1077-1079.
73 Vers 1421-1429.

rief, außer sich, laut, er sei zugleich Vater und Bruder derselben Kinder, Gatte und Sohn derselben Frau. Die Hähne regen sich über solche Beziehungen nicht auf, nicht die Hunde noch die Esel, nicht einmal die Perser, die doch als die Vornehmsten in Asien gelten. Zudem blendete er sich selbst und irrte blind durch das Land, wie wenn er nicht auch sehend hätte umherziehen können."[74] Vor einem solchen radikalen Rationalismus des Diogenes hat kein religiöses oder sittliches Tabu Bestand. „Auch hielt er es nicht für etwas Unerhörtes, einen Tempelraub zu begehen oder Fleisch von irgendwelchen Tieren zu genießen; ja selbst Menschenfleisch zu verzehren sei kein Vergehen wider die Gottheit, wie sich aus dem Brauche fremder Völker ergebe. Und zwar berief er sich auf folgende Betrachtungen als beweisend dafür, daß strenggenommen alles in allem enthalten sei und durch alles hindurchgehe: im Brot seien Fleischteile und im Kohl Brotteile und auch Teile von allen übrigen Körpern, indem allenthalben durch gewisse unsichtbare Poren Stoffmassen eingesogen und wieder ausgedünstet würden."[75]

In Protagoras' rationaler Erklärung, die die religiöse Sanktion des nomos aufhebt, ist die Sittlichkeit nicht ein Zweck an sich, sondern ein Mittel der menschlichen Selbsterhaltung. Auf dem Gedanken, daß sie als Vorbedingung des Staates notwendig zur Kompensation der schwachen menschlichen Natur ist, beruht bei Protagoras die humane Begründung des nomos. Das Ideal der Autarkie, das in der jüngeren Sophistik vielfach den Staatsgedanken verdrängt, erschüttert zugleich die traditionellen, von Protagoras kaum modifizierten Vorstellungen dessen, was die Sittlichkeit ihrem Inhalte nach bedeutet. Von diesem Ergebnis her strebt Platon erneut eine religiöse Sanktionierung der Gesetze an. Die protagoreische Wende in der Begründung des nomos zurücknehmend, formuliert er in dem Spätwerk der ‚Nomoi' den homo-mensura- zu einem deus-mensura-Satz um: „Der Gott aber möchte uns wohl am meisten das Maß aller Dinge sein, und das weit mehr als, wie sie sagen, irgendein Mensch."[76]

---

[74] Dion Chrysostomos 10, 29-30. Sämtliche Reden. S. 172. — Die Interpretation des Oidipus geht offensichtlich, wie auch K. v. Fritz vermutet (Quellenuntersuchungen zu Leben und Philosophie des Diogenes von Sinope. S. 87 f.) auf eine gleichnamige Tragödie zurück. Diogenes Laertius zählt im Schriftenverzeichnis des Diogenes sieben Tragödien auf, darunter auch eine mit dem Titel ‚Oidipus' (VI 80). Nun ist schon in der Antike bezweifelt worden, daß Diogenes der Verfasser dieser Tragödien sei. Julian (Des Kaisers Julianus Rede gegen die ungebildeten Hunde. In: Kaiser Julians Philosophische Werke. S. 57) und Diogenes Laertius (VI 73) nennen als möglichen Verfasser einen sonst unbekannten Philiskos aus Ägina; Diogenes Laertius nennt außerdem noch einen ebenfalls unbekannten Pasiphon.

[75] Diogenes Laertius VI 73. Wie Laertius hinzufügt, war die Billigung, Menschenfleisch zu verzehren, in der Tragödie ‚Thyestes' enthalten. Zur Autorschaft der Tragödie vgl. die vorangehende Anmerkung.

[76] 716c.

Diogenes dagegen verkörpert die dazu im extremen Gegensatz stehende Konsequenz aus der Destruktion der Sittlichkeit, indem er nicht einen göttlichen, sondern einen animalischen nomos zum Maßstab des Handelns macht. Das Beispiel der Tiere liefert ihm nicht allein einen Ansatzpunkt für die Kritik der bestehenden Gesetze und Sitten, sondern positiv die Anleitung für sein Handeln. Eine Anekdote erzählt, wie er aus einer Notlage heraus zu der für ihn typischen Lebensweise kam: „Wie Theophrast in seinem Megarikos berichtet, ward er aufmerksam auf eine hin- und herlaufende Maus, die weder eine Ruhestätte suchte noch die Dunkelheit mied, noch irgend welches Verlangen zeigte nach sogenannten Leckerbissen. Das gab ihm einen Wink zur Abhilfe für seine dürftige Lage."[77]

2. *Die Überbietung des Sokrates*

a) Die göttliche Berufung

Die Gestalt des Protokynikers Diogenes geht aus der sophistischen Aufklärung hervor, und sie erhält ihre spezifische Prägung unter dem Einfluß der Sokrates-Gestalt. Dieser zweite Aspekt soll unter einer zweifachen Perspektive dargestellt werden: der Überbietung des Sokrates und der Opposition zum platonischen Sokrates.

Ich möchte den Vergleich zwischen sokratischen Motiven und Diogenes-Anekdoten mit einem Nachtrag zu dem ersten Kapitel beginnen. In der dort interpretierten Erzählung über die äußeren Umstände, unter denen Diogenes zur Philosophie kommt, werden zwei verschiedene Anlässe genannt, die die Erzählung so eng wie möglich in Verbindung zu bringen sucht: die Münzfälschung und die Befragung des Orakels. Während das Motiv der Münzfälschung vorwiegend auf die sophistische Seite der Diogenes-Gestalt hinweist, ist die Befragung des Orakels ein eigentümlich sokratisches Motiv. Denn Sokrates ist der erste von drei bekannten antiken Philosophen, von denen überliefert ist, daß sie durch ein Orakel zur Philosophie berufen wurden. Außer ihn führt Epiktet in seiner Unterredung ‚An die, welche leichtfertig an ein Lehramt gehen' noch die Sokrates-Nachfolger Diogenes und Zenon, den Begründer der Stoa, als diejenigen auf, die ihr philosophisches Lebenswerk aufgrund eines göttlichen Rates begonnen und

[77] Diogenes Laertius VI 22. — Zur Bedeutung der Natur als Norm im griechischen Denken und speziell im Kynismus vgl.: Arthur O. Lovejoy u. a. Primitivism and Related Ideas in Antiquity. New York 1965. Wichtig für unseren Zusammenhang vor allem: „III. Genesis of the Conception of ‚Nature' as Norm" (S. 103-116) und „IV. A. Cynic Primitivism" (S. 117-152). Ein Anhang informiert über die wichtigsten Wortbedeutungen von „Natur" in der Antike.

ausgeführt hätten. Mit dem Hinweis auf diese drei Philosophen bekräftigt Epiktet seine Auffassung, daß eine notwendige Voraussetzung für die Ergreifung eines Lehramtes der Rat des Gottes sei, „so wie er dem Sokrates riet, die Stelle eines Widerlegenden einzunehmen, dem Diogenes, die eines Königs und Tadlers, dem Zenon die eines Lehrers und Grundsätze-Aufstellenden."[78] Wie Olof Gigon in dem Aufsatz ‚Antike Erzählungen über die Berufung zur Philosophie'[79] darlegt, sind die Berichte über die göttlichen Berufungen des Diogenes und Zenon offensichtlich literarische Nachbildungen jener in verschiedenen Versionen überlieferten Anekdote, nach der Sokrates durch den Spruch des delphischen Orakels zu seiner philosophischen Tätigkeit angeregt wurde. Verglichen mit dem ursprünglichen Motiv tragen diese Nachbildungen deutliche Merkmale einer an Parodie grenzenden Übersteigerung. Anders als Sokrates wenden sich Diogenes und Zenon eigenständig um Auskunft an das Orakel, und die doppeldeutigen Sprüche, die an sie ergehen, sind ihrem buchstäblichen Sinn nach jeweils anstößig: Der eine wird zum Vergehen der Münzfälschung, der andere zu einer sexuellen Perversion aufgefordert, denn Zenon soll „sich mit den Toten paaren", das heißt in der übertragenen Bedeutung, sich mit den Büchern beschäftigen.[80] Für den Stoiker Epiktet und seine stoisch gefärbte Auffassung des Kynismus als einer asketischen, religiös motivierten Lebensweise ist es bezeichnend, daß er dieses Anstößige ignoriert und die Berufungen des Zenon und Diogenes völlig ernsthaft als göttlichen Rat begreift. Auch der neuplatonisch-fromme Kaiser Julian interpretiert die Erzählung vom Orakel des Diogenes so, daß er den Kyniker aus Frömmigkeit den Rat des Gottes akzeptieren und der göttlichen Weisung folgen läßt.[81]

Doch diese Vereinnahmungen durch stoische beziehungsweise neuplatonische Frömmigkeit stehen völlig quer zu dem aufklärerischen, religions- und mythenkritischen Geist des ursprünglichen Kynismus, und es sprechen mehrere Indizien dafür, das Orakel des Protokynikers als Verspottung dieser religiösen Praxis anzusehen; denn aus anderen kynischen Überlieferungen tritt offene Kritik am Orakelwesen hervor. Julian selbst liefert dafür einen Anhaltspunkt. Er erwähnt und kommentiert nämlich zwei Orakel-feindliche Schriften des Kynikers Oinomaos; diese Bücher stellt er seinem positiven, der Frömmigkeit nicht entbehrenden Diogenesbild als abschreckendes Beispiel für einen durch und durch negativen, gottlosen und sittlich entarteten Kynismus gegenüber. „Besteht er (d. h. der

---

78 Unterredung III 21. In: Unterredungen und Handbüchlein der Moral. Für die deutsche Bibliothek neu herausgegeben von Alexander von Gleichen-Rußwurm. Berlin 1914. S. 191.

79 Museum Helveticum. Schweizerische Zeitschrift für klassische Altertumswissenschaft. Vol. 3. Basel 1946. S. 1-21.

80 Diogenes Laertius VII 2.

81 Rede gegen die ungebildeten Hunde (Kaiser Julians Philosophische Werke. S. 72).

Kynismus) denn in einer Art von verzweifelter Narrheit und in einem Leben, das nicht mehr menschlich ist, sondern auf der tierischen Verfassung einer Seele beruht, die an keinen sittlichen Ernst und an nichts Gutes mehr glaubt? Eine solche Vorstellung könnte nämlich Oinomaos von ihm durch manche von seinen Auslassungen erwecken. Wenn Dir auch nur einigermaßen daran gelegen gewesen wäre, wenigstens diese nachzulesen, dann hättest Du dies deutlich aus dem von ihm verfaßten ‚Selbstorakel des Hundes', aus seinem Buch ‚gegen die Orakel', kurz, aus allem ersehen können, was der Mann geschrieben hat."[82] In einem solchen Kynismus seien „jegliche fromme Scheu vor den Göttern" geschwunden, jede menschliche Besonnenheit der Verachtung preisgegeben und die Gesetze – zumal die, die unmittelbar auf göttlicher Satzung beruhten, – mit Füßen getreten.

In der zehnten Rede des Dion Chrysostomos, ‚Diogenes oder über die Sklaven', ist es der Protokyniker selbst, der im Zusammenhang der erwähnten Oidipus-Interpretation aus einer rationalistischen Erwägung heraus die Orakel als überflüssig verwirft: „Ich für meine Person allerdings bin der Meinung, daß du auf das Orakel überhaupt verzichten kannst, wenn du Verstand hast. Denn sieh, wenn der Gott dich aufforderte, richtig zu schreiben und zu lesen, und du hättest keine Ahnung von Buchstaben, wärst du dazu nicht imstande; wenn du aber die Buchstaben kennst, wirst du auch ohne Aufforderung des Gottes richtig schreiben und lesen."[83] Dion folgt hier wie in der ganzen Oidipus-Passage einer kynischen Quelle. An anderen Stellen und in anderen Reden ist seine Haltung gegenüber den Orakeln sehr viel verbindlicher und eher der gläubigen stoischen Auffassung zugeneigt.

Man wird also trotz Epiktet und Julian grundsätzlich Fontenelle zustimmen müssen, der in seiner ‚Historie von den heydnischen Orakeln' die antiken Philosophenschulen im Hinblick auf ihre Beurteilung des Orakelwesens in zwei Parteien einteilt: in die der Stoiker und Platoniker einerseits, die die Orakel verteidigten, sowie die der „Cyniker, Peripatetiker und Epikureer hergegen", welche sie „ganz ungescheuet" verspotteten. Dabei gehört die Sympathie des Aufklärers Fontenelle der zweiten Partei; das wird deutlich, wenn er die erhaltenen Fragmente des Oinomaos im Widerspruch zu Julian kommentiert: „Es ist eine Lust, wenn man in diesen Überbleibseln sieht, wie dieser Oenomaos, voll cynischer Freyheit, aus jedem Ausspruche des Orakels, einen Schluß wider denselben Gott machet, von dem er gethan worden, und ihn also selbst ins Spiel mischet."[84]

---

82 Rede gegen den Kyniker Heraklios (Kaiser Julians Philosophische Werke. S. 92).

83 Sämtliche Reden. S. 172.

84 Auserlesene Schriften, nämlich Von mehr als einer Welt, Gespräche der Todten, und die Historie der heydnischen Orakel; vormals einzeln herausgegeben, nun aber mit verschiedenen Zugaben und schönen Kupfern vermehrter ans Licht gestellet, von Johann Christoph Gottscheden. Leipzig 1760. S. 478.

Ein weiteres Indiz, das Orakel des Diogenes als Parodie zu verstehen, ist die kritisch-parodistische kynische Einstellung zu verwandten religiösen Phänomenen und Praktiken. Eine ähnliche Front wie in der Orakelfrage bestand in der antiken Philosophie hinsichtlich der Auffassung, die die Vorsehung betraf. Deren Realität ist gemeinsames Überzeugungsgut von Stoikern und Platonikern, sie wird dagegen von Epikureern, Kynikern und Skeptikern bestritten. H. Dörrie skizziert diesen Gegensatz, wenn er schreibt, daß in den „großen Schulen" – gemeint sind Stoa und Platonismus – in der Frage nach dem Wesen und Wirken der Vorsehung Einigkeit darüber geherrscht habe, daß die Antwort darauf „weder verantwortungslos, noch skeptisch, noch zynisch gegeben werden dürfe – schon von hier aus erklärt sich die ständige Polemik gegen Epikureer, Skeptiker und Kyniker, die das Walten einer πρόνοια entweder leugneten oder als nicht beweisbar bestritten." Dörrie begründet diese Polemik mit den Konsequenzen, die man erwartete, wenn eine göttliche Fürsorge geleugnet wurde: auch die Furcht vor göttlichen Strafen würde schwinden und damit das religiöse Fundament der Sittlichkeit; der Kynismus wurde hierin – wie der Epikureismus und der Skeptizismus – als Zynismus verstanden: „Denn das, was die oft getadelten Gegner durch ihre Leugnung der πρόνοια zu bewirken im Begriff standen, sah man als zersetzend, als zynisch, ja als revolutionär an. Das Schicksal der gesitteten Menschheit schien auf dem Spiel zu stehen, wenn weder Lohn für gute, noch Strafe für böse Taten drohten. Es galt also die Gewißheit einer Überzeugung zu erhalten, die, wenn sie erschüttert worden wäre, schlimme Wirkungen nach sich ziehen mußte."[85]

Die in einer stattlichen Reihe von Diogenes-Anekdoten enthaltene Stellungnahme zu religiösen Gebräuchen und Überzeugungen ist durchweg kritisch; sie setzt die Linie sophistisch-aufklärerischer Religionskritik fort und steigert sie manchmal bis zur Blasphemie. So verweigert der Protokyniker die Annahme der heiligen Weihen, die zum Mysterienkult gehörten, weil er nicht einsehe, daß geweihte Nichtsnutze im Jenseits den Vorrang vor ungeweihten Helden besitzen sollten.[86] Er kritisiert den Aberglauben, sich durch Weihwasser reinigen zu können, und tadelt das Gebet.[87] Eine Anekdote parodiert blasphemisch-obszön den Ausspruch des Thales, alles sei voll von Göttern: „Als er einst sah, wie ein Weib sich in höchst anstößiger Weise vor den Göttern niederwarf, wollte er ihren Aberglauben austreiben, trat, wie Zoilos aus Perga berichtet, an sie heran und sagte: ‚Schämst du dich nicht, o Weib, dich vor dem etwa hinter dir stehenden Gotte – denn alles ist seiner voll – bloßzustellen?' "[88] Dem Diogenes werden

[85] Heinrich Dörrie. Der Begriff ‚Pronoia' in Stoa und Platonismus. In: Freiburger Zeitschrift für Philosophie und Theologie. 24. Bd. Freiburg (Schweiz) 1977. S. 61-87. Hier: S. 64.

[86] Diogenes Laertius VI 39.

[87] Diogenes Laertius VI 42.

[88] Diogenes Laertius VI 37.

blasphemische Aussprüche zugeschrieben, die sonst noch von notorischen Gottesleugnern wie Theodoros und Diagoras überliefert sind, so das schlagende Argument des letzteren gegen die göttliche Vorsehung: „Als einer die Weihegeschenke in Samothrake anstaunte, sagte er: ‚Es wären deren noch weit mehr, wenn auch die nicht Geretteten solche Stiftungen machten.' "[89] Und schließlich findet sich unter seinem Namen auch das berühmte aufklärerische Argument des Kritias gegen die Religion. Der Sophist hatte bekanntlich in einer Art Priestertrugstheorie die Götter als die Erfindung eines schlauen Mannes erklärt, der sich die Furcht der Menschen zunutze gemacht habe. „Es wohnten aber, sagte er (d. i. der schlaue Mann), die Götter an einem Ort, dessen Benennung die Menschen am meisten erschrecken mußte, woher, wie er erkannte, die Ängste den Sterblichen kommen und die Hilfe für ihr mühselig Leben, aus dem sich drehenden Gewölbe dort oben, wo er die Blitze wahrnahm und das furchtbare Donnergetöse ..."[90] Daß diese Argumentation zumindest im Ansatz auch Diogenes zugeschrieben wurde, wird aus Julian ersichtlich; denn in seinem Bemühen, den Kyniker als fromm darzustellen und ihm den Ruch des Atheisten zu nehmen, sieht er sich genötigt, die atheistische Valenz des Argumentes zu entkräften: „Wenn er (d. i. Diogenes) aber vor dem Donner nicht erschrak — nun, auch ich bin, wiewohl mir schon oft solche Götterzeichen aufgestoßen sind, bei den Göttern, niemals darüber erschrocken. Und ich empfinde doch vor den Göttern einen solchen heiligen Schauer und liebe, verehre und scheue sie ..."[91]

Nach dieser Ergänzung zu derjenigen Erzählung, die bei Diogenes Laertius am Beginn der Biographie des Diogenes steht, will ich nun aus der Beziehung auf sokratische Motive einige weitere Anekdoten interpretieren, die zwei für die Gestalt des Kynikers zentrale Probleme thematisieren, nämlich die Einstellung zum politischen Leben und zur theoretischen Wissenschaft. Diese zwei Themen beschäftigen vorrangig jene von der sokratischen Wendung angestrebte Philosophie, in deren Mittelpunkt nicht die reine Theorie als die erste und selbstverständliche Aufgabe philosophischen Nachdenkens steht, sondern das exemplarische Leben des Weisen und dessen Verhältnis zur Welt, und daher nehmen beide Themen in der sokratischen wie in der kynischen Literatur einen breiten Raum ein.

b) Partizipation und Distanzierung in der Polis

Diogenes' Einstellung zum politischen Leben drückt sich in zwei Gruppen von Anekdoten aus, von denen die erste ihn jeweils in Konfrontation mit dem Volk

89 Diogenes Laertius VI 59.
90 Fragmente der Vorsokratiker. 2. Bd. S. 388. Fragm. 25.
91 Rede gegen den Kyniker Heraklios (Kaiser Julians Philosophische Werke. S. 95 f.).

zeigt und die zweite in Konfrontation mit den Inhabern der Macht. Den ersten Komplex, das Verhältnis zum Volk, veranschaulicht eine Anekdote, die wie nur zwei oder drei weitere das Bild des Diogenes bis in die Gegenwart hinein geprägt hat. „Er zündete bei Tage ein Licht an und sagte: ‚Ich suche einen Menschen.' "[92] Dasselbe Motiv, durch eine Deutung ergänzt, erscheint auch im Fabelbuch des Phaedrus. Der Sklave Aesop holt am Morgen aus einem Nachbarhaus Feuer, um Essen zu bereiten; auf dem Rückweg wird er auf der Straße angesprochen: „Es rief ein Schwätzer aus dem Volk: / ‚Aesop, weshalb bei Sonnenschein mit einem Lichte?' — / ‚Ich suche Menschen!' Sprach's und eilte in sein Haus." Der Geschichte ist folgende Erklärung beigegeben: „Wenn sich der Störer diese Wort' zu Herzen nahm, / Erfuhr er, daß der Greis ihn nicht als Mensch erkannte, / Da er den Vielbeschäftigten so frech verhöhnte."[93] Daß eine Anekdote, die sich in der Rezeptionsgeschichte als eines der markantesten Motive der Diogenes-Gestalt erwiesen hat, auch über den Prototypen des Fabeldichters erzählt wird, deutet auf die Nähe zwischen Fabeldichtung und kynischer Literatur hin. Der Kynismus verwendet wie die Fabel gerne den Tiervergleich, um wie diese eine unidealistische Moral des physischen Überlebens zu propagieren, und beide verfolgen die satirische Doppelintention des verspottenden Scherzes und der moralischen Belehrung, eine Absicht, die Phaedrus ausdrücklich im Prolog als das Ziel seines Werkes nennt: „Und zwiefach ist des Buches Zweck. Es reizt zum Lachen / Und es gibt fürs künft'ge Leben gute weise Lehren."[94] Daher wundert es auch nicht, daß in der Antike Aesop ganz ähnlich wie Diogenes zum Typus „des Aberweisen neben den Weisen, zum Narren κατ ἐξοχήν"[95] stilisiert wurde.

Die brennende Laterne charakterisiert den, der damit am hellen Tag einen Menschen sucht, als eine Sokrates-Figur; darin scheint mir der Grund zu liegen, weshalb sie zu einem so typischen und universalen Attribut der Diogenes-Gestalt werden konnte. Das Wissen des Philosophen — und sei es das Wissen um das Nichtwissen — bringt diesen in einen Gegensatz zur Meinung der Menge; er ist eine im wörtlichen Sinne „paradoxe" Figur. Die Anekdote bildet, wie auch Gigon bemerkt,[96] nur eine grelle Übersteigerung jenes Motivs, nach dem Sokrates im Auftrag des Gottes einen Menschen sucht, der in Wahrheit wissend und nicht dem bloßen Meinen verfallen ist: Weil Sokrates keinen Wissenden trifft, bewahrheitet sich für ihn ironisch das Orakel „An Weisheit nimmt es niemand auf

---

92 Diogenes Laertius VI 41.

93 Liber Fabularum. Fabelbuch. Lateinisch und deutsch. Übersetzt von Friedrich Fr. Rückert und Otto Schönberger. Herausgegeben und erläutert von Otto Schönberger. Stuttgart 1975. Drittes Buch 19. S. 71.

94 A.a.O. S. 5.

95 Franz Bertram. Die Timonlegende, eine Entwicklungsgeschichte des Misanthropentypus in der antiken Literatur. Phil. Diss. Heidelberg 1906. S. 23.

96 Sokrates. S. 135.

mit Sokrates"; denn er selbst weiß wenigstens um seine Unwissenheit. Genauso findet Diogenes keinen Menschen, er ist der einzige Mensch wie Sokrates der einzige Wissende. Dieses Bewußtsein der Exzeptionalität hat die frühe, noch von christlichen Moralbegriffen beeinflußte Geschichtsschreibung der Philosophie ihm gewöhnlich als Laster des Hochmuts angerechnet. In einer kritischen Sichtung der Verfehlungen, die Diogenes zugeschrieben werden, schreibt Jacob Brucker: „Das, was man ihm wohl am richtigsten vorwerffen könnte, ist, daß er einen besondern Hochmuth gehabt, und in der von ihm erwählten Singularität einen großen Vorzug der Weißheit vor andern gesucht, und gefunden zu haben vermeint."[97]

In der Haltung des Sokrates zum Volk, deren charakteristische Merkmale sich in der Gestalt des Diogenes vergröbert widerspiegeln, stehen in einer zwiespältigen Verbindung nebeneinander die entgegenstrebenden Tendenzen der Partizipation und der Distanzierung. Einerseits ist er ein einfacher Mann aus dem Volk, der Sohn eines Handwerkers und einer Hebamme, und viele seiner äußeren Lebensgewohnheiten entsprechen den kleinbürgerlichen Verhältnissen, denen er entstammt; in dieser Erscheinung unterscheidet er sich auffällig von dem vornehmen und aufwendigen Lebensstil berühmter Sophisten. Er hält sich für gewöhnlich im einfachen Volk auf, in den Werkstätten der Handwerker, auf öffentlichen Straßen und Plätzen, wo er seiner philosophischen Beschäftigung nachgeht, indem er mit jedermann Gespräche anknüpft; und diese Tätigkeit übt er seiner Überzeugung nach zum Wohl des Volkes aus, wie er auch bezeichnenderweise sich mit einem Arzt vergleicht.[98]

Während er so einerseits im Volk aufzugehen scheint, zieht er andererseits zwischen sich und alle übrigen Menschen eine unsichtbare, aber unüberwindliche Mauer, die in dem Bewußtsein besteht, als einziger, wenn auch nur um das Nichtwissen, zu wissen, wohingegen die anderen nur meinen. Die ironische Überlegenheit, durch die sich Sokrates als ein Einzelner im Volk isoliert, obwohl er rein äußerlich stets mitten darin sich aufhält, ist nun nichts anderes als die subtile Verfeinerung und Übersteigerung eines Motivs, das sich im Portrait mehrerer älterer Philosophen findet und demzufolge dem Weisen die Masse der Menschen als dumm und schlecht erscheint, lapidar formuliert in dem Wahlspruch des Bias, eines der sieben Weisen: „Die meisten sind schlecht."[99] In dem stilisierten Portrait solcher Philosophen wie etwa des Heraklit äußert sich die Distanz zum Volk real als Menschenscheu, -verachtung oder -haß, und auch im Bild des Sokrates sind diese Züge enthalten. So spricht er in Platons ‚Politeia' von der „Torheit der Menge", die zur wahren Philosophie keinen Zugang hat, sondern nur zum Scheinwissen der Sophisten. „Wenn du dies nun alles wohl bedacht hast, so

[97] Kurtze Fragen Aus der Philosophischen Historie. 1. Teil. S. 929.
[98] Platon. Gorgias 521e.
[99] Diogenes Laertius I 88.

denke auch noch daran, ob wohl das Schöne selbst, nicht die vielerlei schönen Dinge, oder auch jegliches andere selbst und nicht die vielen solchen Dinge, jemals der große Haufe irgendwie annehmen wird oder daran glauben? — Wohl gar nicht, sagte er. — Philosophisch also, sprach ich, kann eine Menge unmöglich sein. — Unmöglich."[100] Es bedarf der utopischen Bedingung des Idealstaates, damit der Philosoph als der wahre König sich um die Politik kümmert, weil ihn ansonsten die Abkehr von der reinen Philosophie zu große Überwindung kosten würde. „Denn wer in der Tat seine Gedanken auf das Seiende richtet, o Adeimantos, hat ja wohl nicht Zeit, hinunterzublicken auf das Treiben der Menschen und im Streit gegen sie sich mit Eifersucht und Widerwillen anzufüllen."[101] Die Distanz des Philosophen zur Menge, die hier theoretisch begründet wird aus der Unzulänglichkeit der Natur der meisten Menschen für die Gegenstände der Philosophie, ist auch in manchen Aussprüchen des Sokrates ausgedrückt, die bei Diogenes Laertius stehen und die wir noch krasser bei Diogenes wiederfinden. „Die anderen Menschen, pflegte er zu sagen, leben, um zu essen; er selbst aber esse, um zu leben."[102] Daraus macht die Diogenes-Anekdote folgende Übersteigerung: „Ins Theater ging er, wenn die andern ihm daraus entgegenströmten, und, nach dem Grunde gefragt, sagte er: ‚So halte ich es grundsätzlich in meiner ganzen Lebensführung.' "[103] Verächtlich über das Volk redet Sokrates im folgenden Vergleich: „Von der großen Masse des gemeinen Volkes sagte er, es stehe damit ähnlich, wie wenn einer ein einzelnes Vierdrachmenstück geringschätzig bewertete, dagegen einen Haufen solcher Münzen als hochwertig gelten ließe."[104] Und wiederum äußert sich diese Verachtung krasser und direkter bei Diogenes: „Einst rief er laut: ‚Heda, Menschen', und als sie herzuliefen, bearbeitete er sie mit seinem Stocke mit den Worten: ‚Menschen habe ich gerufen, nicht Unflat.' So erzählt Hekaton im ersten Buch seiner Chrien."[105]

Die in der Sokrates-Gestalt nebeneinander stehenden Tendenzen der Distanzierung und der Partizipation stellen sich in zwei markanten Aussprüchen einzeln als die Grundhaltungen zweier Sokratesschüler dar, die in der Geschichtsschreibung der Philosophie allgemein als die Häupter zweier kleinerer sokratischer Schulen, der kynischen und der kyrenaischen, gelten, wobei die erste eher einem rigorosen Asketismus und die zweite einem Hedonismus zuneigte. Auf dieselbe Frage, welchen Vorteil er von der Philosophie habe — eine solche Frage

---

100 493e-494a.
101 500b-c.
102 Diogenes Laertius II 34.
103 A.a.O. VI 64.
104 A.a.O. II 34. „Die extremsten Oligarchen Athens konnten sich nicht geringschätziger über die Schuster und Zimmerleute äussern, als es Sokrates hier tut" (O. Gigon. Sokrates. S. 132).
105 Diogenes Laertius VI 32. Vgl. auch VI 60, VI 40.

zielt immer auf eine knappe, aber möglichst umfassende Charakteristik des betreffenden Philosophen — antwortet Antisthenes: „Die Fähigkeit, mit mir selbst zu verkehren",[106] wohingegen Aristipp die entgegengesetzte Antwort erteilt: „Ein sicheres Auftreten im Verkehr mit jedermann."[107]

Dieselben zwei verschiedenen Bestrebungen des sokratischen Weisen zu scharfer Distanzierung von den Menschen und zu partizipierendem Umgang mit ihnen finden wir auch im Kynismus. G. A. Gerhard[108] unterscheidet hier zwischen einer „strengen" und einer „hedonisch laxen" Richtung, und er sieht die erste von Diogenes, die zweite hauptsächlich von Krates und dessen Schüler Zenon repräsentiert. Der Kyniker vom Typ des Krates, bei dem menschenverachtende Züge fehlen, versteht sich als Arzt, Rater und Wohltäter der Menschheit. Krates wird, weil er Zugang zu jedem Haus hat, „Türöffner" genannt.[109] Neben diesem philanthropischen Kyniker steht jedoch das andere Extrem, das überwiegend von Diogenes verkörpert wird. Bei ihm führt die Tendenz der sokratischen Distanzierung bis in die Nähe des Timon, jenes legendären Prototypen des Misanthropen. „An die Stelle des fröhlichen Philanthropen tritt ein grimmiger Misanthrop. Der Typus des menschenhassenden Moralisten hat in hellenistischer Epoche eine merkwürdig reiche und häufige Ausgestaltung erfahren. Neben alten Philosophen wie Heraklit und Demokrit, auch Platon, und Dichtern wie Archilochos und Hipponax ist es vor allem Diogenes, der in solcher Verzerrung gezeigt und in den Farben des Timon gemalt wird."[110] In einer Untersuchung über die Timonlegende hat F. Bertram an mehreren Motiven aufgezeigt, wie sich der Kynismus der Misanthropie und umgekehrt Timon sich dem Kynismus annähern. Der extreme Menschenhaß führt zur Selbstvernichtung; dies veranschaulicht eine bei ‚Suidas' überlieferte Version vom Tod des misanthropischen Heraklit, der offensichtlich aus Antipathie gegen jede menschliche Berührung in einer tödlichen Erkrankung ärztliche Hilfe abweist.[111] Bei Timon steigert sich das Motiv zum Selbstmord, was Bertram mit einigen Erzählungen über Kyniker zusammenbringt. „Von einiger Bedeutung für die besonders scharfe Ausprägung der Selbstvernichtung unseres athenischen Misanthropen ist vielleicht auch der Umstand gewesen, daß gerade die Kyniker, zu denen, wie wir schon mehrfach andeuteten, Timon vielfach in Beziehung gesetzt wurde, meist ihrem Leben selber ein Ende machten."[112] Bertram verweist neben Metrokles und Menipp auch auf Diogenes,

---

106 A.a.O. VI 6.
107 A.a.O. II 68.
108 Zur Legende vom Kyniker Diogenes. In: Archiv für Religionswissenschaft. 15. Bd. Leipzig 1912. S. 388-408.
109 Diogenes Laertius VI 86.
110 Gerhard. A.a.O. S. 395.
111 S. 32.
112 S. 33.

über dessen Tod es sehr verschiedene Versionen gibt, unter anderen auch die, daß er durch Verhalten des Atems gestorben sei.[113] Eine weitere Geschichte, nach der Diogenes, der „Hund", an einem Hundebiß zugrunde gegangen ist, läßt sich metaphorisch als Selbstmord deuten. Umgekehrt heften sich an Timon kynische Züge, so wenn er selbst in der Totenwelt noch als ein beißender Hund dem Kerberos gefährlich wird[114] oder wenn er später, gleichsam zum Philosophen avanciert, gegen Ruhmsucht zu Felde zieht und ein kynisch anspruchsloses Leben führt.[115]

Aber bei aller Verwandtschaft zwischen dem Kynismus und der Misanthropie, zwischen Diogenes und Timon gibt es grundsätzliche Differenzen, die verhindert haben, daß diese zwei Prototypen miteinander verschmelzen konnten. So stellt Shakespeare im ‚Timon von Athen' den Kyniker als bissig-spöttischen Philosophen-Narren und weitsichtigen Narren-Philosophen dem Misanthropen an die Seite und gegenüber. Die beiden Typen stehen als unverwechselbare Gestalten nebeneinander; denn die Distanz des Diogenes zu den Menschen ist eine prinzipiell andere als die Timons. Ich möchte das an zwei Beispielen zeigen. Es gibt eine Anekdote, die ihrem Grundmotiv nach sowohl Diogenes als auch Timon zugeschrieben wird. Diogenes sieht Frauen an einem Ölbaum erhängt und sagt: „Möchten doch alle Bäume solche Frucht tragen."[116] Plutarch erzählt über Timon, daß auf dessen Grundstück ein Feigenbaum gestanden habe, an dem sich gewöhnlich die lebensmüden Athener aufhingen. Eines Tages verkündet Timon dem Volk, er wolle den Baum abhacken, und er rate jedem, der sich noch aufhängen wolle, dies bald zu tun.[117] Bertram behauptet, die Anekdote sei von Diogenes auf Timon übertragen worden; dem möchte ich mit der Begründung zustimmen, daß sie für Timon weniger typisch ist, weil sie einen Witz enthält. Anders als Diogenes ist Timon meist der Verlachte, nicht der Verlachende. Im Kynismus des Diogenes ist das Lachen ein unentbehrlicher Bestandteil, ein Mittel der Selbstbehauptung, das zwar der Distanzierung dienen kann, in dem aber ein Rest von Partizipation enthalten ist; darüber wird an anderer Stelle ausführlicher zu handeln sein.

Das zweite Beispiel für die unterschiedliche Distanz des misanthropischen und des kynischen Prototypen zum Volk geben ihre verschiedenen Wohn- und Aufenthaltsorte ab. Timon lebt in einem unzugänglichen Turm oder hinter einer undurchdringlichen Pfahl- bzw. Dornenpalisade innerhalb der Polis, die Tendenz der Legende geht jedoch dahin, ihn außerhalb der Stadt in der Einöde ländlicher

---

113 Diogenes Laertius VI 76, 77.
114 Bertram. A.a.O. S. 29.
115 A.a.O. S. 39 ff.
116 Diogenes Laertius VI 52.
117 Bertram. A.a.O. S. 51 f.

Abgeschiedenheit anzusiedeln,[118] was in dem Motiv gipfelt, selbst sein Grab noch unzugänglich zu machen.[119] Diogenes dagegen bleibt in der Polis, wo er zwar als Einzelner, ohne Familie, ohne Schüler, aber mitten im Volk sich aufhält; er führt kein Privatleben, sondern lebt mit allen seinen Bedürfnissen in der Öffentlichkeit der Straßen und Plätze. „Er pflegte alles in voller Öffentlichkeit zu tun, sowohl was die Demeter betrifft, wie auch die Aphrodite. Darauf bezieht sich folgende Schlußfolgerung: Wenn es nichts Absonderliches ist zu frühstücken, so ist es auch auf dem Markte nicht absonderlich; nun ist aber das Frühstücken nichts Absonderliches; folglich ist es auch nicht absonderlich auf dem Markte. Und da er häufig öffentlich Onanie trieb, sagte er: ‚Könnte man doch so durch Reiben des Bauches sich auch den Hunger vertreiben.' "[120] Das ambivalente Verhältnis des Sokrates zum Volk, die Distanzierung und Isolierung des Einzelnen innerhalb der Polis und ihrer Öffentlichkeit, ist bei Diogenes wiederum auf die Spitze getrieben; er ist ganz Individuum und ganz öffentliche Person. Das markanteste Symbol dieser paradoxen Lebensweise ist das Faß, in dem Diogenes allein, aber allen zugänglich mitten in der Polis wohnt. Diese Partizipation am öffentlichen Leben belohnten ihm die Athener. „Als ein junger Mensch sein Faß zertrümmert hatte, ließen sie diesem eine Tracht Prügel verabfolgen, ihn selbst aber beschenkten sie mit einem anderen Faß."[121]

c) Der Philosoph und der Mächtige

Das Verhältnis des Philosophen zum politischen Leben stellt sich bei Diogenes in einem doppelten Aspekt dar, der einerseits die soeben erörterte Einstellung zum Volk und andererseits die Haltung gegenüber den Inhabern der Macht, den Fürsten, Tyrannen und Königen, betrifft. Zu dem zweiten Punkt, auf den ich nun eingehen werde, berichtet Diogenes Laertius über Sokrates: „Vor den Großen dieser Erde, vor Männern wie dem Makedonier Archelaos, dem Skopas in Krannon (Thessalien), dem Eurylochos in Larissa hatte er wenig Respekt und nahm weder Geldgeschenke an, noch ließ er sich zu einem Besuch bei ihnen bewegen."[122] Daß Sokrates die ihm angetragene Gunst der Fürsten ausschlägt, ist, wie Gigon annimmt, ein allein auf Erfindung beruhendes literarisches Motiv ohne geschichtliches Substrat, mit dem offensichtlich ein doppelter Zweck verfolgt wird: Es versetzt Sokrates in einen auffälligen Kontrast zu Sophisten und Literaten, die

118 A.a.O. S. 16.
119 A.a.O. S. 52 f.
120 Diogenes Laertius VI 69.
121 A.a.O. VI 42.
122 A.a.O. II 25.

den Umgang von Fürsten und Königen suchen, sowie zu einigen seiner Schüler, die den Einladungen der Tyrannen von Syrakus Folge leisten und sich an deren Hof aufhalten; „wenn wir sehen, wie alle Erzählungen ausschliesslich darauf hinauslaufen, dass Sokrates die Einladungen der Fürsten ablehnt, so muss das bedeuten, dass die Absicht dieser Erzählungen mindestens zum Teil diejenige war, die Aufenthalte eines Platon, Aristippos und Aischines an Fürstenhöfen in schlechtes Licht zu setzen; die Handlungsweise dieser Sokratiker soll als Verrat an dem Geiste des Sokrates indirekt gebrandmarkt werden."[123] Über diesen aktuellen Zweck hinaus entscheidet das Motiv im negativen Sinne die alte und grundsätzliche, schon in der Sieben-Weisen-Dichtung gestellte Frage, ob der im Philosophen repräsentierte Geist und die politische Macht miteinander vereinbar seien, und es demonstriert in der ablehnenden Haltung des Sokrates exemplarisch die Unabhängigkeit des Weisen.

Beide Aspekte, der aktuelle der Kritik am Verhalten mancher Sokratesschüler und der prinzipielle der Unabhängigkeit des wahren Philosophen, kehren explizit in den zahlreichen Anekdoten wieder, in denen von dem Verhältnis des Diogenes zu Tyrannen, Fürsten und Königen die Rede ist. Dabei zielt die Kritik an der vermeintlichen Korrumpierbarkeit durch die Mächtigen vor allem auf Platon und dessen Aufenthalt am Hof zu Syrakus. „Platon beobachtete ihn, wie er seinen Kohl abspülte; er trat an ihn heran und sagte leise zu ihm: ‚Hättest du dich dem Dionysios fügsam erwiesen, so brauchtest du keinen Kohl zu waschen.' Dieser habe aber ebenso leise geantwortet: ‚Und hättest du dich zum Kohlabspülen herabgelassen, so hättest du dich nicht dem Dionysios dienstbar gemacht.' "[124] Eine weitere Anekdote fügt der Kritik den Spott über ein Mißgeschick des Platon in dessen Umgang mit der Macht hinzu. „Als Platon ihn Hund nannte, erwiderte er: ‚Jawohl, denn ich bin zu denen, die mich verkauft haben, wieder zurückgekehrt.' "[125] Die zunächst unverständlich erscheinende Antwort wird als Ironie erkennbar, wenn man die Anekdote mit der bei Aelian überlieferten Version vergleicht; dort erwidert Diogenes auf die Beschimpfung Platons: „Ich bin doch nie, wie die Hunde, dahin zurückgekehrt, wo ich verkauft wurde."[126] Hier wird die Anspielung auf jene bei Diogenes Laertius[127] erhaltene Überlieferung deutlich, nach der Platon zweimal nach Syrakus zurückkehrte, obwohl er dort bei seinem

---

123 Sokrates. S. 158.

124 Diogenes Laertius VI 58. Die Anekdote findet sich in verschiedenen Versionen; bei Valerius Maximus (Sammlung merkwürdiger Reden und Thaten, übersetzt von D. Friedrich Hoffmann. Stuttgart 1829. S. 252) spielt die Szene in Syrakus und richtet sich gegen Aristipp, wohingegen bei Diogenes Laertius II 68 Diogenes der Dumme und Aristipp der Lachende ist. Vgl. auch Diogenes Laertius II 102.

125 Diogenes Laertius VI 40.

126 Vermischte Nachrichten 14,33.

127 III 18.

ersten Aufenthalt nach einem Streit mit dem Tyrannen einem spartanischen Gesandten übergeben und von diesem in die Sklaverei verkauft worden war. Zum vollen Verständnis der Anekdote muß man außerdem wissen, daß nach einem beliebten und mehrfach behandelten Motiv auch Diogenes als Sklave verkauft wurde, nachdem er auf einer Schiffsreise von Seeräubern gefangen genommen worden war, sich aber im Gegensatz zu Platon nicht freikaufen ließ, sondern sich in der äußeren Unfreiheit durch seine innere Unabhängigkeit und Souveränität als der wahre Herr erwies.[128]

Die Konfrontation mit einem Fürsten ist wie in den Pseudo-Diogenesbriefen in zahlreichen Diogenes-Anekdoten ein immer wieder thematisiertes und variiertes Motiv; es findet sich hier einerseits in derselben Form wie in der Sokrates-Dichtung: Der Philosoph schlägt die Einladung eines Fürsten aus; nur besteht bei dem Kyniker die Tendenz, die Absage so provozierend wie eben möglich zu formulieren. „Als Krateros ihn zu einem Besuch bei sich aufforderte, erwiderte er: ‚Nein, lieber will ich in Athen Salz lecken, als beim Krateros an der prunkvollsten Tafel zu sitzen.' "[129] Die mit einer Einladung zugleich ausgesprochene Drohung des Perdikkas, ihn töten zu lassen, wenn er ihn nicht aufsuche, kommentiert er demonstrativ gelassen: „ ‚Das ist keine Heldentat, das können Käfer und Spinnen auch vollbringen.' Eher, meinte er, hätte er drohen sollen, daß er auch ohne mich glücklich leben könnte."[130]

Andererseits hat die Diogenes-Dichtung das Motiv der ausgeschlagenen Einladung wirkungsvoll in jener Anekdote modifiziert und gesteigert, die die in der Antike wie in der Neuzeit wohl am häufigsten zitierte Erzählung über den Kyniker ist und in der er mit dem Weltbeherrscher Alexander konfrontiert wird. Die Steigerung, die diese Anekdote gegenüber den bisher angeführten Versionen des Motivs „der Philosoph und der Fürst" bedeutet, liegt darin, daß diesmal der König selbst sich zum Philosophen bemüht und ihn aufsucht, um ihm seine Gunst anzutragen. Diogenes geht auch darauf ein, aber in einer so ironischen Weise, daß das Eingehen tatsächlich eine noch brüskierendere Absage darstellt als das direkte Ausschlagen einer Einladung oder eines Angebotes; denn was er sich erbittet, ist so wenig, daß ihn die Erfüllung des Wunsches dem König zu nichts

---

128 Diogenes Laertius VI 75: „Kleomenes erzählt in seinem Buch ‚Paidagogikos', seine Schüler hätten ihn freikaufen wollen, er aber habe sie darob Toren genannt; seien doch die Löwen keine Sklaven ihrer Ernährer, sondern umgekehrt; die Ernährer seien die Sklaven der Löwen; denn sich zu fürchten sei Knechtesart, vor den wilden Tieren aber hätten die Menschen Furcht." Diogenes Laertius referiert VI 29-31 Auszüge aus zwei Schriften mit demselben Titel ‚Verkauf des Diogenes', als deren Verfasser Menippos und Eubulos genannt werden. Vgl. auch VI 74 und den Artikel ‚Diogenes' im ‚Wörterbuch des Suidas'.

129 Diogenes Laertius VI 57.

130 Diogenes Laertius VI 44.

verpflichtet, wodurch er die Absicht Alexanders vereitelt, den Philosophen von sich abhängig zu machen. Zugleich weist Diogenes durch seinen Wunsch darauf hin, daß sein Glück von Faktoren abhängt, über die der König, der sich für den Herrscher über alles hält, keine Gewalt hat; und drittens schließlich gibt der Philosoph mit seinem Wunsch Alexander zu erkennen, was dieser ihm bedeutet, nämlich nicht mehr als ein lästiger Schatten: „Als er im Kraneion sich sonnte, trat Alexander an ihn heran und sagte: ‚Fordere, was du wünschest,' worauf er antwortete: ‚Geh mir aus der Sonne.' "[131] An drei verschiedenen Versionen dieser Anekdote möchte ich zeigen, wie in der Antike das Verhältnis zwischen Diogenes und Alexander gedeutet und umgedeutet worden ist.

Die erste Version und Interpretation entsprechen der aus Diogenes Laertius zitierten Anekdote; sie finden sich außerdem bei Cicero, Seneca, Valerius Maximus und Arrian. Cicero, von dem die früheste uns erhaltene Überlieferung der Geschichte stammt,[132] fügt ihr einen Ausspruch des Diogenes hinzu, in welchem dieser sich seiner Wunschlosigkeit wegen über den persischen Großkönig stellt; Cicero zitiert dabei Diogenes als ein Beispiel für die Unabhängigkeit des Philosophen von äußerem Reichtum, und er führt in diesem Zusammenhang neben dem Kyniker noch den Skythen Anacharsis an, der einer der sieben Weisen ist und in seiner Ablehnung der Zivilisation sowie seiner freien Rede als ein Vorläufer des Kynismus angesehen werden kann, ferner Sokrates und Xenokrates, den Leiter der Akademie.

Daß sich Diogenes durch seine unabhängige Haltung gegenüber Alexander als ein sich dem Sokrates verwandter und ebenbürtiger Philosoph erweist, dieser Aspekt, auf den es mir hier besonders ankommt, wird mehr noch als bei Cirero in der Art und Weise deutlich, wie Seneca die Anekdote verarbeitet und erläutert; er greift sie nämlich zusammen mit jener Erzählung auf, die ich schon aus Diogenes Laertius zitiert habe und nach der Sokrates die Einladung des Archelaos ablehnt. Bei Seneca tut Sokrates dies mit der Begründung, er möge zu niemandem gehen, dem er empfangene Wohltaten nicht zurückerstatten könnne; hinter der höflichen Entschuldigung verbirgt sich jedoch laut Seneca ein anderer Grund. „Willst du wissen, was Socrates eigentlich nicht wollte? Nicht in eine freiwillige Sklaverei eintreten wollte der Mann, dessen Freiheit ein freier Staat nicht ertragen konnte." Auf die Beispiele des Diogenes und Sokrates kommt Seneca in einem Zusammenhang zu sprechen, in dem er der Frage nachgeht, ob man sich an Wohltaten von anderen überbieten lassen dürfe; er bejaht die Frage, weil es einige Menschen gebe, von denen man sich darin notwendig übertreffen lassen müsse. „Es gibt aber Männer, die über alles Begehren erhaben sind, die kaum von einem menschlichen Bedürfnisse berührt werden, denen das Glück selbst Nichts

---

[131] Diogenes Laertius VI 38.
[132] Gespräche in Tusculum 5,92.

gewähren kann; von einem Socrates muß ich ja nothwendig an Wohlthaten übertroffen werden, nothwendig von einem Diogenes, der mitten durch die Macedonischen Schätze unbekleidet einherschritt, und des Königs Reichthümer mit Füßen trat."

Bei Seneca gerät die Konfrontation des Diogenes mit Alexander zu einer Auseinandersetzung, in der der Philosoph für alle sichtbar den Sieg über den König davonträgt. „O wahrhaftig, da mußte er selbst und auch die Anderen, wofern sie für das Licht der Wahrheit nicht blind waren, wohl die gegründete Ueberzeugung hegen, daß er über dem Mann steht, dem Alles zu Füßen lag. Bei weitem mächtiger, bei weitem reicher war er, als der damalige Weltbeherrscher Alexander. War es ja doch mehr, Das Jener nicht annehmen mochte, als Was dieser geben konnte."[133] Diogenes besiegt den mächtigsten König, und dieser Triumph ist scheinbar ausschließlich der Sieg der inneren, privaten Freiheit über die äußere Gewalt und die Macht des Reichtums; aber analog zu der Interpretation, die Seneca von der Haltung des Sokrates gegenüber Archelaos gibt, darf man wohl die Auseinandersetzung des Diogenes mit Alexander ebenfalls unter dem politischen Aspekt sehen, daß sich der Philosoph mit seiner inneren Unabhängigkeit die äußere bewahren will. Wenn Diogenes wie Sokrates die Gunst des Königs ausschlägt und sich von ihm an Wohltaten nicht übertreffen läßt, dann geht es, wie mir scheint, Seneca mit diesem Beispiel nicht allein um jene Freiheit, die auch in Ketten möglich sein soll, sondern zugleich um die politische Unabhängigkeit des Philosophen. „Alexander, der Macedonierkönig, pflegte sich zu rühmen, an Wohlthaten sey ihm Keiner zuvorgekommen. Bilde sich solches die hochmüthige Seele doch nicht darum ein, weil ihm ohne Heeresmacht Macedonier und Griechen und Carier und Perser und Wer weiß was für Nationen alle zufielen! Meine er doch nicht, das folge aus seiner Herrschaft, die sich von Thraciens Winkel bis an die Küsten eines unbekannten Meeres erstreckte! Das Nämliche konnte Socrates von sich rühmen, das Nämliche Diogenes, der es ihm doch wohl zuvorthat. — Ist er denn nicht überboten worden an dem Tage, da der Mann, der über alles Maß menschlichen Uebermuths sich aufblähte, einen Menschen fand, dem er Nichts zu geben, noch etwas zu nehmen im Stande war?"[134]

In seinem historisch-kritischen Wörterbuch hat P. Bayle mit dem ihm eigenen Scharfsinn diese zwei Erwähnungen der Anekdote bei Seneca der Kritik unterzogen: Seneca habe geglaubt, Alexander sei mit Diogenes erst nach der Eroberung Asiens und als der göttlich verehrte Prinz zusammengetroffen. „Hier haben wir eine von denen Lügen, darein man aus Mangel der Aufmerksamkeit verfällt. Die ganze Welt weis: I, daß Alexander nach seinem Uebergange in Asien niemals

133 De beneficiis 5,4. Lucius Annaeus Seneca des Philosophen Werke. Siebentes Bändchen. Abhandlungen übersetzt von J. M. Moser. Stuttgart 1829. S. 847.

134 De beneficiis 5,6. A.a.O. S. 849.

wieder nach Griechenland gekommen; II, daß Diogenes in währender Zeit, da Alexander Asien bezwungen, nicht aus Griechenland gekommen."[135] Aus diesen Umständen folgert Bayle, daß die Begegnung mit Gewißheit vor dem Perserfeldzug in Korinth stattgefunden habe, als Alexander dort zum Feldherrn des griechischen Heeres ernannt wurde, und er bemerkt, daß man denselben „Zeitrechnungsfehler", dem Seneca unterliege, auch bei Diogenes Laertius in einer Variante der Erzählung finde, in der es heißt: „Als Alexander einst bei einem Zusammentreffen zu ihm sagte: ‚Ich bin Alexander, der große König', sagte er: ‚Und ich bin Diogenes der Hund.' "[136] Alexander konnte sich, so Bayle, in dieser Weise dem Kyniker gar nicht vorstellen, denn als er ihn traf, war er bloß König von Makedonien, hatte den Großkönig Darius noch nicht überwunden, „und es war ihm daher nicht anständig, sich den großen König zu nennen." Bayle erklärt, daß Seneca die Zeiten miteinander verwechselt habe „aus Mangel der Aufmerksamkeit, und weil er allzusehr an die Gegensätze gebunden gewesen." Umgekehrt jedoch müßte man Bayle vorhalten, daß er bei dieser Kritik zu sehr auf seine historische Aufmerksamkeit fixiert gewesen sei und zu wenig auf die Gegensätze geachtet habe.

Denn die Anekdote gewinnt ihre von der historischen Verbürgtheit unabhängige symbolische Bedeutung gerade durch die Größe der Gegensätze, die in ihr aufeinandertreffen, und es kommt dabei auf jenes Paradox an, welches Bayle in der Darstellung Senecas befremdlich und anstößig findet, nämlich „daß Alexander bey dieser Gelegenheit von einer schlechten Privatperson überwunden worden" sei oder in abgeschwächter Form zumindestens darauf, daß der Bezwinger des persischen Großkönigs es nicht vermag, eine schlichte Privatperson zu überwinden, wie Valerius Maximus die Erzählung kommentiert: „In diesen Worten lag der Gedanke: Alexander sucht mit seinem Gelde den Diogenes aus der Haltung zu bringen; aber schneller mag ihm Dieses mit Darius durch die Waffen gelingen."[137]

In Alexander und Diogenes begegnen sich in der denkbar extremsten Ausprägung zwei entgegengesetzte Haltungen zur Welt: die der erobernden Aneignung in der Gestalt des mächtigsten Herrschers nicht nur seiner Zeit, sondern der ganzen Antike, und die der Distanzierung in der Person des Diogenes, mit dessen Bedürfnislosigkeit nur noch die indischen Gymnosophisten, nicht aber irgendein griechischer oder römischer Philosoph konkurrieren konnte — die Zusammen-

135 Peter Baylens Historisches und critisches Wörterbuch nach der neuesten Auflage von 1740 ... übers. auch mit einer Vorrede und verschiedenen Anmerkungen versehen von Johann Christoph Gottscheden. Th. 1-4. Leipzig 1741-44. Artikel ‚Diogenes'. Anmerkung (D). 2. Bd. S. 311.

136 A.a.O. VI 60.

137 Sammlung merkwürdiger Reden und Thaten. 4. Buch III. S. 252.

stellung des Diogenes mit den Gymnosophisten ist ein beliebtes Motiv, das uns bei Arrian und Plutarch begegnen wird. Beide Gestalten repräsentieren zwei verschiedene Wege der Bemühung um individuelle Autarkie nach dem Zerfall der Polis als der beherrschenden Lebensform: Alexander erstrebt Unabhängigkeit und Glück durch Reichtum und Macht, Diogenes durch die Reduktion seiner Bedürfnisse. Die Anekdote in der bisher zitierten Version nun zeigt, daß die wahre Freiheit allein die des Diogenes und daß die Autarkie Alexanders unvollständig ist. Der König macht sich selbst zum Sklaven seiner Herrschsucht, die ihn die Unabhängigkeit eines anderen als eine Beeinträchtigung der eigenen Freiheit empfinden läßt; darum versucht er, Diogenes durch seine Gunst von sich abhängig zu machen, was ihm jedoch nicht gelingt. Daß Alexander zum Knecht seiner Machtgier geworden sei, drückt Arrian an jener Stelle der ‚Anabasis' aus, an der er die Begegnung mit Diogenes zitiert;[138] niemals, so vermutet der Historiker, wäre der König mit dem gewonnenen Besitz zufrieden gewesen, selbst wenn er noch ganz Europa einschließlich Britanniens erobert hätte; immer hätte er nach etwas Unbekanntem hinter dem Erreichten gesucht, und so wäre er stets ein Rivale, wenn nicht mehr eines anderen, so seiner selbst geblieben. Diese heillose Abhängigkeit von der eigenen Herrsch- und Besitzsucht wird dem König bei Arrian dreimal drastisch vorgeführt: von indischen Gymnosophisten, die ihn darauf aufmerksam machen, daß er nach seinem Tode nur soviel Land werde besitzen können, wie zu seinem Begräbnis erforderlich sei, durch Diogenes und dessen Wunsch, Alexander möge ihm aus der Sonne gehen, und drittens wiederum durch einen indischen Gymnosophisten, Dandamis, der die Bitte des Königs ausschlägt, er oder einer seiner Genossen möge sich dem königlichen Gefolge anschließen. Arrian bemerkt dazu, daß Alexander zwar über die Haltung der Philosophen erstaunt gewesen sei und sie gelobt habe, daß seine Handlungen aber stets entgegengesetzt gewesen seien. — Diogenes dagegen erweist sich als der in Wahrheit Freie; als den freiesten Menschen überhaupt — unabhängiger als Alexander und selbst Sokrates, der vor Gericht besiegt worden sei, — stellt ihn der Rhetor Maximus Tyrius am Ende seiner Rede ‚An praeferenda sit Cynici vita' hin: „et supra Lycurgum, et Solonem, et Artaxerxen, et Alexandrum constitutus fuit Diogenes; libertate vero Socratem antecessit, nec delatus in judicio, nec in carcere detentus, neque laudem consecutus e miseria."[139]

In den bisher angeführten Interpretationen des Verhältnisses zwischen Diogenes und Alexander war — am deutlichsten bei Seneca — die Tendenz ersichtlich, den König zu kritisieren und den Philosophen als den allein Unabhängigen und Unbesiegbaren darzustellen. In einer von dieser Tendenz abweichenden Version erzählt und deutet Plutarch die Begegnung der beiden extremen Repräsentanten

---

138 Anabasis Alexandri. 7. Buch I-II.

139 Maximi Tyrii Dissertationes, Ex recensione Ioannis Davisii. London 1770. S. 432.

von Geist und Macht. Nach seiner Überlieferung treffen sie in Korinth aufeinander, anläßlich der panhellenischen Konferenz, bei der Alexander zum griechischen Heerführer ausgerufen wurde. Plutarch pointiert die Anekdote, indem er erwähnt, daß bei dieser Gelegenheit die in Korinth weilenden Staatsmänner und Philosophen dem König ihre Aufwartung gemacht und ihn beglückwünscht hätten; allein Diogenes sei wider die Erwartung Alexanders nicht gekommen, so daß sich der König zum Philosophen begeben mußte, um ihn zu sehen.[140]

Plutarch überliefert die Begegnung an drei verschiedenen Stellen und teilt jedesmal einen Ausspruch des Königs mit, den dieser nach dem Zusammentreffen aus Bewunderung über die Lebensart und die freie Haltung des Kynikers getan habe. „Wahrlich, wenn ich nicht Alexander wäre, so wünschte ich Diogenes zu seyn!" Durch diese Replik auf die Antwort des Protokynikers rehabilitiert sich der König gleichsam, indem er selbst philosophische Gesinnung beweist; nur muß man das Mißverständnis vermeiden, zu dem nach Plutarch dieser Satz Anlaß geben könnte. „Dadurch gab er beinahe zu verstehen, daß das Glück, der Glanz und die Macht, womit er umgeben war, als ein Hinderniß der Tugend und der philosophischen Betrachtungen ihm zur Last gereiche, und daß er auf den Mantel und den Ranzen eifersüchtig sey, weil Diogenes nur durch diese, nicht aber wie er, durch Waffen, Pferde und Lanzen unbesiegt und unüberwindlich war."[141] Dieser Eindruck aber sei falsch; der König, so fährt Plutarch fort, konnte durch das Studium der Philosophie in der Gesinnung Diogenes werden und dem äußeren Glück nach zugleich Alexander bleiben, „ja er konnte um desto eher Diogenes werden, weil er Alexander war." Hier wird nicht – wie in der ersten Version der Anekdote – das Verhältnis zwischen Geist und Macht als eines der Rivalität und der gegenseitigen Ausschließlichkeit gewertet; der Philosoph ist nicht allein der wahre König, weil sich der König als ein wahrer Philosoph erweisen kann.

An der dritten Stelle, in einer weiteren Interpretation jenes Satzes über den Kyniker, zeichnet Plutarch den Alexander als einen solchen König-Philosophen, der die kosmopolitische Idee des Diogenes und das kynische „Umprägen der Münze" verwirklicht, indem er die griechische Lebensart und Philosophie über die ganze Erde verbreitet. Unmittelbar nach dem Ausspruch, er wolle Diogenes sein, wenn er nicht Alexander wäre, fügt der König die Erläuterung hinzu: „das heißt: ich würde mich mit der Theorie abgeben, wenn ich nicht durch Handlungen philosophierte." Damit sei nicht gemeint, daß er den Reichtum und das Glück des Mächtigen der philosophischen Existenz vorziehen würde. – „Nein, er sagte vielmehr: wenn ich nicht A l e x a n d e r wäre, so würde ich D i o g e n e s seyn; das heißt: Hätte ich mir nicht vorgesetzt, Griechen und Barbaren mit ein-

140 Parallelbiographien (Alexander) 671.

141 Moralia 782. (An einen schlecht unterrichteten Fürsten. In: Plutarchs moralische Abhandlungen. 6. Bd. Frankfurt a. M. 1795. S. 348).

ander zu vereinigen, einen ganzen Welttheil durch meinen Feldzug gesittet zu machen, die Grenzen der Erde und des Meeres aufzusuchen, Macedonien bis an den Ocean zu erweitern, Griechenland zu verbreiten, und über alle Nationen Gerechtigkeit und Frieden auszugießen, so würde ich gewiß, anstatt meine Macht zur Schwelgerey und zur Unthätigkeit zu misbrauchen, die nüchterne Lebensart des Diogenes nachahmen. Verzeyhe mir also Diogenes! Ich habe den Herkules und Perseus zu Mustern erwählt; ich trete in die Fußstapfen des Bakchus, eines Gottes, der mein Ahnherr und Stammvater ist. Meine Absicht geht dahin, daß die Griechen aufs neue in Indien Tänze anstellen, und die rohen, verwilderten Bewohner des Kaukasus wieder an die bakchischen Fröhlichkeiten erinnern sollen. Auch dort werden heilige und unabhängige Männer seyn, die an eine strenge, und so zu sagen, nackendgehende Weisheit gewohnt, alle ihre Zeit der Gottheit widmen, und noch einfacher leben, als Diogenes, da sie auch nicht einmal einer Tasche bedürfen ... Durch mich werden diese und Diogenes sich einander kennenlernen. Ich muß ebenfalls Münzen umschlagen, und was von barbarischem Gehalt ist, nach griechischem Schrot und Korn ausprägen."[142]

Der König und der Philosoph verkörpern in verschiedener Weise denselben Geist; Alexander und Diogenes bilden gleichsam ein Doppelgestirn, dessen Aufgang eine Zeitenwende markiert: Beide überwinden sie eine im Untergang begriffene Welt, indem sie theoretisch und praktisch das alte Gesetz der Polis außer Kraft und an seine Stelle eine neue Ordnung, die Idee des Kosmopolitismus und das Weltreich, setzen. Die Parallele zwischen den zwei Gestalten im Übergang von der klassischen Zeit der Polis zum Hellenismus kommt sinnfällig darin zum Ausdruck, daß dieses Doppelgestirn zur gleichen Zeit erlischt: „Demetrios übrigens berichtet in den Homonymen, Alexander sei in Babylon an dem nämlichen Tage gestorben, an dem Diogenes in Korinth sein Leben beschloß",[143] eine Überlieferung, die Plutarch in seine „Tischgespräche" übernommen hat.

Ein moderner Monograph des Kynismus, F. Sayre, schreibt über die Begegnung mit Alexander, sie scheine das am besten verbürgte Ereignis im Leben des Diogenes wie auch das bedeutendste zu sein, und er kommentiert aus seiner Sicht das Verhalten des Philosophen: „Looking at the incident from this interval of time and space, the famous reply of Diogenes does not appear one which a wise and kindly man who was free from prejudice would have made, or one of which his followers had reason to be proud. Alexander was a spirited intelligent young boy, loaded with responsibility and engaged in a great undertaking. There was an opportunity here to give, or at least to offer, him some useful and much needed advice; this seems to have been realized by Dio Chrysostom and the writer

[142] Moralia 331-332. (Vom Glück oder von der Tapferkeit Alexanders. In: Moralische Abhandlungen. 3. Bd. Frankfurt a. M. 1786. S. 207-209).

[143] Diogenes Laertius VI 79.

of the 33rd Letter of Diogenes, for both represent Diogenes as giving Alexander advice and instruction. If Diogenes had been a man who prided himself on supporting himself by his own labour, his reply could be ascribed to bad manners, prejudice and ill nature. It will be noted that these stories show Diogenes as without occupation and without companions and spending his time dozing in the sunshine."[144] Man muß zu dieser Darstellung zweierlei kritisch anmerken. Zum einen kann man wie bei den übrigen Diogenes-Anekdoten auch bei den Erzählungen über das Zusammentreffen des Alexander und Diogenes von historischer Authentizität nicht sprechen; in der Untersuchung ‚Cynic Hero and Cynic King' kommt R. Höistad zu dem Schluß, diese Erzählungen seien aus einer Alexanderfeindlichen kynisch-stoischen Tradition in der ersten Hälfte des dritten vorchristlichen Jahrhunderts hervorgegangen, als auch die Peripatetiker Alexander negativ einschätzten. „At that time the antithesis Alexander the tyrant versus the Cynic philosopher was created, possibly as a reply to Onesicritus' attempt to popularise the conception of Alexander as a philosopher king. We may regard it as certain that the antithesis Alexander-Diogenes was created at the same time."[145] Diese historische Erklärung schließt im übrigen die hier vertretene These nicht aus, daß das Motiv zugleich in einer älteren literarischen Tradition steht, die schon Sokrates als den wahren Philosophen mit dem Tyrannen konfrontiert.

Zum anderen zielt Sayre's penetrant oberlehrerhafte Kritik am Verhalten des Philosophen, dem am Rande noch übel vermerkt wird, daß er bei der Begegnung faul in der Sonne lag, völlig an der Intention der Anekdote vorbei, wie sie in der ersten Version, z. B. bei Cicero und vor allem bei Seneca, überliefert ist; aber diese Kritik kennzeichnet das Mißverständnis, mit dem Sayre die Gestalt des Diogenes vielfach auffaßt. Dennoch hat sie einen antiken Hintergrund, auf den sie mit Recht aufmerksam macht; die Vorstellung, Diogenes hätte, wäre er ein wirklicher Philosoph ohne Vorurteile und nicht bloß ein fauler Bettler gewesen, dem jungen und unerfahrenen Alexander doch einen guten Rat mit auf den Weg nach Asien geben können, entspricht nämlich einer dritten antiken Version über das Verhältnis zwischen dem großen König und dem Kyniker.

Im 33. Pseudo-Diogenesbrief[146] berichtet der Philosoph selbst über seine Begegnung mit Alexander: Er sitzt im Theater und leimt die Blätter eines Buches zusammen, als der König an ihn herantritt, sich vor ihn hinstellt und ihm das für die Arbeit notwendige Sonnenlicht nimmt; damit ist der großartig-einfache Wunsch, durch den in der Anekdote Diogenes lakonisch signalisiert, daß er keinesfalls gewillt ist, sich mit dem König weiter einzulassen, banal realistisch erklärt und als Pointe aufgelöst. Anders als in der Anekdote kommt es bei der in dem Brief geschilderten Begegnung nun zu einer wirklichen Unterhaltung, in deren

[144] Diogenes of Sinope. S. 83-85.
[145] S. 213.
[146] Epistolographi Graeci. Hrsg. von Rudolph Hercher. Paris 1873. S. 247.

Verlauf der Kyniker den König so weise und zugleich so freimütig belehrt, daß dieser am Ende beschämt die Bemerkung macht, er hätte Diogenes werden mögen, wenn er nicht als Alexander geboren wäre.

Nach dieser Version gibt Diogenes also die vorher gewahrte Distanz zur Macht teilweise auf, indem er der unbequeme, aber geschätzte Kritiker und Ratgeber Alexanders wird; in dieser Rolle stellt ihn auch Dion Chrysostomos in seiner vierten Königsrede dar, die das Ideal des wahren Königtums thematisiert und von dem negativen Gegenbild der Tyrannis abhebt. Der Verfasser ist ein Zeitgenosse des Plutarch, ein Redner und Philosoph in der zweiten Blütezeit der Sophistik, der während seines Exils unter Domitian ein kynisches Wanderleben führte und ein „Tyrannenhasser" war, später aber unter Trajan „Hofphilosoph" und ein „warmer Fürsprecher der Monarchie"[147] wurde. In der Einleitung zu seiner Rede, auf deren Inhalt es hier weniger ankommen soll als vielmehr auf die Weise, in der sie die Diogenes-Alexander-Anekdote variiert, deutet Dion die Beliebtheit und weite Verbreitung des Motivs an, wenn er schreibt, daß viele mit Bewunderung von dem Freimut des Philosophen sprächen, aber auch dem König die Hochachtung nicht versagten, der den Umgang mit einem mittellosen Privatmann nicht verschmäht habe; er begründet das Interesse an dem Thema mit einer Eigenschaft der menschlichen Natur, und er erklärt gleichzeitig die in dem Motiv angelegte Tendenz zur Stilisierung und zur Abweichung von der historischen Wahrheit: „Denn es liegt in der Natur des Menschen, sich zu freuen, wenn man die Weisheit von der höchsten Macht und Gewalt geehrt sieht, und so berichtet man bei derartigen Gelegenheiten nicht nur, was wirklich geschehen ist, sondern übertreibt und dichtet selbst etwas hinzu, ja entkleidet die weisen Männer von allem anderen wie Besitz, Ansehen und körperlicher Stärke, damit es so scheint, als würden sie einzig wegen ihrer geistigen Fähigkeiten geachtet."[148] Wie die Begegnung aller Wahrscheinlichkeit nach abgelaufen sei, wolle er erzählen. Diese Absichtserklärung macht aus der Rede natürlich kein historisches Dokument, sondern soll ihr lediglich Gewicht verleihen; wie sehr auch Dion stilisiert, sieht man daran, daß er im Gegensatz zu seinen anderen Königsreden Alexander hier die Züge eines Tyrannen verleiht: Er ist eitel, ruhmsüchtig, voller Verachtung für die übrigen Menschen, zugleich aber auch eifersüchtig auf das Glück, die Freiheit und den Ruhm des Diogenes. „Weil den König nun der Gedanke wurmte, daß ein Mann, der frei und sorglos lebte und obendrein genauso berühmt sein sollte, ihm etwas voraushabe, vielleicht auch, weil er sich Gewinn aus einer Begegnung mit diesem Mann versprach, wollte er ihn schon lange einmal sehen und ihn sprechen."[149] Was Alexander von einem vollendeten Tyrannen unterscheidet, ist seine jugendliche Unfertigkeit und die Bereitschaft, von dem Philosophen zu

---

147 Hans von Arnim. Leben und Werk des Dion von Prusa. Berlin 1898. S. 397-404.
148 4,2. Sämtliche Reden. S. 66.
149 4,11. A.a.O. S. 67.

lernen; bei seinem Aufenthalt in Korinth begibt er sich allein ins Kraneion, wo ihn Diogenes mit dem zornigen Blick eines Löwen und der Aufforderung empfängt, aus der Sonne zu treten. Wiederum geht die Pointe der eigentlichen Anekdote verloren, weil das Angebot des Alexander unterschlagen wird, und wie im Pseudo-Diogenesbrief beginnt bei Dion die wesentliche Rede erst dort, wo die Anekdote endet; nach einer Kunstpause, in der Alexander die Gelegenheit erhält, sich über die Unerschrockenheit des Kynikers zu wundern, eröffnet Diogenes das Gespräch. Zunächst stellt er den König in seiner ganzen Labilität und inneren Unfreiheit bloß, er erzürnt ihn durch Provokationen und erfreut ihn durch Schmeichelei, macht ihm Angst und erheitert ihn dann wieder mit einer Geschichte, wie es „die Ammen mit kleinen Kindern" tun. Nachdem er so eine Zeitlang mit den Empfindlichkeiten des Alexander wie „mit Würfeln" gespielt und ihn mürbe gemacht hat, hält er am Ende dem König die Gefahren vor Augen, vor denen ein Herrscher sich am meisten hüten muß: die Dämonen der Habgier, der Sinnenlust und des Ehrgeizes.

Die Alexander-Anekdote bildet in der vierten Königsrede des Dion wie im 33. Pseudo-Diogenesbrief lediglich die Exposition für einen Dialog zwischen dem König und dem Philosophen. Diese Erweiterung zerstört nicht nur Struktur und Pointe der Anekdote, sondern sie kehrt auch die Rolle des Diogenes um: Aus dem Opponenten des Alexander, der sich mit dem Herrscher nicht einläßt, wird der mit allen Narrenfreiheiten ausgestattete Hofphilosoph. Bezeichnenderweise lädt in der Schilderung des Briefes Alexander am Ende des Gesprächs den Kyniker ein, ihn auf seinem Feldzug zu begleiten.

Die Umkehrung der Rolle wird in einer letzten Variante schließlich zur Parodie auf die ursprüngliche Anekdote und ihre Moral. Doch paßt auch diese Parodie, die das Paradigma philosophischer Unabhängigkeit und Weisheit witzig relativiert, noch zur Gestalt des Diogenes. Vor dem Spott des Kynikers ist selbst das eigene Tugendideal nicht sicher, der kynische Witz verhindert, daß Kynismus völlig in Moral aufgeht. Alexander sieht Diogenes schlafend im Faß und sagt: „O Faß, voll der Weisheit", worauf der Philosoph sich erhebt und erwidert: „Lieber einen Tropfen Reichtum als ein Faß Weisheit."[150] Die Fortsetzung der Anek-

---

[150] Die alte Moral wird in einer Replik eines Zuschauers wiederhergestellt, die offensichtlich den Kyniker beschämen und belehren soll. „Alexander rex, Diogenem in dolio dormientem cernens: O dolium inquit, sapientia plenum. Philosophus autem cum assurrexisset: O regum maxime, inquit,

Malo fortunae stillam, quam sapientiae dolium,
Cujus absentia misere cum sapientia agitur.
Cui quidam ex sapientiae studiosis respondit,
Pluris mihi est sapientiae gutta, quam fortunae pelagus,
Cujus absentia misere cum animo agitur."

(Zitiert in: Migne. Patrologia Graeca. Bd. 91. Maximi Confessoris opera omnia. Bd. 2. Sp. 834).

dote durch einen modernen Autor ist so originell also nicht, wie der Verfasser annehmen mochte. Roda Roda läßt den kynischen Philosophen, als dieser den König beim Weggang äußern hört, er wollte Diogenes sein, wenn er nicht Alexander wäre, bedauernd ausrufen: „Was, das war der große Alexander? Ja, wenn ich das gewußt hätte, hätte ich ihn natürlich um ein anständiges Haus gebeten!"[151]

Wie sehr die Diogenes-Alexander-Episode schon in der Antike literarisch, ja sprichwörtlich geworden ist, belegt ein Brief Basilius des Großen; der Kirchenvater lädt seinen Adressaten, den Philosophen Maximus, zu sich ein mit den Worten, dieser möge ihm nicht wie Diogenes dem Alexander erwidern, der Weg von ihm dorthin sei genauso weit wie der von dorther zu ihm.[152]

Für Basilius hat die Berufung auf Diogenes allerdings nicht bloß literarischen Reiz; an anderen Stellen nennt er ihn als bewundertes Vorbild neben Zenon und Kleanthes.[153] Literarische und moralische Verwendung gehen eine Zeitlang nebeneinander her. Tatsächlich hat die Diogenes-Alexander-Anekdote noch für frühchristliche Autoren paradigmatischen Wert; das durchaus in positivem Sinn als Beispiel für die Verachtung von Luxus sowie für die Unberührbarkeit innerer Werte und der inneren Freiheit durch materiellen Reichtum und äußere Macht.[154] Die positive Anknüpfung an das Vorbild des Protokynikers lebt noch aus dem Geist frühchristlicher Abstinenz von politischer Gewalt, die das Christentum erst aufgibt, nachdem es Staatsreligion geworden ist. Sie muß beurteilt werden unter der Rücksicht, daß die christliche Hochschätzung des Kynismus keineswegs durchgängig üblich ist, der hinsichtlich der Sexualität zum Beispiel durchweg abgelehnt wird, ganz abgesehen von pauschalen Verdikten nichtchristlicher Philosophen generell. Und es mutet noch wie eine unbeabsichtigte Bestätigung der Anekdote an, wenn in einer der heftigsten frühchristlichen Invektiven gegen das Griechentum, seine Mythen und Philosophien, in der Rede des Syrers Tatian an die Griechen, der Autor sich bei der Attacke auf die Kyniker der Moral eben der Diogenes-Alexander-Anekdote bedient — die kynische Quelle läßt er dabei wohlweislich ungenannt. Tatian schmäht die Kyniker, wofür er in seiner Zeit, der Mitte des zweiten Jahrhunderts, Belege aus eigener Anschauung haben konnte, als marktschreierische, sich gegenseitig beschimpfende und widersprechende „Lärmer" — nicht „Lehrer" —, die sich an die Throne drängten. „Anständig aber wäre es, just wenn sie von eines Königs Majestät so hohe Meinung hegen, nicht

---

151 Zitiert bei: Herrmann Mostar. Weltgeschichte höchst privat. Ein Buch von Liebe, Klatsch und sonstigen Menschlichkeiten. West-Berlin 1965. S. 18.

152 Migne. Patrologia Graeca. Bd. 32. Sp. 271.

153 Migne. Patrologia Graeca. Bd. 32. Sp. 237; vgl. Bd. 31. Sp. 585.

154 Vgl.: Johannes Chrysostomos. Patrologia Graeca. Bd. 47. Sp. 337 ff. (dort wird die Anekdote zweimal erwähnt); Isidor von Pelusium. Patrologia Graeca. Bd. 78. Sp. 849 A; Hieronymus. Patrologia latina. Bd. 23. Sp. 304.

den Herrschern zu schmeicheln, sondern vielmehr abzuwarten, bis die Großmächtigen zu ihnen kommen."[155] Genau in dieser Weise aber verhält sich doch der Protokyniker gegenüber Alexander, indem er anders als die übrigen Philosophen den in Korinth weilenden König nicht aufsucht, so daß der König sich schließlich zum Philosophen begibt.

Die Diogenes-Alexander-Begegnung ist heute als eine der bekanntesten Diogenes-Anekdoten, ja als eine der populärsten Anekdoten aus der Antike überhaupt allgemein geläufig. Aber sie stellt für uns kaum mehr als eine anekdotische Kuriosität dar, selbst wenn man sie hin und wieder noch als ein historisches Faktum nimmt beziehungsweise als solches glaubt widerlegen zu müssen,[156] als hätte es Bayle nicht gegeben. Eine Beschäftigung damit müßte — und sei es nur andeutungsweise — neben dem begriffsgeschichtlichen Aspekt die veränderte Rezeptionshaltung gegenüber der Anekdote aufzeigen; sie müßte herausarbeiten, wie und warum das Motiv von seiner moralisch-paradigmatischen Bedeutsamkeit zur anekdotischen Kuriosität herabgesunken ist.

Humanismus und Renaissance haben die antike Anekdotenüberlieferung mit einer Unbefangenheit und Unmittelbarkeit rezipiert, die einerseits historische Mißverständnisse aufkommen, andererseits aber die Aufmerksamkeit auf den moralischen Gehalt nicht hinter die historische und philologische Kritik zurücktreten ließen. Welche moralische Bedeutung und was für ein Gewicht der Diogenes-Alexander-Anekdote beigemessen werden konnten, geht aus dem Vorwort zur ersten lateinischen Ausgabe der Pseudo-Diogenesbriefe hervor; der Übersetzer Francesco Aretino zitiert stellvertretend für alle anderen diese Anekdote, um durch sie die einzigartige Charakterfestigkeit des kynischen Philosophen zu illustrieren, der gegenüber Alexander zu sagen gewagt habe, was von den christlichen Zeitgenossen Francescos wohl keiner gegenüber einem mit weniger Vermögen ausgestatteten Menschen zu äußern sich trauen würde.

Den Wunsch Alexanders, Diogenes zu sein, wenn er nicht Alexander wäre, und Plutarchs Zustimmung zu diesem Ausspruch führt Erasmus von Rotterdam in dem Widmungsschreiben an, mit dem er seinen Traktat ‚Institutio Principis Christiani' dem Prinzen Karl, dem späteren Karl V., zueignet. Das Zitat steht in einer Reihe angesehener antiker Belege, in denen von den Fürsten Weisheit und philosophische Gesinnung verlangt oder die Unterweisung der Könige als vornehmste Aufgabe der Philosophen dargestellt werden; wie Platons Satz vom Philosophenkönigtum wird der Wunsch Alexanders dem modernen christlichen

---

155 Tatians Rede an die Bekenner des Griechentums. Übersetzt von R. C. Kukula. In: Bibliothek der Kirchenväter. Frühchristliche Apologeten und Märtyrerakten. 1. Bd. Kempten und München 1913. S. 200.

156 So etwa Peter Bamm in: Alexander oder die Verwandlung der Welt. Zürich 1965. S. 188.

Monarchen als Maßstab und Beispiel vorgehalten. „Je stärker sein (d. i. Alexanders) ungeheures Reich stürmischen Verhältnissen ausgesetzt war, um so erstrebenswerter erschien ihm die Geistesverfassung des Diogenes, die allein solchen Belastungen der Verhältnisse hätte standhalten können."[157] Wie aber Karl noch glücklicher als Alexander sei, da er in die Herrschaft über ein bestehendes Reich hineingeboren sei, während jener ein Reich nicht ohne Blutvergießen erst erwerben mußte, so solle er sich weiser als Alexander zeigen und Krieg vermeiden. – „Erhaben, unbeugsam und allen menschlichen Beschränkungen überlegen" nennt Erasmus in diesem Zusammenhang den philosophischen Geist des Diogenes, den er gern zitiert; dessen bedürfnislose Unabhängigkeit wünscht er sich selbst, als ihm äußere Umstände – ein Hauskauf und die damit anfallenden Geschäfte – die für seine geistige Arbeit notwendige Muße nehmen: „Niemals so wie jetzt habe ich verstanden, wie weise doch Diogenes war, der sich lieber in eine Tonne flüchtete, als daß er sich mit solchem Gelichter herumschlug."[158]

Die Sammlung der Pseudo-Diogenesbriefe, die unter anderem auch in Nürnberg gedruckt wurde, muß als eine indirekte Quelle für Hans Sachs' literarische Gestaltungen der Diogenes-Alexander-Begegnung in Betracht gezogen werden, ein Umstand, den die germanistische Forschung bisher übersehen hat. Der Nürnberger Poet hat das Motiv sowohl als Gespräch zwischen Alexander und Diogenes wie auch als Fastnachtspiel verarbeitet.[159] Er selbst gibt als Quelle Plutarch an; diese Auskunft hat schon deswegen unbefriedigt gelassen, weil Sachs die Begegnung in Athen ansiedelt, wohingegen Plutarch stets Korinth als Treffpunkt überliefert.[160] Bei Hans Sachs findet sich ein Detail wieder, das nicht Plutarch, sondern allein der 33. Diogenesbrief hat: Alexander trifft den Protokyniker beim Bücherleimen an. Der literarisch bedeutsamere Unterschied jedoch besteht darin, daß Hans Sachs' Dichtungen wie der Brief – und wie die entsprechenden Reden des Dion Chrysostomos – aus der Anekdote ein regelrechtes Gespräch machen, in dem der König nicht mit dem einen lakonischen Satz abgefertigt, sondern einer respektlosen Kritik und eingehenden Belehrung unterzogen wird. Die Be-

---

157 Erasmus von Rotterdam. Fürstenerziehung. Einführung, Übersetzung und Bearbeitung von A. J. Gail. Paderborn 1968. S. 41.

158 Erasmus von Rotterdam. Briefe. Übersetzt und hrsg. von W. Köhler. Wiesbaden 1947. S. 517.

159 Ein gesprech könig Alexander Magnus mit Diogene, dem philosopho. In: Hans Sachs. Hrsg. von A. v. Keller und E. Goetze. 7. Bd. Reprografischer Neudruck der Ausgabe Stuttgart 1873, Hildesheim 1964. S. 258-267.
Fast wörtlich damit übereinstimmend: Gesprech künig Alexandro Magno mit Diogene, dem philosopho. 23. Bd. S. 144-153.
Spiel: Das gesprech Alexandri Magni mit dem philosopho Diogeni. 13. Bd. S. 580-591.

160 Vgl.: Wilhelm Abele. Die antiken Quellen des Hans Sachs (I.) Programm. Cannstatt 1897. S. 44 f.

gegnung wächst zu einem allgemeinen moralischen Disput über die Tyrannis aus. Diogenes erscheint als das musterhafte Beispiel des unerschrockenen und unbestechlichen Weisen, an dessen offener Kritik einem jeden wahrhaften König mehr gelegen sein muß als an der Schmeichelei heuchlerischer Höflinge.[161] Diesem Bild entsprechend erklärt der Dichter den Sektennamen „Kyniker" nicht wie eine seiner Quellen, die ‚Chronica' des Sebastian Franck – beide schreiben übrigens „Cinicus" –, aus der sexuellen Schamlosigkeit,[162] sondern aus dem Charakteristikum des beißenden Spottes und der universal geübten Schelte: „Wann ir wort stechen und beissen, / Verschonen weder arm noch reich, / Jung und alt, gilt im als gleich: / Fürsten, könig und die götter; / Wann sie sindt aller laster spötter / Straffens ohn alle heuchlerey."[163] – Für die Begriffsgeschichte von „Zynismus" sind die beiden Bedeutungen der Schamlosigkeit und des schonungslosen Spottes festzuhalten.

Die Diogenes-Alexander-Anekdote wurde ein beliebter Gegenstand nicht nur literarischer, sondern auch bildnerischer Darstellung. Vor allem der Barock mit den extremen Gegensätzen weltzugewandter Pracht- und Machtentfaltung sowie rigoroser Abwendung von der Welt adaptierte das Motiv in seinem Sinn als Antithese von Geist und Macht. Mit ihm konnte der Künstler den absoluten Monarchen zur selbstkritischen Reflexion auf die Grenzen der Macht bewegen, konnte umgekehrt der Monarch sich, indem er das Bild akzeptierte, als des Alexanders würdig und wie dieser als philosophischer König zu erkennen geben. Es hängt zum Beispiel im Ludwigsburger Schloß, gemalt 1685 von Joh. Wilh. Pottgiesser; etwas älter das Gemälde des Flamen Caspar de Crayer, das 1803 der späteren Kaiserin Josephine von Frankreich bei einem Besuch in Gent von der dortigen Akademie verehrt wurde und sich heute im Besitz des Kölner Wallraf-Richartz-Museum befindet. „Selbstbewußt, in Rüstung und rotem Herrschermantel, steht der mächtigste Mann der Welt mit seinem Gefolge vor dem Einsiedler. Dieser liegt, mit einfachem Gewand bekleidet, vor seiner Behausung, einer Tonne; neben ihm ärmliche Speisen, Zeichen seiner Genügsamkeit. Mit abwehrender Geste äußert Diogenes seinen Wunsch: Alexander möge zur Seite treten, damit er nicht die Sonne verdecke. In diesem Bild, ganz in Farbstrich und Kompositionsstil des Rubens gemalt, werden überheblicher Stolz und abgeklärte Weisheit, Pracht und Bescheidenheit gegenübergestellt."[164]

Neben der humanistischen Kenntnis der Antike sind für eine lebendige Rezeption der Anekdote die Präsenz personaler Machtverkörperung und die Existenz

161 Hans Sachs. 7. Bd. S. 267.

162 Sebastian Franck. Chronica. Ulm 1536. Neudruck Darmstadt 1969. S. CXII f.

163 Hans Sachs. 13. Bd. S. 581.

164 Das Bild trägt die Signatur WRM 1413. – Museen der Stadt Köln/Wallraf-Richartz-Museum. Informationsblatt 0/43.

von Intellektuellen im Bannkreis dieser Macht der notwendige historische Hintergrund, eine Voraussetzung, die vom Hof des Absolutismus geschaffen wird. Daher verwundert es nicht, daß es im Frankreich des 17. Jahrhunderts über die Beurteilung und die zeitgenössische Adaption der Anekdote unter Moralisten zu lebhaften Kontroversen kommt; deren Hauptargumente referiert Pierre Bayle im Artikel ‚Diogenes' seines Wörterbuchs. Für Bayle liegt in der Bewunderung durch Alexander, „der in diesem Puncte ein so guter Kenner war", ein Beweis dafür, daß in den „seltsamen Manieren" des Protokynikers etwas Großes stecken müsse. „Wir dörfen uns nicht auf diejenigen verlassen, die den Alexander dieserwegen getadelt haben, noch denen glauben, welche die Aufführung dieses Philosophen, gegen diesen Prinzen, gescholten haben." Die erste Bemerkung zielt gegen Jean-Louis Guez de Balzac, Staatsrat unter Richelieu und als Schriftsteller von bedeutendem Einfluß auf die Bildung des französischen Prosastils — Voltaire sagte von ihm, er habe sich mehr um die Worte als um die Gedanken gekümmert —, Autor von Schriften, die Ludwig XIII. als idealen Herrscher preisen und von den Untertanen unbedingten Gehorsam verlangen. In seinem Erziehungsbuch ‚Socrate Chrestien' kritisiert Balzac die positive Auslegung des Alexander-Ausspruchs in einer Predigt. Seine Kritik ist aufschlußreich darüber hinaus als Beispiel für die Beurteilung beziehungsweise Verurteilung des Kynismus durch eine christliche Moralistik, die einem intoleranten, der politischen Macht verschwisterten Kirchenglauben verpflichtet ist. „Der Prediger hat diesen Spruch für ungemein gut gehalten, und ich halte ihn für ungemein böse." Was es denn wohl bedeute, Diogenes sein zu wollen? „Diogenes seyn, heißt die eingeführten Gewohnheiten und angenommenen Gesetze schänden; es heißt, weder Scham noch Ehrbarkeit haben; es heißt, weder Verwandten, noch Wirth, noch Freund erkennen". Balzac verweist des näheren auf die bekannten Beispiele kynischer Roheit und Schamlosigkeit und fährt fort: „Dieß heißt Diogenes seyn, und dieß hat Alexander seyn wollen, wenn er nicht Alexander gewesen wäre. Es konnte kein böser Wort aus dem Munde von des Aristoteles Schüler kommen, und der Prediger konnte diejenigen nicht mehr schelten, die er zu loben gedachte, als da er sich einer so verhaßten Vergleichung bedienet hat, wenigstens bei Leuten, die keine Fremdlinge in guten Büchern sind."[165] Dieser pauschalen Verdammung will Bayle sich nicht anschließen; zwar lehnt auch er es ab, daß die Aufmerksamkeit des zeitgenössischen Lesers zu sehr auf die „cynischen Philosophen" gewendet werde, doch nimmt er den Alexander vor dem Tadel Balzacs in Schutz, wobei er sich auf Costar beruft, der seinerseits in diesem Punkt Balzac kritisiert: Alexander habe eine Erklärung des Diogenes, wie Balzac sie gebe, nicht gekannt, sondern an ihm bloß wahrgenommen, was sich seinem Blick unmittelbar dargeboten

165 Zitiert bei P. Bayle. Art. ‚Diogenes'. Anm. (E); dort und in der Anm. (F) auch die folgenden Zitate.

hätte: eine außerordentliche Verachtung dessen, was das Leben vordergründig glänzend und prachtvoll mache. „Alexander hat die Stärke und Standhaftigkeit einer so hohen Seele unvergleichlich erkannt (. . .) Balzac mag davon sagen, was er will, so ist diese Meynung für einen Schüler des Aristoteles sehr zärtlich und fein." Bayle beschließt diese Kontroverse mit einem Votum für Costar: wer nur ein wenig Verstand habe, empfinde, daß Costar „das Pflöckchen getroffen" habe und Balzacs Beurteilung ein „höchst falscher Gedanke" sei.

Aber Bayle verteidigt nicht nur den König, sondern in einer zweiten Anmerkung auch den Philosophen gegen Kritik, die sich an der Anekdote entzündet hatte. Namentlich wendet er sich gegen den Jesuiten Garasse und seinen Kommentar in dem umfangreichen Bildungswerk ‚Doctrine curieuse', dessen verzerrende Abwertung des Protokynikers Bayle in einem anderen Punkt schon zuvor korrigiert hat. Garasse vergleicht das Verhalten des Diogenes gegenüber Alexander mit dem eines seinerzeit berühmten Hofnarren und zitiert eine aus der Antike unbekannte Antwort an den König, die typische Antwort eines Hofnarren; dabei benimmt er sich „pickelheringmäßig", er duzt Alexander und bricht in ein „sardonisches Gelächter" aus — „dieß ist der Witz und die Höflichkeit einer Person gewesen", urteilt Garasse, „welche eine exemplarische Bestrafung wohl verdient hätte." Dagegen führt Bayle einen ganzen Strauß fremder und eigener Argumente ins Feld. Zunächst verhöhnt er den Autor mit einer Beobachtung des Prior Ogier aus dessen Gegenschrift zum Buch des Garasse als einen „Ignoranten, der nicht gewußt, daß man im Griechischen jedermann dutzet, und daß also Diogenes den Alexander nicht aus Unhöflichkeit gedutzet hat." Dann schließt Bayle eine Reihe eigener Argumente gegen Garasse an: „I, Ist Alexander nicht Lachens wegen zum Diogenes gegangen, es ist ein ernsthafter Besuch gewesen." Obwohl Bayle die „Narrheit" des Protokynikers, die er historisch-realistisch als persönlichen Charakterzug eines „außerordentlichen Menschen", nicht als Bestandteil einer literarisch-satirischen Gestalt versteht, nicht leugnet, versucht er dennoch, den Philosophen Diogenes so weit wie möglich gegen den Narren in Schutz zu nehmen. Ferner: Garasse schöpfe seine Darstellung aus einer apokryphen Quelle und unterdrücke die glaubwürdigen Zeugen wie etwa Plutarch; dies ist für den kritischen Historiker und Philologen Bayle besonders schwerwiegend. Letztlich tue Garasse seiner eigenen Absicht einen schlechten Dienst, wenn er, um Diogenes zu diskreditieren, seine Leser auf den Weg einer Überlieferung führe, in der von dem Philosophen mit großer Bewunderung und Hochachtung gesprochen werde. Bayle beendet diese Kontroverse mit dem Urteil einer Autorität, nämlich dem des François de la Mothe le Vayer, der lange ein Ansehen vergleichbar demjenigen Montaignes besaß. Dieser „französische Plutarch", wie er respektvoll genannt wurde, kritisiert empört den Vergleich des Diogenes mit einem Hofnarren in Berufung auf Diogenes Laertius und Plutarch, die sich gehütet hätten, die Sprüche von Narren zu tradieren. Es gebe keinen vernünftigen Geist, der auch nur etwas Sachkenntnis habe und der „nicht dadurch geärgert und durch so ausschweifende Vergleichungen zum Widerwillen gebracht werden sollte."

Es darf über dieser engagiert geführten Diskussion nicht übersehen werden, daß P. Bayle mit seiner historischen Kritik die Rezeption der antiken Anekdotenüberlieferung wesentlich verändert. Indem er an sie den Maßstab historischer Zuverlässigkeit heranträgt, schaltet er einen großen Teil der Geschichten als unglaubwürdig aus, die dadurch für ihn auch ihren Wert als moralische Paradigmen verlieren. Er selbst verweist zum Beispiel Senecas moralisch so gewichtige Version der Diogenes-Alexander-Anekdote in das Reich der Fabeln. Vor dieser historischen Kritik mußte, je schärfer deren Maßstäbe und je genauer die historischen Kenntnisse und Methoden wurden, der antike Anekdotenbestand dahinschmelzen wie Schnee in der Sonne. Er hält sich nur dort, wo man es geschichtlich nicht so genau nimmt oder wo in ihm andere als geschichtliche Wahrheiten entdeckt werden.

Die Diogenes-Gestalt und die Anekdote um die Begegnung mit Alexander erweisen im 18. Jahrhundert ihre Wirkungspotenz noch einmal unter anderem darin, daß sich ein König mit ihnen auseinandersetzt — eine Rezeption, die zeitweise wie eine Nachstellung der antiken Szenerie anmutet. Friedrich der Große, der Freund und Gönner großer Philosophenpersönlichkeiten, versuchte mehrmals vergeblich, d'Alembert für seinen Hof zu gewinnen; der Philosoph wollte seine Unabhängigkeit bewahren und ließ sich selbst durch das Versprechen eines hohen Gehalts nicht umstimmen. Er kam lediglich zweimal als Gast nach Potsdam; vor seiner Abreise beim zweiten Besuch im August 1763 schrieb ihm der König einen Brief, der in bewegten Worten das Bedauern Friedrichs ausdrückt und wie folgt beginnt: „Es tut mir leid, den Augenblick Ihrer Abreise nahen zu sehen! Nie werde ich das Glück vergessen, einen wahren Philosophen gesehen zu haben. Ich war glücklicher als Diogenes, denn ich fand den Mann, den er so lange gesucht hat. Aber er reist ab, er geht fort!"[166]

Hier stutzt man. Es ist die antike Situation, aber Friedrich hält sich nicht an die Rolle des antiken Königs. Er vergleicht sich mit Diogenes, doch verfehlt er den passenden Ausspruch, den Satz Alexanders, und wechselt in eine andere Diogenes-Anekdote über, die er auch nur modifiziert überträgt. Der Maler Adolf Menzel, der die Werke Friedrichs illustrierte, trifft den Nagel auf den Kopf, wenn er den Brief mit der gezeichneten Diogenes-Alexander-Anekdote kommentiert: Der König sitzt wie ein dummer Junge vor dem Philosophen, der ihn aus dem Faß heraus abfertigt.

---

166 Briefe Friedrichs des Großen. 2. Bd. Hrsg. von Max Hein, deutsch von Friedrich von Oppeln-Bronikowski und Eberhard König. Berlin 1914. S. 131 f.

Ist die Verfehlung eine Gedankenlosigkeit oder ein bloßer Lapsus? Kannte Friedrich die antike Überlieferung und die Diogenes-Gestalt zu wenig? War bei ihm davon nur das Laternen-Motiv haften geblieben? — Er kannte sie nur zu gut, wofür allein spricht, daß er den Namen des Protokynikers mehrfach in seinen Briefen erwähnt. In einer Polemik gegen den Optimismus der Theodizee begibt er sich wiederum in die Rolle des Diogenes: „Ich, der ich nicht daran glaube und leider viele Schmerzen verspüre, könnte ihm die Antwort des Stoikers geben, als ihm ein Peripatetiker die Bewegung bestritt: er ging nämlich auf ihn zu. Die Tatsachen besitzen sinnfällige Beweiskraft, der die sophistischen Spitzfindigkeiten unterliegen müssen."[167] Wieder eine Ungenauigkeit: die von Diogenes Laertius überlieferte, von Bayle aufgenommene und kommentierte Diogenes-Anekdote wird auf einen namentlich ungenannten Stoiker übertragen. Also doch Unkenntnis der Philosophiegeschichte?

Friedrichs Abweichung von der Diogenes-Tradition hat Methode. Der König, dessen Lieblingsphilosoph der Stoiker und Kaiser Marc Aurel war, möchte sich als Philosophenkönig erweisen, ja er sucht die Rolle des Philosophen, um sich damit zu identifizieren. Nur ist ihm Diogenes als Kyniker zu unzivilisiert, zu ordinär und zu aufsässig; aufschlußreich für sein Diogenesverständnis der Vergleich des Rousseau mit dem Protokyniker.[168] Da, wo er selbst sich Diogenes annähert, macht er einen Stoiker aus ihm oder stellt sich über ihn: er erreicht, wenn auch nur für kurze Zeit, das Glück, zu finden, wen er sucht.

Was Friedrich der Große von Diogenes als Kyniker hält, spricht er am deutlichsten dort aus, wo er die Diogenes-Alexander-Anekdote ausdrücklich zitiert. Er stellt sich einmal dieselbe Frage wie Alexander, nämlich was er hätte werden wollen, wenn er sein Schicksal selbst in der Hand gehabt hätte. Er wäre nicht König geworden, sondern Privatmann und Philosoph — nur nicht der Philosoph, der Alexander zu sein wünschte: „Alexander der Große, der den Ruhm doch wahrhaftig kannte, war neidisch auf die Selbstlosigkeit und Mäßigung des Diogenes, jenes frechen Zynikers, den ich mir gewiß nicht zum Muster genommen hätte."[169]

Was Friedrich unter Kynismus versteht, wird ferner durch die attributive Verwendung der Bezeichnung in seiner Schrift über die Satire belegt. Er geht davon aus, daß die Menschen in ihrer Einstellung gegenüber den Mächtigen zu zwei Extremen tendierten; das eine ist die kriecherische Schmeichelei, das andere ihr Gegenteil, „jene dreiste, zynische Bosheit der Satirenschreiber, die die Sitten der Großen verzerren und mit ihrem wilden Geschrei auch die Throne nicht verscho-

---

[167] Briefe. 2. Bd. S. 75.
[168] Briefe. 2. Bd. S. 105.
[169] Briefe. 2. Bd. S. 162.

nen."[170] Der aufgeklärte Monarch hatte trotz seiner Ablehnung ein adäquateres Verständnis vom Kynismus als mancher Geschichtsschreiber der Philosophie nach ihm. Denn er kannte noch die Tradition der kynischen Satire, der Menippea; er macht auf eine neuzeitliche Variante dieser Tradition aufmerksam, wenn er unmittelbar neben Menipp Pietro Aretino nennt.[171]

Auf diesen Pietro Aretino übertrug wenig später C. M. Wieland das Prädikat „cynisch". In den ‚Gedanken über eine alte Aufschrift' spricht er von einem „cynischen Heldenmuth", den man auf einen solch hohen Grad treiben könne, daß man „selbst gegen die Verachtung und die Mißhandlungen der Welt unempfindlich" sei; darin könne das Bewußtsein einer Unabhängigkeit erreicht werden, in der man sich größer und unabhängiger fühle als der mächtigste Sultan der Erde. Auf den Einwurf, so jemand sei ein Narr, meint Wieland, auf einen solchen Menschen ließe sich immerhin Horaz' Ausdruck „König der Könige" anwenden, und er führt dazu Pietro Aretino, der „die Geißel der Fürsten" genannt wurde, als Beispiel an: „Waren nicht ehmals die größten Fürsten in Europa dem cynischen Peter von Arezzo zinsbar? Und war dieser Aretiner besser als das verächtlichste unter allen Mitgliedern der hündischen Sekte, über welchen jemals die Peitsche Lucians geschwebet hat?"[172]

Auch an der Rezeptionsgeschichte der Diogenes-Alexander-Anekdote wird in der Übertragung und Aktualisierung der Bezeichnungen „Cyniker", „cynisch", „Cynismus" die Genese des modernen Zynismusbegriffs greifbar. Den antiken Begriff gänzlich aktualisierend macht Wieland „Cynismus" den antimonarchischen Tendenzen im Sturm und Drang zum Vorwurf. „Der Cynismus, der je länger je mehr Mode zu werden scheint, und unter dessen mancherlei komischen Symtomen auch dieß ist, daß wir so stolze Blicke aus unsern Tonnen hervor auf die Könige werfen — wird, wie alle unsre Moden vorübergehen und schwerlich mehr Spur hinter sich lassen, als die ellenlangen Haaraufsätze und die dreifingerbreiten Haarbeutel."[173]

Mit den großen Königen verschwindet der historische Hintergrund, auf dem sich so etwas wie eine Neuauflage der Diogenes-Alexander-Episode oder ihre aktualisierende Rezeption abspielen konnten. Der aufgeklärte Absolutismus Friedrichs des Großen versammelte noch einmal die notwendigen Rollen der Anekdote. Diderot markiert das Ende ihrer unmittelbaren politisch-moralischen Aussagekraft, wenn er unter dem Eindruck der fortgeschritteneren Verhältnisse Frankreichs hinsichtlich der Möglichkeit beziehungsweise Unmöglichkeit einer

170 Über die Satirenschreiber. In: Die Werke Friedrichs des Großen. 5. Bd. Hrsg. von G. B. Volz. Berlin 1913. S. 207.
171 Werke. 10. Bd. S. 185.
172 C. M. Wielands sämmtliche Werke. 13. Bd. Leipzig 1824. S. 211 f.
173 Sämmtliche Werke. 30. Bd. Leipzig 1840. S. 303.

zeitgenössischen Diogenes-Existenz die Überlegung anstellt, ein solcher Diogenes würde „in keinem Land Europas eine solche Rolle spielen, wie er in Athen gespielt hat"; ihm fehlt der große König, an dem er sich reiben könnte, er hätte „einem unserer kleinen Herrscher keinesfalls wie Alexander dem Großen geantwortet: ‚Geh mir aus der Sonne!' " Der Kyniker moderner Provenienz, der Zyniker, konstituiert und beweist sich sowohl in seiner negativen wie in seiner positiven Ausprägung gegenüber der Gesellschaft. Dem trägt Diderot in ‚Rameaus Neffe' Rechnung.[174]

Dennoch lebt die Diogenes-Alexander-Anekdote fort; literarisch und als Sprichwort ist sie unsterblich geworden. Goethe, den die Rolle des Diogenes so sehr anzog, daß er von seinem „protestantischen Diogenismus" spricht, möchte angesichts der Christmette im Petersdom wie sein „frommer Vorfahre, zu diesen geistlichen Weltüberwindern sagen: verdeckt mir doch nicht die Sonne höherer Kunst und Menschheit."[175] Von genialem Witz ist Nietzsches literarische Verarbeitung, die ‚Menschliches, Allzumenschliches' beschließt; der Kontext thematisiert die Dialektik von Herr und Knecht. Der Wanderer und sein Schatten: der Wanderer möchte am Ende des Tages seinem treuen Begleiter noch einen Wunsch erfüllen. „Und könnte ich dir nicht in aller Geschwindigkeit noch etwas zuliebe tun? Hast du keinen Wunsch? *Der Schatten:* Keinen, außer etwa den Wunsch, welchen der philosophische ‚Hund' vor dem großen Alexander hatte: gehe mir ein wenig aus der Sonne, es ist mir zu kalt. *Der Wanderer:* Was soll ich tun? *Der Schatten:* Tritt unter diese Fichten und schaue dich nach den Bergen um; die Sonne sinkt. *Der Wanderer:* — Wo bist du? Wo bist du?"[176]

Es bleibt in diesem Zusammenhang noch ein letzter Rest aktueller Adaption der Diogenes-Gestalt nachzutragen, der sich allerdings recht kläglich ausnimmt angesichts der Tradition der Diogenes-Alexander-Anekdote — kläglich für das, was an politischer Valenz der Gestalt des Protokynikers noch geblieben ist, kläglich aber auch für den Politiker, der damit in dieser Weise umgeht und im Blick

---

[174] Vgl. dazu oben S. 36 ff.

[175] Goethes Werke. Weimarer Ausgabe Abt. I. Bd. 30. S. 246 f. Vgl. auch den Brief an Herder vom 29./30. Dez. 1786. Weimarer Ausgabe IV 8. S. 110.

[176] Werke. Hrsg. von K. Schlechta. 1. Bd. S. 1008. Nietzsche trägt einem wichtigen Merkmal der Anekdote Rechnung: ihrer Kürze. Diese läßt sich nicht ohne Verlust preisgeben, wofür von Max Gunter: ‚Diogenes und Alexander oder der Weg aus dem Wirrsal' als Beispiel dienen könnte, wäre dieses Elaborat mit seiner Mischung aus Betulichkeit und einem Stil, der in offensichtlicher Anlehnung an Nietzsches ‚Zarathustra' spruchhaft wirken soll, auch sonst nicht völlig mißlungen. Es wird vom Verfasser als „erstes Bild" eines umfangreicheren Werkes ‚Diogenes. Das Leben des Weisen in drei Büchern' ausgegeben, dessen restliche zwei Bücher mir nicht zugänglich waren. Erschienen 1938 im Selbstverlag. — Ebenfalls nicht zugänglich war mir eine andere literarische Gestaltung des Motivs aus neuerer Zeit: E. Fritsch. Diogenes und Alexander. Ein dramatisches Zwiegespräch um die Macht. 1946.

auf denjenigen Philosophen, der einstmals Alexander zu dem Wunsch bewegte, selbst Philosoph zu sein, seine Geringschätzung von Philosophie und Theorie äußert. „Es sollte sich auch niemand von den Wissenschaftlern des ‚Clubs von Rom' anstecken lassen, der uns erzählt hat, wir sollten alle wieder zu einem einfachen Leben zurückkehren. Dazu sind wir nicht angetreten, und dafür arbeiten wir auch nicht. Diogenes konnte in der Tonne leben und war damit zufrieden. Aber er war Philosoph, und das sind wir meistens alle nicht."[177]

d) Der Philosoph und der Sophist

Zwischen dem sokratischen Dialog und der Diogenes-Anekdote besteht eine ursprüngliche formale Affinität in der dramatischen Struktur, die beiden Gattungen eigen ist; beide enthalten eine szenische Komponente mit dramatischen Kristallisationspunkten. Im sokratischen Dialog sind dies zunächst, wie Gigon eruiert,[178] das Verhältnis des Sokrates zu Alkibiades und zu den Sophisten, in der Diogenes-Anekdote gibt es drei solcher Kristallisationspunkte, die besonders ins Auge fallen: die Konfrontation mit dem Volk, Alexander dem Großen und Platon; diese Gegenspieler sind die Repräsentanten dreier Kräfte, mit denen sich Diogenes auseinandersetzt: die alte politische Macht der Polis und ihres Gesetzes, die neue des makedonischen Weltreiches und die Macht der theoretischen Wissenschaft, die durch die sophistische Aufklärung nach Athen gekommen war.

Wenn hier im folgenden die Behauptung aufgestellt wird und erläutert werden soll, daß der Gegensatz Diogenes – Platon als die Übersteigerung der Opposition zwischen Sokrates und den Sophisten verstanden werden kann, so muß das auf den ersten Blick paradox erscheinen, da es ja gerade Platon ist, der in seinem Werk durchgängig Sokrates und damit indirekt sich selbst den Sophisten konfrontiert und dessen ebenso virtuose wie polemische und unsachliche Karikatur am nachdrücklichsten das lang andauernde Vorurteil gegenüber der Sophistik begründete, dessen Revision erfolgreich erst mit Hegel beginnt.[179] Um die Behauptung dennoch als eine Arbeitshypothese akzeptieren zu können, ist es notwendig,

---

177 Bundeskanzler Helmut Schmidt laut ‚Spiegel' vom 9. 2. 1976. S. 15.

178 Sokrates. S. 183.

179 „Sophisterei ist ein übelberüchtigter Ausdruck, und zwar besonders durch den Gegensatz gegen Sokrates und Platon sind die Sophisten in den schlimmen Ruf gekommen. Es bedeutet dies Wort nämlich, daß willkürlicherweise durch falsche Gründe entweder irgendein Wahres widerlegt, schwankend gemacht oder etwas Falsches plausibel, wahrscheinlich gemacht wird. Diesen schlimmen Sinn haben wir auf die Seite zu stellen und zu vergessen." (Vorlesungen über die Geschichte der Philosophie I. Werke 18. S. 408 f.).

zunächst einmal ganz allgemein zwischen Platons Gegensatz zur Sophistik und dem der übrigen Sokratiker, vornehmlich des Antisthenes, zu unterscheiden.

„Die Sokratik repräsentiert bewußt den äußersten Gegenpol zu dem, was die Sophisten persönlich sind und wie sie lehren, nicht aber zu dem, was sie lehren."[180] Diese Trennung zwischen dem äußeren Gegensatz und der inneren Affinität zur Sophistik gilt vor allem für Antisthenes, wohingegen auf Platon eher die Umkehrung zutrifft: Zwar bildet auch der platonische Sokrates mit seiner äußeren Erscheinung einen auffälligen Kontrast zu den Sophisten, nicht aber Platon selbst; sein persönliches Auftreten weist zu deren Verhalten mehr Ähnlichkeiten als Differenzen auf — die schon erwähnten Aufenthalte am Hof von Syrakus sind ein Beispiel für ein solches Abweichen von sokratischer und Annäherung an sophistische Gewohnheit, das Diogenes Anlaß zu ironischer Polemik bietet. Dagegen unterscheidet sich Platons Lehre prinzipiell von dem wissenschaftlichen Standpunkt der Sophisten.

Neben der Gewinnsucht sind diejenigen Eigenschaften der sophistischen Persönlichkeit, die Sokrates, zumal der platonische, unausgesetzt ironisch geißelt: Eitelkeit, Unsachlichkeit, Empfindlichkeit, und es sind dies die nämlichen Züge, die in der Anekdote Diogenes an Platon attackiert. Ich bringe zunächst wiederum einige Beispiele für den sokratischen Kampf gegen die sophistische Eitelkeit, um anschließend die entsprechenden antiplatonischen Diogenes-Anekdoten als die Übersteigerung und Vergröberung dieser Polemik zu zitieren. „Sokrates und die Sophisten: das ist der scheinbare Biedermann, der nie etwas gelernt hat, nichts weiß und keinen Menschen etwas zu lehren vermag und der ironisch überlegen die hohle Eitelkeit der Alleswisser entlarvt. Diese beiden Motive" — gemeint sind das Verhältnis zu Alkibiades und zu den Sophisten — „weisen zurück auf Älteres, auf mancherlei Geschichten von weisen Männern und ihren törichten Gegenspielern, auf eine ganze, mindestens im Ursprung recht volkstümliche Literatur, die der Unterhaltung wie der ethischen Erbauung diente. Hier hat die realistische Dramatik des sokratischen Dialoges ihre Wurzel. Freilich nicht nur sie. Wir sehen sofort, dass mit diesen Grundsituationen eine ganze Tradition griechischer Lebensweisheit mitgegeben war: Warnungen vor Hochmut und Überheblichkeit und vor Mißachtung der Grenzen, die dem Wissen und Können des Menschen gesetzt sind."[181] „Hochmut", „Eitelkeit", auch „Nichtigkeit" drückt das Griechische mit dem einen Wort „typhos" aus, das sowohl eine äußere Erscheinung als auch eine Mentalität bezeichnet; zur Eitelkeit des Sophisten — gemeint ist hier vornehmlich der literarische Typ des sokratischen Dialogs — gehören demnach ebenso das vornehme Auftreten in reicher Umgebung wie die öffentliche Darbietung eines umfangreichen Wissens und rhetorischer Künste. Dem stellt Sokrates

---

180 Gigon. Sokrates. S. 195.
181 A.a.O. S. 183 f.

mit entlarvender Ironie die betont unauffällige Erscheinung, die aber durch den Kontrast wiederum auffällig wird, das Nichtwissen und die Unfähigkeit zu langen und gefälligen Reden entgegen.

Gorgias und Hippias, so heißt es in einer Notiz bei Aelian, gingen in Purpur[182] – Sokrates dagegen trägt schäbige und ärmliche Kleidung; bei Xenophon hält ihm der Sophist Antiphon vor, „du kleidest dich nicht nur schlecht, sondern in derselben Weise bei Hitze und Kälte, und du trägst auch keine Schuhe und auch kein Unterkleid."[183] Die Sophisten umgeben sich stets mit einem Schwarm von Schülern – Sokrates bekennt in Platons ‚Apologie', daß er weder Schüler noch eine Lehre habe: „Eigentlich aber bin ich nie irgend jemandes Lehrer gewesen."[184] Der äußere Kontrast zwischen aufwendiger Eitelkeit der Sophisten und sokratischer Unauffälligkeit ist mit großer szenischer Anschaulichkeit und sublimer Komik in der virtuosen Exposition von Platons Dialog ‚Protagoras' gestaltet; der Aufzug der beiden gegnerischen Parteien, die sich in dem Dialog auseinandersetzen, geht in folgender Weise vonstatten. Vor dem Haus des reichen Kallias, in dem sich die Sophisten mit einer Schar von Anhängern aufhalten, erscheint Sokrates, begleitet allein von einem jungen Freund. Der Pförtner erkennt ihn nicht und schlägt ihm die Tür vor der Nase zu; den beiden gelingt es nur mit knapper Not, sich dennoch Eingang zu verschaffen. Es schließt sich der Aufzug des Protagoras, den Sokrates selbst schildert, unmittelbar daran an: „Als wir nun hineintraten, fanden wir den Protagoras im bedeckten Gange herumwandeln. Mit ihm wandelten hintereinander auf der einen Seite Kallias, der Sohn des Hipponikos, und sein Halbbruder von mütterlicher Seite, Paralos, der Sohn des Perikles, und Charmides, der Sohn des Glaukon; auf der anderen Seite aber der andere Sohn des Perikles, Xanthippos, und Philippides, der Sohn des Philomelos, und Anti-

---

182 Vermischte Nachrichten 12,32. Die Purpurkleidung der Sophisten ist ihrerseits relativ einfach gegenüber den exzentrischen Kostümen des Pythagoras und Empedokles. „Pythagoras von Samos trug ein weißes Kleid, einen goldenen Kranz und lange weite Beinkleider; Empedokles von Agrigent war in ächten Purpur gekleidet, und trug eherne Sohlen; Hippias aber und Gorgias sollen, wenn sie ausgingen, gewöhnliche Purpurkleider getragen haben." Die Kleidung ist ein Zeichen für den Grad der Esoterik und der Entfernung der Philosophie vom menschlichen Alltagsleben. In dem größeren Zusammenhang sieht man, daß Sokrates nicht nur den Gegensatz zur Sophistik, sondern auch deren Nachfolge bedeutet; denn er setzt die Tendenz zur Schlichtheit, d. h. Annäherung an den Alltag, fort, seine Straßenkleidung ist die Entsprechung zu der auf Straßen und Plätzen angesiedelten Philosophie. Wenn Platon und die Platoniker sich wieder vornehm kleiden, so kommt darin sichtbar die Zurücknahme der sokratischen Wendung zum Ausdruck. Das vornehme Äußere der Platoniker wird schon früh in der Komödie verspottet. Vgl. dazu Rudolf Helm. Lucian und Menipp. Anhang V: „Die Philosophen in der Komödie" S. 378.

183 Erinnerungen an Sokrates 1 VI 2.

184 33a.

moiros von Menda, der gepriesenste unter allen Schülern des Protagoras, der auch ordentlich auf die Kunst bei ihm lernt, um selbst ein Sophist zu werden. Die übrigen hinter diesen folgenden, Zuhörer nur des Gesprochenen, waren größtenteils Fremde, deren Protagoras aus allen Städten, die er durchzieht, mitbringt, sie mittels der Töne Gewalt kirrend, wie Orpheus, und sie folgen ihm auf den Ton, die Gekirrten; indes befanden sich doch auch einige Einheimische unter dem Chor. Diesen Chor nun betrachtend, ergötzte ich mich besonders daran, wie artig sie sich in acht nahmen, niemals dem Protagoras vorn im Wege zu sein, sondern, wenn er mit seinen Begleitern umwendete, wie ordentlich und geschickt diese Hörer zu beiden Seiten sich teilten und sich dann im Kreise herumschwenkten, um fein artig immer hinten zu sein." Auf zwei Nebenschauplätzen der Szene sind zwei weitere Größen der Sophistik, Hippias und Prodikos, ebenfalls Mittelpunkt in je einem Kreis von Verehrern und schönen Jünglingen.[185]

Die Eitelkeit des Sophisten manifestiert sich im sokratischen Dialog auch und vor allem in der Form der Wissensdarbietung, der langen und effektvollen Rede — Sokrates seinerseits beteuert, dazu sei er unfähig, er verstehe sich lediglich auf die Unterhaltung; der Dialog als eine Form philosophischer Erörterung wird ja von den Sokratikern in bewußter Alternative zu den wissenschaftlichen Abhandlungen der Sophisten eigens entwickelt. Nach der langen Rede des Protagoras bemerkt Sokrates in den Beifall der übrigen Anwesenden hinein, er sei sehr vergeßlich, „und wenn jemand so lange spricht, vergesse ich ganz, wovon eigentlich die Rede ist." Darum bittet er mit einem ironischen Kompliment für Protagoras, die Sache in Form des Gesprächs zu erörtern: „Denn du, wie man von dir rühmt und du auch selbst sagst, verstehst beides, sowohl in langen Reden als in kurzen die Unterhaltung zu führen; denn du bist eben ein weiser Mann, ich aber weiß nun einmal mit diesen langen Reden gar nicht umzugehen, wiewohl ich sehr wünschte, auch das zu verstehen."[186]

Diogenes überbietet den sokratischen Kontrast zur sophistischen Eitelkeit in seinem ganzen persönlichen Auftreten, sowohl der äußeren Erscheinung wie der Form seiner Rhetorik, und er vergröbert die Polemik der sokratischen Ironie gewöhnlich zu offenem Spott. Seine Kleidung ist noch anspruchsloser als die des Vorbildes. „Er war es nach einigen, der zuerst seinen Mantel durch Übereinanderschlagen gleichsam verdoppelte, um jedem Bedarf zu genügen und auch das Bett zu ersetzen."[187] Er umgibt sich nicht wie die Sophisten mit Schülern und

---

185 314c-315c.

186 334c-335c.

187 Diogenes Laertius VI 22. Auch von Antisthenes wird gesagt, daß er als erster den Mantel verdoppelt habe (Diogenes Laertius VI 14). Ich sehe darin ursprünglich eine Überbietung des Sokrates. Später wird der Doppelmantel zu einem Erkennungszeichen der kynischen Sekte, zu dem Stab und Ranzen hinzukommen (vgl. dazu: Friedrich Leo. Diogenes bei Plautus. In: Hermes. 41. Bd. S. 440-446).

Verehrern; daß er sich am Tage der Begegnung mit Alexander allein im Kraneion aufhielt, kommentiert Dion Chrysostomos ausdrücklich mit der Bemerkung, „denn er hatte keine Schüler und keine solche Scharen um sich wie die Sophisten, die Flötenspieler und die Tanzmeister."[188] Seine Äußerungen sind kurz, dabei bissig und offener aggressiv als die sublime Ironie des Sokrates; er verspottet die Redner und macht sich über ausgedehnte wissenschaftliche Abhandlungen lustig. „Als ein Gelehrter eine lange Abhandlung von sich vorlas und endlich an einem nur halb beschriebenen Blatt erkennen ließ, daß der Schluß unmittelbar bevorstände, sagte er zu den Versammelten: ‚Mut, ihr Männer, ich sehe Land.'"[189] Dion, der dem Diogenes mehrere Reden in den Mund legt, gibt wiederholt zu erkennen, daß diese sophistische Gewohnheit eigentlich zu dem Kyniker nicht paßt; am Ende der achten Rede korrigiert er drastisch und unmißverständlich den Eindruck, Diogenes ziele wie die eitlen Sophisten mit seinen Vorträgen auf den Beifall und die Bewunderung der Zuhörer: „Während Diogenes so sprach, umringte ihn eine große Menge und lauschte mit Vergnügen seinen Worten. In Gedanken vielleicht noch bei der letzten Tat des Herakles, brach Diogenes ab, hockte sich auf die Erde und tat etwas, was man sonst in der Öffentlichkeit nicht tut. Sofort empörte sich die Menge über ihn und sagte, er sei verrückt. Und von neuem erhoben die Sophisten ihr Geschrei wie Frösche in einem Sumpf, die die Wasserschlange nicht sehen."[190]

An Platon dagegen haften, zumal in der Diogenes-Anekdote, die charakteristischen Merkmale des Sophisten: Er ist vornehm und eitel in seiner äußeren Erscheinung wie in seinem philosophischen Vortrag, ein Schönredner, reizbar und unsachlich, dessen Dünkelhaftigkeit Diogenes bloßstellt, wobei dann allerdings der Vorwurf der Eitelkeit nicht selten auf ihn selbst zurückfällt. „Als Platon ihn einst zu Gaste geladen hatte, nebst Freunden, die von Dionysios her eingetroffen waren, trampelte er auf dessen Fußteppichen herum mit den Worten: ‚Ich trete des Platon anmaßliche Hohlheit mit Füßen', worauf Platon sagte: ‚Welchen Grad von Aufgeblasenheit, o Diogenes, gibst du damit kund, der du dir einbildest, nicht aufgeblasen zu sein.' Andere erzählen die Sache in folgender Form: Diogenes habe gesagt: ‚Ich trete des Platon Aufgeblasenheit mit Füßen', worauf dieser erwidert habe: ‚Ja, mit einer anderen Aufgeblasenheit, Diogenes.'"[191] Platons Retourkutsche könnte nachträglich an die zunächst ausschließlich antiplatonische Anekdote angehängt worden sein, um deren Tendenz umzukehren; solche Vorgänge sind in der Anekdotenbildung recht häufig, man denke z. B. an die Erzäh-

---

188 4,14. A.a.O. S. 67 f.

189 Diogenes Laertius VI 38. Mit eben dieser Anekdote übrigens kündigt Kant seinen Lesern das Ende der ‚Träume eines Geistersehers' an.

190 8,36. A.a.O. S. 256.

191 Diogenes Laertius VI 26.

lung über die Alexander-Begegnung, wo sich der König durch die Bewunderung für Diogenes gleichsam rehabilitiert.

Anders als Sokrates bildet Platon eine regelrechte Schule mit Unterricht und Vorträgen; bei der Verlesung des Phaidondialogs soll von den Zuhörern einzig Aristoteles bis ans Ende ausgeharrt haben.[192] — Während eines Vortrags sitzt Diogenes ostentativ gelangweilt im Auditorium, wodurch gereizt Platon ihn „Hund" schimpft; darauf erwidert ihm Diogenes spöttisch mit der schon oben zitierten Anspielung auf die mißglückte Sizilienreise Platons.[193] — „Er spottete auch über ihn als einen Worteverschwender." Diese Bemerkung schließt Diogenes Laertius an folgende Geschichte an: „Einst hatte Diogenes ihm um Wein gebeten, zugleich auch um getrocknete Feigen; Platon aber schickte ihm ein ganzes großes Gefäß voll. Da sagte er: ‚Wenn man dich fragte, wieviel zweimal zwei ist und du antwortetest zwanzig, so würde deine Antwort so wenig zu der Frage passen wie deine Gabe zu dem Verlangten.' "[194] Faßt man die Anekdote wörtlich auf, so ergibt sie kaum einen rechten Sinn; sie ist vielmehr verständlich als eine Metapher auf die Unsachlichkeit des platonischen Vortrags und veranschaulicht eine sokratische Ironie gegen sophistisches Scheinwissen: Der Gorgiasschüler Menon, den Sokrates am Anfang des gleichnamigen platonischen Dialogs unentwegt als weise lobt, um ihn gleichzeitig als unwissend bloßzustellen, antwortet auf die Frage, was die Tugend sei, großspurig, das sei gar nicht schwer zu sagen, und er zählt sogleich eine ganze Reihe verschiedener Tugenden auf. Sokrates bewundert ironisch die Fülle, die ihm in der Antwort gegeben wird: Er scheine es ganz besonders glücklich getroffen zu haben, da er nur eine Tugend suche und nun einen ganzen Schwarm von Tugenden finde, der sich bei Menon niedergelassen habe; dann aber legt er dar, daß Menon mit der Menge seines angebotenen Wissens an dem gestellten Problem, der Definition der Tugend an sich, vorbeizielt.[195]

Nachdem mit diesen Beispielen vorwiegend die äußere Seite der Polemik dokumentiert wurde, in der Diogenes die sokratische Ironie gegenüber den Sophisten vergröbert an Platon ausläßt, sollen nun drei weitere Anekdoten den inhaltlichen Aspekt der Opposition zwischen dem Kyniker und dem Idealisten verdeutlichen; sie sind mit großer Wahrscheinlichkeit ursprünglich in zwei anderen antiplatonischen Positionen beheimatet, deren Intentionen sich mit denen der Diogenes-Gestalt vielfach decken und von denen aus der sachliche Gehalt der Polemik gegen Platon besser verständlich wird. — 1. „Als Platon sich über seine Ideen vernehmen ließ und von einer Tischheit und einer Becherheit redete, sagte

---

[192] Diogenes Laertius III 37.
[193] Aelian. Vermischte Nachrichten 14,33.
[194] Diogenes Laertius VI 26.
[195] Menon 71e-72b.

er: ‚Was mich anlangt, Platon, so sehe ich wohl einen Tisch und einen Becher, aber eine Tischheit und Becherheit nun und nimmermehr.' Darauf Platon: ‚Sehr begreiflich; denn Augen, mit denen man Becher und Tisch sieht, hast du allerdings; aber Verstand, mit denen man Tischheit und Becherheit erschaut, hast du nicht.' "[196] 2. „Ein andermal begegnete er, getrocknete Feigen essend dem Platon und sagte: ‚Du kannst auch teilnehmen.' Und als jener zulangte und aß, sagte er: ‚Teilnehmen, sagte ich, nicht aufessen.' "[197] 3. „Als Platon die Definition aufstellte, der Mensch ist ein federloses zweifüßiges Tier, und damit Beifall fand, rupfte er einem Hahn die Federn aus und brachte ihn in dessen Schule mit den Worten: ‚Das ist Platons Mensch;' infolgedessen ward der Zusatz gemacht ‚mit platten Nägeln' ".[198]

Die erste Anekdote wird auch von Antisthenes und Platon überliefert,[199] und man wird annehmen dürfen, daß diese Version die ursprünglichere ist, denn ihr philosophischer Hintergrund ist der Nominalismus der antisthenischen Logik. Zwischen den beiden Schülern des Sokrates bestehen prinzipielle theoretische Differenzen, aus der die anekdotische Überlieferung, wie sie dies sehr oft tut, eine persönliche Feindschaft macht. Nach einer Erzählung war der Anlaß der Kontroverse eine Abhandlung über die Unmöglichkeit des Widersprechens; als Antisthenes Platon zur Verlesung der Schrift einlud, sagte dieser zu ihm: „ ‚Wie kannst du denn über das Thema überhaupt schreiben?' wobei er ihm auseinandersetzte, daß er mit sich selbst in Widerspruch stehe. Da schrieb Antisthenes einen Dialog gegen Platon, betitelt Sathon. Seitdem waren sie dauernd verfeindet."[200] Aus der Hauptthese der antisthenischen Erkenntnistheorie, daß es kein Widersprechen gebe, läßt sich in einigen dialektischen Schritten die empiristisch-nominalistische Bestreitung der Allgemeinbegriffe ableiten, um die es in der Anekdote geht. Die Argumentation, mit der die These bewiesen wird, legt die Annahme zugrunde, daß über einen bestimmten Sachverhalt stets nur eine eigene Rede (oikeios logos) existiere, man also über eine Sache immer nur dasselbe aussagen könne: ein vermeintlicher Widerspruch wäre demnach in Wirklichkeit eine Rede über einen anderen Sachverhalt. Diese Dialektik gipfelt in der ausschließlichen Anerkennung identischer Urteile, das heißt: einem Subjekt darf als Prädikat nur das Subjekt zugeschrieben werden, z. B. der Mensch ist Mensch; unzulässig nach dieser Logik wäre der Satz: der Mensch ist gut. Damit aber ist zugleich die Unterordnung von Begriffen, die ein Einzelnes bezeichnen,

---

[196] Diogenes Laertius VI 53.
[197] A.a.O. VI 25.
[198] A.a.O. VI 40.
[199] Simpl. in Cat. Schol. in Arist. 66 b 45. Nur steht dort statt „Tischheit" und „Becherheit": „Pferdheit".
[200] Diogenes Laertius III 35.

unter Allgemeinbegriffe – eine notwendige Voraussetzung der platonischen Ideenlehre – unmöglich gemacht. Aus der Bestreitung des Widerspruchs folgt außerdem als weitere These die Unmöglichkeit unwahrer Aussagen; beide Lehrsätze ironisiert Platon an mehreren Stellen und greift sie als Sophistik an; es wird vielfach angenommen, daß mit dieser Polemik auf Antisthenes persönlich gezielt ist.[201]

Umgekehrt hat Antisthenes in dem nicht erhaltenen Dialog ‚Sathon', dessen Titel in der gehässig-obszönen Anspielung die polemische Tendenz verrät, Platon als einen eitlen und hochmütigen Sophisten dargestellt; man kann dies aufgrund einiger Anekdoten vermuten, in denen in ähnlich drastischer Weise wie bei Diogenes Platons Hochmut bloßgestellt wird und die auf den Dialog ‚Sathon' zurückzuführen sein dürften.[202] „Über Platon spottete er als über einen hoffärtigen Menschen. Als ein großer Festzug im Gange war und er ein schnaubendes Roß vorüberziehen sah, sagte er zu Platon: ‚Auch du kommst mir vor wie ein stolzes Prunkroß.' Diese Äußerung hatte ihren Anlaß darin, daß Platon das Roß wiederholt lobte. Als er den erkrankten Platon einmal besuchte und eine Schüssel sah, in die er sich erbrochen hatte, sagte er: ‚Die Galle sehe ich hier wohl, aber den Hochmut nicht.' "[203]

Wer von den beiden Schülern des Sokrates hatte nun Recht, wenn er den anderen des Sophistentums und damit der Abweichung von dem philosophischen Standpunkt des gemeinsamen Lehrers beschuldigte? Man kann diese Frage nicht eindeutig beantworten, denn beide mußten sich aufgrund ihrer unterschiedlichen Auffassung des Sokrates notwendigerweise gegenseitig als Sophisten verdächtigen; wie sehr sie in dessen Deutung voneinander abwichen, geht aus ihrer gegensätzlichen Definition des sokratischen Zentralbegriffs, der Tugend, hervor. Diese zwei Definitionen beinhalten einerseits die Radikalisierung und zum anderen die Zurücknahme der sokratischen Wendung: Für Antisthenes ist die Tugend ein Handeln, für Platon ein Wissen.

Antisthenes verkörpert nach außen sichtbar durch seinen philosophischen Werdegang, so wie ihn Diogenes Laertius überliefert, den Übergang von der Sophistik zur Sokratik. Er war zunächst der Schüler des Gorgias, auf dessen Einfluß nach Laertius „das rednerische Gepräge seiner Dialoge"[204] zurückgeht; von hier aus läßt sich aber auch seine logische These erklären, daß es keinen Widerspruch gebe. Letztlich macht diese Position eine Erkenntnistheorie und ei-

---

201 Vgl. dazu: Überweg/Prächter. Die Philosophie des Altertums. S. 162.

202 Gigon. Sokrates. S. 34: „wenn wir das Buch des Antisthenes gegen Platon besässen, würden wir zweifellos dort etwa lesen, dass Platon nichts als ein eitler Sophist und Lebemann gewesen sei, der sich unverschämt an Sokrates herangedrängt und über diesen die gröbsten Lügen erdichtet habe."

203 Diogenes Laertius VI 7.

204 A.a.O. VI 1.

ne theoretische Philosophie überhaupt ebenso unmöglich wie der radikale sophistische Skeptizismus des Gorgias, der in den drei berühmten Sätzen formuliert ist, die die Umkehrung der parmenideischen Seinslehre bilden: 1. Es ist nichts. 2. Selbst wenn etwas wäre, wäre es unerkennbar. 3. Selbst wenn etwas erkennbar wäre, wäre es unmitteilbar.[205] Von Gorgias ging Antisthenes zu Sokrates über und forderte — was den radikalen Bruch dieses Wechsels unterstreicht — seine eigenen Schüler zu demselben Schritt auf, „daß sie die leere Zungendrescherey fahren lassen, und etwas reelles und kernhafftes bey Socrate lernen sollten", wie Jacob Brucker behauptet.[206] Das umfangreiche literarische Werk des Antisthenes ist nur in so geringen Resten erhalten, daß man daraus die Motive für den Lehrerwechsel und die Konsequenzen für die antisthenische Philosophie auch nicht annähernd bestimmen kann, und man ist daher auf Vermutungen angewiesen. Deuten ließe sich der Übergang auch als ein Bruch mit der Theorie überhaupt und als Flucht aus der sich selbst aufhebenden Skepsis der sophistischen Logik in eine praktische Philosophie. Danach hätte Antisthenes die sokratische Wendung verstanden und selbst konsequent realisiert als die Restriktion der Philosophie auf Ethik; diese Erklärung stützt sich auf die Sätze, in denen sich nach Diogenes Laertius der philosophische Standpunkt des Antisthenes ausdrückt und in denen keinerlei positiver Bezug auf dessen Logik vorhanden ist. „Die Tugend, so führte er aus, sei lehrbar. Adel und Tugend sind nicht nach Personen getrennt. Die Tugend sei ausreichend zur Glückseligkeit und bedürfe außerdem nichts als die Sokratische Willenskraft. Die Tugend bestehe im Handeln und bedürfe weder vieler Worte noch Lehren. Der Weise sei sich selbst genug, denn alles, was andere hätten, habe er auch ..."[207] Dieselbe Identifikation von Philosophie und ethischem Handeln ist dann in der Gestalt des Diogenes vollständig realisiert. Theoretisch ist ein solcher Standpunkt noch, solange er bewußt als Alternative zur Theorie eingenommen wird und durch Negation deren Unzulänglichkeit beweisen will; ohne einen solchen negativen Bezug auf die Theorie sinkt er zu einer bloßen Lebensweise herab.

Die voluntaristische Sicht des Sokrates und die Definition der Tugend als Handeln mögen Platon als eine letzte Konsequenz der Sophistik und nicht als ihre wirkliche Überwindung erschienen sein. Platon begegnet ihr nicht mit einem resignativen Eskapismus in die Praxis, der für ihn ein großes Übel, den Verzicht auf Wahrheit, bedeuten muß, sondern durch die Bekämpfung mit den eigenen Mitteln, und zwar in der Definition der Tugend als Wissen, die den frühen Dialogen zugrunde liegt. Diese Definition benutzt Platon gleichsam als ein trojanisches Pferd, um in die sokratische Wendung die theoretische Philosophie als

---

205 Zitiert nach Gigon. Sokrates. S. 259.
206 Kurtze Fragen Aus der Philosophischen Historie. Erster Teil. S. 903.
207 Diogenes Laertius VI 10-11.

deren Zurücknahme hineinzutragen, und so ist für ihn Sokrates nicht primär praktischer Ethiker, sondern theoretischer Begriffsphilosoph, der in den Mythen der späten Dialoge sogar zum Kosmologen wird. Wenn im ‚Menon', einem Dialog der mittleren Phase, Platon die Definition der Tugend als Wissen revidiert, da sie zu sehr der Sophistik verhaftet bleibe, und die Tugend als göttliche Eingebung bestimmt, so bedeutet das nicht den Verzicht auf Theorie, sondern im Gegenteil einen größeren Anspruch an sie; denn mit dieser Revision wird die Einführung des Göttlichen, das die Sophistik zunächst skeptisch eingeklammert und dann rationalistisch aufgelöst hatte, als Gegenstand der Philosophie wieder eingeleitet.

Die anderen beiden der drei oben zitierten Diogenes-Anekdoten sind Parodien, die erste auf die platonische Lehre der Methexis, das heißt der Teilhabe der gegenständlichen Welt an der Welt der Ideen, und auf die Definition des Menschen im ‚Politikos'; dort wird der Mensch aus der Menge der übrigen Lebewesen durch ein Einteilungsverfahren herausgegliedert, an dessen Ende nur noch eine Gruppe übrigbleibt, die zusammen von den Menschen und den Vögeln gebildet wird; „und da wir dann die menschliche Gattung nur allein noch mit dem Federvieh zusammen die zweibeinige Herde bildend gefunden hätten, diese dann zuschneidend in einen nackten und einen gefiedererzeugenden Teil".[208] Diese Definition des Menschen wird durch den gerupften Hahn des Diogenes geistreich parodiert; der Zusatz, der danach noch gemacht wird, „mit platten Nägeln", griechisch „platyonychos", ist natürlich eine Anspielung auf Platon selbst und graviert seinen Namen in die Definition ein. Die beiden Anekdoten werden dort entstanden sein, wo die Philosophen-Parodie ihren Ursprung hat, in der Komödie. Daß Platon dem Spott der Komiker nicht entging, belegt Diogenes Laertius mit einer ganzen Reihe von Zitaten, in denen der Name des Philosophen parodiert und seine äußere Lebensweise sowie die Abstraktheit seiner Philosophie aufs Korn genommen werden.[209]

Die kritische Intention der zwei Anekdoten gegen den platonischen Idealismus will in komischer Weise das Recht des Konkreten und Individuellen gegen die

---

[208] Politikos 266e.

[209] III 26. Ein Beispiel für den Zusammenhang zwischen der Verspottung Platons durch die Komödie und durch Diogenes: Diogenes Laertius zitiert eine Zeile aus der Komödie ‚Theseus' des Alexandrides: „Als er Olivenfrucht verschlang, wie's Platon tat." Der Witz dieser Zeile wird erst durch folgende Diogenes-Anekdote verständlich: „Und als er sah, daß Platon bei einem prunkvollen Mahle sich an die Oliven hielt, sagte er: ‚Wie? Erst macht der Weise die große Seereise nach Sizilien um der Tafelfreuden willen, und nun, da hier alles in Fülle zu haben ist, versagst du dir den Genuß?' worauf Platon erwiderte: ‚Glaube mir, bei den Göttern, Diogenes, auch dort habe ich mich meist an Oliven und dergleichen gehalten.' — ‚Wozu also', fuhr Diogenes fort, ‚hattest du es nötig, nach Syrakus zu fahren? Gab es etwa damals in Attika keine Oliven?' " (VI 25).

philosophische Abstraktion behaupten; „hier wird ein existentialistischer Protest erhoben gegen ein essentialistisches Denken."[210] Diese Absicht ist überhaupt der stärkste Impuls, von dem Philosophen-Parodie allgemein angetrieben wird — in der griechischen Komödie wie in der Heidegger-Parodie der ‚Hundejahre' von Günter Grass. Die Diogenes-Gestalt als die Verkörperung solchen Protestes durch Parodie trennt dabei nicht zwischen Sophistik und platonischem Idealismus; in ihrer prinzipiellen Unterscheidung von unnützem theoretischen und einzig relevantem praktischen Wissen werden beide der ersten Seite zugerechnet. Dem Diogenes gilt Platon eher als ein besonders typischer Sophist, weil dieser sich in der Theorie am weitesten von der animalischen Bedürfnisnatur des Menschen entfernt, die allein für den Kyniker Wirklichkeit in ihrer unverfälschten Form repräsentiert. Idealismus macht nicht satt, und sophistisches Wissen ist impotent. Auf diese drastischen Formeln lassen sich die ebenso drastischen Angriffe des Diogenes auf Platon und die Sophistik reduzieren. Mit einem Bild, das in seiner Intention der Parodie auf die idealistische Theorie von der Teilhabe nahe verwandt ist, wird der Sophist in der vierten Königsrede des Dion Chrysostomos verspottet; Diogenes nennt ihn dort einen „lüsternen Eunuchen", und auf die erstaunte Rückfrage des Alexander erklärt er: „Weil die Geilsten unter den Eunuchen, ihre Männlichkeit und Leidenschaft für die Frauen beteuernd, mit ihnen schlafen und sie nicht in Ruhe lassen und doch nichts dabei herauskommt, selbst wenn sie ganze Tage und Nächte mit ihnen zusammenwären."[211]

Mit dem Gegensatz zu dem Idealismus Platons ist das philosophische Zentrum der Diogenes-Gestalt erreicht, und indem ich nun durch einen Vergleich mit dem platonischen Sokrates diesen Punkt zu entfalten versuche, nehme ich dasjenige Thema wieder auf, das am Ende des Kapitels über die sophistische Herkunft des Diogenes zunächst verlassen werden mußte, damit dieser durch eine literarische Untersuchung einiger sokratischer Motive als eine eigentümliche Sokrates-Gestalt ausgewiesen würde: das Thema der Selbsterhaltung.

3. *Positionen der Selbsterhaltung: die Moral des platonischen Sokrates und die animalische Selbstbehauptung des Diogenes*

a) „Selbsterhaltung"

Der Begriff der Selbsterhaltung ist in jüngster Zeit Gegenstand einer philosophischen Diskussion geworden, deren wichtigste Beiträge in dem von H. Ebeling

---

210 Klaus Heinrich. Antike Kyniker und Zynismus in der Gegenwart. S. 138.
211 4,35 f. A.a.O. S. 72.

edierten Band ‚Subjektivität und Selbsterhaltung'[212] zusammengestellt sind und von der man vermuten darf, daß sie weitere Kreise schlagen wird. Als einen zentralen Punkt dieser Diskussion wird man die These Blumenbergs ansehen müssen, Selbsterhaltung sei in der frühen Neuzeit „nicht nur ein neues rationales Prinzip unter anderen", sondern es sei „das Prinzip der neuen Rationalität selbst."[213] Soll man daraus die Einschränkung dieses Prinzips auf neuzeitliche Rationalität lesen, und kann man dann von Selbsterhaltung im Kontext antiker Philosophie überhaupt sprechen? Um ein solches Bedenken gegen die Verwendung des Begriffs bei der Interpretation der Diogenes-Gestalt und des Kynismus wenn nicht auszuräumen, so doch zumindest einzubeziehen, will ich versuchen, die These Blumenbergs durch eine Erläuterung des ihr zugrunde liegenden Selbsterhaltungsbegriffs zu erörtern. Ich gehe dabei von einer speziellen ideengeschichtlichen Problematik aus, an die Blumenberg anknüpft und die auch in den Beiträgen von Henrich[214] und Sommer[215] teils impliziert, teils ausdrücklich thematisiert ist: der Herkunft des neuzeitlichen Selbsterhaltungsprinzips aus der Antike, genauer aus der Stoa.

Historisch gesehen ist diese Problematik sogar der Ausgangspunkt der gegenwärtigen Selbsterhaltungsdiskussion, und zwar dergestalt, daß zuerst Dilthey behauptete, die Renaissance habe den stoischen Selbsterhaltungsgedanken wiederaufgenommen und neu belebt.[216] Dem widerspricht Blumenberg, aber nicht im Sinne einer gänzlichen Leugnung des Zusammenhangs, sondern im Sinne einer Differenzierung und Modifikation. Auf dem Hintergrund der prinzipiellen Auffassung, daß die Geschichte „keine Wiederholungen des Gleichen"[217] kenne, kommt es ihm darauf an zu zeigen, daß die beginnende Neuzeit Selbsterhaltung anders begriff und begreifen mußte als die Antike, deren Überlieferung von Bedeutung im wesentlichen dadurch war, daß sie begriffliche Formulierungshilfen und metaphorische Veranschaulichungsmodelle bot; denn die Neuzeit entwickelte das Selbsterhaltungsprinzip als ein spezifisches aus einem spezifischen, der Antike fremden spätmittelalterlich-scholastischen Problemzusammenhang. Sie bezog damit eine Gegenposition zu der schlechthinnigen Abhängigkeit, in welche christlich-theologisches Denken die Welt von einem Willkürgott gebracht hatte,

---

212 Frankfurt a. M. 1976.

213 Selbsterhaltung und Beharrung. Zur Konstitution der neuzeitlichen Rationalität. A.a.O. S. 144-207. — Hier: S. 146.

214 Die Grundstruktur der modernen Philosophie. Mit einer Nachschrift: Über Selbstbewußtsein und Selbsterhaltung. A.a.O. S. 97-143. Selbsterhaltung und Geschichtlichkeit. A.a.O. S. 303-313.

215 Ist Selbsterhaltung ein rationales Prinzip? A.a.O. S. 345-374.

216 Weltanschauung und Analyse des Menschen seit Renaissance und Reformation. In: Gesammelte Schriften II. Stuttgart/Göttingen [5]1957. S. 283-296.

217 Aspekte der Epochenschwelle: Cusaner und Nolaner. Frankfurt a. M. 1976. S. 163.

der sie nicht nur einmal erschaffen hatte, sie erhalten mußte und wieder vernichten konnte, sondern sie in jedem Augenblick neu erschuf. Dieser Zusammenhang bildet den Kern in Blumenbergs Theorem von der Eigentümlichkeit des Selbsterhaltungsprinzips als des Prinzips neuzeitlicher Rationalität. „Die These, die hier vertreten werden soll (...), stellt den Begriff der ‚connservatio sui' gegen die Tradition der transitiven ‚conservatio' mit dem Extremwert der ‚creatio continua', im Grunde gegen die gesamte Konzeption der Kontingenz in der Scholastik."[218]

Auch die Antike kannte — am deutlichsten ausgeprägt in der Stoa — das Selbsterhaltungsprinzip; Blumenberg stellt das keineswegs in Abrede. Aber davon unterscheidet sich ihm zufolge das neuzeitliche; es ist umfassender, abstrakter, in gewissem Sinne radikaler und extremer als das antike, nämlich ein „Extremwert" wie derjenige der creatio continua und der Kontingenz der Welt, wogegen es opponiert. Die Stoiker begriffen mit Hilfe der biologischen Metapher des Organismus Selbsterhaltung als eine auf einem Trieb beruhende Tätigkeit. Die Neuzeit nimmt dieses Bild auf, bleibt aber nicht dabei stehen, was Dilthey übersah, sondern entwickelte aus dem Prinzip der aktiven Selbsterhaltung das weitergehende der ruhenden Beharrung; sie ersetzt also den Gedanken der transitiven Erhaltung nicht bloß durch den der reflexiven — das hätte der Position der Antike entsprochen —, sondern durch den der intransitiven, der Beharrung.

Erst das Beharrungsprinzip, das gewissermaßen das Optimum von Selbsterhaltung repräsentiert, stellt die adäquate Gegenposition zur creatio continua und ihrem Begleitproblem, der Kontingenz der Welt, dar. Denn es setzt als selbstverständlich und nicht erklärungsbedürftig voraus, was durch die Lehre der creatio continua in beängstigender, nicht zu beruhigender Weise infrage gestellt worden war: die Existenz der Welt. Als der Erklärung bedürftig läßt es nur noch die Veränderung, nicht den Bestand an sich zu. Eine solch abstrakte und generelle, jenseits stoischer Organismusmetaphorik sowie ethischer und politischer Konkretion liegende Bedeutung gewinnt Selbsterhaltung bei Spinoza, und Spinoza ist denn auch Blumenbergs Kronzeuge für den neuzeitlichen, intransitiven Erhaltungsbegriff. „Dieses abstrakte Universalprinzip läßt sich primär als ein Satz über die Beweislast verstehen. Er regelt, wofür Begründung gefordert werden darf. Was der Befragung bedarf, ist nicht der Bestand, sondern die Veränderung jedes beliebigen Gegenstandes oder Zustandes (...) Für Spinoza ist der Fortbestand eines gegebenen Zustandes, sein ‚perseverare', das schlechthin Vorgegebene, auf das neue Faktoren einwirken müssen, um es zu verändern. In seiner abstrakten Generalisierung hat der Satz von der Selbsterhaltung nichts mehr von einer Verhaltensform, von einem organischen Trieb, von einem psychischen

---

218 Selbsterhaltung und Beharrung. A.a.O. S. 156.

Streben an sich. Er hat jede teleologische Implikation verloren, auch wenn die aus dieser Prämisse vermeintlich ableitbaren Folgerungen der Ethik und Politik ihr nachträglich teleologischen Schein verleihen."[219]

Vornehmlich auf Spinoza hatte sich auch Dilthey mit seiner Behauptung der Herkunft des modernen Selbsterhaltungsprinzips aus der Stoa gestützt. Blumenberg hat für dieses – wie er es sieht – Mißverständnis eine Erklärung: bei Spinoza ist das Prinzip der Selbsterhaltung, das als das Wesen einer Sache das Beharren in ihrem Sein definiert, „irreführend" lokalisiert, nämlich in der Ethik, dadurch werde allerdings auf stoische Tradition verwiesen.

Um das als Irreführung zu markieren, geht Blumenberg auf eine Unterscheidung Spinozas ein, die dessen Abstand von der Stoa sichtbar machen soll. Spinoza kenne nicht den inneren Zerfall, das Altern einer Sache und ihre Hinfälligkeit aufgrund eines fatalen immanenten Faktors der Zersetzung und Zerstörung, wovon die Stoa sich so stark habe bestimmen lassen. Mit einer Ausnahme allerdings; diese erscheint zwar als klein und unbedeutend – wenigstens erweckt Blumenbergs Darstellung diesen Eindruck –, aber sie ist in der Tat der Dreh- und Angelpunkt der Ethik überhaupt. „Die Hinfälligkeit zum Nichts ist der vom Menschen als universale Orientierung angenommene extreme Sonderfall des schmalen Reiches organischer Wesen, deren Kräfte sich erschöpfen, denen Lebenszeit zugemessen zu sein scheint. Der physische Weltzustand hat nach Spinoza kein Verhältnis zur Zeit." Eben dieses Verhältnis zur Zeit, die zeitliche Begrenzung der menschlichen Existenz und deren „Hinfälligkeit zum Nichts" begründen aber, daß menschliche Selbsterhaltung nicht in intransitive, nicht in Beharrung übergehen kann, sondern auf Tätigkeit und Handeln angewiesen ist. Das Beharrungsprinzip kann nur als physikalisches für unorganische Gegenstände Gültigkeit besitzen, nicht für den Menschen; es taugt nicht als ethisches Prinzip – es sei denn, man begriffe den Menschen, etwa durch den Unsterblichkeits- oder den Wiedergeburtsgedanken, ebenfalls als prinzipiell unendlich. Blumenbergs Kommentar dazu, daß auch Spinoza gezwungen ist, das ethische Selbsterhaltungsprinzip im Unterschied zur Beharrung als Tätigkeit zu formulieren, ist ein wenig zu beiläufig. Menschliche Selbsterhaltung erscheint gewissermaßen als ein ärgerlicher Rest, der sich dem abstrakten Universalprinzip intransitiver Erhaltung partout nicht einordnen will. „Man sieht, daß ‚perseverare' nun der sachlich adäquatere Ausdruck geworden ist, andererseits die Formel ‚suum esse conservare' als Transitivum einfach benötigt wird, um im Zusammenhang einer Ethik von diesem allgemeinen Weltprinzip wieder auf das Handeln gleichsam herunterzukommen und Glück und Tugend dadurch definieren zu können."[220]

---

219 A.a.O. S. 186.
220 A.a.O. S. 187.

Wenn menschliche Selbsterhaltung aufgrund des Zeitfaktors notwendig transitiv ist und nicht vom Typus der Beharrung sein kann, hat dann nicht das stoische Selbsterhaltungsprinzip möglicherweise doch systematisch und historisch größere Bedeutung für die Neuzeit als es von Blumenberg her scheinen könnte, konkret für die Konstitution neuzeitlicher Subjektivität? Mein Eindruck ist, daß eben dieser Gedanke die Beiträge Henrichs zur Selbsterhaltungsdiskussion bestimmt. In einer Kritik am Ansatz Blumenbergs würdigt Henrich die Herausarbeitung des intransitiven Erhaltungsprinzips für das Verständnis der frühen Neuzeit, meint aber konstatieren zu müssen, daß der diagnostische Wert dieses Prinzips für den weiteren Verlauf der Moderne abnehme. Er gibt zu erwägen, ob die Physik vollgültiges „Paradigma der modernen Rationalität" sein könne oder ob sie nicht vielmehr „nur ihr partialer Ausdruck" sei; ja er lehnt es ab, aus dem intransitiven Erhaltungsprinzip des newtonischen Beharrungssatzes — nach Blumenberg die Konsequenz Spinozas —, die Folgerung zu ziehen, „daß der intransitive Gebrauch von ‚Erhaltung' für Bewußtsein und Theorie der Neuzeit konstitutiv sei."[221] Henrichs eigene Konstruktion der Zuordnung der „mentalen Selbstreferenz (Selbstbewußtsein)" zur „Selbstreferenz des Handelnden (Selbsterhaltung)"[222] — von Ebeling aufgrund des damit ausgesprochenen Vorrangs von Selbstbewußtsein vor Selbsterhaltung als zu sehr der „Optik einer idealistischen Subjektivitätstheorie" verhaftet kritisiert[223] — bleibt beim Prinzip transitiv-reflexiver, d. h. Selbsterhaltung im strikten Sinn und ist damit von vornherein der Stoa näher als es Blumenberg für das frühneuzeitliche Beharrungsprinzip konstatiert. — Im Beitrag Sommers: ‚Ist Selbsterhaltung ein rationales Prinzip?' wird die Unterscheidung zwischen reflexiver und intransitiver Erhaltung überhaupt nicht gemacht; Sommers Selbsterhaltungsbegriff ist einlinig reflexiv und bestimmt damit Selbsterhaltung generell als Tätigkeit.

Blumenberg leitet das neuzeitliche Selbsterhaltungsprinzip aus der Kontingenzproblematik ab, die die spätmittelalterlich-scholastische Lehre der creatio continua hinterlassen hatte. Darin liegt die überzeugende Stringenz seiner Argumentation. Kontingenz ist dabei kosmologisch verstanden. In diesem Sinn hat sie die Antike nicht gekannt, und das gibt Blumenberg das Recht, Selbsterhaltung bzw. Beharrung als die fast zwingend notwendige Gegenposition dazu als ein spezifisch neuzeitliches Prinzip zu verstehen. Aber die Antike hatte in hohem Maß ein anderes Kontingenzbewußtsein, nämlich ein solches in bezug auf die menschliche Existenz, wie es am eindrucksvollsten die griechische Tragödie darstellt. Im Hinblick darauf sprach Jacob Burckhardt bekanntlich allgemein vom

221 A.a.O. S. 131.
222 A.a.O. S. 126.
223 Einleitung: Das neuere Prinzip der Selbsterhaltung und seine Bedeutung für die Theorie der Subjektivität. A.a.O. S. 9-40. — Hier: S. 32.

„Pessimismus" des Griechentums. Grob simplifizierend kann man vielleicht formulieren, der griechische Mythos und die griechische Tragödie hätten das Bewußtsein der Kontingenz der menschlichen Existenz geschaffen, das Christentum sei dem mit der Lehre von der Unsterblichkeit der Seele begegnet, habe aber mit dem Schöpfungsmythos das kosmologische Kontingenzproblem vorbereitet, das sich mit der Lehre von der creatio continua voll entfalten sollte. Es ist gerade wegen des von Blumenberg so stringent nachgewiesenen Zusammenhangs von Kontingenzbewußtsein und Selbsterhaltungsprinzip ein naheliegender Gedanke, nach antiken Selbsterhaltungstheoremen als Antwort auf das existentielle Kontingenzbewußtsein der Tragödie zu fragen.

Ein vitaler, unterhalb der Schwelle der Rationalität liegender Ausdruck von Selbstbehauptung ist das Lachen, das Grundprinzip der Komödie, die ein gleichsam natürliches Gegengewicht zur Tragödie darstellt. Bekanntlich hat Hegel über Aristophanes geurteilt, ohne ihn gelesen zu haben, ließe sich nicht wissen, wie dem Menschen „sauwohl" sein könne. Lachen ist eine elementare, wenn auch nichtrationale Form von Selbstbehauptung, weil es emotionale Distanz zur Gefährdung verschaffen kann. Oscar Wilde hat in einem bemerkenswerten Aphorismus die zu ernste Humanität als die erste Sünde der Welt bezeichnet und behauptet, die Geschichte wäre anders verlaufen, wenn der Höhlenmensch das Lachen gekannt hätte.

Das rationale Prinzip der Selbsterhaltung wird in der Antike in der Theorie der Ethik und Politik entwickelt, und zwar nicht erst in der Stoa. Wenn es als ausgesprochen moderne, zuerst von Hobbes formulierte Auffassung gilt, daß der Staat wesentlich ein Mittel der Selbsterhaltung sei und dem Überleben diene, so wird das auf dem Hintergrund der aristotelischen Unterscheidung von bloßem Leben und gutem Leben gesehen.[224] Aber die ersten Ansätze einer philosophischen Ethik und Politik, wie sie im Mythos des Protagoras hervortreten, stellen die Fähigkeit des Menschen zur Ethik und den Staat eindeutig als Überlebensmittel dar, als Ausweg aus der Gefahr der globalen Vernichtung der menschlichen Gattung. Danach lebt der Mensch angenehm schon aufgrund seiner technischen Intelligenz, noch bevor er die ethisch-politische besitzt. Die technisch-intellektuelle Ausstattung, die die physische Unterlegenheit gegenüber den Tieren kompensieren soll, kann allein nicht das menschliche Geschlecht vor der völligen Ausrottung durch die wilden Tiere bewahren. Unfähig, sich zusammenzuschließen und gemeinsam zu verteidigen, weil sie sich immer aufs neue beleidigen,

---

224 „Der Staat wird bei Hobbes nicht mehr wie in der traditionellen Staatstheorie auf das Streben zum bene vivere gegründet, sondern auf den Kampf ums nackte Leben, auf die Furcht vor der physischen Vernichtung." R. Spaemann. Bürgerliche Ethik und nichtteleologische Ontologie. In: H. Ebeling (Hrsg.). Subjektivität und Selbsterhaltung. A.a.O. S. 76-96. — Hier: S. 93 (Anm. 31).

sind die vereinzelten Menschen noch immer schwächer als die Tiere. Erst nach der Ausstattung mit Scham und Recht sind sie in der Lage, dauernde staatliche Gemeinschaften zu bilden, und erst dadurch ist der Bestand der Gattung gesichert.

Gefährdung, Vernichtung und Erhaltung der menschlichen Existenz, hier in bezug auf die Gattung gesehen, werden nach der krisenhaften Schwächung der Polis als Probleme des Individuums vorrangig in jener philosophischen Ausrichtung thematisiert, die Olof Gigon den „existenzphilosophischen Pol" der antiken Philosophie genannt hat. So steht im Zentrum des epikureischen Denkens die Anstrengung, die Nichtigkeit des Todes, des Extrems individueller Gefährdung und des Inbegriffs der Vernichtung, zu erweisen, wobei Epikur alles daran setzt und es auch als erreichbar darstellt, am Tod den Aspekt der Vernichtung auszuschalten. Erst nachdem das gelungen ist, er also als Nichts, nicht aber als Vernichtung erscheint, erhält die Existenz einen Wert. – Gigon unterscheidet in der antiken Philosophie eine „gegenstandsphilosophische" und eine „existenzphilosophische" Richtung; die erste widmet sich der reinen Theorie und findet im aristotelisch-theophrastischen System ihre höchste Ausprägung, die zweite stellt das Bild des unerschütterbaren, von keiner äußeren Macht abhängigen Weisen in den Mittelpunkt des Denkens. Dieser antike Existentialismus gewinnt bei Epikur und Zenon endgültig das Übergewicht über die gegenstandsphilosophische Theorie, seine Anfänge jedoch reichen zurück in die sokratische Wende der Philosophie. „Eines steht fest: in den sieben Jahrzehnten, die das Leben des Sokrates umfasst hat (von etwa 470 bis 399 v. Chr.), hat in der Tat der Übergang vom gegenstandsphilosophischen zum existenzphilosophischen Pole in der griechischen Philosophie begonnen – ein Prozess, dessen paradigmatische Bedeutung noch für unser Philosophieren kaum überschätzt werden kann."[225]

Die Diskussion über das ethische Selbsterhaltungsprinzip der Antike kann einen Begriff nicht außer acht lassen, der dieses Prinzip mitzuformulieren half, das in der Stoa am weitesten und differenziertesten entwickelt ist, dessen Ausprägung jedoch in Sophistik und Sokratik beginnt; ich meine den Begriff der Autarkie. Auf ihn soll daher näher eingegangen werden, zumal er für das Verständnis des Kynismus von besonderer Bedeutung ist und darin eine eigene Note erhält. „Αὐτάρκεια is a term with associations that are fundamentally Cynic."[226]

Das Wort, zuerst wohl als Attribut gebräuchlich, ist eine Zusammensetzung aus autos, selbst, und arkeo, einem Verb mit zwei Bedeutungstendenzen, einer negativen: zurückstoßen, sich verschließen, abwehren, und einer positiven: hel-

---

225 Sokrates. S. 11.

226 Audrey N. M. Rich. The Cynic Conception of αὐτάρκεια. In: Mnemosyne IX. 1956. S. 23-29. – Hier: S. 23.

fen, hinreichen, genügen. Das Lateinische übersetzt es durch sufficientia sui, bzw. sibi sufficiens das Adjektiv.[227]

Gegenstand philosophischer Reflexion wird die Autarkie, soweit die fragmentarische Überlieferung darüber Aufschluß gibt, zunächst bei Demokrit und dem Sophisten Hippias. Für das Verständnis des Begriffs ist es notwendig zu bemerken, daß er ein Oppositionsbegriff ist. Demokrit verwendet ihn als Attribut für solche Positionen, die den Wechselfällen des Glücks (tyche) gegenüberstehen: autark ist die Natur, d. h. sie verfügt im Verhältnis zum freigebigen Zufall zwar über die geringeren Mittel, aber sie ist zuverlässig und dadurch stärker als das unzuverlässige Glück und die darauf bauenden Versprechungen der Hoffnung. Andererseits ist Autarkie eine Folge der Mäßigkeit: Während das Glück einen reichbesetzten Tisch beschert, besorgt die Mäßigkeit (sophrosyne) einen ausreichenden.[228] In einer offensichtlich anders gelagerten Opposition als der zum Glück sieht der Sophist Hippias die Autarkie. Von ihm wird überliefert, daß er sie als Ziel (telos) definiert habe.[229] Wie man aus Platons karikierender Darstellung des Sophisten schließen kann,[230] postuliert er Autarkie als universale, technische und geistige Ausbildung des Individuums, als Fähigkeit, alle notwendigen materiellen und geistigen Gegenstände selbst herzustellen. Eine solche Autarkie wäre die Opposition zur Abhängigkeit von den Leistungen anderer Individuen. Dagegen polemisiert Platon, weil er das Prinzip der Arbeitsteilung vertritt.[231]

Nach allgemein griechischer Auffassung ist Autarkie eine göttliche Eigenschaft, der Gott ist sich selbst genug und bedarf nichts. Die göttliche Bedürfnislosigkeit wird in dem berühmten, von Xenophon überlieferten Satz des Sokrates, nichts zu bedürfen sei göttlich, so wenig wie möglich aber der göttlichen Vollkommenheit am nächsten,[232] das erstrebenswerte Ideal menschlicher Existenz. In der Sokratik erfährt der Gedanke der Autarkie eine bedeutende Förderung und Differenzierung; den Begriff selbst hat Antisthenes auf die sokratische Tugendlehre übertragen, und zwar in einer weitreichenden Formel, die P. Wilpert schlicht den „Autarkie-Satz“ nennt. Diogenes Laertius zufolge hat Antisthenes gelehrt, die Tugend sei ausreichend zur Glückseligkeit (autarke ten areten pros eudaimo-

---

227 W. Warnach. Art. ‚Autarkie‘ in: Historisches Wörterbuch der Philosophie. Bd. 1. Basel/Stuttgart 1971. Sp. 685 ff. Ein weiterer, umfangreicher und wichtiger Artikel ‚Autarkie‘ von P. Wilpert ist im ‚Reallexikon für Antike und Christentum‘ (Bd. 1. Stuttgart 1950. Sp. 1039-1050) erschienen.

228 Diels. Fragmente der Vorsokratiker. 68 B 176 (Bd. 2. S. 180) und 68 B 210 (S. 188). Vgl. auch: 68 B 209; 68 B 246.

229 Fragmente der Vorsokratiker. 86 A 1 (Bd. 2. S. 326).

230 Hippias II 368b-e.

231 Vgl. etwa Charmides 161b-162b, wo bei der Erörterung der sophrosyne ganz eindeutig Gegenposition zur technischen Autarkie bezogen wird.

232 Erinnerungen an Sokrates 1 VI 10.

nian).[233] Auch hier muß wiederum berücksichtigt werden, was das Attribut „autark" ausschließt: die Notwendigkeit von „Glücksgütern", die nicht in der individuellen Verfügung liegen, und die Anerkennung äußerer Normen wie der Gesetze. Eine wesentliche Konkretisierung erhält der Satz durch die voluntaristisch-praktische Bestimmung des Tugendbegriffs bei Antisthenes; der Zusatz heißt nämlich, die Tugend „bedürfe außerdem nichts als die Sokratische Willenskraft. Die Tugend bestehe im Handeln und bedürfe weder vieler Worte noch Lehren. Der Weise sei sich selbst genug (autarke), denn alles, was andere hätten, habe er auch (...) Der Weise werde sich in Sachen der Staatsverwaltung nicht nach den bestehenden Gesetzen richten, sondern nach dem Gesetze der Tugend."

Platon und Aristoteles setzen sich mit dem Autarkieprinzip mehrfach auseinander und lassen dabei durchscheinen, daß dieses durchaus ein relevanter philosophischer Standpunkt gewesen sein muß. Vor allem die Bindung der Autarkie an einen praktischen Tugendbegriff wird von ihnen abgelehnt, beide wenden sich gegen eine individualistisch-existentielle Auslegung der Autarkie und bringen demgegenüber wieder die Auffassung zur Geltung, daß sie in erster Linie eine Grundbestimmung des göttlichen Seins ist, wie es der ‚Timaios' formuliert.[234] Eben weil der einzelne Mensch nicht autark sei — so der platonische Sokrates in der ‚Politeia'[235] —, und aus keinem anderen Grund entstehe der Staat. Die Seele des Guten und Gerechten nach dem Tod, die in der Unsterblichkeit in einen gleichsam göttlichen Zustand übergeht, müßte nach der Beschreibung Platons allerdings ebenfalls als autark gelten; doch wird diese spirituelle Autarkie erst im Jenseits und als Konsequenz eines moralisch vollkommenen Lebens erreicht.

Aristoteles gesteht der Theorie ausdrücklich die Autarkie zu. In einer Differenzierung des allgemeinen Satzes von der Autarkie der Tugend und des Weisen bestreitet er dieses Prinzip in praktischer Hinsicht, denn die praktischen Tugenden wie z. B. die Gerechtigkeit sind bei ihrer Verwirklichung auf andere Menschen angewiesen; dagegen kann die Weisheit als autark angesehen werden, der Weise — im Sinne des Theoretikers, nicht der praktisch Weise — ist in seinen Betrachtungen nicht prinzipiell abhängig von Mitarbeitern, deren Existenz aber möglicherweise besser für ihn sein kann. Allerdings vergißt Aristoteles auch hier nicht zu betonen, daß existentiell der Weise so wenig als autark gelten darf wie alle übrigen Menschen.[236]

Die praktische Autarkie erklärt er als Ziel und Musterzustand des Stadtstaates. Wer die Gemeinschaft, die natürliche Existenzform des Menschen als des zoon politikon, nicht halten kann oder wer nichts braucht, weil er sich selbst genug,

---

[233] Diogenes Laertius VI 11.
[234] 68e.
[235] 369b.
[236] Nikomachische Ethik 1177a. Vgl. auch 1169b.

d. h. autark ist, der ist der ‚Politik' zufolge „entweder Tier oder Gott."[237] Audrey Rich vermutet, Aristoteles könne bei dieser Formulierung die Kyniker im Sinn gehabt haben.[238] Die göttliche und die animalische Autarkie – beide sich selbst erhaltende Existenzen – sind gewissermaßen die extremen Richtwerte des Autarkieprinzips der Sokratik und des Kynismus.

Im stoischen Ideal des Weisen hat dieses Autarkieprinzip fortgewirkt; Zenon von Kition hat nach dem Bericht des Diogenes Laertius die Formel des Antisthenes von der Autarkie der Tugend zur Glückseligkeit wörtlich übernommen.[239] Das Christentum allerdings hat durch die Abhängigkeit, in die es den Menschen von Gott und seiner Gnade brachte, das Prinzip aufgehoben und es als Hochmut unter die Hauptsünden gerechnet.

b) Sokrates

Die philosophische Ethik entsteht als Theorie der Selbsterhaltung, und Selbsterhaltung wird zu einem theoretischen Problem vornehmlich dann, wenn sie in der alltäglichen Praxis nicht mehr selbstverständlich funktioniert. Diesen Zusammenhang verdeutlicht kaum ein anderes Beispiel besser als das des Sokrates, desjenigen Philosophen also, der seit der Antike allgemein als der Begründer der philosophischen Ethik beziehungsweise der Moral gilt. Am Tod des Sokrates zu Beginn des vierten Jahrhunderts v. Chr. wird in Athen offenbar, daß die Institutionen, die bis dahin die Sicherheit des Einzelnen garantierten und seine Selbsterhaltung ermöglichten, die Polis und ihre Gesetze, diese Funktionen nicht länger ausreichend erfüllen. Sokrates kommt auf einen Gerichtsbeschluß der Stadt hin ums Leben – kein zufälliges Ereignis und kein beiläufiger Justizirrtum, wenn man es von seinen literarischen Auswirkungen her beurteilt, ohne die dieser Tod kaum geschichtliche Bedeutung gewonnen hätte, sondern ein Symptom für die Unzuverlässigkeit einer durch äußere und innere Krisen geschwächten Polis und ein Signal, die Selbsterhaltung des Einzelnen, die Erfordernisse seiner Sicherheit und sein Verhältnis zur Polis neu zu überdenken und zu bestimmen; wenn hier wie im folgenden von der Polis die Rede ist, so meint das weniger einen historischen Zustand als vielmehr eine idealisierende Fiktion, wie auch Sokrates in seinem Verhältnis zur Polis aus den Dialogen seiner Schüler vornehmlich als die Idealisierung des Bürgers entgegentritt.

Die bedeutendste Antwort auf dieses Ereignis stellt die idealistische Moral Platons dar, der sich mit dem Tod des Sokrates explizit in drei Werken – ‚Apo-

237 Politik 1252b-1253a.
238 A.a.O. S. 28.
239 VII 127.

logie', ,Kriton' und ,Phaidon' — und implizit in einem weiteren, dem ,Gorgias', befaßt.[240] Daß er Sokrates zum Protagonisten der Mehrzahl seiner Dialoge machte, mag neben der persönlichen und philosophischen Anhänglichkeit an den Lehrer einen nicht unwesentlichen Grund in dem Gespür des Dichters — Platon war, bevor er zur Philosophie kam, der Überlieferung nach bekanntlich Tragödienautor[241] — für die literarischen Möglichkeiten gehabt haben, die in dieser Gestalt lagen, und zwar sowohl in ihrer komischen als auch in ihrer tragischen Potenz. Aus der komischen Seite, dem Kontrast des Athener Originals und Straßenphilosophen zu den vornehmen Sophisten und ihrer umfassenden Bildung, entwikkelt Platon die Ironie und aus der Tragödie des Sokrates die Moral, besser: er — „der verwegenste aller Interpreten, der den ganzen Sokrates nur wie ein populäres Thema und Volkslied von der Gasse nahm, um es ins Unendliche und Unmögliche zu variieren"[242] — nimmt dessen Schicksal die Tragik und löst es in Moral auf, indem er es nicht als einen tragischen Untergang, sondern die Bereitschaft des Sokrates, in den Tod zu gehen, als eine sinnvolle Entscheidung hinstellt. Für Platon erhält sich Sokrates durch seine physische Vernichtung hindurch als ein moralisches Subjekt, und Moral — ethisches Handeln nach der Idee des Guten — erscheint so als die Selbsterhaltung einer vom Körper unabhängigen und von dessen Verfall nicht berührbaren Seele. Die in Religion und Mythos verwurzelten Voraussetzungen der platonisch-idealistischen Moral sind die Unsterblichkeit der Seele und die Existenz einer ausgleichenden Gerechtigkeit jenseits des irdischen Lebens, die Platon aus dem Mythos vom Totengericht herleitet.

Mit dem tragischen Aspekt der Sokrates-Gestalt setzt er sich zum erstenmal in der ,Apologie' auseinander, in der primär die Ursachen für den tödlich endenden Konflikt des Sokrates mit dem Staat der Athener aufgedeckt werden. In seiner Verteidigungsrede vor dem Gericht führt der angeklagte Philosoph zunächst aus, wie es durch Verleumdungen in der Stadt zu den Antipathien gegen ihn gekommen ist, und er erläutert in der sich daran anschließenden Schilderung seiner Le-

---

240 Romano Guardini (Der Tod des Sokrates. Stuttgart ³1947) stellt in dieser Hinsicht den ,Eutyphron' mit den ersten drei Dialogen zusammen; nun spielt zwar der ,Eutyphron' unmittelbar vor dem Prozeß des Sokrates, der Thematik des Todes steht jedoch inhaltlich der ,Gorgias' näher.

241 Vgl. Diogenes Laertius III 5. Unter dem Aspekt der Tragödiennachfolge interpretiert die platonische Philosophie H. Kuhn. Die wahre Tragödie. Platon als Nachfolger der Tragiker. In: Das Platonbild. Zehn Beiträge zum Platonverständnis. Hrsg. von K. Gaiser. Hildesheim 1969. S. 231-323. (Deutsche Fassung von ,The True Tragedy — On the Relationsship between Greek Tragedy and Plato'. Harvard Studies in Classical Philology 52, 1941, S. 1-40 und 53, 1942, S. 37-88).

242 F. Nietzsche. Jenseits von Gut und Böse 190. Werke. 2. Bd. Hrsg. von K. Schlechta. S. 648.

bensführung sein Verhältnis zur Polis an einem eigentümlichen Bild, das die alte Metapher von Pferd und Reiter beziehungsweise Gespann und Wagenlenker, die schon in einem politischen Gedicht Solons für die Gemeinschaft von Staat und Politiker steht, in signifikanter Weise abwandelt. Sokrates sagt, er sei der Stadt beigegeben „wie einem großen und edlen Rosse, das aber eben seiner Größe wegen zur Trägheit neigt und der Anreizung durch einen Sporn bedarf."[243] Mit dieser Modifikation der Staatsmetapher ist zweierlei ausgedrückt: Sokrates sieht seine Aufgabe nicht in dem, was in der athenischen Demokratie eigentlich die Pflicht eines jeden dazu befähigten Bürgers ist, nämlich aktiv Einfluß auf die Politik zu nehmen, ihre Richtlinien mitzubestimmen und zu realisieren; seine Haltung hierin ist vielmehr eine indirekte, er gibt dem Staat lediglich kritische Impulse, keine inhaltlich festgelegten und positiv ausgeführten Anleitungen. Darüber hinaus deutet der Vergleich des Sokrates auf eine Störung der Gemeinschaft zwischen ihm und der Polis hin; das Verhältnis zwischen den beiden ist eben nicht die Symbiose von Roß und Reiter, eher begreift er sich als einen Fremdkörper im Staatsleib, was noch klarer durch die ursprüngliche Bedeutung des griechischen Wortes für Sporn, myops, zum Ausdruck kommt. Es bezeichnet nämlich die Pferdemücke, und legt man diesen Sinn zugrunde, dann wird das Bild des Sokrates noch schärfer und die Abweichung von der vorgegebenen Metapher noch größer.

Die Einstellung des Sokrates zum Staat resultiert aus den Erfahrungen einer gebrochenen und ambivalenten Beziehung, die ich oben als eine zwiespältige Verbindung partizipierender und distanzierender Tendenzen zu beschreiben versuchte. Die tieferen Ursachen für dieses Verhältnis nennt er im Anschluß an das Bild von Roß und Sporn bei der Auslegung seines Daimonions: „Mir aber ist dieses von meiner Kindheit an geschehen, eine Stimme nämlich, welche jedesmal, wenn sie sich hören läßt, mir von etwas abredet, was ich tun will, zugeredet aber hat sie mir nie. Das ist es, was sich mir widersetzt, die Staatsgeschäfte zu betreiben. Und sehr mit Recht scheint es mir sich dem zu widersetzen. Denn wißt nur, ihr Athener, wenn ich schon vor langer Zeit unternommen hätte, Staatsgeschäfte zu betreiben: so wäre ich auch schon längst umgekommen und hätte weder euch etwas genützt noch auch mir selbst. Werdet mir nur nicht böse, wenn ich die Wahrheit rede. Denn kein Mensch kann sich erhalten, der sich, sei es nun euch oder einer andern Volksmenge, tapfer widersetzt und viel Ungerechtes und Gesetzwidriges im Staate zu verhindern sucht: sondern notwendig muß, wer in der Tat für die Gerechtigkeit streiten will, auch wenn er sich nur kurze Zeit erhalten soll, ein zurückgezogenes Leben führen, nicht ein öffentliches."[244]

---

243 Apologie 30e. Bei Solon F. 24,20. Vgl. dazu O. Gigon. Sokrates. S. 137.
244 Apologie 31d-32a.

Hier ist der Konflikt zwischen dem Einzelnen und der Polis, in den angesichts der verworrenen Zustände des Staates wie Sokrates unvermeidlich jeder gerechte Bürger geraten muß, in seiner grundsätzlichen Dimension aufgezeigt. Die im Mythos des Protagoras entworfene Identität von Selbsterhaltung und politischem Leben erscheint zerbrochen; Sokrates muß, um sich selbst zu erhalten, die aktive Politik als die optimale Verwirklichung des Gemeinwohls aufgeben. Er belegt das mit zwei konkreten Beispielen: Einmal widersetzte er sich im Amt eines Prytanen zur Zeit der Demokratie einem ungesetzlichen Auftrag des Volkes, ein anderes Mal unter der Herrschaft der Dreißig einem unrechtmäßigen Befehl der Tyrannen; in beiden Fällen wäre das gesetzeskonforme Handeln für ihn beinahe zum tödlichen Verhängnis geworden. Das Fazit aus diesen Erfahrungen heißt: Der sich an den Gesetzen orientierende Bürger ist im Athen des ausgehenden peloponnesischen Krieges und der Zeit danach bei der Ausübung politischer Funktionen nicht mehr sicher. Wie kann sich der Einzelne gegen eine solche Bedrohung der Selbsterhaltung noch behaupten? Das ist die dringende ethische Frage angesichts des Schutzverlustes durch die Gesetze und des Zerfalls der Polis.

Sokrates reagiert auf diese Situation mit einem Rückzug aus der unmittelbaren politischen Öffentlichkeit, ohne daß allerdings sein Regreß gleich der totale in die völlige Distanz des reinen Privatlebens wäre. Seine mittlere Position zwischen engagierter Partizipation am politischen Leben und einer vollkommenen Distanzierung davon läßt sich an seinen bevorzugten Aufenthaltsorten, den Straßen und Plätzen der Stadt, ablesen, denn diese Räume liegen — bildlich gesprochen — zwischen den politischen Versammlungsorten und der Abgeschiedenheit etwa epikureischer Gärten. Ein Leben ausschließlich als Privatmann führt Sokrates ebenso wenig wie das eines aktiven Politikers, er verfolgt einen indirekten Weg, sich um die Staatsangelegenheiten zu kümmern, der darin besteht, individuell die einzelnen Bürger zu prüfen und zu beraten, nicht aber die Bürgerversammlung als ein politisches Organ; auf diese reduzierte Weise, in einer Position zwischen aktiver Partizipation und völliger Distanzierung, versucht er, noch einmal die Einheit von individueller Selbsterhaltung und Gemeinwohl zu realisieren.

Bedeutet seine physische Vernichtung durch die Polis das Scheitern, vielleicht sogar die generelle Unmöglichkeit einer solchen Vermittlung? Muß der Einzelne um seiner Selbsterhaltung willen sich noch weiter aus der politischen Öffentlichkeit zurückziehen, sich noch radikaler von dem Staat und seinen Institutionen distanzieren und sein Handeln an anderen Normen als den Vorschriften der Gesetze orientieren? Bleibt für denjenigen, der aus dem Tod des Sokrates Konsequenzen zieht, nicht allein die Wahl zwischen dem Egoismus des sich von der Politik gänzlich fernhaltenden Privatmannes und dem des in der Politik mit Gewalt und dem Recht des Stärkeren hantierenden Machtmenschen, wie ihn Kallikles im ‚Gorgias' und Thrasymachos im ersten Buch der ‚Politeia' propagieren?

Platon kommt es wesentlich darauf an, diese Alternative zu vermeiden, zu welchem Zweck er zu zeigen sich bemüht, daß Sokrates trotz seiner Hinrichtung letztlich nicht tragisch gescheitert ist, eine Beweisführung, die der ‚Phaidon' in dem Argument gipfeln läßt, der Tod enthalte für den Philosophen nicht nur keinen Nachteil, sondern im Gegenteil einen unschätzbaren Gewinn; damit entschärft Platon gleichsam den Konflikt zwischen Sokrates und der Polis, indem er nämlich den Preis, um den es in dem Streit geht, das individuelle physische Leben, in seinem Wert relativiert, und er rettet mit dieser Entlastung des Staates die Staatsidee als solche.

Der Tod des Sokrates erfordert Begründung und Rechtfertigung aus einer doppelten Perspektive. Einmal muß erklärt werden, warum ein offensichtlich unschuldiger Bürger, den Tod bewußt akzeptierend, auf seinen Glücksanspruch verzichtet und sich der Hinrichtung nicht mit allen möglichen Mitteln, etwa durch eine Flucht, entzieht, zum anderen, mit welchem Recht der Staat und die Gesetze von Sokrates erwarten können, daß er das Urteil und damit seine physische Vernichtung auf sich nimmt. — Die erste Frage, das Problem aus der Perspektive des Einzelnen, beantwortet Platon ausführlich im ‚Gorgias', aber auch schon in der dritten Rede der ‚Apologie', die der Angeklagte nach der Verkündigung des Strafmaßes hält. Sokrates begründet seine Bereitschaft, sich dem Todesurteil zu beugen, mit dem Ausbleiben seiner inneren Stimme: Das Daimonion, das sich bei ihm stets dann meldete, wenn er in Gefahr oder im Begriff war, etwas Falsches zu tun, habe während des ganzen Prozesses und auch nach der Verurteilung geschwiegen, so daß das, was ihn erwarte, kein Unheil beinhalten und er dem Kommenden getrost entgegensehen könne. Das Schweigen der inneren Stimme legt er zweifach aus; entweder sei das Totsein nichts und der Tod das Ende aller Empfindungen, vergleichbar einem traumlosen Schlaf, dann aber wäre er — wie eine ruhige Nacht nach einem anstrengenden Tag — ein „wunderbarer Gewinn." Oder der Tod sei ein Ortswechsel der Seele, ihre Auswanderung in die Unterwelt, was für ihn ein Gut bedeuten würde, das sich größer nicht denken ließe; denn dann träfe er auf wahre Richter, Minos, Rhadamanthys, Aiakos und Triptolemos, und überdies würde er den Helden der Mythen und den berühmten Männern der Vorzeit begegnen, an denen er, da sie lohnendere Objekte seien, mit größerer Lust als im irdischen Leben seine Lieblingsbeschäftigung der Menschenprüfung ausüben könnte.[245]

In dem alternativen Nebeneinander so grundverschiedener Anschauungen über den Tod steckt eine Ungewißheit, aufgrund derer der ‚Apologie' ein Rest von Tragik anhaftet, die von Sokrates ein wenig zu euphorisch überspielt wird, so als hätte er es nötig, sich Mut zu machen. Wenn der Tod ein Nichts oder, was

---

[245] Apologie 39e-41c.

diesen Gedanken nur euphemistisch verklärt, ein traumloser Schlaf ist, der nicht aufhört, dann kann er nicht wirklich ein Gut sein, sondern das Leben ist der einzige Wert und er dessen Vernichtung, eine im Grunde grauenhafte Vorstellung; argumentiert man jedoch – und das klingt bei Sokrates an – er sei ein relatives Gut, weil er ein Übel aufhebt, so läuft das im Prinzip auf den berühmten Satz der Tragödie hinaus, das Beste sei es, gar nicht geboren zu werden, aber einmal geboren, sich möglichst schnell davon zu machen. Epikur, der in dem Brief an Menoikeus vehement diesem Satz widerspricht, vertritt darin zugleich am nachdrücklichsten die Anschauung, daß der Tod ein Nichts sei und für den Menschen keine Bedeutung habe, da er die Empfindung aufhebe, alles Gute und Übel aber auf der Empfindung beruhe; erst wenn man die Bedeutungslosigkeit des Todes erkannt habe, so behauptet er, werde das Leben zu einer Quelle der Lust. Epikurs Argumentation entmythologisiert zwar den Tod radikal, jedoch auf Kosten eines Sophisma, an dem der ganze Trost hängt, der dadurch gewonnen wird. „Das angeblich schaurigste aller Übel also, der Tod, hat für uns keine Bedeutung; denn solange wir noch da sind, ist der Tod nicht da; stellt sich aber der Tod ein, so sind wir nicht mehr da."[246] Die auf den Mythos verzichtende rationalistische Verklärung des Todes als Schlaf wird bezeichnenderweise dem Sophisten Gorgias zugeschrieben: „Als Gorgias von Leontinum in sehr hohem Alter und am Ziele seines Lebens stand, wurde er von einer Schwäche befallen, und versank auf seinem Lager allmählig in Schlaf. Da trat einer seiner Freunde, der ihn besuchen wollte, ein und fragte ihn, wie er sich befinde? Gorgias antwortete ihm: ‚Schon fängt der Schlaf an, mich seinem Bruder in die Arme zu legen.' "[247]

Es kann kein Zufall sein, daß Platon in den späteren Darstellungen des Sokrates-Todes das erste Argument der ‚Apologie', der Tod sei ein Nichts oder ein Schlaf, das ihm im Grunde bedenklich nihilistisch erscheinen muß, nicht wiederaufgreift, dagegen das zweite verstärkt und ausbaut; dieses ist ein Mythologem, das, wenn man Wilamowitz-Moellendorffs relative Chronologie der platonischen Dialoge als Ausgangspunkt nimmt, Platons früheste philosophische Verwendung des Mythos überhaupt darstellt.[248]

Der ‚Kriton', das Seitenstück zur ‚Apologie', begründet aus der Sicht der Gesetze, warum Sokrates den Tod auf sich nehmen muß; diese Perspektive macht

---

246 Diogenes Laertius X 125.

247 Aelian. Vermischte Nachrichten 2,35.

248 Die Reihenfolge der Dialoge nach Wilamowitz-Moellendorff aufgeführt bei: G. Martin. Platon (Reinbek bei Hamburg 1969) S. 137. Der Mythos im ‚Protagoras', der nach dieser Chronologie noch vor der ‚Apologie' rangiert, nimmt eine Sonderstellung ein, da er ausdrücklich als literarische Einkleidung eines rationalen Gehalts angekündigt wird und nicht die Überhöhung rationaler Argumentation darstellt wie die Mythen, die sonst gewöhnlich Sokrates anbringt; er wird bezeichnenderweise von Protagoras erzählt.

der verurteilte Philosoph im Gefängnis gegenüber dem Freund, der ihn zur Flucht drängt, selbst geltend: Mit den Gesetzen habe er zu beiderseitigem Vorteil während seines Lebens in Übereinstimmung gestanden, sie hätten ihn erhalten, und das Unrecht des Todes geschehe ihm von den Menschen, nicht von ihnen, den Gesetzen. Breche er sie nun durch die Flucht und suche sie zu zerstören, so bedeute ihm das kaum einen Gewinn, denn er sei alt und müsse dann seinen Lebensabend in der Fremde zubringen — für Sokrates ein unerträglicher Gedanke. Im Hades erwarte ihn für diesen Fall nichts Gutes: „Entfliehst du aber so schmählich, Unrecht und Böses mit gleichem vergeltend, deine eignen Versprechungen und Verträge mit uns verletzend und allen denen Übles zufügend, denen du es am wenigsten solltest, dir selbst nämlich, deinen Freunden, dem Vaterlande und uns: so werden nicht nur wir auf dich zürnen, solange du lebst, sondern auch unsere Brüder, die Gesetze der Unterwelt, werden dich nicht freundlich aufnehmen, wenn sie wissen, daß du auch uns zugrunde zu richten versucht hast, so viel an dir war."[249]

Bedarf es der mythisch argumentierenden Drohung mit Strafverfolgung im Jenseits, weil die vorhergehende Argumentation der Gesetze samt ihrer Unterscheidung zwischen dem Unrecht und Übel, das Sokrates von den Menschen zugefügt wird, und dem ihm von den Gesetzen widerfahrenen Guten als zu schwach und problematisch erscheinen könnte? Die Andeutung einer jenseitigen Justizinstanz, in der das Plädoyer der Gesetze im ‚Kriton' gipfelt und mit der der ganze Dialog schließt, nachdem Sokrates noch einmal seine Überzeugung davon bekräftigt hat, wird am Ende des ‚Gorgias' zu dem Mythos vom Totengericht entfaltet, dem ersten größeren Kunstmythos des platonischen Werkes überhaupt.

Der ‚Gorgias' ist ein Dialog zwischen Sokrates und den drei Sophisten Gorgias, Polos und Kallikles über den Satz, daß Unrecht leiden besser sei als Unrecht tun, eine von Sokrates aufgestellte These, die einer Ethik, wie sie die Sophisten vertreten: streng rational, empirisch-materialistisch und auf ein individuelles irdisches Glück ausgerichtet, paradox erscheinen muß. Polos widerspricht ihr denn auch mit dem Beispiel des makedonischen Königs Archelaos, der allem Augenschein nach glücklich lebt, obwohl er seine Macht mit haarsträubendem Unrecht erworben hat und aufrechterhält, was er nur geschickt zu verbergen weiß. Unschwer erkennt man, daß die These des Sokrates, der er auf den Widerspruch des Polos hin den noch paradoxeren Zusatz anhängt, am schlimmsten und unglücklichsten sei es, Unrecht getan zu haben und nicht bestraft zu werden, zugleich das Motto seines eigenen Lebens und vor allem seines Todes verbalisiert, und so bildet seine Existenz das eigentliche Gegenbeispiel zu der des Tyrannen Archelaos. Platon macht das explizit deutlich, indem er Sokrates am Ende der

[249] Kriton 54c.

Diskussion das eigene Schicksal vor Gericht und seinen Tod weissagen läßt. Er würde, sagt Sokrates voraus, mit seiner Tätigkeit, die allein die wahre Staatskunst sei, von den Athenern nicht anders beurteilt werden als ein Arzt von unverständigen Kindern, die dieser mit schmerzhaften Methoden heilsam behandelt, und da er, einmal angeklagt, sich nicht mit schmeichlerischer Rhetorik werde rechtfertigen können, so werde er wohl sterben müssen. Die Unfähigkeit, das Leid und den Tod zu vermeiden, wertet Kallikles, der am radikalsten und ohne Vorbehalte eine Ethik des Überlebens sowie des individuellen Vorteils vertritt und den Sokrates während der ganzen Diskussion nicht recht von seiner Hauptthese hat überzeugen können, als blamabel und bedauernswert: „Glaubst du nun wohl, daß es gut stehe um einen Menschen, der sich in solcher Lage befindet im Staat und unvermögend, sich selbst zu helfen?"[250] Gegen diese Auffassung und gegen die ethische Position des Kallikles generell stellt Sokrates als letztes Argument eine Erzählung, die endgültig darlegen soll, daß er weitaus glücklicher sei als der Tyrann Archelaos, skeptisch allerdings in der Erwartung, damit Kallikles überzeugen zu können; denn der werde wahrscheinlich für ein Märchen halten, was er, Sokrates, als die volle Wahrheit annehme.

Der Inhalt des Mythos, den Sokrates breit und anschaulich ausführt, ist in den Grundzügen folgender: Die Seele kommt, nachdem sie im Tod vom Leib getrennt worden ist, vor ein dreiköpfiges Richtergremium, welches an ihrem Zustand ablesen kann, wie sich der Mensch in seinem irdischen Leben verhalten hat, ob er gut und gerecht oder böse und ungerecht war; denn alle schlechten, gesetzeswidrigen Handlungen hinterlassen in der Seele des Menschen unverwischbare Spuren. Nach ihrem unbeirrbaren Eindruck von der bloßen Seele urteilen die Richter und entscheiden, was mit ihr weiter geschieht; es stehen ihnen zwei Möglichkeiten der Strafe zur Verfügung: Die vollkommen verdorbenen Seelen, unter die vornehmlich die der Tyrannen zu zählen sind und zu denen auch die des Archelaos gehört, wenn er so ist, wie ihn Polos beschrieben hat, erleiden auf ewige Zeit die furchtbarsten Qualen; sie sind ohne Rettung und unheilbar verloren und dienen einer zweiten Klasse von Seelen, die wegen ihrer geringeren Vergehen nur begrenzte Strafen auferlegt bekommen, als läuternde und abschreckende Beispiele. Erscheint aber vor einem der Richter eine Seele, „die heilig und in der Wahrheit gelebt hat, die eines zurückgezogen lebenden Mannes oder sonst eines, vornehmlich aber meine ich, o Kallikles, eines weisheitsliebenden, der das Seine getan und nicht vielerlei äußerlich betrieben hat" — deutlich sind dies Formulierungen, die auf die Lebensführung des Sokrates selbst zutreffen, wie er sie in der ‚Apologie' beschreibt — „so freut er sich und sendet sie zu den Inseln der Seligen."[251]

---

250. Gorgias 522c.
251 Gorgias 526c.

Der Glaube an die Unsterblichkeit der Seele und an ein Totengericht ist im ‚Gorgias' Überhöhung und zugleich rational nicht mehr begründbare Voraussetzung der sokratischen Argumentation; an ihm hängt die ganze Beweisführung, und ohne ihn wäre Sokrates den Sophisten lediglich rhetorisch überlegen. Diese selbst nicht mehr rationale Überzeugung, ist sie einmal akzeptiert, rechtfertigt seine Bereitschaft, in den Tod zu gehen und macht sie zu einem vernünftigen und sinnvollen Entschluß; denn wenn es ein Schicksal der Seele im Jenseits gibt, das der Mensch in seinem irdischen Leben positiv oder negativ beeinflussen kann, dann kann und muß der Tod notfalls als ein Mittel eingesetzt werden, dieses Schicksal günstig zu gestalten. Eine solche Mediatisierung des Todes aber bedeutet präzise die Umwandlung der Tragödie in Moral: Bei Platon ist der sterbende Sokrates nicht ein tragisches Opfer, sondern ein Handelnder, der Schmied seines eigenen Glückes. Durch die entschlossene Bereitschaft zu sterben bewirkt er die optimale Erhaltung seiner Seele, die er durch eine gesetzeswidrige Flucht gefährden würde; denn das Schicksal der gänzlich ungerechten Seelen kann man kaum noch als Erhaltung bezeichnen. Für Platon ergibt sich hier die Schwierigkeit, zwei für die Konzeption seiner Moral notwendige Annahmen zu verbinden, die sich logisch ausschließen: die der generellen Unsterblichkeit und den Gedanken, daß Unrechttun Selbstzerstörung impliziert. Eine Verknüpfung dazwischen gelingt nur in der Unschärfe eines mythischen Bildes, wie z. B. in dem des ‚Phaidon', wonach die Seelen der Ungerechten für immer in den tiefsten Abgründen des Tartaros verschwinden.

In dem ausschließlich ethisch orientierten Dialog ‚Gorgias' liegt die platonische Moral, die in der Auseinandersetzung mit der Problematik des Sokrates-Todes entwickelt wird, in ihrer Grundkonzeption abgeschlossen vor. Dem fügt der eigentliche große Dialog über den Tod des Sokrates, der ‚Phaidon', nichts prinzipiell Neues in dieser Hinsicht hinzu, außer daß Platon in ihm es unternimmt, eine der beiden mythischen Prämissen des ‚Gorgias', die Unsterblichkeit der Seele, theoretisch zu beweisen, wodurch sie in eine metaphysische Idee verwandelt wird. Das Wesentliche und Neue des ‚Phaidon' besteht vielmehr in einem vermittelnden Übergang von der ethischen in eine kosmologische Perspektive auf die Unsterblichkeit. Die Verklärung des Todes, die Sokrates hier feiert, läßt die Zukunft der Seele im Jenseits nicht nur als ein ethisch-praktisches Postulat, sondern darüber hinaus als eine großartige theoretisch-kosmologische Möglichkeit erscheinen; das theoretische Bedürfnis wird wieder wach, wenn das praktische des Überlebens — für Sokrates das Problem des Todes — zur Ruhe gekommen ist.

Befreit von den Hindernissen physischer Begrenztheit gelangt die Seele im ‚Phaidon' zu der wahren Theorie. Die Verschränkung von ethischer und kosmologischer Thematik tritt im Schlußmythos besonders auffällig an den Tag; auch er ist eine Erzählung zunächst in praktischer Absicht, nämlich zur Demonstration, daß die ungerechte Seele nicht ihrer Strafe entgeht und die gerechte nicht ohne Lohn bleibt. Aber der Mythos entfaltet sich unter der Hand zu einem kosmologischen Entwurf. Die Vorstellung, nach der die Seelen die äußersten Pole der Erde bewohnen, die Tiefen des Tartaros und die vom Äther umgebenen Höhen, beziehungsweise zu ihrer Läuterung durch ein System von Flüssen gespült werden, das die ganze Erde durchzieht, diese Anschauung dient als Aufhänger einer umfassenden kosmologischen „Geographie".

Wo der Kosmos zum existentiellen Raum der Seele gerät, wird diese selbst zu einer kosmischen Größe. Der ‚Timaios', der in einem verflochtenen Ineinander mythischer und theoretischer Beschreibungen eine Kosmogonie überwiegend abgelöst von ethischen Intentionen entwirft, drückt das in dem poetischen und bis in den Volksglauben hinein wirksamen Gedanken aus, daß die Gesamtzahl der Gestirne derjenigen der Seelen entspreche — ein besonders prägnantes Beispiel kosmischen Denkens — und daß jeder einzelnen Seele ein bestimmter Stern zugeordnet sei, zu dem sie nach dem Tod eines gerechten Menschen zurückkehrt.[252]

Mit dem Wandel der Todesauffassung — von dem Rest skeptischer Ungewißheit, der der Apologie noch anhaftet, hin zur Gewißheit eines theoretischen Beweises über die Unsterblichkeit der Seele im ‚Phaidon' — vollzieht sich die theoretische Ausbildung der platonischen Moral. Der Kerngedanke dieses Konzepts ist die mythische Vorstellung des Totengerichts, in dem die Seele sich bewähren und erhalten muß, was sie eigenständig durch ein gerechtes Leben im irdischen Dasein erreichen kann. Aus diesem Mythos entspringen zwei transzendente Ideen, die der Unsterblichkeit und der Gerechtigkeit, die in der platonischen Moral in einem gegenseitigen Bedingungsverhältnis zueinander stehen. Daß die Idee der Gerechtigkeit, die nichts anderes ist als die vollkommene und vollendete Gerechtigkeit, ein Leben nach dem Tode erfordert, wird durch die alltägliche Erfahrung einleuchtend, nach der es im irdischen Leben nie völlig gerecht zugeht, eine Erfahrung, die zumal der Tod des Sokrates bestätigt. Für Platon gilt aber auch die Umkehrung, nämlich daß als konstitutives Element der Moral zur Idee der Unsterblichkeit die der Gerechtigkeit hinzukommen muß; das läßt sich durch folgende Überlegung erweisen.

Die Idee der Unsterblichkeit entlastet den Staat von der totalen Verantwortung für die Existenz des Bürgers; — den Staat im Falle des Sokrates so gut wie möglich zu entlasten, um die Staatsidee als solche zu retten, ist ein durchgängiges Motiv Platons. Wenn Sokrates durch den Tod nicht völlig vernichtet wird, dann darf die Polis sozusagen leichteren Herzens die Hinnahme der Todesstrafe von ihm verlangen, weil dann die Folgen des Urteils, über das auch sie nicht restlos beruhigt und glücklich sein kann wegen des Widerspruchs zwischen formaler Gerechtigkeit und Unrecht der Sache nach, weniger gravierend sind. Aber Entlastung

---

[252] Timaios 41e-42b.

von Verantwortung bedeutet auch Verlust von Einfluß; die Idee der Unsterblichkeit schafft dem Einzelnen einen Freiraum, der dem Staat verschlossen bleibt, und im Grenzfall kann sie sogar die Staatsidee gänzlich verdrängen. Ein solcher Grenzfall wäre z. B. der Suizid in Erwartung der Unsterblichkeit, den Sokrates im ‚Phaidon' ausdrücklich verbieten muß, weil sich der Gedanke an ihn unweigerlich aufdrängt, wenn der Tod dem Philosophen tatsächlich einen so großen Gewinn bringt, wie dort behauptet wird. Dann würde die Idee der Unsterblichkeit einen bloßen Egoismus als radikale Alternative zur politischen Ethik begründen, und den Egoismus als die nächstliegende Konsequenz aus dem Tod des Sokrates will Platon ja gerade verhindern.

Zwar legt die mythische Beschreibung des Jenseits nicht nahe, daß die dort in reiner Theorie verharrenden Seelen noch einen sozialen Verband bilden, weit eher wird man sich ihre Existenz solipsistisch vorstellen müssen. Doch in seinem irdischen Dasein kann und darf der Mensch nach der Überzeugung Platons nicht ohne die politische Gemeinschaft leben, zu deren Wohl er „das Seine tun", das heißt gerecht handeln muß. Nach einer Forderung, die in der ‚Politeia' erhoben wird, sind die zur Theorie gelangten und darin glücklichen Philosophen dazu verpflichtet, in die politische Praxis zurückzukehren, so sehr sie sich innerlich dagegen sträuben mögen. Platon beschränkt die der Moral innewohnende Tendenz zum Individualismus und macht den Staat zur Bedingung für die Selbsterhaltung des moralischen Subjekts. Die im Mythos des Protagoras konstruierte Einheit von Selbsterhaltung und politischem Leben, die durch den Tod des Sokrates aufs höchste gefährdet erschien, bleibt also bestehen, nur begründet Platon sie anders als Protagoras, und zwar religiös-metaphysisch; im Spätwerk der ‚Nomoi', das den von dem radikalen Individualismus der jüngeren Sophistik diskreditierten Gesetzesgedanken wieder aufgreift, steht die religiöse Umformulierung des protagoreischen homo-mensura-Satzes: „Der Gott aber möchte uns wohl am meisten als das Maß aller Dinge erscheinen, und das weit mehr als, wie sie sagen, irgendein Mensch."[253]

c) Diogenes

In der Moral des platonischen Sokrates als einer Lehre von der Selbsterhaltung der Seele gilt die Erhaltung der physischen Existenz nicht als unbedingter Zweck; so fordert Sokrates den Kallikles auf: „Also Bester, sieh zu, ob nicht das Edle und Gute etwas ganz anderes ist, als das Erhalten und Erhaltenwerden und ob nicht ein Mann, der es wahrhaft ist, eben dieses, nur zu leben, so lange es ir-

---

[253] Nomoi 716c.

gend geht, muß dahingestellt sein lassen und keineswegs am Leben hängen."[254] Daß das Leben nicht das höchste Gut sei, ist ein in der traditionellen, vorphilosophischen Polisethik verwurzelter Gedanke, der auf dem weitgehenden Anspruch des Staates auf die Existenz des Bürgers und dem unbedingten Vorrang der Polis vor dem Individuum beruht. Allein die Tatsache, daß Platon diese Wertordnung neu, nämlich mit der Idee der Unsterblichkeit der Seele, begründet, läßt ahnen, wie sehr sie in seiner Zeit brüchig geworden sein muß; in den ,Nomoi' bekennt denn auch der wortführende „Athener", daß die drei über eine Staatsverfassung Beratenden im Widerspruch zum Prinzip des bloßen Überlebens stünden, das die ethische Maxime der großen Menge sei: „da wir nicht, gleich der großen Menge, bloß die Rettung und das Fortbestehen als das Ehrenvollste für die Menschen erachten."[255]

Aus der platonischen Philosophie ist der Gedanke, daß das irdisch-physische Leben kein absoluter Zweck, sondern nur ein Durchgangsstadium für die Seele auf ihrem Weg zum Heil sei, in den abendländisch-christlichen Moralbegriff eingegangen. Aber neben dieser Bedeutung verwenden wir noch einen anderen Begriff von Moral; wir verstehen darunter in einem weiteren Sinne jede auf das menschliche Handeln bezogene Lehre und sprechen davon zum Beispiel auch bei der Fabel, obwohl die darin vermittelten Lebensweisheiten – etwa in den Fabeln des Äsop oder Phädrus – verglichen mit einer idealistischen Moral oft gänzlich amoralisch sind, da sie gewöhnlich ungeschminkt das Prinzip des bloßen Überlebens propagieren.

Die exemplarische Verkörperung einer solchen Moral – oder Amoral im platonischen und christlichen Sinne – des Überlebens ist die Gestalt des Diogenes, der in den Augen Platons als ein „verrückter Sokrates" nicht allein deswegen erscheinen muß, weil er zahlreiche charakteristische Züge des Urbildes ins Extrem übersteigert, sondern auch und vor allem darin, daß er das moralische Grundprinzip des platonischen Sokrates geradezu umkehrt. Sokrates und Diogenes: das bedeutet einerseits die Mediatisierung und andererseits die unbedingte Finalisierung des individuellen physischen Lebens. Während der erste das allgemeine ethische Gebot der Selbsterhaltung dahingehend modifiziert, daß die Erhaltung der Seele notfalls die Preisgabe der physischen Existenz erfordert, verteidigt der andere eben dieses Prinzip bis zur „animalischen Selbstbehauptung", wie ich mit einer Formulierung von K. Heinrich den ethischen Standpunkt des Diogenes bezeichnen möchte.

Die Gestalten des Sokrates und Diogenes repräsentieren exemplarisch praktische Lebensformen, Philosophie als gelebte Ethik. Einer weitverbreiteten Meinung nach, der auch Platon folgt, wenn er vom Tod des Sokrates auf dessen Mo-

---

[254] Gorgias 512d-e.
[255] Nomoi 707d.

ral schließt, wird das Leben vorzüglich von seinem Ende her verständlich; in der Art seines Sterbens offenbart sich, wie ein Mensch gelebt hat: „Wie jemand ist und was er war, / im Tode wird es offenbar." Daher geraten Berichte über das Sterben sehr leicht zu symbolischen Erzählungen, die wesentliche Seiten des Lebens beleuchten; sie werden zu Anekdoten, und Todesanekdoten sind gerade zur Gestalt des Diogenes zahlreich und in einer auf den ersten Blick verwirrenden, das historische Verständnis desorientierenden Vielfalt und Widersprüchlichkeit überliefert.

Es scheint der genannten Auffassung von der besonderen Signifikanz des Endes zu widersprechen, wenn Nietzsche davor warnt, aus dem Tod eines Menschen bedeutenden Aufschluß über dessen Existenz gewinnen zu wollen. „Die Art, wie ein Mensch stirbt, ist vielleicht nicht so wichtig, als man häufig annimmt, und jedenfalls ist es gewagt und voreilig, das Urtheil über das Leben eines Menschen auf Einen Punkt seines Lebens zu begründen: mehr ist ja der Tod nicht." Aber es ist der rein faktische Tod, der Todes„fall", der Zufall, der das Individuum überkommt, ohne daß es dazu ein freies und reflektiertes Verhältnis herstellen könnte, wovon Nietzsche hier spricht; das bewußte Verhalten des Menschen zum Tod hat auch in seinen Augen aufschlußreiche Bedeutung: „Nicht die letzten Augenblicke, aber wohl die ganze Art, wie der Mensch während seines Lebens, seiner Kraft an den Tod denkt, ist für ihn charakteristisch: auch für ein Volk." Unter diesem Aspekt ist Nietzsche mit dem ihm eigenen Gespür für anekdotische Überlieferung in einem gesonderten Kapitel anhand von Todesanekdoten und -berichten der Frage nachgegangen, wie sich die „höchsten Geister" der Griechen und die „produktivsten Menschen unter ihnen" zum Tod verhalten hätten.[256] Kynische Todeserzählungen sind darin mehrfach repräsentiert; was Nietzsche aus der Interpretation einer bestimmten Anekdote für die Formulierung der kynischen Lebensauffassung gewinnt, soll später als eine Art Summe aus der Deutung der entsprechenden Diogenes-Anekdoten zitiert werden.

Todesverleugnung

Ein Indiz dafür, wie ein Mensch oder eine ganze Gesellschaft über den Tod denken, sind der Bestattungskult und die Stellung, die der einzelne dazu nimmt. Von Cicero wird ein aufschlußreicher Begräbniswunsch des Diogenes überliefert, und zwar im ersten Buch der ‚Gespräche in Tusculum', das ausschließlich über den Tod und Fragen der Unsterblichkeit handelt. Lichtenberg hat sich diese Anekdote

[256] In: Geschichte der griechischen Litteratur. Philologica von Friedrich Nietzsche. 2. Bd. Hrsg. v. Otto Crusius. (Nietzsche's Werke Bd. XVIII) Leipzig 1912. S. 193.

notiert, Kleist ihr eine unübertrefflich knappe und prägnante sprachliche Fassung gegeben. „Als man den Diogenes fragte, wo er nach seinem Tod begraben sein wolle? antwortete er: ‚mitten auf dem Feld.' Was, versetzte jemand, willst du von den Vögeln und wilden Tieren gefressen werden? ‚So lege man meinen Stock neben mich', antwortete er, ‚damit ich sie wegjagen könne.' Wegjagen! rief der andere, wenn du tot bist, hast du ja keine Empfindungen! ‚Nun denn, was liegt mir daran', erwiderte er, ‚ob mich die Vögel fressen oder nicht?' "[257] Denselben Gedanken drückt Aelian in einer etwas anderen Fassung aus; in seiner Version fehlt der Witz, der bei Cicero die Todesansicht des Diogenes pointiert. Bei Aelian findet sich stattdessen die Moral der Geschichte in einer expliziten Deutung des Begräbniswunsches formuliert: „Als Diogenes von Sinope schon tödtlich krank war, schleppte er sich noch, wie er war, auf ein Brückchen in der Nähe einer Uebungsschule, legte sich dort nieder und gab dem Aufseher der Ringschule den Auftrag, ihn in den Ilissus zu werfen, sobald er bemerke, daß er nicht mehr athme. So gleichgültig zeigte sich Diogenes gegen Tod und Begräbniß."[258]

Cicero zitiert den Begräbniswunsch des Diogenes – wie die Diogenes-Alexander-Anekdote – ausdrücklich als die Überbietung einer entsprechenden Haltung des Sokrates: „Härter (nämlich als Sokrates – H. N. P.) äußerte sich Diogenes, der dieselbe Meinung hatte, aber sie als Kyniker rauher aussprach". Dagegen geht in dieser Zusammenstellung der Unterschied, ja der fundamentale Gegensatz zwischen Diogenes und dem platonischen Sokrates in der Frage des Todes verloren. Das hat zwei Gründe: Cicero reduziert die Begräbnisvorstellungen auf den kultischen Aspekt, nachdem er das Problem des Todes an sich schon abgeschlossen hat; diese Reduktion verkürzt, wie sich zeigen wird, den Sinn der Äußerungen. Was ihn darüber hinaus den Gegensatz zwischen dem Protokyniker und dem platonischen Sokrates verwischen läßt, ist seine skeptische Haltung zur Unsterblichkeit; ihm kommt es darauf an zu zeigen, daß der Tod in keinem Fall ein Übel sein kann, weder wenn es ein Leben danach noch wenn es keines geben sollte. Diese Skepsis mußte Platon höchst bedenklich erscheinen; der platonische Sokrates des ‚Phaidon', aus dem Cicero die Äußerung zitiert, die die Gleichgültigkeit gegenüber dem Begräbnis belegt, ist von der Unsterblichkeit der Seele fest überzeugt. Er tut die Äußerung, um seiner Auffassung Nachdruck zu verleihen, daß im Tod die Seele vom Körper freigesetzt wird und fortexistiert, dieser aber als empfindungslose Hülle zurückbleibt. Im ‚Phaidon' gehört zur demonstrativen Gleichgültigkeit gegenüber dem leblosen Körper unbedingt

---

[257] Cicero. Gespräche in Tusculum 1, 104. – H. v. Kleist. Sämtliche Werke und Briefe. 2. Bd. München [4]1965. S. 284 f. – G. C. Lichtenberg. Schriften und Briefe. Hrsg. v. Wolfgang Promies. 2. Bd. München 1972. S. 44.

[258] Vermischte Nachrichten 8,14.

der Hinweis auf die nunmehr autark fortbestehende Seele; ohne ihn wird — wie in der Diogenes-Anekdote — die Gleichgültigkeit zum Ausdruck der Überzeugung, daß der Tod ausschließlich das Ende aller Empfindungen bedeutet.

Der platonische Sokrates kommt zu seiner Überzeugung von der Unsterblichkeit der Seele, indem er von den zwei alternativen Auffassungen der ‚Apologie', nämlich daß der Tod entweder das Ende aller Empfindungen oder die Versetzung der Seele an einen anderen Ort sei, die erste stillschweigend aufgibt und die zweite mythologisierend ausbaut. Hinter den Diogenes-Anekdoten dagegen steht die erste, oben als sophistisch-epikureisch skizzierte Anschauung. Die zwei Anekdoten über die Begräbniswünsche des Protokynikers sind eine bildhafte Umsetzung derjenigen Lehre, die Epikur vom Tod gibt: daß er das Ende aller Empfindungen und damit nichts sei. Es paßt sehr schön, wenn bei Plutarch in der ‚Trostschrift an Apollonius' als ein Wort von „tiefster Weisheit" dem Diogenes derselbe Ausspruch über den Tod in den Mund gelegt wird, den Aelian von dem Sophisten Gorgias überliefert: „als er, dem Tod nahe, in tiefen Schlaf versunken war und der Arzt ihn aufweckte und fragte, er fühle sich doch nicht in peinlicher Lage, antwortete er: ‚Bewahre, denn der eine Bruder ist vor dem anderen da, der Schlaf vor dem Tode.' "[259]

Die zwei Begräbnisanekdoten gehören einer literarischen Tradition an, die mit sophistischen Traktaten über die unterschiedlichen Bestattungsbräuche verschiedener Völker beginnt; K. Praechter hat den Zusammenhang und die Entwicklung dieser Literatur im Kynismus anhand der Überlieferungsreste kurz skizziert.[260] Sie läßt sich bei Bion von Borysthenes sowie bei Teles nachweisen und ist in einem vollständigen Exemplar in Lukians Schrift ‚Von der Trauer um die Verstorbenen' erhalten, die die Gattung eindrucksvoll repräsentiert. Die gängigen Anschauungen über den Tod, wie sie sich in den Begräbnisriten und den Hadesvorstellungen ausdrücken, werden rationalistisch als in sich widersprüchlich entlarvt und durch Darstellung der Inkonsequenzen lächerlich gemacht: Lukian verwundert sich darüber, wieso denn die aus dem Hades Zurückgekehrten, von denen die Dichter erzählen, über die Unterwelt berichten könnten, wenn sie dort doch das alle Erinnerung tilgende Wasser des Letheflusses getrunken hätten; der Brauch, den Toten für die Überfahrt in den Hades einen Obolus in den Mund zu stecken, erscheint unsinnig und lächerlich angesichts des Argumentes, daß man ja nicht wisse, welche Währung dort gültig sei etc. Solche und andere Begräbnissitten wie die ganze Trauer um die Verstorbenen überhaupt verspottet Lukian als „belachenswerte Torheiten", worin die Menschen verfielen, „weil sie

---

259 Moralia 107 f.

260 Zur kynischen Polemik gegen die Bräuche bei Totenbestattung und Totenklage. In: Philologus. Bd. LVII (N. F. Bd. XI) Leipzig 1898. S. 504-507.

den Tod für das größte aller Übel halten, da er vielmehr das Ende aller Übel ist."[261]

Auch mit der thematisch verwandten, umfang- und wirkungsreichen Literaturgattung der ‚Totengespräche' steht Lukian in der Tradition des Kynismus; er lehnt sich darin Menipp an, der vermutlich Homers Nekyia und Platons Totengerichtsmythen parodierte – eine ‚Nekyia' wird in Menipps Schriftenverzeichnis erwähnt.[262] Von der antiplatonischen Todesauffassung der Kyniker zeugen noch die ‚Totengespräche' Lukians. Der radikal rationalistischen und spöttischen Haltung des Kynismus zum Tod Rechnung tragend stellt der Nachfolger Menipps im 21. Gespräch, einem Dialog zwischen Kerberos und Menipp selbst, einzig diesen und den Protokyniker Diogenes als furchtlos und todesverachtend dar; selbst Sokrates enthüllt sich – eine Darstellung, die durch die tragische Aura des platonischen ‚Phaidon' motiviert sein dürfte – am Ende als wehleidiger Feigling: der Höllenhund muß den Zögernden in den Fuß beißen und zu sich herabziehen (ein Motiv, das später zur Aufschlüsselung einer Diogenes-Anekdote beitragen kann). Nur er, Menipp, und Diogenes, so versichert Kerberos seinem Gesprächspartner, hätten die Ehre der Philosophenzunft gerettet: „weil ihr nicht gezwungen und gestoßen herabgekommen seid, sondern freiwillig, lachend und aller andern spottend, die sich so tragisch bei der Sache gebärden."[263] Lukian, der in seiner stilistischen Meisterschaft so sehr an Platon heranreichte und darin an ihn erinnerte, so daß zumindest einer seiner Dialoge diesem zugeschrieben wurde, steht in der Auffassung des Todes als Kyniker konträr gegen Platon, wenn er dessen Sokrates wegen der tragischen Reminiszenzen gegen den Protokyniker herabsetzt.

Die antiplatonische kynische Ansicht vom Tod läßt sich an einer weiteren Begäbnisanekdote des Diogenes ablesen. Platon brauchte die Idee der Unsterblichkeit und das Totengericht als einen Akt höherer Gerechtigkeit, um die irdische zu begründen und vor allem, um Sokrates' Entscheidung für diese als sinnvolle Konsequenz hinstellen zu können; der sich den Gesetzen fügende Sokrates bewirkt die Erhaltung seiner Seele. Wie Diogenes über den Tod hinaus die für ihn charakteristische Lebensform beibehält und so Selbsterhaltung betreibt ohne die Prämisse der Unsterblichkeit, veranschaulicht dieser Begräbniswunsch: „Als Xeniades ihn fragte, wie er ihn begraben solle, sagte er: ‚Auf dem Gesichte liegend!' Auf die Frage aber nach dem Grunde sagte er: ‚Weil in kurzer Zeit das Untere zu oberst gekehrt werden wird.' "[264]

---

[261] Werke in drei Bänden. 3. Bd. S. 128.
[262] Diogenes Laertius VI 101.
[263] Werke in drei Bänden. 1. Bd. S. 404 f.
[264] Diogenes Laertius VI 31 f.

Das ist ein unübertreffliches Stück antiplatonischer Sokratik; sokratisch daran ist, daß der Philosoph über den Tod hinaus seine im Leben gewahrte Haltung fortsetzt — der Sokrates der platonischen ‚Apologie' wird im Jenseits seiner Lieblingsbeschäftigung der kritischen Menschen- und Wissensprüfung nachgehen. Diogenes benötigt dazu kein Jenseits und keine Unsterblichkeit, sondern nur die metaphorische Voraussetzung der Umkehrung aller Verhältnisse — dieselbe Voraussetzung, die schon dem Ausgangs- und Leitmotiv von der Umprägung des nomisma zugrunde liegt. Der Protokyniker erreicht die konsequente Vollstrekkung seiner gegen alle traditionellen Werte und Sitten gerichteten, paradoxen Lebensform durch den unbedingten Willen zur Selbstbehauptung, den er gegen das allgemeine Schicksal durchsetzt: Quer zur allgemeinen Lage und provokativ die Sitte verletzend liegt Diogenes selbst im Tod noch richtig. Auch diese Anekdote verhöhnt die platonischen Ideen der Unsterblichkeit und der Gerechtigkeit als der maßgeblichen Bedingung für Selbsterhaltung und konsequente Vollendung einer in sich stimmigen Lebensform.

Was aus den zitierten Texten bisher über die kynische Todesauffassung ausgemacht werden konnte, entspricht exakt der ersten der zwei von Sokrates in der ‚Apologie' erwogenen Möglichkeiten: der Tod ist soviel wie nichts, das Ende aller Empfindungen und allenfalls einem Schlaf vergleichbar. Der platonische Sokrates läßt diese Anschauung später wohlweislich fallen; die zuletzt interpretierte Diogenes-Anekdote gibt zu erkennen, warum.

Wie bei Epikur beruht im Kynismus die Lösung des Todesproblems auf seiner Verleugnung; daraus bezieht der Kyniker den Mut der Todesverachtung. Wir finden diese Tendenz zumindest in einigen der Anekdoten wieder, die die genaue Todesart des Diogenes zum Inhalt haben. Einer Zusammenstellung solcher Erzählungen schickt der Historiograph Diogenes Laertius die Anmerkungen voraus: „Er soll in einem Alter von ziemlich neunzig Jahren gestorben sein. Über seinen Tod lauten die Nachrichten verschieden."[265] Daß der Protokyniker sehr alt geworden sei, geht auch aus anderen Erzählungen hervor, und dieser Meinung wird nirgends widersprochen: ein seltener Konsensus unter den Diogenes-Anekdoten. Wer so lange am irdischen Dasein festhält und diese Zeit voll ausschöpft — was Sokrates trotz seines relativ hohen Alters, das aber noch beträchtlich unter dem des Diogenes bleibt, nicht tut —, der gibt schon dadurch zum Ausdruck, wie sehr ihm das Leben lieb ist.

Es sind im wesentlichen zwei Typen von Erzählungen, die von der Art des Diogenes-Todes handeln. Der einen zufolge stirbt der Protokyniker, indem er durch Anhalten des Atems sich selbst tötet. Diese Version wird von Diogenes Laertius ausdrücklich als die von den Schülern und Anhängern des Kynikers

---

265 VI 76.

vertretene apostrophiert. Sie erscheint auch in einem panegyrischen Grabepigramm, das der Politiker und Dichter Kerkidas, Autor moralischer Satiren im 3. vorchristlichen Jahrhundert, auf Diogenes verfaßt hat.[266]

Bei der Erzählung über den physiologisch unmöglichen Vorgang, daß der Protokyniker durch Zurückhalten des Atems sein Leben beendet habe, wird das historisch-realistische Verständnis vollends absurd; hier ist, um der Anekdote Sinn und Bedeutung abzugewinnen, die symbolische Auffassung unumgänglich. Der Vorgang ist ein Bild, das K. Heinrich ebenso zutreffend wie paradox interpretiert: „animalische Selbstbehauptung kommt selbst dem Tod zuvor."[267] Diogenes wird kein Opfer des Todes, sondern bleibt bis zuletzt ein Handelnder; sein Tod hat nichts Gewaltsames, nicht einmal die selbstzerstörerische Gewalt des Suizids. So kann er sogar zum Mittel der Selbsterhaltung werden: er beugt dem weiteren Kräfteverfall vor.

Auch hier wird der Tod mediatisiert, aber nicht im sokratisch-platonischen Sinne der Selbsterhaltung der Seele, sondern der biologischen Selbstbehauptung. Das verdeutlicht eine dem Grundmuster und der Tendenz nach gleiche Anekdote noch drastischer, die ebenfalls das mögliche Mißverständnis abwehrt, Diogenes habe einen gewöhnlichen Selbstmord aus Überdruß am Leben verübt: Auf dem Weg zu den olympischen Spielen erkrankt er — der Kyniker tritt in einen größeren Wettkampf ein als die Sportler. Vom Fieber befallen erwürgt er schließlich sich selbst und gibt dabei vor, er tue das nicht, um das Leben, sondern um das Fieber zu verlieren.

Diese Anekdote ist in einem christlichen Kontext überliefert, der ihr eine eigentümliche Zweideutigkeit verleiht. In seiner Schrift gegen Jovinian stellt sie der Kirchenvater Hieronymus an das Ende einer kurzen Diogenes-Biographie; das Portrait des Kynikers ist durchweg positiv und vorbildhaft gezeichnet. Nicht immer haben die christlichen Autoren ihr Verhältnis zu den vorgefundenen ethischen Lehren und Lehrern an dem radikalen Satz orientiert, die Tugenden der Heiden seien nichts als glänzende Laster. Um allerdings Diogenes für die Christen als beispielhaftes Tugendmuster beizubehalten, muß der Asket und Kirchenvater das Kynikerbild retuschieren. Es fehlen nicht nur die notorischen kynischen „Unverschämtheiten"; die kynische Askese, das Leben nach der Natur als Reduktion auf das animalische Bedürfnisminimum, erscheint christlich umgedeutet als Überwindung der Natur. Am Beginn der Diogenes-Darstellung wird dem Sieg des Protokynikers über Alexander ein zweiter über die menschliche Natur parallelisiert: „Hujus (d. i. Antisthenis) Diogenes ille famosissimus sec-

---

266 Diogenes Laertius VI 76 f., vgl. unten S. 167. Weitere Grabepigramme auf Diogenes von Sinope: Anthologia Graeca (Griechisch-Deutsch ed. Hermann Beckby. München 1957) VII 63-68.

267 Antike Kyniker und Zynismus in der Gegenwart. A.a.O. S. 141 f.

tator fuit, potentior rege Alexandro et naturae victor humanae."[268] Im Licht dieser christlichen Umdeutung des Kynismus erscheint auch der Tod konträr zur ursprünglichen kynischen Auffassung als Überwindung der menschlichen Natur sub specie immortalitatis. Das hat sehr scharfsichtig François de la Mothe le Vayer aus Hieronymus herausgelesen: der beschreibe den Tod des Diogenes „anders als wir es oben berichtet haben und als jeder heidnische Autor, den ich kenne; er läßt ihn seinen Geist aushauchen am Fuß eines Baumes mit diesen letzten Vorsätzen, daß er dem Fieber den Tod gebe eher als daß er ihn empfange, als wenn er sich seiner Unsterblichkeit gewiß gewesen sei."[269]

Es ist die Schwäche und die Stärke des Mythos zugleich, daß er den Satz vom Widerspruch nicht kennt. Bei Homer finden sich, ohne sich auszuschließen, nebeneinander die zwei Auffassungen vom Tod, aus denen sich die philosophischen Gegenpositionen entwickeln werden: der Tod als Schlaf und die Vorstellung vom Hades als einer Welt, in der die Verstorbenen fortexistieren. Daß sich zwischen den philosophischen Positionen, die sich daraus herleiten: der Tod als Nichts bzw. als Durchgang zur Unsterblichkeit, rational nicht endgültig entscheiden läßt, liegt an der Zumutung, die beide der Rationalität aufbürden. Die zweite bleibt mythologisch, die erste in sich widersprüchlich.

Epikurs Dogma, daß der Tod nichts sei, offenbart im Kynismus anschaulich sein Paradox. Daraus fällt für den Kyniker auf das Leben selbst ein zwiespältiges Licht: Es ist der einzige Wert, weil es darüber hinaus keinen weiteren gibt; darum muß es um jeden Preis verteidigt werden. Die absolute Hochschätzung des Lebens aber macht dessen Ende schrecklich. Dem wird auf zweierlei Weise begegnet: entweder durch die Todesverleugnung in dem scheinrationalen, „sophistischen" Schluß, der Tod sei nichts und habe daher keinen Zusammenhang mit dem Leben. Dieser Selbstbetrug ist der Preis und die Basis für die hedonistische Lebensauffassung: am Tod wird der Aspekt der Vernichtung ausgeblendet. Oder man mindert seinen Schrecken, indem man den Wert des Lebens drückt, wie es in der ‚Apologie' Sokrates in der Erwägung der Möglichkeit tut, daß der Tod ein traumloser Schlaf sei, der dann ein „wunderbarer Gewinn" gegenüber allen Tagen und Nächten des beschwerlichen Lebens sein würde. Im Grunde nicht anders argumentiert Lukian, wenn er über diejenigen spottet, die den Tod „für das größte aller Übel halten, da er vielmehr das Ende aller Übel ist." Hier lebt trotz aller Parodie des Tragischen der Pessimismus der Tragödie wieder auf. Der Kynismus, der die sophistische Aufklärung, ihre Kritik an mythischen Jenseitsvorstellungen und ihren Immanenzglauben radikalisiert, schwankt so notwendigerweise zwischen Hedonismus und Pessimismus.

---

268 Patrologia latina. Bd. 23. Paris 1845. Sp. 304.

269 De la vertu des Payens. Œuvres Tome V. Partie I. S. 189.

Diese Ambivalenz hat Nietzsche in der Deutung folgender Anekdote als den Kern der kynischen Lebensauffassung herausgearbeitet: Der von Schmerzen heimgesuchte, schwerkranke Antisthenes fragt, wer ihn vom Leiden erlöse; Diogenes zeigt ihm einen Dolch. Darauf Antisthenes: Vom Leiden, nicht vom Leben sagte ich.[270] „Eine ganz tiefsinnige Aeusserung", kommentiert Nietzsche: „dem Lebenstriebe selbst kann man mit einem Dolche nicht beikommen, er aber ist das eigentliche Leiden. Es ist ersichtlich, dass der Cyniker am Leben hängt, mehr als die andern Philosophen: ‚der kürzeste Weg zum Glück' ist so viel als ‚Lust am Leben an sich' und volle Anspruchslosigkeit in Bezug auf alle andern Güter."[271]

Nietzsche betrachtet es als Bestätigung dieser Interpretation, daß sich unter den griechischen Philosophen allein bei einem Kyniker, bei Bion von Borysthenes nämlich, Anzeichen für Todesangst zeigten. Nach Diogenes Laertius soll Bion, der in besonders scharfer satirisch-aufklärerischer Weise die traditionellen Götter- und Hadesvorstellungen kritisiert hatte, dies unmittelbar vor dem Tod bereut und sogar Amulette und Beschwörungen akzeptiert haben.[272] Es sei dahingestellt, ob Bion tatsächlich die forcierte Todesverachtung des atheistischen Aufklärers nicht durchhielt und die Geschichte somit als ein individuelles psychologisches Zeugnis verstanden werden muß, oder ob ihm nicht vielmehr der Umfall in die religiöse Bewältigung der Todesangst angedichtet wurde, um die aufklärerische Position in der Person zu treffen. Man kennt aus Geschichten von Aufklärern die gespannten Erwartungen der Gläubigen, mit denen diese die Sterbezimmer im Blick halten, um Spuren eines Priesters zu entdecken. Diogenes Laertius schwelgt geradezu in hämischer Schadenfreude über Bions Kehre auf dem Totenbett, so daß sein obligates Grabepigramm, das er jedem Philosophen widmet, über der genüßlichen Schilderung der feigen Inkonsequenz und der abergläubischen Bewältigung eine vielfache Länge des üblichen erhält.

Daß das demonstrative Herabspielen, die forcierte Mißachtung und Verleugnung des Todes den Kynikern nicht abgenommen wurden, läßt sich aus dem anderen Typus von Anekdoten über die Todesart des Diogenes herauslesen. „Die einen nämlich berichten, er sei nach Benagung eines rohen Ochsenfußes von der Cholera ergriffen worden und an ihr gestorben (...) Andere sagen, er habe einen Polypen unter Hunde verteilen wollen und sei dabei in die Fußsehne gebissen worden, was seinen Tod herbeigeführt habe."[273] Die beiden Anekdoten sind im Grunde, wie ich vermute, identisch; die zweite wiederholt nur auf verschlüsselte Weise und mit der Bezeichnung „Hund" spielend die

---

270 Diogenes Laertius VI 18 f.
271 Philologica. 2. Bd. S. 196.
272 Diogenes Laertius II 54 ff.
273 Diogenes Laertius VI 76.

erste: der Hund Diogenes will unter den Kynikern, den „Hunden", den Verzehr von rohem Fleisch bzw. Fisch – eine Verwechslung von „Ochsenfuß" (boos pus) und „Polyp" (polypus) liegt im Griechischen nahe – einführen. Dabei trifft ihn der tödliche Biß eines Hundes – des Höllenhundes Kerberos nämlich; man erinnere sich, daß bei Lukian Kerberos den ängstlich zögernden Sokrates mit einem Biß in den Fuß zu Tode befördert. Nietzsche vermutet ganz richtig, die Anhänger des Diogenes hätten eine davon abweichende Version verbreitet, weil ihnen diese „nicht philosophisch genug" war; „man sollte nicht an Krankheit sterben."[274] Diese zweite Anekdote läßt Diogenes am Tod scheitern, und zwar im zentralen Anliegen seines Kynismus: der Reduktion der menschlichen Existenz auf das animalische Minimum, wo selbst auf das Kochen als auf Luxus verzichtet und Fleisch in tierischer Weise verzehrt werden soll.[275]

Man kann die antikynische Tendenz der Anekdote noch genauer benennen. Ihr Ursprung ließe sich in epikureischer Polemik gegen den Kynismus denken, etwa als Replik und Retourkutsche zu dem kynischen Vorwurf, die Epikureer seien hemmungslose Genießer und sklavische Anhänger der Lust. Das Verzehren von rohem Fleisch, Ausdruck kynischer Zivilisationskritik, könnte von Epikureern als Zeichen der Lebensgier und diese wiederum als in Todesfurcht begründet ausgelegt worden sein: wer Fleisch ißt, hat Angst vor dem Tod.[276] Spätestens im Christentum wird das Verschlingen des rohen Polypen als Gier gedeutet und polemisch gegen die Kyniker gewendet; dabei muß man bedenken, daß die Christen ihre Argumente gegen die heidnische Philosophie nicht immer eigenständig entwickelten, sondern auch den Streitereien der Schulen entnah-

---

274 Philologica. 2. Bd. S. 196.

275 Plutarch zitiert die Anekdote vom Verschlingen des rohen Polypen zweimal, versehen jeweils mit dem didaktischen Kommentar des Diogenes an die umstehenden Zuschauer, ihretwegen setze er sich der Gefahr aus. Allerdings erwähnt er nicht, daß der Kyniker an der Speise zugrunde geht. Demnach hat es eine Variante ohne den tödlichen Ausgang gegeben; ich vermute, sie war sogar die ursprüngliche. Den unterschiedlichen Kontexten entsprechend ist bei Plutarch die Tendenz der Zitierung jeweils verschieden: einmal soll damit die größere Entbehrlichkeit des Feuers gegenüber dem Wasser belegt werden. Das andere Mal zitiert Plutarch die Anekdote in einer Abhandlung, die gegen das Fleischessen argumentiert. Hier kommentiert er das Experiment des Protokynikers negativ als Rückfall in tierische Barbarei; es ist die ausführlichere Darbietung der Anekdote. Diogenes setze sein Leben der Gefahr aus nicht wie berühmte Helden für Freiheit und Vaterland, sondern er kämpfe mit dem rohen Polypen, um das menschliche Leben in seine vorige Wildheit zurückzuführen (vgl. Moralia 995 C-D und 956 B).

276 Dieser gedankliche Zusammenhang findet sich bei dem Plotinschüler und -biographen Porphyrius in einer umfangreichen Schrift gegen das Fleischessen, worin eine frugale Lebensweise propagiert wird (de abstinentia I 54); die Stelle ist von Usener unter die epikureischen Fragmente aufgenommen worden (Epicurea Fr. 458), ebenso von Diano (Epicuri Ethica. S. 145 f.).

men. Der griechisch gebildete Syrer Tatian, der sich zunächst als Sophist betätigte, dann als Christ das heidnische Griechentum bekämpfte und schließlich Haupt der gnostischen Enkratiten wurde, zitiert die Anekdote, um den Protokyniker als maßlos zu entlarven und ihm Inkonsequenz gegenüber seinen eigenen asketischen Ansprüchen vorzuwerfen: „Diogenes, der mit seinem Faß renommierte und mit seiner Enthaltsamkeit prahlte, starb ob seiner Unmäßigkeit an einer schmerzhaften Darmverschlingung, da er einen Meerespolypen roh verschlungen hatte."[277]

Bezeichnenderweise findet sich die ausführlichste Apologie der Anekdote bei Julianus Apostata, dem Kaiser, der die alte griechische Mythologie und Philosophie erfolglos gegen das Christentum verteidigte und zu neuem Leben verhelfen wollte. Seine ‚Rede gegen die ungebildeten Hunde' attackiert einen zeitgenössischen Kynismus, den Julian in engster Verwandtschaft mit dem Christentum sieht; sie beginnt mit der Antwort an einen Kyniker, der sich über Diogenes mokiert und dessen Tod als Folge von Verblendung und Dummheit hingestellt hatte; man sieht daran, wie sehr dieser Kynismus der Kaiserzeit sich von dem ursprünglich hellenistischen entfernte: „Ja, er (d. i. der namentlich ungenannte Kyniker) macht sich auch über die Verspeisung des Polypen lustig und behauptet, Diogenes habe die verdiente Strafe für seine Narrheit und seine Verehrung der leeren Meinungen der Menge erhalten, da er an diesem Essen zugrunde gegangen sei, wie wenn er den Schierlingsbecher hätte trinken müssen." Dagegen interpretiert Julian das Verschlingen des Polypen als Überwindung des Ekels, als notwendigen Kampf gegen die Konvention und das Vorurteil, welches der Ekel darstelle.[278]

Autarkie

Auch von Diogenes gibt es eine erhellende Antwort auf die beliebte Standardfrage, die einem Philosophen die Gelegenheit formelhafter Selbstcharakteristik zuspielt, welchen Gewinn ihm die Philosophie gebracht habe. Sie lautet: „Wenn sonst auch nichts, so doch jedenfalls dies, auf jede Schicksalswendung gefaßt zu sein."[279] Da es wesentlich zum Schicksal gehört, daß es plötzlich und unvorhergesehen hereinbricht, ist die prospektive Vorwegnahme seiner Möglichkeiten der Ansatz zu seiner Überwindung; sich auf jede seiner möglichen Wendungen einzustellen heißt, sich vor dem Schicksal zu behaupten.

277 Tatians Rede an die Bekenner des Griechentums. A.a.O. S. 137.
278 Kaiser Julians Philosophische Werke. S. 51 ff. Vgl. auch noch: Lukian. Der Verkauf der philosophischen Sekten (Werke. 1. Bd. S. 217).
279 Diogenes Laertius VI 63.

Der Tod ist die äußerste und zugleich universale, weil anthropologisch verwurzelte Möglichkeit des Schicksals. In den Diogenes-Anekdoten begegnet Schicksal aber nicht nur in seinen konstanten, allgemein menschlichen Ausprägungen, sondern auch in historisch-politischen Konkretionen. Einen Hinweis darauf gibt Diogenes Laertius zum Beispiel in einer Interpretation des schon zitierten Begräbniswunsches, wonach der Protokyniker auf dem Gesichte liegend begraben sein wollte. Der Historiograph deutet das als politische Umsicht: Seismographisch empfindlich reagiert Diogenes auf die Erschütterungen, die in der zweiten Hälfte des vierten vorchristlichen Jahrhunderts die Umwälzungen der politischen Verhältnisse ankündigen: den Aufstieg der makedonischen Macht und infolgedessen das Ende der autonomen Polisherrschaft.[280] Die Beziehung zu diesen historischen Vorgängen wird explizit in dem von Diogenes Laertius überlieferten „Bericht" des Demetrios hergestellt, nach dem Diogenes am selben Tag in Korinth wie Alexander der Große zu Babylon gestorben ist – ein Parallelismus, dessen historische Unwahrscheinlichkeit auf symbolischen Sinn verweist.[281]

Auch hier zeigt der Vergleich mit dem politischen Tod des Sokrates eine bedeutsame Differenz. Der Tod des Kynikers ist – im Gegensatz zu dem des Sokrates im Athener Staatsgefängnis – kein politisches, sondern ein privates Geschehen; die Gleichzeitigkeit mit dem Lebensende Alexanders ist eine äußerliche Parallele, der Zusammenhang kein Kausalnexus. Diogenes stirbt anders als Sokrates ausdrücklich nicht als ein Opfer der Politik, sondern gleichzeitig mit der Macht, der er sich erfolgreich entzogen hat. Darum stellt Maximus Tyrius die Freiheit des Protokynikers noch über die des Sokrates: „libertate vero Socratem antecessit, nec delatus in iudicio, nec in carcere detentus, neque laudem consecutus e miseria."[282] Das letzte Argument setzt wie bei Lukian die Todeshaltung des Sokrates als tragisch-wehleidig gegen die mutig-freie des Protokynikers herab.

---

280 Diogenes Laertius VI 31 f.: „Dies aber deshalb, weil die Makedoner bereits die Herrschaft in der Hand hatten, oder mit anderen Worten, von unten nach oben gelangt waren." Historisch gesehen ist – was wiederum P. Bayle kritisch anmerkte – die Anekdote in Verbindung mit der Interpretation ungenau und inkonsequent; denn sie sagt voraus, was die Erklärung als schon eingetreten hinstellt, nämlich die Machtergreifung durch die Makedonen. Andererseits paßt diese Erzählung nicht zu derjenigen, nach der Diogenes zugleich mit Alexander, also auf dem Höhepunkt der makedonischen Macht, stirbt und daher eigentlich deren Untergang prophezeien müßte, wie Bayle scharfsinnig kombiniert (Art. ‚Diogenes'. Anm. I). Doch die Überlieferung ist kaum ein historisches Dokument und daher durch historische Kritik allein nicht zu erledigen; die Anekdote soll das sichere Gespür des Diogenes für politische Veränderungen überhaupt und seine Einsicht in die Notwendigkeit illustrieren, sich rechtzeitig darauf einzustellen.

281 Diogenes Laertius VI 79.

282 Dissertationes S. 432.

Den historischen Hintergrund der Diogenes-Gestalt bildet jener Abschnitt der griechischen Geschichte, den die neuere Geschichtsschreibung als den Übergang von der klassischen Zeit der Stadtstaaten zum Hellenismus einstuft und den der Historiker H. Bengtson als den „Niedergang der hellenischen Poliswelt"[283] überschreibt. In den Diogenes-Anekdoten spiegelt sich die Unsicherheit rechtlicher, politischer und sozialer Zustände, die mit diesem tiefgreifenden Wandel einhergeht. Er ist Verbannter, Flüchtling und Bettler, und er pflegte, wie der Biograph schreibt, ein Tragödienzitat auf sich beziehend zu sagen, die Flüche der Tragiker seien für ihn eingetroffen, er sei „Der Vaterstadt, dem Haus, der lieben Heimat fern, / ein Bettler, Flüchtling, kämpfend um sein täglich Brot."[284] Aber letztlich geht er doch nicht – wie Sokrates – im allgemeinen Schicksal der Polis als ein tragisches Opfer unter, sondern verteidigt das Grundprinzip der Moral, das Gesetz des Handelns nicht aus der Hand zu geben, bis in die Situationen extremer existentieller Bedrohungen, indem er die Philosophie ausschließlich auf diesen Zweck hin ausrichtet.

Der allgemeine Niedergang der hellenischen Poliswelt beginnt mit demjenigen Athens am Ende des peloponnesischen Krieges. Die Gefährdungen des Sokrates durch wechselnde Regierungen und schließlich sein Tod stellen sich bei Platon als die Folgen dieses politischen Verfalls samt seinen Konsequenzen für die Moral dar, wobei Sokrates' Schicksal exemplarische Bedeutung trägt, weil es die generelle Schwäche Athens, den Bürgern Sicherheit und Schutz bieten zu können, sichtbar macht. Als der Endpunkt jenes Prozesses, in dem die Polis als die allein bestimmende Lebensform in Griechenland untergeht, kann die Schlacht bei Chaironeia gelten, die dem makedonischen König Philipp endgültig die Vormachtstellung über die griechischen Stadtstaaten einträgt. Dieses Ereignis ist in einer Diogenes-Anekdote aufbewahrt. „Der Stoiker Dionysios erzählt von ihm, er sei nach der Schlacht von Chaironeia als Gefangener vor Philipp geführt worden, und da habe er auf die Frage, wer er sei, geantwortet: ‚Ein Erkunder deiner Unersättlichkeit.' Das habe solche Bewunderung erweckt, daß er freigelassen ward."[285] Durch seine individuelle Unerschrockenheit und Schlagfertigkeit behauptet sich

---

283 Griechische Geschichte. Von den Anfängen bis in die römische Kaiserzeit. Sonderausgabe München 1965. S. 226.

284 Diogenes Laertius VI 28.

285 A.a.O. VI 43. Nach dem Sieg bei Chaironeia besetzte Philipp Theben und nahm Rache an seinen dortigen Gegnern; einige Jahre später, 335 v. Chr., wurde die Stadt von Alexander völlig zerstört. Wie sehr dieses politische Schicksal das Vertrauen in die Sicherheit der Polis erschütterte, dafür legt die Resignation folgender Krates-Anekdote Zeugnis ab; Theben war die Heimat des kynischen Autors. „Als Alexander ihn fragte, ob er seine Vaterstadt wieder aufgebaut zu sehen wünsche, sagte er: ‚Wozu? Denn wer weiß, bald wird wieder ein Alexander kommen und sie zerstören.' " (Diogenes Laertius VI 93).

Diogenes gegenüber dem Herrscher und Eroberer Griechenlands und übersteht den Niedergang der Poliswelt, ja er widersteht sogar, wie die zahlreichen Diogenes-Alexander-Anekdoten veranschaulichen, dem mächtigeren Sohn und Nachfolger Philipps, seinem stärksten politischen Kontrahenten; sein gleichzeitiger Tod mit Alexander dem Großen ist der prägnanteste Ausdruck gelungener individueller Selbstbehauptung vor der machtvollsten Verkörperung politischer Gewalt, die primär als Bedrohung empfunden wird: „Als Alexander einst einen gewissen Athlias (Unheil) mit einem Schreiben an Antipater nach Athen sandte, sagte Diogenes, der sich zur Stelle befand, ‚Athlias von Athlias durch Athlias an Athlias' (Unheil von Unheil durch Unheil an Unheil)."[286]

Der politische und moralische Abstieg Athens — betrachtet wiederum aus der Perspektive Platons — kostet den anhänglichsten Bürger dieser Stadt das Leben; Sokrates stirbt schließlich, weil er der Polis treu bleibend sich weigert, deren Gesetze durch eine Flucht zu verletzen, und er ordnet im entscheidenden Moment seine individuelle physische Existenz dem Wohl des Staates unter. Anders Diogenes: das erste, was wir in der Biographie des Laertius erfahren, diejenige Tat, mit der er in sein Leben und seine Philosophie eintritt — beides ist ja für die Gestalt des Diogenes identisch — und die als Metapher zum Motto seiner philosophischen Lebenstätigkeit wird, ist das genaue Gegenteil von der letzten Entscheidung des Sokrates: der Bruch der Gesetze und die Flucht aus der Heimatstadt. Er hat von Anfang an die Idee des Stadtstaates aufgegeben, an der Sokrates bis in den Tod hinein festhält, und nur darin, daß er die Polis und ihre Gesetze sein Leben lang als Gegner braucht, liegt bei aller Distanzierung ein Rest von Verbundenheit.

Der erste Schritt kynischer Selbstbehauptung vollzieht die Abkoppelung vom bedrohlichen Schicksal der Allgemeinheit und wirft das Individuum auf sich selbst zurück. Was Gehlen in ‚Moral und Hypermoral' von Antisthenes als dem Theoretiker des Kynismus sagt, gilt ebenso für den kynischen Prototypen Diogenes; für ihn sogar in zugespitzter Bedeutung: „Da er vor dem Christentum und außerhalb des Judentums lebte, lag ihm der Gedanke an göttliche Strafgerichte in der Geschichte fern" — dem läßt sich hinzufügen: auch die platonisch-mythische Vorstellung eines individuellen Strafgerichts jenseits des irdischen Lebens, da er ein Erbe und Vollstrecker der sophistischen Aufklärung und ein Antiplatoniker war —, „und er betrieb dazu keine Voruntersuchung; umso klarer kam in der kynischen Idee die Distanzierung heraus, sie war der Schleudersitz, mit dem der Einzelne sich aus dem scheiternden Unternehmen herauskatapultieren konnte."[287]

---

[286] Diogenes Laertius VI 44. Vgl. die vorige Anmerkung!
[287] S. 14.

Nun wird dem Diogenes in der Biographie des Laertius der Satz zugeschrieben: „Ich bin ein Weltbürger", aufgrund dessen man in der Neuzeit die Idee des Kosmopolitismus häufig auf ihn und den Kynismus zurückführte. Aber dabei übersah man regelmäßig, daß diese moderne Idee etwas ganz anderes beinhaltet als der Ausspruch des Diogenes; der nämlich hat rein negative Bedeutung und unterscheidet sich dadurch ebenfalls grundsätzlich von der positiven Vorstellung eines Weltreichs und der Völkergemeinschaft, die Alexander der Große zu verwirklichen suchte. Deswegen ist es verfehlt, ihn als die theoretische Vorbereitung des politischen Programms Alexanders zu werten, wie es auch in neuerer Zeit noch geschieht. Zur Interpretation des Satzes muß, worauf W. W. Tarn hingewiesen hat,[288] unbedingt der Zusammenhang berücksichtigt werden, in dem er fällt. Diogenes äußert ihn, als er nach seinem Heimatort gefragt wird, und die negative Antwort darauf, er sei ein Bürger des Kosmos, besagt prinzipiell nur dasselbe, was die frühe Absetzung aus der Vaterstadt bedeutet, nämlich die Verneinung der Polisidee.[289]

Dazu ein drittes, anschauliches Beispiel. Anders als den idealen Polisbürger Sokrates, der mit seinem Geburtsort Athen so eng liiert ist, daß er ihn nur während einiger Feldzüge verläßt, verbindet die Überlieferung den Diogenes bezeichnenderweise nicht ausschließlich mit einer einzigen Stadt; er stammt aus Sinope, die meisten Anekdoten setzen seine Anwesenheit in Athen voraus und eine große Anzahl die in Korinth, wo er nach mehreren Anekdoten gestorben ist und begraben wurde. Zwischen diesen beiden Orten, so wird auch überliefert, sei er hin- und hergewandert, indem er sich winters in Athen und sommers in Korinth aufhielt, eine Gewohnheit, die er mit der der persischen Großkönige verglich, die ihren Wohnsitz des Klimas wegen je nach Jahreszeit in verschiedene Städte verlegten.[290] Seine völlige Gleichgültigkeit gegenüber dem Schicksal des gefährdeten Korinth spricht aus der ironischen Weise, in der er sich an der Verteidigung der von den Makedonen bedrohten Stadt beteiligt. Lukian erzählt, als Philipp im Anmarsch gewesen sei, wären die Korinther in Bewegung und Verwirrung geraten und jeder Bürger habe das Seine zur Rettung der Heimat getan: die Waffen hervorgeholt, die Stadtmauer verstärkt, die Zinnen ausgebessert etc. „Wie Diogenes das sahe, wollte er seines Orts auch nicht müßig stehn, und da er sonst nichts zu tun wußte (denn niemand ließ sich einfallen, daß er auch wohl zu irgend etwas zu gebrauchen sein könnte), schürzte

---

288 Alexander, Cynics, and Stoics. In: American Journal of Philology. Vol. LX. Baltimore 1939. S. 41-70. Tarn wendet sich ausdrücklich dagegen, kynische Ideen politisch in die Nähe Alexanders zu bringen.

289 Diogenes Laertius VI 63.

290 Dion Chrysostomos 6,1 (Diogenes oder über die Gewaltherrschaft). Sämtliche Reden. S. 98.

er seinen kynischen Mantel auf und wälzte die Tonne, worin er sich gewöhnlich aufhielt, mit großer Emsigkeit im Kraneion auf und ab; und da ihn einer von seinen Bekannten fragte, was er damit wolle, gab er zur Antwort: ‚Ich wälze meine Tonne, damit ich nicht der einzige Faulenzer unter so vielen beschäftigten Leuten sei.' "[291]

Wenn die Polis an Kraft einbüßt, das Leben des Einzelnen zu erhalten und zu prägen, und wenn ihr nomos als die oberste Norm des Handelns hinfällig wird, muß ein Ersatz an die Stelle treten. In der sokratischen Ethik des Antisthenes übernimmt diese Funktion die Tugend, deren Gesetz ausdrücklich als Alternative für die bestehenden Gesetze der Polis erklärt wird. Die Tugend ist Antisthenes zufolge „ausreichend zur Glückseligkeit"; daraus folgt, daß sie denjenigen, der sie besitzt, den Weisen, unabhängig von anderen Bedingungen macht. So erscheint autarkeia nicht nur als eine Eigenschaft der Tugend unter anderen und als Mittel zur Erreichung der eudaimonia, sondern explizit als ethisches Telos, als Zustand des Weisen selbst: „Der Weise ist sich selbst genug."[292] Die Antike hat den Kynismus als die radikalste Verwirklichung dieses Autarkieprinzips begriffen; in einem Gedicht des Antiphilos von Byzanz ist Diogenes als der praktische Lehrer der Autarkie schlechthin angesprochen. Mit diesem Epigramm wurden Diogenes Laertius zufolge die dem Gedächtnis des Protokynikers gewidmeten Bildsäulen beschriftet. Ich übersetze die entsprechenden Zeilen ohne Rücksicht auf das Versmaß möglichst wörtlich. „Als einziger hast du zur Selbstgenug-

[291] Wie man die Geschichte schreiben müsse. Werke. 2. Bd. S. 267. Lukian will an der Anekdote verdeutlichen, wie er Geschichte zu schreiben gedenkt. Kierkegaard zitiert sie ebenfalls zur Veranschaulichung seiner eigenen Schreib- und Denkweise, nämlich seiner antisystematischen Philosophie, in einem Vorwort zu ‚Philosophische Brokken' (Frankfurt a. M. 1975. S. 11 f.), und er verschärft ihre Ironie, indem er dort vermerkt, daß Untätigkeit in der Antike während einer Gärungsperiode bei Todesstrafe verboten gewesen sei. Ohne den historischen Kontext dagegen verliert die Anekdote völlig ihre Ironie; das Verhalten des Diogenes wird zu einer allgemeinen Indifferenz wie in Goethes Gedicht ‚Genialisch Treiben': „So wälz' ich ohne Unterlaß, / Wie Sanct Diogenes, mein Faß. / Bald ist es Ernst, bald ist es Spaß; / Bald ist es Lieb', bald ist es Haß; / Bald ist es Dieß, bald ist es Das; / Es ist ein Nichts, und ist ein Was. / So wälz' ich ohne Unterlaß, / Wie Sanct Diogenes, mein Faß." (Goethes Werke. Hrsg. im Auftrag der Großherzogin Sophie von Sachsen. Abt. 1. Bd. 2. Weimar 1888. S. 272).
Bezeichnend, was die Kritik der frühen Geschichtsschreibung der Philosophie an der Erzählung ablas: das Faß des Diogenes sei nicht aus Ton gewesen; „allein er bekennet auch zu gleicher Zeit, daß es Mittel gäbe, ein Faß von dieser Materie fortzuwälzen, ohne es zu zerbrechen." So Menage, der 1664 eine kommentierte Ausgabe des Diogenes Laertius veranstaltete und auf den sich Bayle hier bezieht (Art. ‚Diogenes'. Anm. A).

[292] Diogenes Laertius VI 11.

samkeit (autarkeia) des Lebens die Lehre gewiesen den Sterblichen und den mühelosesten Lebensweg."[293]

Am Ende des sechsten Buches seiner Philosophenbiographien, das ausschließlich den Kynikern gewidmet ist, resümiert Diogenes Laertius, um zu belegen, daß der Kynismus eine regelrechte philosophische Schule und nicht bloß eine gewisse Lebensweise sei – womit wahrscheinlich dem Eindruck begegnet werden sollte, den kynische Phänomene der Kaiserzeit erweckten –, als den philosophischen Standpunkt der Kyniker: den bewußten Ausschluß aller theoretischen Disziplinen und die Konzentration auf die Ethik. Der Kynismus realisiert konsequent und ohne Abstriche die sokratische Wende der Philosophie von den Gegenständen der Naturspekulation auf die ethische Problemstellung. Das ist die Quintessenz des Kommentars, mit dem Diogenes Laertius an dieser Stelle die Überlieferung des Diokles versieht, daß Diogenes mit einem Vers aus der Odyssee gesagt habe, es gelte zu fragen, „Was dir Böses und Gutes in deinem Hause geschehn sei". Dazu bemerkt der Historiograph, Diokles lege dem Diogenes bei, „was manche als besonders charakteristisch für Sokrates anführen,"[294] – nämlich die Verabsolutierung der ethischen Fragestellung in der Philosophie.

Diogenes Laertius kehrt in diesem Resümee die Tugendethik des Antisthenes als die doxographische Basis des Kynismus hervor und zieht von da aus die historische Linie zur Stoa, die er anschließend im siebten Buch abhandelt. „Als Endziel stellen sie hin ein tugendhaftes Leben, wie Antisthenes in seinem Herakles sagt, ähnlich wie die Stoiker, wie denn überhaupt zwischen diesen beiden Schulen ein gewisser Zusammenhang besteht. Daher auch die Bezeichnung des Kynismus als eines kurzen Weges zur Tugend.[295] So lebte auch der Kitier Zenon." Wenn der moderne Leser aufgrund des Bedeutungswandels und der Abwertung im Tugendbegriff, wie er sich in der neueren Zeit entwickelt hat, von hier aus ein verzerrtes Bild zu bekommen droht, so wird die Vorstellung wahrscheinlich noch schiefer durch die anschließende kurze Beschreibung, worin Diogenes Laertius konkretisiert, wie die Ziel- und Zwecksetzung der Tugend in der praktischen Lebensführung der Kyniker aussieht. „Sie predigen ein genügsames Leben, begnügen sich mit Speisen, die unmittelbar nur den Hunger stillen, und mit ihrem Mantel, unter Verachtung des Reichtums, des Ruhmes und der hohen Geburt. Zuweilen leben sie nur von Kräutern und durchgehend von kaltem Wasser; ihr Unterkommen finden sie unter dem ersten besten Obdach, auch in Fässern, wie Diogenes, der zu sagen pflegte, es sei göttlich, nichts zu bedürfen, und gottähnlich, nur wenig nötig zu haben."

293 Diogenes Laertius VI 78. Ebenfalls in: Anthologia Graeca XVI 334. Vgl. dort auch XVI 333.

294 Diogenes Laertius VI 104 f.

295 Zur Überlieferungsgeschichte dieser Formel vgl.: Victor Emeljanow. A note on the cynic short cut to happiness. In: Mnemosyne XVIII. 1965. S. 182-184.

Im Hinblick auf diese Beschreibung und vor allem auf den ursprünglich dem Sokrates zugeschriebenen Satz des Diogenes sagt Zeller, im Kynismus sei die sokratische Bedürfnislosigkeit zur „Weltentsagung" geworden.[296] Das mag nun allerdings auf gewisse religiöse Strömungen im Kynismus der Kaiserzeit zutreffen, wie sie etwa Peregrinus Proteus verkörpert, der sich aus religiösen Gründen verbrannte. Aber diese Folgerung gilt keineswegs allgemein und erst recht nicht für den Kynismus des Diogenes. Darin ist nämlich die kynische Reduktion der Bedürfnisse nicht „Abtötung" (mortificatio) im christlichen Sinne, nicht Flucht aus der Welt, sondern dient der Behauptung in ihr. Schopenhauer hat mit Recht den in der Neuzeit häufig gezogenen Vergleich der Kyniker mit den christlichen Mönchen als nur die äußere Erscheinung betreffend kritisiert und die ganz verschiedenen Grundgedanken beider Richtungen gegenübergestellt: Die christlichen Mönche verfolgen wie die indischen Saniassis „ein über das Leben hinausgestecktes Ziel", die Kyniker ein dem Leben immanentes, nämlich „möglichste Glücksäligkeit in diesem Leben", wozu sie den Weg der Reduktion der Bedürfnisse auf das Minimum wählen, anstatt das — letztlich unmögliche — Maximum an Befriedigung anzustreben.[297]

Die von Diogenes Laertius beschriebene Genügsamkeit und ihre aktive Ergänzung, die Askese, die durch Training den Körper anspruchslos und widerstandsfähig machen soll, sind praktische Anwendungen des Autarkieprinzips — ein Zusammenhang allerdings, der bei Diogenes Laertius nicht recht deutlich wird. Im Kynismus seiner Zeit war dieser Zusammenhang auch zumindest teilweise aufgegeben; Peregrinus Proteus hat den Absolutheitsanspruch der Autarkie sogar ausdrücklich bestritten, und zwar gegen die kynische Tradition. Dann werden Genügsamkeit und Askese entweder zum Selbstzweck oder anderen Zwecken als dem der Autarkie, etwa religiösen, untergeordnet. Ursprünglich aber wird man Genügsamkeit als Teil bzw. als Mittel der Selbstgenügsamkeit — oder besser: -genugsamkeit — sehen müssen. Zahlreiche Anekdoten zeigen, daß sich Diogenes an die Forderungen einer strikten Genügsamkeit gar nicht hält, sondern sie sogar bewußt verletzt. Sie ist für ihn eben nicht absoluter Zweck und kann außer acht gelassen werden, wenn das die Autarkie nicht gefährdet. So nähert sich sein Kynismus dem aristippischen Hedonismus, dem es ja auch darauf ankommt, von der Lust nicht besessen zu werden; auch die aristippische Formel des „besitzen ohne besessen zu werden" ist ein Ausdruck des Autarkieprinzips der Sokratik, das von Platon und Aristoteles bezeichnenderweise aus der Ethik gestrichen und der Theorie vorbehalten wird.

---

[296] Die Philosophie der Griechen in ihrer geschichtlichen Entwicklung. 2. Teil. 1. Abt. Leipzig [5]1922. S. 316.

[297] Sämtliche Werke. 2. Auflage. Die Welt als Wille und Vorstellung. 2. Bd. Hrsg. von Artur Hübscher. Wiesbaden 1949. S. 170.

Arthur — falsche Angabe.

Genügsamkeit und Askese vom Prinzip der Autarkie zu isolieren heißt, den Kynismus gewissermaßen zu verharmlosen. Dabei muß man noch darauf achten, den Begriff der Autarkie scharf genug zu fassen, diesen „für das Verständnis des Diogenes zentralen" Begriff, wie K. Heinrich ihn darstellt und in seiner Bedeutung für den Kynismus einschätzt. „Wenn wir dieses Wort mit Selbstgenügsamkeit übersetzen, geht gleich der aufsässige Ton verloren, den die Diogenes-Erzählungen besitzen. Seine Autarkie ist in der Tat Selbst-Behauptung, und als diese ist der antike Kynismus verstanden worden."[298]

Nach Aristoteles repräsentieren die tierische und die göttliche Existenz die zwei Formen der für den Menschen unmöglichen individuellen Autarkie. Bei Diogenes orientiert sich die Autarkie – von Heinrich als Selbstbehauptung, d. h. Selbsterhaltung unter verschärften Bedingungen verstanden und interpretiert – nicht allein und nicht überwiegend an der göttlichen Variante und ihrer Bedürfnislosigkeit; deren Idealisierung bedeutet gewöhnlich Verinnerlichung, das Absehen von der physischen Komponente der Selbsterhaltung. Davon findet sich bei Diogenes nichts; im Gegenteil, gerade der physische Aspekt wird in den Vordergrund gerückt und Selbsterhaltung äußerlich, auf animalische Selbstbehauptung hin ausgerichtet. Sein Leitbild ist nicht so sehr die göttliche als vielmehr die animalische Existenz. Daher die vielen für ihn so typischen Tiervergleiche: das Beispiel der Maus, dem er sein Erleuchtungserlebnis verdankt, weil er von ihr lernt, daß die Unabhängigkeit von Luxusgütern weniger anfällig und daher angstfrei macht. Es ist das von K. Heinrich als paradigmatisch hervorgekehrte „animalische Modell des Überlebens. So wie die Maus durch die Dunkelheit läuft und ihren Durchschlupf findet, so kann der Kyniker unter dem Schicksal hindurchschlüpfen."[299] Ferner das vielseitige und immer wieder angeführte Beispiel des Hundes, dem der Kynismus den Namen verdankt, und das der Fische, denen Diogenes die Sexualpraktik abschaut; besonders dies letzte ist geeignet, kynische Autarkie im Modell zu veranschaulichen.

Die Geschlechtlichkeit ist diejenige Naturanlage des Menschen, die ihn am meisten in die Abhängigkeit anderer Personen versetzt, und neben dem Tod und körperlichem Verfall bedroht am stärksten die Liebe die Identität des Individuums; wie der Tod macht sie den Betroffenen passiv, denn die Neigung des Anderen zu erreichen sind jeder Wille und jede Tugend machtlos. Von dem Individualisten Antisthenes, in dessen umfangreichem Schriftenverzeichnis bei Diogenes Laertius nicht nur Titel von Büchern ‚Über Leben und Tod' sowie ‚Vom Sterben', sondern auch ein ‚Erotikos', eine Schrift über Kindererzeugen und Heiraten, genannt werden[300], ist der für griechische Verhältnisse blasphemische Satz

298 Antike Kyniker und Zynismus in der Gegenwart. A.a.O. S. 139.
299 A.a.O. S. 139.
300 VI 15-17.

überliefert, wenn er der Aphrodite habhaft werden könne, würde er sie erschießen; und eine weitere Bemerkung dazu heißt: „Lieber verrückt werden als der Lust erliegen."[301] Die häufige Nennung des Titels ‚Erotikos' in den Bücherlisten der Sokratiker — sogar in einem Verzeichnis von dem Protokyniker Diogenes zugeschriebenen Schriften wird ein solcher Titel aufgeführt[302] — läßt keinen Zweifel daran, daß die Liebe ein Standard- und Hauptthema der sokratischen Moralistik war und daß diese erste Existenzphilosophie erotische Fragen und Probleme rationaler Erörterung zugänglich machte. Die zahlreichen erotischen Anekdoten über sokratische Philosophen dürften Reste dieser Literatur sein.

Angesichts der extremen Gefährdung der individuellen Autarkie und Autonomie durch Geschlechtlichkeit und Liebe ist es nur konsequent, ja notwendig, daß Diogenes hierin die radikalste Form der Unabhängigkeit entwickelt, indem er sie aller schamhaften Rücksichten entkleidet auf den simpelsten physiologischen Vorgang reduziert. Zur Sexualpraktik des Protokynikers, die dieser als ideales Modell von Bedürfnisbefriedigung überhaupt anpreist, schreibt Diogenes Laertius zusammenfassend folgendes: „Er pflegte alles in voller Öffentlichkeit zu tun, sowohl was die Demeter betrifft, wie auch die Aphrodite. Darauf bezieht sich folgende Schlußfolgerung: Wenn es nichts Absonderliches ist zu frühstücken, so ist es auch auf dem Markte nicht absonderlich; nun ist aber das Frühstücken nichts Absonderliches; folglich ist es auch nicht absonderlich auf dem Markte. Und da er häufig öffentlich Onanie trieb, sagte er: ‚Könnte man doch so durch Reiben des Bauches sich auch den Hunger vertreiben.' "[303]

Genau betrachtet sind es zwei verschiedene Gedanken, auf denen die Sexualpraktik des Diogenes basiert; wir werden in ihnen sogleich die beiden Grundmotive des Kynismus wiederentdecken. Die Öffentlichkeit der Bedürfnisbefriedigung, durchgespielt zunächst am Beispiel des Frühstückens, aber dann ausdrücklich auf die Befriedigung des sexuellen Bedürfnisses ausgedehnt, bedeutet die Ablehnung der Scham. Dahinter steht letztlich wiederum die Antithese von nomos und physis: Scham erscheint als eine Weise des nomos, als Konvention, die der Reduktion auf Natur zum Opfer fällt. Essen, Trinken und der Vollzug der Sexualität rechtfertigen sich durch ihre bloße Natürlichkeit; alle gesellschaftlich-sittlichen Rücksichten sind überflüssig, ja hinderlich. Wenn in einer ebenso berühmten wie berüchtigten Anekdote Krates und Hipparchia öffentlich den Beischlaf ausführen, so soll damit demonstrativ der Einbindung der Sexualität in die Scham widersprochen werden.

---

301 Clemens Strom. II 406 c (zitiert bei Zeller. A.a.O. S. 307. Anm. 1). — Diogenes Laertius VI 3.

302 Diogenes Laertius VI 80. Vgl. auch II 108 (Eukleides), II 122 (Simon), II 124 (Simias), VI 15 (Antisthenes).

303 VI 69. Vgl. VI 46.

Die spezifische Form der Onanie, die Diogenes praktiziert, bringt das andere Grundmotiv des Kynismus zur Geltung: die Autarkie. Nun droht allerdings das Prinzip der individuellen Autarkie hinsichtlich der Sexualität mit demjenigen der Reduktion auf Natur zu kollidieren; die auf Fortpflanzung ausgerichtete Anlage der menschlichen wie der animalischen Natur verlangt für den Vollzug der Sexualität zwei Individuen. Der Protokyniker verdrängt den Aspekt der Fortpflanzung, indem er das sexuelle Bedürfnis auf ein solches wie Essen und Trinken reduziert. Diogenes beweist seine Konsequenz und sein theoretisches Interesse, Kollisionen der Prinzipien zu vermeiden, ja Natürlichkeit und Autarkie zu identifizieren, wenn er für die Onanie nach einem animalischen Vorbild sucht. In der sechsten Rede des Dion Chrysostomos begründet er die Gewohnheit der Selbstbefriedigung mit dem Beispiel der Fische: Wenn es diese, die sich darin um einiges schlauer zeigten als die Menschen, dränge, „ihren Samen auszustoßen, verlassen sie ihre Behausung und reiben sich an etwas Rauhem." Die Abgelegenheit des Beispiels, das ja alltäglicher Beobachtung kaum zugänglich ist, kann Zweifel an seiner Beweiskraft aufkommen lassen. Die Schwäche der Argumentation, die die Onanie animalisch-natürlich rechtfertigt, wird in derselben Rede unmittelbar anschließend augenfällig. Mit einer zweiten Begründung der Onanie leistet sich Diogenes einen für den Kyniker ungewöhnlichen und inkonsequenten Rückfall in den Mythos. Der erscheint zwar als „Spaß" relativiert; dennoch ist der Bezug zum Mythos hier nicht die gewöhnliche parodistische Destruktion, sondern positive Anknüpfung: „Im Spaß fuhr er fort: ,Diese Art von ,Verkehr' ist eine Erfindung des Pan. Als er, in Liebe zu Echo entbrannt, Tag und Nacht durch die Berge irrte, ohne sie finden zu können, da gab ihm Hermes diesen Wink; denn der hilflose, dessen Sohn er ja war, erbarmte ihn. Als Pan das begriffen hatte, war seine große Not zu Ende. Und von ihm haben es dann die Hirten gelernt.' "[304] Wie im Mythos des Protagoras erscheint hier die Not als die primäre, natürlich verursachte Lage des Menschen, aus der eine sekundäre, hinzugelernte Fähigkeit befreit. Die Onanie ist eher eine kulturelle Errungenschaft als eine Mitgift der animalischen Natur.

Daß die Masturbation aus einer ursprünglichen, abhängig machenden Not rette, soll folgende Geschichte illustrieren, die der Arzt Galen, neben Hippokrates der berühmteste seines Faches in der Antike, zum Beleg der medizinischen These erzählt, die Zurückhaltung des Samens verursache Übel, und die Bayle

---

304 6, 16-20. Sämtliche Reden S. 101 f. „Wofür die Menschen sich gewaltig plagen und eine Unmenge Geld ausgeben — viele Städte liegen deswegen verwüstet, viele Völker sind deswegen erbärmlich untergegangen —, dafür regte er keinen Finger und bezahlte nicht einen Heller. Er brauchte nämlich nirgends hinzugehen, um seine Liebeslust zu befriedigen, sondern Aphrodite war, wie er im Scherz sagte, überall bei ihm, und zwar gratis."

unter Vermeidung allzu direkter sexueller Beschreibungen wiedergibt: Dem Diogenes hatte „eine barmherzige Schwester versprochen, zu ihm zu kommen: weil sie aber zu lange außenblieb, so hatte er nicht Geduld genug, und machte sich ...; und als sie nach diesem sich einfand, so hat er sie wieder fortgeschickt, und zu ihr gesaget, daß er sie nicht brauchte, und sich bereits geholfen habe."[305]

Die Onanie des Diogenes praktiziert ein ethisches Prinzip, welches die Stoiker später auf die Formel des ‚homologumenos zen' bringen werden. Zenon und Chrysipp sollen die Selbstbefriedigung des Protokynikers ausdrücklich gebilligt haben, „weil sie uns die Unabhänglichkeit von etwas andern zu erwerben scheint", wie La Mothe le Vayer und im Anschluß an ihn P. Bayle vermuten.[306] Mit der Übernahme des Autarkieprinzips steht die Stoa in der Nachfolge der Sokratik und zumal des Kynismus; in der Billigung der Onanie tritt dieser Zusammenhang einmal mehr zutage.

Die Autarkie erfordert, was die Formel ‚homologumenos zen' beinhaltet: innere Widerspruchsfreiheit; deren Erreichung mit Hilfe der Onanie wird dem Protokyniker in einem spätantiken Gedicht zugesprochen. Das Gedicht thematisiert zunächst in pessimistischem Ton die äußeren Komplikationen und die daraus folgenden inneren Widersprüche, in die die auf einen Partner bezogene Sexualität unausweichlich hineinführe; es endet mit den Zeilen: „All dem entging ja Diogenes leicht: er sang Hymenaios / sich mit den Händen und hat niemals der Lais bedurft."[307]

Der Protokyniker hat Lais, die berühmte Hetäre, nicht nötig; daß er einigen Anekdoten zufolge sie oder Phryne, die andere Berühmtheit dieses Standes, dennoch bekommt, widerspricht dem nicht. Es ist vielmehr als eine Art Belohnung für seine Unabhängigkeit aufzufassen: die Hetären stellen sich ihm, der sie nicht braucht und sie nicht kaufen will, unentgeltlich zur Verfügung.[308]

Exkurs zur Rezeption der kynischen Sexualität und sexuellen Schamlosigkeit

Die der kynischen Sexualität wesentlich anhaftende Schamlosigkeit hat die Rezeption des Kynismus bis hin zur Bildung des modernen Zynismusbegriffs entscheidend beeinflußt. Diesen begriffsgeschichtlichen Zusammenhang möchte ich in einem kurzen Exkurs mit einigen besonders markanten Beispielen belegen.

---

305 Cum diutius cessaret ipse manu pudendis admota semen excussit, ac venientem deinde mulierculam remisit, inquiens, manus hymenaeum celebrando praevenit te." Galenus. De locis affectis. Lib. VI. Zitiert bei P. Bayle. Art. ‚Diogenes'. Anm. (L).

306 Art. ‚Diogenes'. Anm. (L).

307 Anthologia Graeca V 302.

308 Die Belegstellen bei Zeller. A.a.O. S. 322. Anm. 1.

Die im Kontext allgemeiner Tabuverletzung stehende Schamlosigkeit, von der ich annehmen möchte, daß sie primär literarisch gewesen ist, hat allem Anschein nach in stoischer Literatur eine Fortsetzung gefunden; auch darin bestünde dann eine enge Verbindung zwischen Stoa und Kynismus, die in Hinsicht auf die Tugendlehre und das Autarkieprinzip schon mehrfach konstatiert wurde. Bei der Nennung von Schriften des Stoikers Zenon über die Liebe erwähnt Diogenes Laertius den aufschlußreichen Bericht eines Rhetors Isidor von Pergamon, wonach in Pergamon „aus den Büchern der Bibliothek die übel klingenden Stellen bei den Stoikern" herausgeschnitten, dann aber, nachdem die Verstümmelung entdeckt und gerichtlich geahndet worden war, wieder eingefügt wurden.[309] Diese Bücher wurden — wie auch die kynisch inspirierte Staatsschrift Zenons — später für unecht gehalten: offensichtlich wollte man den Vater der Stoa nicht mit der Verfasserschaft anrüchiger Schriften belasten. Dasselbe gilt für Chrysipp; in seiner Vita bei Diogenes Laertius kommt der kynische Einschlag sogar noch deutlicher zum Ausdruck. Der Historiograph äußert sich hier mit Formulierungen des Abscheus, wie man sie sonst, etwa bei Julian, über kynische Literatur gewohnt ist: Manche hielten Chrysipp für einen Autor von Büchern, „die viel schändliche und schamlose Dinge enthalten"; „häßlich erfundene Geschichten" über Hera und Zeus werden genannt, „lauter Dinge, die niemand vortragen kann, ohne sich den Mund zu besudeln." Es gebe nichts Schändlicheres als diese Geschichten, die eher in ein Bordell als zu den Göttern paßten.[310] Und schließlich finden sich kynische Schamlosigkeiten vereinzelt noch in manchen Diatriben des Dion Chrysostomos, wo sie zumeist auffällig aus dem Kontext hervorstechen.

Ob die öffentliche Onanie und der öffentliche Beischlaf im praktischen Kynismus, von dem sichere Belege erst aus der Kaiserzeit stammen, tatsächlich zur obligaten kynischen Praxis gehörten, ist zumindest zweifelhaft. Zwar deutet Lukian solches in bezug auf den Kyniker Peregrinus Proteus an; aber um den zu desavouieren, kolportiert er noch ganz andere Berichte, denen man nicht unbedingt Glauben schenken darf.

Durch den öffentlichen Vollzug, die Schamlosigkeit, wird die Sexualität aufdringlich auf ihre animalische Natur reduziert; durch die Onanie wird sie gewissermaßen in ihrer Natur pervertiert. Beides hat die christliche Moral vehement verurteilt. Das frühe Christentum hat vor allen Dingen den ersten Punkt verdammt; in dieser Hinsicht ist seine Haltung gegenüber Diogenes und den Kynikern, die sonst keine strikte Konsequenz zeigt, eindeutig. Dazu die zwei gravierendsten Beispiele aus den Kirchenvätern: In seiner Generalabrechnung mit der heidnischen Philosophie, worin er den Nachweis bringen will, daß die Heiden we-

---

309 VII 34.
310 VII 187 f.

der die theoretische noch die praktische Weisheit besaßen, weil ihnen die göttliche gefehlt habe, erledigt Laktanz den Kynismus durch eben seine Schamlosigkeit. „Aber vielleicht konnten dieselben Zyniker ein Beispiel der Sittsamkeit aufstellen, sie, die öffentlichen Umgang mit ihren Gattinnen hatten! Man weiß nicht, für welche Tugend die noch eintreten könnten, die das Schamgefühl aufgehoben haben."[311] Augustin geißelt die öffentliche Betätigung der Sexualität, die von Diogenes und anderen Kynikern erzählt wurde, als tierische Verirrung, „die Menschen mit Hunden auf eine Stufe zu stellen sich erdreistete". Darüber habe die Scham gesiegt, und bei späteren Kynikern, von denen er noch einige aus eigener Anschauung kennt, sei solches Verhalten nicht mehr üblich. Augustin erwägt daher, die Erzählungen könnten auf einem Mißverständnis beruhen; die Scham sei ein solch unverzichtbarer Bestandteil der sexuellen Natur, daß deren Betätigung ohne sie gar nicht möglich sei. Daher möchte er glauben, „Diogenes und andere, von denen man solches erzählt, werden nur die entsprechenden Bewegungen den Leuten zu sehen gegeben haben, die ja nicht wußten, was unter der Decke vorging, als sie hätten unter den Augen von Menschen die geschlechtliche Lust auszuüben vermocht."[312]

Diese Erklärung, nämlich daß die „embrassements cyniques" ihren Zweck nicht erreicht hätten und daß die Kyniker sie vorzutäuschen gezwungen waren, um „die Schamlosigkeit" (l'impudance) als das Bekenntnis ihrer Schule demonstrieren zu können, nennt Montaigne einen „zarten und ehrwürdigen Gedanken".[313] Nur habe Augustin in ihre „Liederlichkeit" nicht genug hineingesehen. Hier verweist Montaigne auf die öffentliche Onanie des Diogenes, die der Kyniker zum Ideal der Bedürfnisbefriedigung machte. Der Begründer der neuzeitlichen Moralistik thematisiert die kynischen Schamlosigkeiten in einem Zusammenhang, in welchem er mit ähnlichen und teilweise denselben Beispielen, wie sie aus der sophistisch-kynischen Diskussion über die Antithese von nomos und physis bekannt sind, das Problem der Relativität der Sitten bespricht. So gern sich Montaigne sonst den Sokratikern — wie den Stoikern — wegen ihres starken Individualismus anschließt, in diesem Punkt steht er auf der Seite von Sitte und Gesetz und lehnt es ab, diese aufgrund ihrer Relativität zugunsten eines vermeintlichen Naturgesetzes zu verwerfen.

In der neuzeitlichen Rezeption, die zunächst die antike Überlieferung und damit auch die erotischen Kynikeranekdoten wörtlich als Ereignisberichte nahm, ist

---

311 Des Luc. Cael. Firm. Lactantius Ausgewählte Schriften. (Bibliothek der Kirchenväter Bd. 36) Kempten und München 1914. S. 169.
Ebenso sieht Isidor v. Sevilla den öffentlichen Beischlaf als das wesentliche Merkmal der Kyniker an, aus dem sich deren Name erkläre (Etymologiae 8, 6).

312 Gottesstaat XIV 20. Aus dem Lateinischen übersetzt von A. Schröder. 2. Bd. Kempten und München 1914. S. 343.

313 Michel de Montaignes Gesammelte Schriften. 4. Bd. S. 50 f.

die Schamlosigkeit als das hervorstechende Merkmal und als skandalöser Makel am Kynismus haften geblieben; „cynisch" und „unverschämt" wurden nicht selten zu gleichbedeutenden Prädikaten.

In P. Bayles Wörterbuch lautet im Artikel ‚Diogenes' der Satz, der als Aufhänger für die sexuellen Anekdoten dient: „Das allerunverantwortlichste und unverschämteste in seinem Leben ist, daß er sich vor den Augen aller Welt, auf eine viehische Art, in den Uebungen der Unreinigkeiten herumwälzte." Bayle referiert und kommentiert vor allem die antiken Belege zur Onanie, die umschweifend als „Weichlingssünde" und „artige Chirurgie" umschrieben wird. In ähnlich superlativischer Weise verabscheut G. Stolle Diogenes' Sexualpraxis: „In der Unschamhafftigkeit hatte er es aufs höchste gebracht. Er hurte ohne Scheu theils mit seinen Händen / theils mit Weibs-Bildern."[314] Bei Jacob Brucker beginnen die Zweifel an der Zuverlässigkeit solcher Erzählungen, in denen Diogenes „Unflätherey und Unehrbarkeit nachgesagt" werde und er sich „vor jedermanns Augen recht abscheulich prostituiert und so gar bei der berühmten Hure Lais adresse gefunden habe".[315] Solcher Skepsis folgt Steinhart in seinem Artikel ‚Diogenes' der ‚Allgemeinen Encyklopädie', obwohl er davor warnt, diesen Standpunkt vorschnell einzunehmen, und so verschwindet weitgehend im Diogenes-Bild des 19. Jahrhunderts dieser Zug oder wird zumindest gemildert, wie es tendenziell auch mit der Geschichte von der Münzfälschung geschieht. C. W. Goettling erklärt in seiner für die Zeit vielleicht repräsentativsten Diogenes-Abhandlung, der vielberedete Umgang des „barocken Philosophen" und „Knüttelträgers" mit der schönen „Philosophenfreundin" — hier ist an die Rolle der antiken Hetäre als gebildeter Gesprächspartnerin erinnert — habe sich darauf beschränkt, daß sie ihn „gern hörte und mit ihm Umgang pflog." Unsittliches könne man ihm aus den späteren Jahren nicht nachweisen, und was ihm vorgeworfen würde, seien Verfehlungen jüngerer Kyniker, die dem Hauptgründer der Schule angelastet worden wären.[316] Augustin hatte genau umgekehrt argumentiert.

Je mehr im 19. Jahrhundert die Prüderie zunimmt, und je ausschließlicher der Begriff der Tugend auf eine moralisierende Bedeutung eingeengt wird, um so verabscheuungswürdiger, aber auch paradoxer und unerklärlicher erscheinen am Bild des als Tugendphilosophen deklarierten und überlieferten Diogenes die krassen sexuellen Züge. „Von grösserer Bedeutung ist aber die Nachrede *positiv unsittlicher Acte,* die er alles Schamgefühls ledig auf offener Straße begangen habe und welche nicht allein den Geboten unserer Moral widersprechen, sondern

---

314 Historie der Heydnischen Morale. S. 102.

315 Kurtze Fragen Aus der Philosophischen Historie. 1. Teil. S. 929.

316 Diogenes der Cyniker oder die Philosophie des griechischen Proletariats. A.a.O. S. 275.

als absolute Vergehen gegen das allgemeine Gesetz der Natur (...) nicht zu entschuldigen sind, sondern als thierische Excesse vor dem Forum keiner Zeit und keines der Barbarei entkleideten Volkes bestehen können. Denn wenn wir auch zugeben wollten, dass in seinem natürlichen Zusammenhange mit dem griechischen Volk eine Entschuldigung seiner nach unseren Begriffen sehr laxen Anschauung des Verhältnisses zum andern Geschlechte liege, so kann doch die Art des geschlechtlichen Umgangs, wie sie ihm nachgesagt wird, und vollends die Schändung des eigenen Körpers durchaus nur als Ausdruck gemeinster Obscönität betrachtet werden." Hermann, aus dessen ‚Abhandlung über den Cyniker Diogenes'[317] dieses Zitat stammt, gerät denn auch gerade wegen der Schwere des Vorwurfs in Zweifel über dessen Wahrheit; man könne gar nicht annehmen, daß ein Mann, dessen Prinzip es sei, den Geist zum Gebieter des Körpers zu machen, der alles aufbiete, um die Regungen der Sinnlichkeit zu ersticken, „der die Befreiung der Seele von allen Einflüssen der natürlichen Welt zu seiner Lebensaufgabe gemacht hat, hinwiederum in die Knechtschaft der Lust versunken sei und deren Befriedigung durch Wort und That empfohlen habe, während er die Diener der Leidenschaft und die Bösen identifizierte." Man sieht, wie das Mißverständnis der kynischen Askese aus der Perspektive christlicher „Abtötung" und „Weltentsagung" den Kynismus in Widersprüche verwickelt, die aufgelöst werden müssen. Der Verfasser erklärt sich die obszönen Erzählungen als üble Nachreden solcher Personen, die sich Diogenes durch seine scharfe Kritik zu Feinden gemacht habe; festsetzen können hätten sich die Gerüchte zumal deswegen, weil sie mit dem „späteren wüsten Cynismus" vermengt worden seien. Der historischen Wahrheit über Diogenes aber käme trotz mancher idealisierender Tendenzen das Bild am nächsten, das Epiktet bei Arrian von ihm gebe. Ähnlich argumentiert F. Hersche in seinem Aufsatz ‚Diogenes von Sinope', mit dem bezeichnenden Untertitel ‚Eine Ehrenrettung'.[318]

Was hier die Geschichtsschreibung der Philosophie am Portrait des Protokynikers als unerträglich anstößig retuschiert: die unsublimierte und schamlose – „tierische", „viehische" – Sexualität, das bleibt andererseits am Begriff des „Cynismus" haften, und auch daraus ergibt sich im 19. Jahrhundert die Notwendigkeit der begrifflichen Differenzierung. Zynismus in der modernen, von dem historischen Gegenstand immer mehr abgelösten Bedeutung meint zunächst die Reduktion des Menschen auf seine animalische Natur primär im Bereich des Sexuellen. In einer Typologie von „viererlei Zynismen", die Jean Paul ‚Dr. Katzenbergers Badereise' zur Rechtfertigung des darin thematisierten Ekelhaften voranstellt, wird mit zwei Typen des sexuellen Zynismus begonnen, des „rohe(n) in Betreff des *Geschlechts*, wie ihn Aristophanes, Rabelais, Fischart, überhaupt

317 Schulschrift. Heilbronn 1860. S. 34 f.
318 Zwei Characterbilder aus dem classischen Alterthum. Luzern 1865.

die alten, obwohl keuschen Deutschen und die Ärzte haben", und des subtilen, unsittlichen der Franzosen, „der schwarze Laster zu glänzenden Sünden ausmalt." Die beiden übrigen Typen betreffen Darstellungen des nichtsexuellen Natürlichen, Vorgänge der körperlichen Ausscheidungen und das Ekelhafte.[319] Ganz in diesem Sinne verwendet K. Rosenkranz in der ‚Aesthetik des Häßlichen' das Attribut „cynisch" und spricht vom „Cynismus geschlechtlicher Verhältnisse", der zwischen Natur und Unnatur angesiedelt auf „ekler Lüstelei" basiere, vom „ekelhaftesten Cynismus" schwarzer Messen etc.[320] Noch der Anfang eines Buches von 1921 entspricht diesem Sprachgebrauch, wenn als ein exemplarischer Zynismus die Parodie der cartesianischen Vernunftevidenz zitiert wird, worin diese durch die Evidenz des Geschlechtsaktes ersetzt ist: „Wenn ich mit einem Zynismus beginne und sage, das Cogito ergo sum sei nicht einleuchtender als die Variation Coeo ergo sum ..."[321]

Nach diesem Exkurs zur Rezeption und Bewertung kynischer Sexualität, der sich anbot, weil hier der geschichtliche Zusammenhang mit dem modernen Begriff des Zynismus besonders greifbar ist, ergänze ich nun die Beschreibung kynischer Autarkie. Die elementarste Basis der Selbsterhaltung besteht in Essen und Trinken, und daher beschäftigen sich die Diogenes-Anekdoten mit diesen Bedürfnissen so häufig. In ihnen kann sich der Mensch am wenigsten über seine physische Natur erheben, sie sind nicht wesentlich sublimierbar. Auch hier strebt Diogenes wie in der Sexualität die den biologischen Grundbestand sichernde ideale Norm des Minimums an, in der der Vorgang der Nahrungsaufnahme auf das Unentbehrliche reduziert ist und alle kulturellen Verfeinerungen sowie jeder Luxus abgestreift werden. „Als er einmal ein Kind sah, das aus den Händen trank, riß er seinen Becher aus seinem Ranzen heraus und warf ihn weg mit den Worten: ‚Ein Kind ist mein Meister geworden in der Genügsamkeit.' Auch seine Schüssel warf er weg, als er eine ähnliche Beobachtung an einem Knaben machte, der sein Geschirr zerbrochen hatte und nun seinen Linsenbrei in der Höhlung eines Brotstückes barg."[322] Die Reduktion auf die animalische Natur gipfelt in der Ablehnung des Feuers — mit dem Geschenk des Prometheus beginnt im Mythos bekanntlich die Kultur als Kompensation für die organische Benachteiligung des Menschen gegenüber den Tieren — und dem Versuch, Fleisch roh zu verzehren. Wenn ihm das in einer häufig überlieferten Erzählung nicht bekommt und er sogar daran stirbt, so wird man darin einen höhnischen Verweis auf die Grenzen solcher Reduktion sehen dürfen.

---

319 Werke. 6. Bd. Hrsg. von Norbert Miller. München 1963. S. 82.
320 Faksimile-Neudruck der Ausgabe Königsberg 1853. Stuttgart-Bad Canstatt 1968. S. 322, 369.
321 Otto Flake. Pandämonium. Eine Philosophie des Identischen. S. 5.
322 Diogenes Laertius VI 37.

Nun lebt nach zahlreichen anderen Anekdoten der Protokyniker keineswegs streng asketisch, und oft zieht er mit einer witzigen Bemerkung den einfachen Speisen bessere vor, sobald ihm solche geboten werden.[323] „Wir sehen: in der Legende erscheint uns Diogenes vielfach in sein Gegenteil verkehrt und vom strengen Anti-Hedoniker selbst zum laxen Hedoniker verwandelt." G. A. Gerhard[324] glaubt, in dem Gegensatz zwischen dem strengen und dem hedonisch laxen Kynismus ein wesentliches Unterscheidungskriterium für eine Klassifikation der Diogenes-Anekdoten und die Bewertung ihrer Ursprünglichkeit gefunden zu haben; aber dieses Kriterium ist wenig hilfreich, da es zu sehr von einer welt- und leibfeindlichen Sicht der Askese konzipiert ist, die der Kynismus des Diogenes nicht kennt. Er ist, um Nietzsche zu wiederholen, „Lust am Leben an sich und volle Anspruchslosigkeit in Bezug auf alle anderen Güter." Die kynische Reduktion der Bedürfnisse bedeutet also keinen absoluten Antihedonismus und steht nicht in prinzipiellem Gegensatz zum Lustprinzip, sondern konzentriert dieses auf die „Lust am Leben an sich"; die Norm des Minimums, selbst nicht unbedingter Zweck, sichert, indem sie den Einzelnen autark macht, die individuelle physische Existenz. Und darauf kommt alles an.

Die menschliche Natur in ihren Grundbedürfnissen Essen, Trinken und Lieben ist ein bevorzugtes Thema der Komödie — sowie komödienhafter Genres — und ein sokratisches dazu, das Platon im ‚Symposion' gestaltet; auch hierin bietet sich also ein Vergleich zwischen Diogenes und dem platonischen Sokrates an, und wiederum zeigen sich die denkbar größten Gegensätze: Der Kyniker befriedigt — was ihm den Namen „Hund" einträgt[325] — seine Bedürfnisse ohne kulturelle Sublimierung und ohne Gesellschaft auf dem Marktplatz. Das Symposion dagegen ereignet sich in einem festlichen Rahmen; das Trinken wird ausdrücklich eingeschränkt — das körperliche Bedürfnis sublimiert —, woraus sich die Möglichkeit einer theoretisch-ästhetischen Thematisierung der Liebe ergibt. So natürlich und realistisch Sokrates auch in vielen Details von Platon gezeichnet wird, es haftet seiner Gestalt im ganzen dennoch etwas Ätherisches, der Leiblichkeit Enthobenes an; er wird, soviel er auch trinken mag, niemals betrunken, und er liebt nicht auf eine sinnliche Weise. In seiner Rede auf den Eros, die er als eine Eingebung der Diotima vorträgt, stellt er die Liebe in einem doppelten Sinne, physisch und geistig, in den Dienst der Zeugung und diese wie im ‚Phaidon' den Tod unter die Perspektive der Unsterblichkeit. „So will ich es dir denn deutlicher sagen. Alle Menschen nämlich, o Sokrates, sprach sie, sind fruchtbar sowohl dem Leibe als der Seele nach, und wenn sie zu einem gewissen Alter gelangt sind, so erstrebt unsere Natur zu erzeugen. Erzeugen aber kann sie in dem

---

323 Diogenes Laertius VI 55, VI 64.
324 Zur Legende vom Kyniker Diogenes. A.a.O. S. 392.
325 Diogenes Laertius VI 61.

Häßlichen nicht, sondern nur in dem Schönen. Es ist aber dies eine göttliche Sache und in den sterblichen Lebenden etwas Unsterbliches, die Empfängnis und die Erzeugung."[326]

In der auf sich selbst bezogenen Sexualität des Diogenes bleibt die Natur zeugungsunfähig. Die extreme individuelle Selbstbehauptung hindert daran, in anderen zu leben. Diogenes verweigert geradezu die Unsterblichkeit, als wenn er befürchtete, daß sie in Betracht zu ziehen die Relativierung der endlichen physischen Existenz bedeute. Dennoch ist er als Gestalt unsterblich geworden. Der Satiriker Kerkidas drückt das so aus, daß er das Mythologem des platonischen ‚Timaios' über die Seele auf ihn beziehend damit zugleich eine den Mythos parodierende Erklärung für den Sirius, den Hundsstern, liefert; an den Namen „Diogenes" anknüpfend feiert er die Apotheose des Protokynikers.

Nicht mehr, der früher er war, der Sinopeer,
Kenntlich an Stab, an Doppelmantel und Lust an der Freiluft,
Nein, die Lippen fest gegen die Zähne gepreßt stieg er aufwärts,
Den Atem verhaltend; denn du warst wahrhaft
Diogenes, Zeus entsprossen, warst Hund des Himmels.[327]

4. *Die Diogenes-Gestalt und die Komödie*

Es ist in neuerer Zeit durch entsprechende Vergleiche der Eindruck erweckt worden, der Kynismus sei seinem Wesen nach eine Rückkehr zur Natur infolge eines Kulturpessimismus, eine antike Art des Rousseauismus gewissermaßen. „Wilder, heftiger schlägt nun im Kyniker der Nordwind in die weiche, feine Stadtluft und wettert und braust und rüttelt und schüttelt an den bürgerlichen Schranken, bis er sie niederreißt aus der Kraft der ‚Natur'. Denn die Natur legt sich der Kyniker nicht beschaulich als Forschungsstoff hin, sondern er führt sie ins Feld als seinen weiten und starken Rückhalt gegen die Entartung der Stadtkultur und spielt sie gegen Athen aus wie der Schweizer Rousseau gegen Paris. Und es ist die lebendigste Natur, wie sie dem Menschen am nächsten gegenübertritt, es sind die Tiere, die der Kyniker dem Menschen beständig als beschämenden Spiegel vor Augen hält, es ist vor allem der H u n d, der dem ‚Kyniker' und wohl schon dem ältesten den Namen und sozusagen das Wappen

---

326 Symposion 206c.

327 Diogenes Laertius VI 66 f. Vgl. Anthologia Graeca VII 64: die Sterne als Haus des Diogenes; XI 158: Diogenes als himmlischer Hund.

gibt, der sein Temperament ausdrückt: der Hund, der treue Schützer, der eifernde Jäger, der geifernde Kämpfer. Ein dunklerer, dumpferer Ton aus der Tiefe und Ferne der Natur schlägt hier hinein in die Helle der attischen Aufklärung."[328]

Etwas nüchterner und weniger expressiv als Karl Joël zog vorher Theodor Gomperz in seiner Darstellung des Kynismus mehrfach die Parallele zu Rousseau und veranschaulichte darüber hinaus von seinem Zeitgenossen Tolstoi her das antike Phänomen und die „Grundstimmung", die seiner Meinung nach ihm den Weg bahnte. „Um die Grundstimmung des Kynikers wiederzufinden, die Gesinnung, aus der diese ganze Lebensrichtung wie aus ihrem Keim erwachsen ist, brauchen wir weder die Gegenwart noch Europa zu verlassen. Der Verfasser von ‚Krieg und Frieden' läßt den Helden seines Romans in einem bestimmten Punkte seiner Laufbahn ‚von jenem unaussprechbaren, ausschließlich russischen (!) Gefühl' ergriffen werden, von dem ‚Gefühl der Verachtung für alles, was conventionell, was künstlich und Menschenwerk ist, für alles, was die Mehrzahl der Menschen als das höchste Gut dieser Welt betrachtet'."[329]

Den Vergleich zu dem „berühmten Hans Jacob Rousseau von Genf" hatte 1769 schon Wieland in dem ‚Vorbericht' zu seinem ‚Nachlass des Diogenes von Sinope' angeregt, um an diesem Beispiel zu zeigen, daß ein weiser Mann von seinen Zeitgenossen oft für „einen närrischen Sonderling" gehalten werde; ein solcher respektloser Zeitgenosse Rousseaus war zum Beispiel der Preußenkönig Friedrich, der umgekehrt den Genfer Philosophen in spöttischer Weise als einen neuen Diogenes hingestellt hatte: „Ich glaube, daß Rousseau seinen Beruf verfehlt hat; er war ohne Zweifel dazu geboren, ein großer Klosterbruder zu werden, ein Pater der Wüste, berühmt durch seine Sittenstrenge und seine Selbstquälereien, ein Säulenheiliger. Er würde Wunder getan haben, wäre ein Heiliger geworden und hätte das ungeheure Märtyrerverzeichnis vergrößert; aber jetzt wird man ihn nur als einen sonderbaren Philosophen ansehen, der nach zweitausend Jahren die Sekte des Diogenes erneuert. Das lohnt nicht die Mühe, Gras zu fressen und sich mit allen zeitgenössischen Philosophen zu überwerfen."[330]

Schließlich noch eine dritte veranschaulichende Erklärung des Kynismus, diesmal allerdings aus der Parallelisierung mit einer Gestalt des Altertums. Der Aufmerksamkeit der jüngsten Kultur- und Gesellschaftskritik sind die Kyniker, wie man erwarten durfte, nicht entgangen; mit ihrer unverbrüchlichen Sympathie für alles Ausgefallene, von der Norm Abweichende stellen Horkheimer/Adorno

---

328 Karl Joël. Geschichte der antiken Philosophie. 1. Bd. Tübingen 1921. S. 863 f.

329 Griechische Denker. 2. Bd. S. 120.

330 Brief an Lord George Keith vom 1. 9. 1762. In: Jean Jacques Rousseau in Selbstzeugnissen und Bilddokumenten, dargestellt von Georg Hohnstein. Reinbek bei Hamburg 1972. S. 165.

sie neben den Täufer Johannes des Neuen Testamentes: Wie dieser – so die Autoren der ‚Dialektik der Aufklärung' – verkörpern sie die Verweigerung gesellschaftlichen Fortschritts, der nach einer zentralen These von Horkheimer/Adorno stets einen Zuwachs an Herrschaft impliziert; der Radikalismus dieser Verweigerung sei von den Nachfolgern der Kyniker, den Stoikern, ebenso verraten worden wie der des Täufers von den Christen. Die kompromißlosen Außenseiter aber seien – wie immer – durch und für den Geist des Fortschritts, d. i. die Herrschaft, zu Tieren und Irren geworden. „Sie glichen in der Tat Johannes dem Täufer. Er ‚war bekleidet mit einem Gewand aus Kamelhaar und einem Ledergurt um seine Lenden und nährte sich von Heuschrecken und wildem Honig.'" Kommentarlos, aber mit spürbarer Entrüstung zitieren die Autoren die Urteile der offiziellen, sprich: Herrschaftsphilosophie über die Kyniker: Hegel nenne ihre Nachfolger „schweinische, unverschämte Bettler" und der „Herrschaftsmann Plato" habe sie im Auge, „wenn er gegen die Gleichsetzung des Amts des Königs mit dem eines gemeinen Hirten und gegen die lose organisierte Menschheit ohne nationale Grenzen als den Schweinestaat eifert."[331]

Zumindest was den Kynismus der Diogenes-Gestalt angeht, abgesehen also von dem der Kaiserzeit, sind diese Vergleiche mit dem Außenseitertum des evangelischen Täufers und mit dem Kulturpessimismus eines Rousseau oder Tolstoi ziemlich unzutreffend. Diogenes ist eben kein Anachoret, kein „Pater der Wüste" wie Johannes, nicht der edle Wilde und kein Rousseau. Alle diese Vergleiche unterschlagen bezeichnenderweise ein Merkmal der Diogenes-Gestalt, das konstitutiv und unabtrennbar zu ihr gehört: den Witz, aufgrund dessen sie eine ebenso urbane Erscheinung ist wie die Komödie.

Das Gespür für die Affinität zur Komödie, das in der langen Rezeptionsgeschichte des Diogenes eigentlich immer vorhanden war, ist in neueren Darstellungen vielfach verlorengegangen, weil man den Kynismus zu sehr entweder als eine philosophische Lehre oder – vom Kynismus der Kaiserzeit her – als ein soziales Phänomen, nicht aber literarisch auffaßte. Dieser Aspekt fehlt zum Beispiel ganz in der ansonsten vorzüglichen Interpretation von K. Heinrich wie auch in der Monographie des antiken Kynismus, die D. R. Dudley geschrieben hat und auf die Heinrich sich stützt. Er wird dagegen sehr deutlich in einem Lexikonartikel von 1834 herausgestellt, der, wie mir scheint, eine im wesentlichen immer noch gültige und erhellende Einschätzung liefert. In Diogenes werde – so Steinhart in der ‚Allgemeine(n) Encyklopädie der Wissenschaften und Künste' – die „begeisternde Idee, obgleich die göttlichen Züge ihrer ursprünglichen Schönheit und Reinheit selbst noch durch die Verirrung des Individuums hindurch-

331 Max Horkheimer und Theodor W. Adorno. Dialektik der Aufklärung. Philosophische Fragmente. Amsterdam 1947. S. 250-253 („Die Verwandlung der Idee in Herrschaft").

strahlen, zum Zerrbild entstellt zu ihrer eignen, gleichsam eingefleischten, Ironie". — Gemeint ist die sokratische Idee der freien, auf Tugend begründete Subjektivität, wie aus dem Zusammenhang hervorgeht. — „Aus diesem Gesichtspunkt angesehen haben wir es hier viel mehr mit dem Menschen Diogene als mit dem Philosophen zu thun; denn wenn auch die Philosophie demselben nichts verdanken, er vielmehr bei aller bizarren Genialität uns als Denker nur auf der Stufe des hausbacknen, prosaischen Verstandes erscheinen sollte, so is doch seine fast typische Persönlichkeit, wiewohl entstellt durch einen ganzen Wust von Fabeln, die ihn, gleich unserm Eulenspiegel, zum unsterblichen Heros alles Pöbelwitzes gestempelt haben, in der Geschichte des menschlichen Geistes von nicht geringer Bedeutung, und mag sich leicht in der unnachahmlichen Gesundheit ihrer tief gewurzelten Narrheit den phantastischen, aber durch und durch lebensfrischen, ewigen Gestalten der alten Komödie vergleichen." Als Eulenspiegel, Harlekin, Skaramutz, Pickelhering u.s w., als Figur des Volkswitzes oder komische Person der commedia dell' arte und als Narr schlechthin hat man sich die Diogenes-Gestalt immer wieder vorgestellt. „Sokrates-Till läßt sich vielleicht recht gut verdeutscht für Sokrates Mänomenos setzen"; mit diesem Übersetzungsvorschlag Goethes[332] weist das angeblich platonische Diktum, das dem gegenwärtigen Kapitel als Leitmotiv dient, über seine moralische Bedeutung hinaus noch auf eine komisch-satirische.

Auch die alte griechische Komödie propagiert, wie später der Kynismus, die Rückführung des Menschen ins Animalische; daher vor allem das Obszöne der unverhüllten Sexualität. Nach der Interpretation von Gerhard Müller entspringt das nicht bloßer Freude am Niederen, sondern „der poetischen Absicht der Entfesselung, in der der Mensch frei wird von den unnatürlichen Zuständen, die ihm Gesellschaft und Staat aufzwingen."[333] Wenn der Kynismus die Reduktion auf die animalische Natur als ein Medium der Befreiung übernimmt und unter anderen politischen Verhältnissen daraus ein Mittel der Selbstbehauptung macht, so übernimmt er aus der Komödie auch noch den Witz und das Lachen; darin aber liegt immer schon eine Distanzierung von der bloßen Animalität der Selbstbehauptung. Diese ist im Kynismus also nie ganz und ausschließlich animalisch, und wie den ironischen Sokrates Kierkegaards die Ironie von der Idee, so trennt den Diogenes der Witz von der Natur. Sokrates bleibt wegen seiner Ironie ein Mensch und steigt nicht zur Göttlichkeit der Idee auf, der Kyniker sinkt dank seines Witzes nicht in die animalische Existenz eines Tieres oder eines tierähnlichen menschlichen Wilden hinab.

---

[332] Goethes Werke I 42, 2. Teil. S. 29.

[333] Das Häßliche in Poesie und Poetik der Griechen. In: Die nicht mehr schönen Künste. (Poetik und Hermeneutik III). Hrsg. von H. R. Jauß. München 1968. S. 15.

Kierkegaard, der in seiner Dissertation die These vertritt, daß Aristophanes bei der Schilderung des Sokrates der Wahrheit am nächsten gekommen sei,[334] hat unter einem anderen Aspekt Ironie und Kynismus miteinander verglichen und sie als lediglich in den Mitteln verschiedene, intellektuelle und praktische Ausprägung desselben individuellen Standpunktes beschrieben, der in der Isolierung des Einzelnen vom Staat und in sich selbst bestehe. Er übernimmt von Schleiermacher Platons angeblichen Ausspruch über Diogenes als den „rasenden Sokrates" und bemerkt dazu, es sei gewiß zu wenig, wie Schleiermacher die Ähnlichkeit zwischen Sokrates und dem Kyniker in der Unabhängigkeit von sinnlichem Genuß zu sehen. „Wenn man sich hingegen daran erinnert, daß der Zynismus der negative Genuß ist, (im Gegenteil zum Epikuräismus), daß der Zynismus das Entbehren, den Mangel genießt, d. h. nicht unbekannt ist mit der Lust, seine Befriedigung jedoch darin sucht, ihr nicht nachzugeben, und somit statt in der Lust aufzugehen, jeden Augenblick in sich selber zurückkehrt und das Entbehren des Genusses genießt — dieser Genuß erinnert recht lebhaft an das, was in intellektueller Hinsicht ironische Befriedigung ist —, wenn man, sag ich, dies alles bedenkt, und es dann in geistiger Hinsicht mit Beziehung auf die Mannigfaltigkeit des Staatslebens durchführt, so wird die Ähnlichkeit zwischen beiden sicherlich nicht ganz unbedeutend sein."[335]

Hieraus folgt, daß durch eine Intellektualisierung der Kynismus sich der Ironie angleichen würde, wenn nämlich die individuelle Selbstbehauptung nicht ausschließlich eine praktische und auf die animalische Natur bezogene bleibt, sondern intellektuelle Züge erhält; das geschieht im modernen Zynismus, der vornehmlich eine Form der intellektuellen Selbstbehauptung darstellt, so daß zwischen Ironiker und Zyniker in moderner Bedeutung der Unterschied fließend wird. Aber der moderne Begriff des Zynismus hätte aus dem des Kynismus nicht hervorgehen können, wenn ein intellektuelles Moment in dem antiken Phänomen nicht schon vorhanden gewesen wäre; es liegt in dem Witz, der „bizarren Genialität" des Diogenes, dessen Gestalt man zu einseitig auffaßt, wenn man sie als die Verkörperung bloß animalischer Selbstbehauptung begreift.

Will man den Zusammenhang zwischen der Diogenes-Gestalt und der Komödie untersuchen, so ist es hilfreich, auch hierbei zunächst einen Blick auf ihr Vorbild, auf Sokrates also, zu werfen, der ja bekanntlich in der frühesten literarischen Darstellung, die von ihm existiert, in den ,Wolken' des Aristophanes, eine Komödienfigur ist; in ihr sind die „Typen des abstrus gelehrten Meteorologen, des unverschämten Hungerleiders und zynischen Aufklärers", wie Gigon

[334] Die siebte These der Dissertation heißt: „Aristophanes in Socrate depingendo proxime ad verum accessit." S. Kierkegaard. Über den Begriff der Ironie mit ständiger Rücksicht auf Sokrates. S. 325.
[335] A.a.O. S. 183.

schreibt, „zu einer widerspruchsvoll lebendigen Einheit"[336] verschmolzen. In ganz ähnlicher Weise haben weitere Komödiendichter den Sokrates auf die Bühne gebracht, so daß er eine feste literarische Gestalt war, bevor er zum Protagonisten einer neuen Literaturgattung, der sokratischen Dialoge, gemacht wurde.

In welchem Verhältnis steht der Sokrates der Komödie zu dem der platonischen Dialoge, und gibt es zwischen den beiden Gestalten eine Gemeinsamkeit? Außer von Kierkegaard, der in der Ironie einen wesentlichen Berührungspunkt sah, ist eine Ähnlichkeit zwischen dem aristophanischen und dem platonischen Sokrates eigentlich immer bestritten worden. So konstatiert Gigon, daß unter den Sokratikern bei allen kontroversen Meinungen, die zwischen ihnen bestanden, in einem Punkt Einigkeit geherrscht habe, nämlich einen Sokrates zu schildern, „der das genaue Gegenteil des aristophanischen ist. Die schärfste Ablehnung des Aristophanes kommt zum Ausdruck in der auch von Platon aufgenommenen These, daß seine Komödie letzten Endes für das tragische Schicksal des Sokrates verantwortlich sei, sofern aus ihr jenes böse Gerede erwachsen sei, das schließlich zur Anklage und zum Todesurteil entscheidend beigetragen habe."[337] Nun gibt es — und zwar ausgerechnet bei Platon — eine ganz andere Darstellung von dem Verhältnis zwischen Sokrates und Aristophanes, in der beide wohlwollend, wenn nicht gar freundschaftlich nebeneinander stehen; Gigon erwähnt dies als einen seltsamen Widerspruch zu der Sicht der ‚Apologie': „Platon hat ja Aristophanes im ‚Symposion' in einer Weise auftreten lassen, die zu den nur wenig verhüllten schweren Anklagen der ‚Apologie' in einem eigentümlichen Kontrast steht."

Wie läßt sich diese unterschiedliche Bewertung des Aristophanes und seines Verhältnisses zu Sokrates erklären? Ich meine, nur dadurch, daß man bei den verschiedenen Darstellungen von literarischen Intentionen ausgeht und davon absieht, sie in einer historisch-realistischen Weise zu verstehen. Das erfordert einige Bemerkungen zu den Verbindungen zwischen dem platonischen Werk und der Komödie.

Ernst Hoffmann, der Geschichtsschreiber des Platonismus, stellt fest, daß das philosophische Verständnis Platons an literarische Voraussetzungen gebunden sei, die man nicht umgehen könne. „Nunmehr soll der wichtigste Punkt dieses Problems besprochen werden: PLATONS Dialoge sind, auf ihre literarische Form hin angesehen, als eine Art von Komödien entstanden und haben im Laufe von PLATONS Entwicklung, auch als der Charakter seiner Dialoge in den vier Phasen seines Lebens sich spürbar änderte, niemals ganz den Zusammenhang mit der Komödie verloren. Es ist sehr wichtig, sich diesen Sachverhalt, soweit das noch möglich ist, deutlich zu machen, zumal er meistens ganz übersehen wird."[338]

---

336 Sokrates. S. 19.
337 A.a.O. S. 20.
338 Platon. Eine Einführung in sein Philosophieren. (Rowohlt) 1961. S. 15.

Die Abhängigkeit Platons von der Komödie wird in zwei antiken Überlieferungen behauptet, die beide bei Diogenes Laertius angeführt sind; dort heißt es zum einen: „Eine reiche Fundgrube für ihn waren auch die Werke des Komödiendichters Epicharm, aus denen er sehr viel entlehnte, wie Alkimos in seinen Büchern an Amyntas schreibt, deren vier sind."[339] Diogenes Laertius zitiert nun ausführlich den Alkimos mit Gegenüberstellungen von platonischen Lehrsätzen – vornehmlich aus der Ideenlehre – und Komödienversen. Die Parallelisierung soll offensichtlich die platonische Ideenlehre verhöhnen, und Anspielungen darauf sind vermutlich in die Dialogpartien hineingefälscht worden;[340] Alkimos war ein Schüler des Stilpon, eines überaus erfolgreichen Lehrers, der die Ideenlehre bekämpfte, Amyntas, der Adressat der vier Bücher des Alkimos, ein Mathematiker und Schüler Platons.

Ernster zu nehmen, was Platons Abhängigkeit von der Komödie betrifft, ist die zweite Überlieferung. Diogenes Laertius schreibt, Platon sei der erste gewesen, der die Werke des Mimographen Sophron, eines Syrakuser Dichters des 5. Jahrhunderts, nach Athen gebracht und zum Gegenstand von Charakterstudien gemacht habe. „Sie sollen auch unter seinem Kopfkissen gefunden worden sein."[341] Die Mimen stellt man sich heute wohl am besten als Sketche vor: Prosa-Szenen aus dem Alltagsleben voll von Wortwitzen, Parodien und Situationskomik; „die Stücke wurden als poetische Werke anerkannt u. mit sog. Sokratischen Dialogen auf die gleiche Stufe gestellt (so Aristoteles in der ‚Poetik')."[342] Vielleicht hatte Nietzsche diese Überlieferung im Kopf und verwechselte Sophron mit Aristophanes, als er in einer Bemerkung über den letzteren schrieb – „jenen verklärenden, komplementären Geist, um dessentwillen man dem ganzen Griechentum *verzeiht*, daß es da war, gesetzt, daß man in aller Tiefe begriffen hat, *was* da alles der Verzeihung, der Verklärung bedarf" – er wüßte nichts, was ihn über Platons „Verborgenheit und Sphinx-Natur" mehr habe träumen lassen „als jenes glücklich erhaltene *petit fait:* daß man unter dem Kopfkissen seines Sterbelagers keine ‚Bibel' vorfand, nichts Ägyptisches, Pythagoreisches, Platonisches – sondern den Aristophanes. Wie hätte auch ein Platon das Leben ausgehalten – ein griechisches Leben, zu dem er Nein sagte – ohne einen Aristophanes! –"[343]

Der Inbegriff der alten Komödie, der Aristophanes für uns heute ist, war er offensichtlich auch schon für Platon; in einem Epigramm, das dem Philosophen zugeschrieben wird, ist er in besonderer Weise dadurch ausgezeichnet und ge-

---

339 III 9.
340 Vgl. E. Hofmann. A.a.O. S. 18.
341 III 18.
342 Paul Kroh. Lexikon der antiken Autoren. S. 578. Artikel ‚Sophron'.
343 Jenseits von Gut und Böse. Werke. Hrsg. von K. Schlechta. 2. Bd. S. 594.

würdigt, daß sein Herz den Grazien als unzerstörbares Heiligtum dient.[344] Und im ‚Symposion', in dem Aristophanes mit einer komischen Rede über den Eros auftritt, schildert Platon am Ende Sokrates im Gespräch mit ihm und dem Tragiker Agathon; Sokrates will von den beiden die Zustimmung zu der Forderung erhalten, derselbe Dichter müsse Komödien und Tragödien schreiben können, aber da beide schon halbwegs betrunken und eingeschlafen sind, folgen sie nicht mehr so recht. Dieser Dichter, so schließt E. Hoffman, ist Platon selbst, der den lebenden Sokrates im ‚Symposion' als in einer Komödie und den sterbenden im ‚Phaidon' als in einer Tragödie darstelle.[345] Auch der ‚Protagoras' gleicht einer Komödie wie die ‚Apologie' einer Tragödie. Tragödien- und Komödienspezifisches sucht Platon so eng wie möglich miteinander zu verbinden, wobei zu dem letzteren nicht nur der Witz und das Lachen gehören, sondern auch die Sexualität, deren Darstellung nach antiker Auffassung ursprünglich Reservat der Komödie ist; in den platonischen Dialogen erscheint sie zur Erotik sublimiert. Die engste Verknüpfung von Komischem und Tragischem beziehungsweise Moralischem, das bei Platon an dessen Stelle tritt, gelingt ihm in der Sokrates-Gestalt.

In der alten Komödie — den ‚Wolken' des Aristophanes — ist Sokrates der verlachte und verspottete Sophist, über den sich Autor und Publikum vereint lustig machen. Nicht unähnlich tritt er bei Platon zunächst meist als eine Art „dummer August" auf — er ist unwissend, ärmlich und häßlich im Vergleich mit den alleswissenden Sophisten, den reichen und schönen Jünglingen; aber dann wird er regelmäßig zu dem spöttisch Überlegenen und Entlarvenden, der seinerseits die Dummheit der vermeintlich Schlauen an den Pranger stellt und der Lächerlichkeit preisgibt. Wenn man sich diese Konfiguration als rhetorische Figur vorstellt, so hat man die Ironie, und in der Ironie des platonischen Sokrates sind auf eine intellektuell sublime Weise der Witz und der Spott der Komödie fortgeführt.

Man kann sich im Witz „über alles lustig machen", der Witz kann, und darin liegt seine nivellierende Fähigkeit, jeden noch so ernsten und moralischen Gegenstand dem Lachen ausliefern, wobei dann das Objekt eben nicht ernst, nicht in seinem eigenen — positiven oder negativen — Wert genommen wird. Dieselbe Fähigkeit hat auch die Ironie, die ebenfalls zum Selbstzweck, zu einem Standpunkt werden kann, der außer sich nichts gelten läßt. Platon allerdings führt sie in seiner Sokrates-Gestalt nicht zu einer solchen Eigenständigkeit, sondern er ordnet sie als ein Mittel dem Ernst und der Moral unter, so daß der platonische Sokrates im letzten nicht ironisch, sondern moralisch ist. Dies gilt für die

---

344 „Suchend nach einem heil'gen Bezirk, welcher niemals zerstört wird, / fanden die Grazien einst des Aristophanes Herz." (Übersetzt von F. D. Ferfers. Zitiert bei Gottfried Martin. Platon. S. 73).

345 A.a.O. S. 19.

Gattung des sokratischen Dialogs generell. „Mit Aristoteles zu reden sind die sokratischen Gespräche ‚von ernster Bedeutung' (σπουδαῖοι)." Dies unterscheidet sie, so Helmut Kuhn, von den Mimen des Sophron und Xenarchos, mit denen sie Aristoteles in der ‚Poetik' zusammen nennt.[346]

In einer Notiz ‚Ueber die Cyniker und ihre Bedeutung für die Litteratur' fragt Nietzsche nach dem Unterschied der „cynischen Schriftstellerei" zu der der Sokratiker: „Die Cyniker haben auch ihren Einfluss auf die griechische Litteratur gehabt: sie wagten es die Form für ein ἀδιάφορον zu achten und die Stile zu mischen, sie übersetzten gleichsam Sokrates in ein litterarisches genus, sammt dem Satyrgehäuse und dem Gott darin. Also sind sie die Humoristen des Alterthums geworden.

Ihr Grundcharakter ist die sokratische εἰρωνεία, derb ins praktische Leben übersetzt. Wie Sokrates aber auch in der Form der Rede jene Doppelheit seiner Natur ausprägte, so machten es auch seine konsequentesten Jünger: und da sie schriftstellerten, waren sie genöthigt einen neuen Stil zu erfinden. Doch was unterscheidet die cynische Schriftstellerei von der des Aischines? Ja selbst wodurch unterscheidet sich eine Schrift des Menipp von einer antisthenischen? Was ist, mit anderen Worten, jene Philosophie in der Hanswurstjacke, welche Bion der Cyniker aufbrachte?"[347]

Die literarische Eigenart der Kyniker, auf der der von Nietzsche beobachtete neue Stil beruht, ist das spoudogeloion, die Mischung von Ernstem, das heißt Moralischem, und Lächerlichem – Witzigem im weitesten Sinne des Wortes, worunter in der Komödie auch das Obszöne fällt. Von einer solchen, dem Geist und Charakter der Komödie nahestehenden Literatur vermittelt Diogenes Laertius in den Lebensbeschreibungen der auf Diogenes von Sinope folgenden Kyniker einen allgemeinen Eindruck; dabei gibt es jedoch Differenzen hinsichtlich des Gewichtes und der Funktion, die der Witz einnimmt. Über Monimos z. B., der als ein „Mann von ernstester Würde, ein Verächter des Ruhmes und ganz nur dem Dienst der Wahrheit ergeben" charakterisiert ist, schreibt der Biograph, es existierten auch einige Schwänke von ihm, „tiefer Ernst in der Hülle des Scherzes."[348] Während hier der Scherz nur als Einkleidung und Vehikel des Ernstes fungiert, überwiegt er und gewinnt eine Eigenständigkeit nach dem Urteil des Laertius in den Schriften des Menipp: „Er ist kaum ernsthaft zu nehmen. Seine Bücher strotzen von Possenreißerei."[349] Von Menipp weiß man, daß er die Diogenes-Gestalt literarisch mitgeprägt hat, da von ihm ein Buchtitel ‚Der Verkauf des Diogenes' überliefert ist. Gebürtig aus Gadara, war er angeblich eine Zeitlang

346 Die wahre Tragödie. Platon als Nachfolger der Tragiker. A.a.O. S. 236.
347 Gesammelte Werke. Musarion Ausgabe. 5. Bd. München 1922. S. 470 f.
348 VI 83.
349 VI 99.

Sklave in Sinope und später Bankier,[350] was die Vermutung weckt, die Verbindung des Diogenes mit der Stadt am Schwarzen Meer und möglicherweise auch die Geschichte von der Münzfälschung könnten auf ihn zurückgehen. Seine Schriften, deren Wirkung auf die griechische und römische Literatur erheblich war und bis in die Neuzeit hineinreichte, sind zwar alle verlorengegangen; aber ihre Eigenart läßt sich noch aus Lukian erschließen, auf den sie beträchtlichen Einfluß ausgeübt haben und der sie vielfach nachahmte.[351] Menipp kann als der Begründer der Satire gelten, wenn man dazu die nach ihm benannte „satura Menippea" rechnet.

Wie Menipp wirkte Bion von Borysthenes am Ende des vierten und in der ersten Hälfte des dritten Jahrhunderts v. Chr.; er gilt überwiegend als Kyniker, obwohl ihn Diogenes Laertius nicht in dem sechsten, sondern in dem vierten Buch seiner Biographien abhandelt und ihn nicht fest der kynischen Schule zurechnet; danach hat Bion ihr nur sporadisch angehangen und ansonsten die Schulen mehrfach gewechselt. Ausdrücklicher noch als Menipp wird er von dem Biographen als ein verdorbener und haltloser Charakter beschrieben, gottlos und obszön, ein Eindruck, den Diogenes Laertius wie bei Menipp aufgrund der Schriften gewonnen haben dürfte, indem er von den Werken unmittelbar auf den Autor schloß. Überhaupt gehört es ja zur Eigenart des Laertius, literarisch Fiktionales und historisch Reales zu vermengen, woraus manche Verwirrung und falsche historische Meinung entstanden ist. Zu Bion schreibt er: „Er hatte auch einen Stich ins Theatralische und war stark in der Kunst, die Dinge ins Lächerliche zu ziehen, indem er mit drastischen und derben Ausdrücken für die Dinge nicht sparte. Weil er es verstand, seine Rede in allen Farben schimmern zu lassen, soll Eratosthenes von ihm gesagt haben, Bion habe zuerst der Philosophie ein blumiges Gewand angelegt. Auch für die Parodie hatte er entschiedene Begabung (...) Überhaupt trieb er mit Musik und Geometrie seinen Spott."[352]

In einer solchen, der Komödie vielfach verwandten Literatur wird man sich die Diogenes-Gestalt vorstellen müssen, wie Sokrates als ein Beispiel und Sprachrohr moralischer Gedanken, einer Moral allerdings, die in gänzlich unidealistischer Weise die Autarkie des Einzelnen, basierend auf einem einfachen Leben, propagierte und dabei sowohl gegen die vermeintlichen Dummheiten und Vorurteile der Menge wie gegen den Dünkel der etablierten philosophischen Schulen zu Felde zog; vor allem aber als ein Medium für Witz, Spott, Parodie und Obszönitäten, worin wahrscheinlich die eigentliche Moral oftmals unterging. So übernimmt die Diogenes-Gestalt gleichsam Funktionen der alten Ko-

350 Vgl. Paul Kroh. A.a.O. S. 412. Artikel ‚Menippos von Gadara'.
351 Vgl. dazu Rudolf Helm. Lucian und Menipp.
352 IV 52 f.

mödie. Jacob Burckhardt, der einmal konstatierte, daß im Gegensatz zu den anderen philosophischen Schulen „die Zyniker" von der mittleren Komödie offensichtlich in Ruhe gelassen worden seien – „vielleicht weil man ihr böses Maul fürchtete"[353] – hat an anderer Stelle diesen Zusammenhang in einer Vermutung ausgesprochen; er sagt nämlich von Diogenes sehr treffend, es sehe fast so aus, „als hätte man sich in ihm, weil man die alte Komödie nicht mehr hatte, ein abenteuerlich böses Maul halten wollen."[354]

„Ein abenteuerlich böses Maul" ist eine anschauliche Umschreibung des griechischen Ausdrucks „parrhesia", der wörtlich übersetzt „Redefreiheit" bedeutet. Damit wird als einer Art literarischen terminus technicus schon in der Antike die Erlaubnis der alten Komödie bezeichnet, frei und unzensiert Anstößiges auszusprechen, vornehmlich aber, über Politiker und Regierende – worunter bei Aristophanes in der Personifikation des Demos auch das Volk zählt – uneingeschränkt zu schimpfen und sie durch Spott und Witz der Lächerlichkeit preiszugeben; im weiteren Sinne gehörte dazu auch die offene Pornographie. Beides wurde am Ende des 5. Jahrhunderts v. Chr. in der Komödie eingeschränkt, sosowohl das Lächerlichmachen von Politikern als auch die Obszönitäten; ungewiß ist, ob die Parrhesie auf gesetzlichen Druck hin begrenzt wurde – Platon z. B. verbietet in den ‚Nomoi' die Verspottung irgendeines Bürgers generell[355] – oder ob sie von selbst verschwand, weil sie keine positive erzieherische Wirkung zeigte wie von Schmid/Stählin angenommen.[356]

In der Parrhesie beerbt also der Kynismus die alte Komödie, und Jacob Burckhardt hätte sich bei seiner Vermutung über diese Statthalterschaft des Diogenes auf dessen Wort selbst berufen können, der auf die Frage, was unter Menschen das Schönste sei, gesagt haben soll: „Das freie Wort" (parrhesia).[357] Schließlich wäre hier vor allem Marc Aurel zu zitieren mit einer Bemerkung, die in der neueren Literatur über den Kynismus nie erwähnt wird; nur Gunnar Rudberg hat bisher in einem kurzen Aufsatz die Aufmerksamkeit darauf gelenkt. Der Philosoph auf dem Kaiserthron und Stoiker des zweiten nachchristlichen Jahrhunderts konstatiert nämlich eben in der Parrhesie den Zusammenhang zwischen

---

353 Griechische Kulturgeschichte. 3. Bd. (Gesammelte Werke. Band VII). Darmstadt 1962. S. 264.

354 A.a.O. S. 356.

355 935e.

356 „Statt zu sittlicher Hebung zu dienen, hatte die παρρησία der Komödie eher zu Förderung gewissenloser Klatsch- und Lästersucht und pornographischer Liederlichkeit geführt, die schließlich den Dichtern und ihren Hörern selbst zum Ekel wurde. So hörte vom 4. Jahrhundert v. Chr. an die Komödie auf, Organ politischer Erziehung zu sein. Auch der Zoten coram publico wurde man überdrüssig". Geschichte der griechischen Literatur. Erster Teil. Vierter Band (W. Schmid). München 1946. S. 469.

357 Diogenes Laertius VI 69.

Kynismus und Komödie: „Nach der Tragödie aber wurde die alte Komödie eingeführt. Sie zeigte erzieherische Redefreiheit und erinnerte nicht unnütz gerade durch die offene Sprache an Bescheidenheit. Zu derartigem Zweck nahm auch Diogenes diese Dinge auf."[358]

Die große Mehrzahl der Diogenes-Anekdoten ist in irgendeiner Weise witzig oder komisch — komisch in dem allgemeinen Sinn, daß sie mit komödienspezifischen Mitteln zum Lachen reizen: durch Spott und witzige Obszönitäten — wobei allerdings der Anteil des Witzes oft minimal wird —, durch Situationskomik, derbe Prügeleien, Wortwitze etc. Es würde zu weit führen, das erschöpfend zu belegen; ich will, zumal viele Anekdoten schon zitiert worden sind, nur einige neue Beispiele anführen.

Politischer Spott richtet sich gegen die Demagogen, die „Bedienten des Pöbels",[359] allgemein und speziell gegen Demosthenes; — auch die alte Komödie vertritt ja eine antidemagogische Tendenz. „Einmal traf er den Redner Demosthenes in einem Wirtshause frühstückend, und als dieser vor ihm sich mehr in das Innere des Raumes zurückzog, sagte er: ‚Um so mehr wirst du im Wirtshaus sein.' Einst wollten Fremde gern den Demosthenes sehen; da streckte er den Mittelfinger aus und sagte: ‚Seht, dieser da ist der athenische Demagog.' "[360] Das Ausstrecken des Mittelfingers stellt bekanntlich eine obszöne Geste dar, die mehrfach eine Rolle spielt.[361] — Später richtet sich der politische Spott gegen die makedonischen Könige und gegen Fürsten und Tyrannen generell: die Diogenes-Gestalt hat ihren Ursprung in der Übergangszeit von der Polis- zur Königsherrschaft. Er bezieht sich, wie bei Aristophanes, aber auch auf das Volk: „Als er nach Myndos kaum und das große Tor vor der kleinen Stadt sah, sagte er: ‚Bürger von Myndos, schließt euer Tor, sonst wandert euch die Stadt aus.' "[362]

Der Spott trifft vor allem die Philosophen. Dabei muß man bedenken, daß in Athen die Auseinandersetzung mit der Philosophie zuerst in der Komödie stattfand, wodurch Philosophenkritik eine literarische Prägung erhielt, der sich noch Platon bediente, wenn er seine philosophischen Gegner, die Sophisten, mit dem komischen Mittel der Ironie bekämpfte. Er selbst und seine Schule werden nun bevorzugte Objekte für die spöttische Kritik der mittleren Komödie wie auch des Diogenes; dieser wirft ihm Mangel an satirischer Schärfe vor. Als Platon einmal gelobt wird, fragt er, was denn so erhaben an jemandem sei, der so lange Zeit

[358] Wege zu sich selbst XI 6. Herausgegeben und übertragen von Willy Theiler. Zürich 1951. S. 257 f. — Gunnar Rudberg. Diogenes the Cynic and Marcus Aurelius. In: Eranos. Vol. XLVII. Uppsala 1949. S. 7-12.

[359] Diogenes Laertius VI 24; VI 41.

[360] A.a.O. VI 34.

[361] Vgl. dazu K. von Fritz. Quellenuntersuchungen zu Leben und Philosophie des Diogenes von Sinope. S. 15 f.

[362] Diogenes Laertius VI 57.

philosophiert habe, ohne irgendeinem weh zu tun.[363] Zwar trifft der Tadel, wenn überhaupt, nur auf den späten Platon zu, aber er deckt sehr deutlich die Intention des Diogenes selbst auf.

Ferner spottet er über andere Schulen und Schulhäupter und kritisiert die Theoretiker allgemein wegen ihres mangelnden Praxisbezuges. „Besonders stark war er darin, anderen seine Verachtung kundzugeben. Des Schulhauptes Eukleides H a l l e (schole) nannte er G a l l e (chole) und des Platon B e l e h r u n g (diatribe) V e r k e h r u n g (katatribe).“ „Auch sprach er sein Befremden aus über die Grammatiker, die des Odysseus Fehler aufspürten, die ihrigen aber unbeachtet ließen, und daß die Musiker zwar die Saiten der Leier zum Einklang stimmten, ihre eigene Seelenverfassung aber dem Mißklang preisgäben. So schauten auch die Mathematiker nach Sonne und Mond, aber was ihnen vor den Füßen läge, das übersähen sie, und die Redner würden nicht müde, von dem zu sprechen, was recht sei, aber es zu tun, unterließen sie.“[364] In der Bemerkung zu den Mathematikern ist auf den Spott und das Gelächter der thrakischen Magd über den Protophilosophen Thales angespielt, der einer Anekdote zufolge in einen Brunnen stürzte, den er nicht sah, weil er nur zu den Sternen blickte.[365] Notorisch sind die krassen Obszönitäten der Diogenes-Anekdoten, die ebenfalls ihre Entsprechungen in der alten Komödie haben; daneben gibt es versteckte, mehr witzige Pornographie aus dem Geist der mittleren Komödie wie die Anekdoten um den Ehebrecher Didymon: „Bei der Kunde, daß der Ehebrecher Didymon ertappt worden sei, sagte er: ‚Er verdiente, daß man ihn an seinem Namen aufhänge.‘“[366] — „Didymoi“ heißen die Hoden. — „Als Didymon, der Ehebrecher, das Auge eines Mädchens ärztlich behandelte, sagte er zu ihm: ‚Nimm dich in acht, daß du nicht bei deiner ärztlichen Bemühung um das Auge der Jungfrau die Pupille zerstörst.‘ “[367]

Mehrfach wird Diogenes verprügelt oder verbal mit Schlägen bedroht — auch darin eine Figur der Komödie, in der Prügelszenen zum festen Bestand des szenischen Repertoires gehören. Jedoch revanchiert er sich stets und behauptet sich, indem er gewöhnlich seine Gegner durch Spott oder auf ähnliche Weise dem Gelächter preisgibt. „Als ein besonders abergläubischer Gesell zu ihm sagte: ‚Mit e i n e m Schlage werd' ich deinen Schädel spalten,‘ erwiderte er: ‚Und ich werde

---

363 Plutarch. Moralia 452 D.

364 Diogenes Laertius VI 24; VI 27 f.

365 Die Rezeptionsgeschichte dieser Anekdote und paradigmatisch an ihr den Wandel in der Einstellung zur Theorie und der Beurteilung ihres Verhältnisses zur Lebenswelt stellt Hans Blumenberg in einer Abhandlung ‚Der Sturz des Protophilosophen. Zur Komik der reinen Theorie — anhand einer Rezeptionsgeschichte der Thales-Anekdote‘ dar (in: Poetik und Hermeneutik VII. München 1976. S. 11-64).

366 Diogenes Laertius VI 51.

367 A.a.O. VI 68.

dich zittern machen durch kräftiges Niesen zu deiner Linken.' "[368] Auch daß über ihn gelacht wird, kann ihn nicht wesentlich erschüttern; als ihm jemand vorhält, es lachten viele ihn aus, entgegnet er: „Aber ich werde nicht niedergelacht."[369] Weil er nämlich stets zuletzt lacht, wird man hinzufügen müssen.

Exkurs: Lachen als Selbstbehauptung und Distanzierung

Die Diogenes-Gestalt verkörpert eine Form individueller Selbstbehauptung, als deren wesentliches Mittel die Autarkie herausgestellt wurde – Autarkie in einer bestimmten Weise, nämlich basierend auf der Reduktion der Bedürfnisse auf das Minimum animalischer Triebbefriedigung. Darunter allerdings ließ sich, wie gezeigt wurde, der Witz als ein charakteristisches Merkmal des Diogenes nicht mehr subsumieren; ich möchte nun versuchen, Lachen und Witz als eine besondere Form kynischer Selbstbehauptung zu beschreiben.

Dazu eignet sich sehr gut die eben zitierte Anekdote von dem abergläubischen Gesellen. Diogenes setzt der Einschüchterung, mit der der Schläger die verbale Verkleinerung seines Gegenüber betreibt, eine stärkere und wirkungsvollere Drohung entgegen; dadurch steht der aufgrund seiner physischen Stärke Überlegene plötzlich als ein erbärmlicher Schwächling da, den ein bloßes Niesen erschüttern kann. Hier wird die Selbstbehauptung offensiv und aggressiv, während sie in der Reduktion auf das animalische Bedürfnisminimum wesentlich defensiv funktioniert. Zur Autarkie des Diogenes, in der sich der Kyniker für Gefahren möglichst unangreifbar macht, indem er dem Schicksal die geringste Angriffsfläche bietet, tritt als weiteres Mittel der Selbstbehauptung seine „Schlagfertigkeit" hinzu, eine Eigenschaft, deren Name schon für sich spricht; ihre Wirkung ist stets die wie in der Anekdote vom abergläubischen Gesellen: Sie verkleinert einen durch seine Größe – sei es an Macht oder Geist – Überlegenen und potentiell Bedrohenden durch das Aufdecken einer schwachen Stelle oder eines wunden Punktes. So bei dem großen König Alexander, dessen Ohnmacht in bezug auf die Freiheit des wahren Philosophen Diogenes aufweist, indem er sich der Großzügigkeit des Königs verweigert; bei Philipp, dessen Unersättlichkeit er bloßstellt; bei dem Fürsten Perdikkas, den er mit Ungeziefer vergleicht, wenn er auf die Drohung, der Fürst werde ihn töten lassen, falls er seiner Einladung nicht nachkomme, antwortet, das sei keine Heldentat, da Käfer und Spinnen das auch vermöchten; etc.

Der Schläger, aufgrund seines Aberglaubens als ein Schwächling entlarvt; der Fürst, seiner Macht entblößt; der weise und moralische Platon, einer Dummheit

---

368 A.a.O. VI 48.
369 A.a.O. VI 54.

oder Amoralität überführt: sie alle sind der Lächerlichkeit preisgegeben. Denn mehr noch als über die von vornherein Kleinen, Dummen, Schwachen, Häßlichen, kurz: alle von einem Mangel Behafteten, die gewöhnlichen Objekte des Lachens, lacht man über vermeintlich Große, Starke und Kluge, die plötzlich zu Kleinen, Dummen und Schwachen geworden sind, weil sich der Druck ihrer Überlegenheit und die potentielle Bedrohung, die davon ausgeht, überraschend in Nichts auflösen.

Die üblichen Mittel, jemanden in den Zustand der Lächerlichkeit zu versetzen, sind Spott und Witz. Nun kann man beobachten, daß das Lachen nicht nur als Reaktion auf eine so vollzogene Verkleinerung und Abwertung eines Gegenüber eintritt; sondern man lacht auch präventiv, um jemandem Schwäche zu imputieren und ihn glauben zu machen, er sei bereits der Unterlegene und daher nicht ernst zu Nehmende, als den man ihn sich wünscht, man selbst aber der Sichere und Überlegene. Das Lachen kann beides sein: ein Ausdruck und auch ein Mittel der Befreiung von einem Druck oder einer Gefährdung; und dies gilt nicht allein in Hinsicht auf Personen, sondern ebenso hinsichtlich drohender anonymer und schicksalhafter Mächte. In dem Lachen z. B. über das Mißgeschick anderer steht neben dem Gefühl der Sicherheit vielfach die Angst, die man zu beschwichtigen sucht, es könne einem selbst so ergehen; das Lachen dient auch der Abwehr einer Gefährdung, was sich an den meisten Witzen über Tod und Sterben zeigen ließe.

Im Gegensatz zu der defensiven Autarkie sind Witz und Lachen aggressive Mittel der Selbstbehauptung, weil der Lachende, um sich Sicherheit und Überlegenheit zu verschaffen, zunächst den Gegner und die Gefahr präpariert. Ein Witz oder ein Lachen können nahezu tödliche Waffen sein; und sie können der bloßen Destruktion dienen, ohne daß der Zweck der Selbstbehauptung gegeben oder zumindest für Außenstehende ersichtlich wäre. Aber sie vermögen auch dazu beizutragen, das Töten zu vermeiden, denn sie distanzieren und ersetzen die unmittelbare physische Gewalt. Das Lachen dient der Selbstbehauptung auf dem Wege der Distanzierung und durch Distanz; und wie es einerseits nur möglich ist, wenn noch ein gewisser Abstand zu der Gefahr besteht, die es abwehren soll – in der unmittelbaren, völligen Betroffenheit kann man nicht lachen, sondern nur, wenn man der Gefährdung entronnen ist oder sie bei anderen wahrnimmt, hier aber auch wiederum nur, wenn man sich nicht zu sehr mit dem Betroffenen identifiziert, mit ihm „mitleidet" – so dient es andererseits dazu, die Distanz aufrechtzuerhalten. Man lacht präventiv, um das Unheil abzuwehren, den Abstand zu ihm erst gar nicht zu verlieren und ihn womöglich zu vergrößern. Wer über einen Schmerz oder einen Verlust lachen kann, der ist dadurch nicht grundsätzlich gefährdet.

Die Antike hat das Gegensatzpaar des lachenden und des weinenden Philosophen geschaffen, der erste verkörpert in Demokrit, der zweite in Heraklit – eine

Antithese, der durch die Rezeption der antiken Überlieferung in Renaissance und Humanismus zu neuer Lebendigkeit verholfen wurde.[370] Nach der Anekdote brach Demokrit, so oft er an die Öffentlichkeit trat, über die Torheiten der Menschen und die Übel der Welt in Lachen aus, während Heraklit bei derselben Gelegenheit und denselbenn Anlässen stets weinte. In einem seiner Essays greift der Skeptiker Montaigne diese antike Anekdote auf, diskutiert sie und stellt sich auf die Seite des Demokrit: „Ich bin mehr für die erste Gemütsart; nicht eben, weil es lustiger ist, lachen als weinen; sondern weil mehr Selbst- und Kraftgefühl dabei ist und sie uns härter als die andre verdammt, und mich deucht, daß wir nach unsern Verdiensten niemals genug verachtet werden können." In dem Beklagen und Bemitleiden schwinge immer noch eine Wertschätzung dessen mit, worüber man weine, wohingegen man keinen Wert auf das lege, worüber man spottend lache. Die Menschen aber seien, so denke er, weniger elend als vielmehr unbedeutend, weniger bedauernswürdig als verächtlich; und Montaigne begründet und illustriert seine skeptische Einschätzung des Menschen mit einem weiteren, der Antike entlehnten Beispiel, indem er Diogenes mit dem Misanthropen Timon kontrastiert: „Also war Diogenes, der in sein eigenes Fäustchen lachte, seine Tonne wälzte und über den großen Alexander die Nase rümpfte, der uns für Schmeißfliegen hielt oder für Blasen voller Wind, ein bittererer und also schärferer Richter; und daher nach meiner Meinung gerechter als Timon. Derjenige Timon nämlich, den man den Menschenhasser nannte; denn das, was man haßt, ist uns nicht gleichgültig. Dieser wünschte uns alles Übel an den Hals, war leidenschaftlich in dem Verlangen uns zu verderben, floh unsern Umgang als gefährlich, hielt uns für boshaft und von Natur verderbt. Der andre schätzte uns so gering, daß wir durch unsre Seuchen ihn weder beunruhigen noch anstekken könnten; er vermied unsre Gesellschaft nicht aus Furcht, sondern aus Geringschätzung unsers Umgangs; er hielt uns für unvermögend weder zu frommen, noch Schaden zu tun." Nach weiteren antiken Beispielen schließt Montaigne den Essay ‚Über Demokrit und Heraklit' mit einem Satz, der als der Grundsatz einer kynischen wie einer zynischen Anthropologie gelten könnte: „Kurz, der Mensch ist nicht nur ein lachendes, sondern auch ebenso ein lächerliches Tier."[371]

Man muß, was Montaigne über den gesellschaftlichen Umgang des Diogenes und des Misanthropen sagt, noch ein wenig differenzierter darstellen, denn beide verhalten sich hierin ja nicht in derselben Weise; Timon verläßt aus Men-

---

[370] Vgl. dazu: August Buck. Democritus ridens et Heraclitus flens. In: Wort und Text. Festschrift für Fritz Schalk. Hrsg. von H. Meier und H. Sckommodau. Frankfurt a. M. 1963. S. 167-186.

[371] Essays 1, 50. In: Michel de Montaignes Gesammelte Schriften. Zweiter Band. Essays. 1. Buch. S. 256-261.

schenfurcht und -haß die Stadt, um sich in der Einsamkeit einer Einöde anzusiedeln; die mangelnde emotionale Distanz zwingt ihn zur räumlichen. Anders Diogenes, der in der Polis bleiben kann, weil er im Lachen über die Menschen den inneren Abstand gewinnt, der ihm den äußeren weitgehend erspart; und so lebt er zwar allein in einem Faß, aber mitten in der Stadt.[372]

---

372 Die Distanz zu den übrigen Menschen ist ein immer wiederkehrender Zug in den Portraits antiker Philosophen, zumal bei den fast mythischen Stilisierungen solcher, die kaum historisch bezeugt sind wie die sieben Weisen. So zitiert Diogenes Laertius zu Myson, der unter die sieben Weisen zählt: „Aristoxenes berichtet in seinen Vermischten Geschichten, er habe starke Ähnlichkeit mit Timon und Apemantos. Er sei nämlich ein Menschenhasser gewesen. So habe man ihn in Lakedaimon beobachtet, wie er ganz für sich allein gelacht habe. Und von einem, der ihn in solcher Lage überraschte, gefragt, warum er fernab von jeder menschlichen Gesellschaft lache, habe er geantwortet: ‚Eben deshalb.'" (I 107 f.) Die Anekdote will offensichtlich das Maximum an möglicher Menschenverachtung ausdrücken: räumliche und emotionale Distanz. Aber damit Myson seine Verachtung durch Lachen kundtun kann, braucht er den Beobachter; die räumliche Abgeschiedenheit ist nicht ganz vollständig.

III. *KYNISMUS ZWISCHEN MORAL UND LACHEN: DER MORALISCHE BEGRIFF DES KYNISMUS BEI EPIKTET UND ZYNISMUS IN LUKIANS SATIRE AUF DEN TOD DES KYNIKERS PEREGRINUS*

Für die Darstellung des begrifflichen Zusammenhangs zwischen Kynismus und Zynismus von entscheidender Relevanz ist die Frage nach dem Umfang und der Bedeutung, die Witz und Lachen im Kynismus einnehmen.

Ich habe als die literarische Eigentümlichkeit der Kyniker, die von Diogenes Laertius unter die Schüler des Diogenes gezählt bzw. der kynischen Schule zugerechnet werden, die Vermischung von Scherz und Ernst, das „spoudogeloion", hervorgehoben und die Diogenes-Gestalt, wie sie in den zahlreichen Anekdoten überliefert ist, als die personifizierte Verkörperung dieses literarisch-moralphilosophischen Prinzips darzustellen versucht. Als zwei herausragende Vertreter des literarischen Kynismus wurden schon im vorangehenden Kapitel Menipp von Gadara und Bion von Borysthenes genannt; sie sind die Schöpfer zweier literarischer Formen, die dem Prinzip des spoudogeloion, des ridendo dicere verum, wie das Motto später im Lateinischen heißt, Rechnung tragen und die wirkungsgeschichtlich von außerordentlicher Bedeutung gewesen sind: der Satire – genauer: der menippeischen Satire – und der hellenistischen Diatribe, in deren Tradition sowohl die stoische Diatribe, bekannt vor allem von Epiktet her, und die christliche Predigt stehen.

H. I. Marrou definiert die Diatribe als „eine philosophische Unterweisung volkstümlichen Charakters mit vorwiegend ethischem Inhalt."[1] Nun sind die Diatriben des Bion zwar nicht mehr im Original erhalten, aber ihr Typus läßt sich aus den Autoren, die sie später benutzten, „mit voller Sicherheit bis ins Detail rekonstruieren."[2] Um über ihre inhaltliche Eigenart durch die Assoziationen, die mit den späteren stoischen und christlichen Diatriben verbunden sind, keinen falschen Eindruck zu erwecken, muß man sie von diesen unterscheiden; aufgrund der unterschiedlichen Eigentümlichkeit nämlich ist die von P. Wendland zuerst vertretene These, Bion sei der Schöpfer der literarischen Diatribe, sogar mehrfach in Zweifel gezogen worden.[3] Der Unterschied liegt in dem Witz, der

---

[1] W. Capelle und H. I. Marrou. Art. ‚Diatribe'. In: Reallexikon für Antike und Christentum. Bd. III. Stuttgart 1957. S. 998.

[2] W. Capelle. Art. ‚Diatribe'. A.a.O. S. 997.

[3] Vgl. W. Capelle. A.a.O. S. 995. Über die spätere Entwicklung der kynischen Diatribe als Form moralischer Unterweisung, bei der der satirische Impuls schwächer wird,

bei Bion vielfach die Moral überwuchert, wohingegen die späteren Diatriben fast ausschließlich moralisch-ernsten Charakters sind, und nur in manchen Reden des Dion Chrysostomos, die dieser Gattung zugerechnet werden können, und zumal in seinen Diogenes-Reden bricht oft unvermittelt der Witz durch. Daher ist über Bion von E. Zeller geurteilt worden, er sei mehr „witziger Literat als Philosoph", und Capelle, der dieses Urteil zustimmend zitiert, charakterisiert ihn als obszön, vulgär und witzig; „ja er scheut sich nicht, vor seinen Hörern gelegentlich selbst ekelhafte, insbesondere obszöne Dinge unverhüllt zur Sprache zu bringen, die ästhetischer wie ethischer Takt schlechthin verbieten würden. Im Hinblick auf seinen buntschillernden Stil u. den mangelnden Ernst seiner Rede, mag diese auch unzweifelhaft Witz u. Geist verraten (. . .) u. für die breite Masse stets kurzweilig u. amüsant gewesen sein, haben ernste Denker wie Theophrast und Eratosthenes über ihn das vernichtende Urteil gefällt, daß er zuerst der Philosophie das Gewand einer Dirne (ἄνθινα) angezogen habe."[4] Man sieht, die Diatriben des Bion müssen noch manches von der Art der alten Komödie gehabt haben, und in der Affinität zu ihr sind sie den Satiren des Menipp verwandt. Hinter ihm und Bion steht als Ahne Aristophanes, den man als den geistigen Ahnherrn auch der Satire bezeichnen könnte, und ebenfalls derselbe Geist lebt in zahlreichen Diogenes-Anekdoten fort.

Daß die Vorstellungen und Bewertungen, die mit der Diogenes-Gestalt und dem Begriff des Kynismus vom Beginn ihrer neuzeitlichen Rezeption in Humanismus und Renaissance an verbunden sind, so weit voneinander differieren, liegt wesentlich in der unterschiedlichen spätantiken Rezeption und Interpretation dieser Phänomene begründet. C. M. Wieland geht darauf in dem „Vorbericht" zu seinem Diogenes-Roman ein, den er statt ursprünglich ‚Sokrates mainomenos' später ‚Nachlaß des Diogenes von Sinope' nannte, weil der erste Titel griechisch sei und vor allem, „weil dieser halb ehrenvolle, halb spöttische Spitzname, welchen Plato dem Diogenes gegeben haben soll, auf den Diogenes, der sich uns in diesen Blättern darstellt, ganz und gar nicht zu passen scheint. Dieser ist zwar ein Sonderling, aber ein so gutherziger, frohsinniger und (mit Erlaubniß zu sagen) so vernünftiger Sonderling, als es jemals einen gege-

---

sowie über ihre Wirkung auf die christliche Predigt gibt es mehrere ältere Untersuchungen von berufener Seite. Ich verweise auf: Paul Wendland. Philo und die kynisch-stoische Diatribe (in: P. Wendland und O. Kern. Beiträge zur Geschichte der griechischen Philosophie und Religion. Berlin 1895. Vgl. auch das Kapitel: „Die philosophische Propaganda und die Diatribe" bei P. Wendland. Die hellenistisch-römische Kultur in ihren Beziehungen zu Judentum und Christentum. Tübingen 2 und 3 1912. S. 75-96). — Rudolf Bultmann. Der Stil der Paulinischen Predigt und die kynisch-stoische Diatribe. Göttingen 1910 (die Arbeit ist Bultmanns Dissertation). — J. Geffcken. Kynika und Verwandtes. Heidelberg 1909.

4 A.a.O. S. 995.

ben haben mag; und gewiß, wer nicht Alexander ist, könnte schwerlich etwas besseres zu seyn wünschen als ein solcher Diogenes."[5] Dementsprechend charakterisiert er des näheren seine Vorstellung über Diogenes in Absetzung von derjenigen, wie sie sich aus den bei Diogenes Laertius und Athenäus gesammelten Anekdoten ergebe: „Es ist nämlich der gewöhnliche Begriff, den man sich, den Nachrichten des Diogenes Laertius und dem Athenäus zu Folge, von unserm Diogenes von Sinope zu machen pflegt, von demjenigen, den wir aus diesem Werke von ihm bekommen, nicht weniger verschieden, als die Komödie von dem Possenspiel, der ironische Sokrates von dem zügellosen Aristofanes, der Harlekin des Marivaux von dem Hanswurst des alten Wiener Theaters, und ein launiger, aber feiner und wohl gesitteter Spötter der menschlichen Thorheiten von einem schmutzigen und ungeschliffenen Misanthropen unterschieden ist." Glaube man dem Diogenes Laertius – diesem „unkritischen Kompilator der Lebensbeschreibungen der Filosofen und waschhaften Grammatiker" – dann müßte, so Wieland, „Diogenes der Cyniker der verachtungswürdigste, tollste, unfläthigste und unerträglichste Kerl gewesen seyn, der jemals die menschliche Gestalt verunziert hätte;"[6] man erkennt, daß dieses von Wieland abgelehnte negative Bild des Diogenes und des Kynismus durchaus mit dem modernen Begriff des Zynismus sowie den damit zumeist verbundenen negativen Wertungen zu tun hat.

Dem hält Wieland die Vorstellung des wie er meint wahren Diogenes und den „ächten Cynismus" entgegen, wovon man den richtigen Begriff einmal durch die Aufzeichnungen erhalte, die Arrian von den Reden des Epiktet gemacht habe, dieses „zweiten Sokrates", dessen „Xenofon" Arrian in der Tat gewesen sei; zum anderen durch die Autorität des Demonax, der dem Diogenes „ungemeine Hochachtung erwiesen" habe und „dessen Character uns Lucian (ein sehr glaubwürdiger Mann, wenn er etwas Gutes von jemand sagt, denn das begegnet ihm selten genug) in seiner eigenen Abhandlung mit Xenofontischem Geist und in Plutarchischer Naivität geschildert hat."[7]

1. *Epiktets moralischer Kynismus*

Epiktet, der selbst nichts Schriftliches hinterließ, sondern nur mündlich gelehrt hat, dessen Vorträge und Lehren jedoch von seinem Schüler Arrian aufgezeich-

[5] Sämmtliche Werke. 13. Bd. S. 28.
[6] A.a.O. S. 15 f.
[7] A.a.O. S. 18 ff.

net wurden — davon sind vier Bücher Diatriben und das sogenannte Encheiridion, das Handbüchlein der Moral, erhalten —, und Lukian stehen beide in einem gewissen, noch näher zu erläuternden Sinne in der Tradition des Kynismus, obwohl man sie allgemein nicht zu den Kynikern rechnet; Epiktet ist Stoiker, Lukian wird gewöhnlich als Sophist und als Satiriker bezeichnet. Beide setzen sich mit dem praktischen Kynismus ihrer Zeit, der ersten zwei nachchristlichen Jahrhunderte, auseinander. Wie auch bei Dion Chrysostomos findet sich bei ihnen in ganz ähnlichen Formulierungen die Klage über vagabundierende Wanderprediger, die sich den äußeren Habitus der Philosophen zulegen, sich Kyniker nennen und auf Krates und Diogenes berufen, dabei aber kaum mehr als Schmarotzer und unverschämte Bettler seien: aufdringlich, geldgierig und lüstern. „Ein schäbiger Ranzen, ein Knotenstock und mächtige Kinnbacken; hinunterschlingen, was ihm die Leute geben, oder hamstern und den Leuten, die ihm begegnen, zur Unzeit eine Moralpauke halten oder eine schöne Schulter zeigen (das kann der ‚Kyniker' von heutzutage)!"[8] In einer seiner berühmtesten Diatriben entwirft Epiktet auf dem Hintergrund eines solchen entarteten die Anleitung zu einem alternativen Kynismus, wie er ihn für wahr und dem Diogenes angemessen hält und der die wesentlichen Züge seiner eigenen stoischen Moral trägt.

Deren Grundgedanken sind in etwa folgende: Jeder Mensch strebt nach Glückseligkeit, die darin besteht, „daß ihm alles nach Wunsch geht, er nicht gehindert, nicht gezwungen werden kann."[9] Ihre unabdingbare Voraussetzung, aus der sie gleichsam von selbst hervorgeht, ist die Freiheit; denn nur dem Freien verläuft alles nach Wunsch und nur er besitzt die ungehinderte Verfügung über das, was er wünscht. Wie aber kann eine solche Freiheit gewonnen werden, da doch alle äußeren Gegenstände, alle fremden Personen, ja sogar der eigene Leib sich der völligen Verfügbarkeit entziehen, weil sie unbeeinflußbaren Gewalten unterworfen sind oder nach eigenem Willen handeln, worüber der Einzelne niemals Herr werden kann, selbst der mächtigste und reichste nicht? — Freiheit und durch sie Glückseligkeit lassen sich nur erreichen, indem der Einzelne das meidet und sich nicht von dem abhängig macht, was nicht gänzlich in seiner Gewalt steht; all dieses von dem zu unterscheiden lernen, was in der eigenen Verfügung liegt, ist der wichtigste Schritt zur Freiheit. Ihn kann jeder, auch der Sklave, vollziehen; man muß bedenken, daß Epiktet selbst ein freigelassener Sklave war. Philosophie — und sie ist für Epiktet im wesentlichen Moral — besteht in der Selbsterziehung zur Freiheit, in der Selbstbefreiung durch die Einsicht in die richtige Unterscheidung zwischen dem, worüber der Einzelne ungehindert verfügen kann und worüber nicht. Auch hier also kehrt der Grundgedanke der Moral wieder, daß der

---

[8] III 22. Vom Kynismus. In: Epiktet, Teles und Musonius. Wege zu glückseligem Leben. Übersetzt und eingeleitet von Wilhelm Capelle. Zürich 1948. S. 135.

[9] IV 1. Von der wahren Freiheit. A.a.O. S. 149.

Einzelne ein Handelnder sein müsse. Diese Einsicht erfordert, Leidenschaften, Begierden und Ängste abzulegen, da sie, modern gesprochen, Intentionen sind, welche sich auf Gegenstände richten, die sich nicht in der Gewalt des Einzelnen befinden. „Wird doch die wahre Freiheit nicht durch Befriedigung der Begierden gewonnen, sondern durch Ausrottung der Begierden."[10] Der leidenschaftslose, „apathische" Weise ist das Ideal der stoischen Moral.

Das exemplarische Muster eines solchen freien Menschen stellt nun in den Augen des Epiktet Diogenes dar, der seine Unabhängigkeit gerade in der äußeren Knechtschaft bewies, die ihn nicht zum Sklaven machen konnte. „Denn das ist die wahre Freiheit. So ward Diogenes von Antisthenes befreit und versicherte, daß er von niemandem auf der Welt mehr geknechtet werden könne. Daher — wie stolz benahm er sich, als man ihn gefangennahm! Wie sprang er mit den Seeräubern um! Nannte er etwa einen von ihnen ‚Herr'? Ich meine nicht das Wort, denn nicht das Wörtchen fürchte ich, sondern die sklavische Gesinnung, deren Ausdruck das Wort ist. Wie schalt er sie aus, daß sie die Gefangenen schlecht ernährten! Welch eine Haltung, als man ihn verkaufte! Suchte er etwa einen Herrn? Gott bewahre, einen Sklaven suchte er!"[11]

Der Freiheitsbegriff der stoischen Moral Epiktets ist ein absolut verinnerlichter; er rechnet unter die Gegenstände, die sich der Gewalt des Einzelnen entziehen, das Leben selbst, weshalb der freiwillige Verzicht darauf, der Suizid, nach stoischer Anschauung gerechtfertigt sein kann. Diese völlige Verinnerlichung der Freiheit und damit des Glücks aber paßt nicht zum Diogenes der Anekdoten und dem in ihnen zutage tretenden Prinzip der animalischen Selbstbehauptung. In dieser Hinsicht hat Schopenhauer mit Recht konstatiert, Arrian gebe in den Aufzeichnungen der Diatriben Epiktets einen falschen Begriff des Kynismus.[12]

Dazu kommt eine zweite eigentümliche Auffassung des Diogenes; Epiktet schreibt ihm nämlich Frömmigkeit zu, die der religionskritischen und oftmals blasphemischen Gestalt aus dem Geist der sophistischen Aufklärung doch völlig fremd ist, die er aber vom wahren Kyniker generell fordert; denn dieser sei ein Bote des Zeus. Verständlich wird die Forderung nur aus der unentbehrlichen Komplementärfunktion der Frömmigkeit für Epiktets Moral der absoluten und

---

10 IV 1. A.a.O. S. 169.

11 IV 1. A.a.O. S. 160.

12 Parerga und Paralipomena. Bd. 1 (Sämtliche Werke. Hrsg. von A. Hübscher. Bd. 5) S. 59. „Dem A r r i a n sind also die eigentlichen Grundgedanken des Kynismus, wie der Stoischen Ethik, ganz abhanden gekommen: sogar scheint er nicht ein Mal das Bedürfniß derselben gefühlt zu haben." Als dem Kynismus fälschlich zugeschriebene Attribute führt Schopenhauer hier u. a. die Selbstverleugnung und den Dienst an anderen Menschen als ein Bote des Gottes auf. In Arrians bzw. Epiktets Verzeichnung des ursprünglichen Kynismus sieht er jüdisch-christlichen Einfluß. Vgl. auch ‚Die Welt als Wille und Vorstellung'. 2. Bd. S. 167 ff.

innerlichen Freiheit. Seine Unterscheidung läßt als das, was in der Gewalt des einzelnen Menschen steht, allein das übrig, was allgemein als „Vorstellung" bezeichnet wird; in praktischer Hinsicht ist das der Wille, und nur in ihm ist der Mensch als Handelnder völlig frei. „Frei ist der Mensch, der lebt, wie er will, der auf keine Weise gezwungen oder gehindert werden kann, dessen Wollen nicht zu hemmen ist, der stets erreicht, was er begehrt, und nie in Lagen gerät, die er zu vermeiden wünscht. Wer möchte wohl leben, indem er sein Ziel verfehlt?"[13] Daraus folgt aber, daß der Wille im strengsten Sinn sich nur auf sich selbst beziehen darf; denn er soll ja ausschließlich das in seiner Gewalt stehende wollen, und das ist letztlich nur er selbst. „Ich will, daß ich will" – in dieser Maxime besteht die unausgesprochene Konsequenz der Moral Epiktets; es ist eine reine und völlig widerspruchsfreie Regel, das Ideal einer theoretischen Moral, die nur einen Nachteil hat, nämlich daß sie gänzlich unpraktisch ist. Denn wie kommt der Wille zu den Gegenständen außer sich, und wie kann er die Welt wollen?

Hierzu ist nun die Frömmigkeit erforderlich. Jede individuelle Vernunft und jeder individuelle Wille partizipieren an einer allgemeinen Vernunft und einem allgemeinen Willen; diese Allgemeinheit nennt Epiktet die Gottheit. Gott will die Welt, und indem sich der Mensch ihm anschließt, kann auch er sie mit allen ihren Gegenständen wollen. „Wie meinst du das ‚sich anschließt'? – Wenn er, was jener will, auch selbst will, und was jener nicht will, auch nicht will. – Wie meinst du das? – Wie denn anders, als daß er die Wege Gottes und sein Walten zu erkennen sucht?" Die willentliche Bejahung der Welt über den Willen Gottes gilt für jeden Sachverhalt in der Welt. „Er will, daß ich Fieber habe; auch ich will es. Er will, daß ich etwas erstrebe; auch ich will es. Er will, daß ich nach etwas begehre; auch ich will es. Er will, daß ich etwas erreiche; auch ich wünsche es. Will er es nicht, will auch ich es nicht. Ich bin bereit zu sterben, bereit, mich foltern zu lassen. Wer kann mich da noch hindern oder zwingen, gegen meine Überzeugung zu handeln? Sowenig, wie er Gott zwingen kann."[14]

Epiktets Frömmigkeit besteht in dem Streben nach der Erkenntnis eines allgemeinen – göttlichen – Weltgesetzes und der Bereitschaft, sich ihm zu unterwerfen. Den existentiellen Individualismus, auf den der Einzelne in der moralischen Unterscheidung dessen, worin er frei ist, von dem, was nicht in seiner Gewalt steht, zunächst verwiesen ist, hebt sie in gewissem Sinne wieder auf; manchmal, vor allem in der Schauspielmetaphorik Epiktets, scheint es, als sei der Mensch nur der Funktionär der Gottheit. Der Gott ist der große Regisseur eines Stückes, in dem er jedem Einzelnen die Rolle zuteilt und zu dessen Zuschauer er die Menschen bestimmt; da sind sie dann kaum mehr als eine Art Jubelperser des Gottes. „Wenn es dir nicht mehr paßt, so geh doch! Er braucht

[13] IV 1. A.a.O. S. 143.
[14] IV 1. A.a.O. S. 156 f.

keine verdrossenen Zuschauer! Festgenossen will er haben, die an seinem Reigen teilnehmen, damit sie umso lebhafter Beifall klatschen, ihm voll Begeisterung zujubeln und das Fest preisen. Schwächlinge und Feiglinge sieht er nicht ungern das Fest verlassen. Sie haben sich ja während ihrer Anwesenheit nicht wie Festgenossen benommen und nicht die Rolle gespielt, die ihnen zukam, sondern gejammert, ihren Genius, ihr Schicksal und ihre Leidensgefährten verwünscht."[15] Allein, daß Epiktet keine konkrete Instanz oder Institution wie etwa die Kirche einsetzt als Statthalter und Vollstrecker des göttlichen Willens, verhindert die praktische Entmündigung des Individuums.

Die Frömmigkeit kommt in ihrer Funktion, den Einzelnen in allgemeine Zusammenhänge zu stellen, der politischen Haltung und dem Gesetzesgehorsam des Bürgers der alten Polis sehr nahe; nur reichen ihre Zusammenhänge weiter als das Gesetz der Polis und umfassen den Kosmos sowie die ganze Menschheit. Wie Sokrates ist Epiktet reiner Moralist; daher wurde für ihn die Bezeichnung „der zweite Sokrates" üblich. Moral – und das ließe sich wie bei Sokrates und Epiktet auch noch bei Kant zeigen – hat stets zwei Ziele: Sie beansprucht die größtmögliche Freiheit des Einzelnen, indem sie ihn durch Befreiung von fremden, ihm auferlegten Zwecken zum Subjekt seiner Handlungen und zum Zweck an sich macht. Aber andererseits sucht sie mit der Freiheit des Subjekts stets den Gedanken eines allgemeinen Zweckes zu verbinden, wodurch verhindert wird daß durch die individuelle Freiheit alles außer ihr und zumal die anderen Personen zum Mittel werden. Solche allgemeinen Zwecke sind der Staat und die Idee der Gerechtigkeit des platonischen Sokrates, die dem begegnen sollen, was Platon als die absolute Willkür des sophistischen Individualismus darstellt, die Idee der Menschheit und das göttliche Gesetz Epiktets oder Kants Sittengesetz. So gesehen gehört bei Epiktet die Frömmigkeit eigentlich noch zur Moral.

Mit ihr schreibt er dem Diogenes die Anerkennung eines allgemeinen, überindividuellen Zweckes zu; und nur so kann er auf ihn als ein Vorbild im Sinne der eigenen Moral verweisen. Die Stoa, die sich über die Kyniker gern mit Sokrates in Verbindung brachte, hat ihre pantheistische Naturauffassung und ihren Kosmopolitismus gelegentlich in der Aufforderung der Kyniker, nach der Natur zu leben, und in dem vermeintlichen Weltbürgertum des Diogenes vorgebildet gesehen. Aber im Kynismus der Diogenes-Gestalt, wie er in den meisten Anekdoten ausgeprägt ist, fungieren Natur und Weltall lediglich als kritische Gegeninstanzen zur Polis, von denen aus deren Gesetz destruiert wird; sie gewinnen keine positive Bedeutung – die Natur allenfalls als technische Anleitung zur animalischen Selbstbehauptung, nicht aber als pantheistische Größe. Vieles deutet darauf hin, daß die religiöse Auffassung der Diogenes-Gestalt, wie sie am nach-

---

15 IV 1. A.a.O. S. 159.

drücklichsten Julian betreibt, eine späte Umdeutung ist. Ich jedenfalls möchte den Kynismus des Diogenes ursprünglich als ein Grenzphänomen der Moral, als extremen, aus dem Geist der Sophistik erwachsenen Individualismus auf dem Hintergrund der Auflösung der alten Polis verstehen. Diogenes ist ein Sokrates ohne Platons Pflichtgefühl für die Allgemeinheit, d. h. konkret den Staat: ein radikaler Individualist.

Helmut Rahn, der in einem Aufsatz über ‚Die Frömmigkeit der Kyniker' sich dieses Thema stellt, gesteht ein, daß auf den ersten Blick die Themenstellung paradox anmute; „denn wie bei den modernen Zynikern scheint es auch bei ihren antiken Ahnherrn dieser Frage kaum zu bedürfen: so offenkundig scheint die negative Antwort: der Zynismus ist das Gegenteil von Frömmigkeit, religiöser Nihilismus. Auflösung und Zersetzung des allgemein Gültigen und Wertvollen, das Triumphieren des Negativen in schamloser und gemeiner Enthüllung und Demaskierung scheint sein Kennzeichen, an dem er sich als Verfallserscheinung, als Symptom einer überreifen, morbiden Zivilisation erweist."[16] Rahn führt nun aus, daß ein solches Urteil hinsichtlich des antiken Kynismus zumindest nicht allgemein zutrifft; denn bei Themistios, Epiktet und vor allem Julian, von denen Rahn ausgeht, tragen Kynismus und Diogenes-Gestalt ganz offensichtlich religiöse Züge. Ob das allerdings schon für den — wie er meint — historischen Diogenes zutreffe, läßt auch er offen. Über ihn glaubt er nicht mehr sagen zu können, als daß er — „im wörtlichen wie im üblichen Sinn des Wortes — ein eigenartiger Mensch" gewesen sei.[17] Mir jedoch scheint, daß Frömmigkeit — ob die stoische Natur- und Weltfrömmigkeit Epiktets oder Julians neuplatonisch-mystische Frömmigkeit — nicht ursprünglich konstitutive Züge der Diogenes-Gestalt sind, sondern ihr später zugeschrieben.

Das muß man zumindest in Erwägung ziehen bei dem moralisch-religiösen Begriff des Kynismus, den Epiktet vermittelt und in dem neben dem extremen Individualismus unverzichtbar die Frömmigkeit steht. — In der Diatribe vom Kynismus nimmt er die Frage eines Schülers, „was man eigentlich unter einem Kyniker zu verstehen habe", zum Anlaß, den wahren Kyniker zu beschreiben; er tut das, indem er dieses Ideal von denen absetzt, die sich fälschlich so bezeichneten und die Sache zu leicht machten: „ ‚Einen alten Rock trage ich jetzt auch, und schlafen auf harter Pritsche tue ich jetzt auch. Dazu nehme ich denn Ranzen und Stock, ziehe umher und fange an, die Leute, die mir begegnen, anzubetteln und auszuschimpfen; und wenn ich dann sehe, daß sich ein Weichling enthaart, kanzle ich ihn ab, oder wenn ich einen treffe, der sein Haar fein frisiert hat oder in roten Schuhen einherstolziert.' (Epiktet:) Wenn du dir die Sache so denkst, dann hast du keine Ahnung; laß die Hände davon, es ist nichts für dich! Wenn

[16] Paideuma. Mitteilungen zur Kulturkunde. Bd. VII. 1959/61. S. 281.
[17] A.a.O. S. 292.

du sie dir aber so vorstellst, wie sie in Wirklichkeit ist, und doch noch glaubst, du eignetest dich dazu, dann bedenke wohl, welch gewaltiges Unternehmen du vorhast!"[18]

Denn der wahre Kyniker vollzieht radikal im Sinne der epiktetischen Unterscheidung die Reduktion auf den eigenen Willen; er verzichtet auf die Welt sowie seine Begierden und Leidenschaften, die ihn an sie binden. „Begehren darfst du überhaupt nichts mehr und meiden nur das, was von deinem Willen abhängt. Zorn, Groll, Neid, Mitleid, all das muß dir fremd sein; kein Mädchen darfst du schön finden, keinen Ruhmesschimmer, keinen Knaben, keinen Leckerbissen."[19] Was dem Kyniker bleibt, sind allein seine „Vorstellungen", d. h. das, was in seiner ungehinderten Macht steht; und also muß er sich sagen: „ ‚Meine Aufgabe aber ist der rechte Gebrauch meiner Vorstellungen. Der elende Körper geht mich nichts an. Seine Glieder gehen mich nichts an. Der Tod? Mag er kommen, wann er will, sei es für den ganzen Menschen oder eins seiner Glieder! — Verbannung? Verbannen könnte mich jemand aus dem Kosmos? Unmöglich! Wo ich auch hingehe, da scheinen ebenso gut Sonne, Mond und Sterne, kommen Träume und Vorzeichen, besteht die Gemeinschaft mit den Göttern.' "[20]

Dieses Gefühl der Geborgenheit im Kosmos hält das Gegengewicht zu der Vereinzelung des radikalen Individualismus. S. Freud nennt es nach einem Ausdruck von Romain Rolland das „ozeanische Gefühl". Rolland, den Freud eingangs seiner Schrift ‚Das Unbehagen in der Kultur' als einen Freund zitiert, hatte auf Freuds Erklärung der Religion als „Illusion" in einem Brief an den Verfasser bemängelt, die Theorie würdige nicht die eigentliche Quelle der religiösen Vorstellungen, die in dem Gefühl bestehe, das er (Rolland) „die Empfindung der Ewigkeit nennen möchte, im Gefühl von etwas Unbegrenztem, gleichsam ‚Ozeanischem.' " Freud faßt Rollands Ansicht von der Quelle der Religion in einen Satz, den er aus Grabbe zitiert und mit dem wiederum dieser einen Selbstmörder sich über seine Tat beruhigen lasse: „Aus dieser Welt können wir nicht fallen."[21] Eben das aber ist auch Epiktets Trost über den Tod und die Verbannung; und auch der Kyniker, der auf Familie, Freunde und Vaterland in der Regel verzichten muß, soll sich von dieser Gewißheit überzeugen, nämlich daß er in Gemeinschaft mit den Göttern und in Einheit mit dem Kosmos stehe. Ein solches religiöses Unendlichkeitsgefühl allerdings ist dem individualistischen

---

[18] III 22. A.a.O. S. 129 f.

[19] III 22. A.a.O. S. 130. Hier läßt die Übersetzung allzu großen Raum für Mißverständnisse. Gemeint ist, der Kyniker solle nur meiden *wollen*, was von seinem Willen abhängt, jedoch nicht das Unvermeidliche wie Tod, Krankheit, politische Verfolgung etc.

[20] III 22. A.a.O. S. 131.

[21] Sigm. Freud. Abriß der Psychoanalyse. Das Unbehagen in der Kultur. Fr. a. M. 1970. S. 65.

Diogenes der Anekdoten ebenso wenig eigen wie die Anerkennung eines überindividuellen politischen Gesetzes.

Neben der Frömmigkeit und der praktischen Verwirklichung der Moral fordert Epiktet vom Kyniker ein weiteres, wofür die besonders rigorose moralische Praxis die unabdingbare Voraussetzung abgibt und was man im engeren Sinne als die philosophische Qualifikation verstehen kann. Der Kyniker erforscht — gleichsam stellvertretend für die übrigen Menschen — das Wesen der Moral, die richtige Unterscheidung von Gut und Böse, und er teilt seine Erkenntnisse dann den anderen mit. Epiktet beschreibt diese Aufgaben in zwei Bildern; zum einen bezeichnet er den Kyniker als einen Boten des Zeus, zum anderen als einen Kundschafter; das letztere Bild erläutert er anhand einer allegorischen Ausdeutung derjenigen Anekdote, nach der Diogenes bei der Schlacht von Chaironeia als Gefangener vor Philipp geführt auf die Frage des Königs, wer er sei, antwortete: ein Erkunder der königlichen Unersättlichkeit. Die Boten- und Kundschaftertätigkeiten stellen gewissermaßen die moralphilosophischen Forschungs- und Lehraufgaben des Kynikers dar: „Und wenn man sich so vorbereitet hat, darf man sich hierbei nicht beruhigen, wenigstens der wahre Kyniker nicht. Der muß wissen, daß er als Bote von Zeus zu den Menschen gesandt ist, daß sie über Gut und Böse im Irrtum befangen sind und das Wesen des Guten und Bösen da suchen, wo es nicht ist; wo es aber ist, nicht ahnen, und muß wie Diogenes, der nach der Schlacht bei Chaironeia zu Philipp geführt wurde, ein Kundschafter sein. Denn Kundschafter ist der Kyniker, dessen nämlich, was den Menschen gut und was ihnen schädlich ist. Und wenn er im Gelände scharf zugesehen hat, muß er zurückkommen und die Wahrheit berichten, ohne von Furcht benommen oder auf andere Weise von falschen Vorstellungen betört und verwirrt zu sein, so daß er nicht Feinde meldet, wo gar keine sind."[22]

Der wahre Kyniker weiß um das Wesen von Gut und Böse, und er muß dieses Wissen mit Nachdruck den übrigen Menschen vermitteln. Er muß, wie Epiktet es formuliert, wenn es der Lauf der Dinge mit sich bringe, imstande sein, „sich hoch aufzurichten und auf die tragische Bühne hinaufzusteigen und das Wort des Sokrates zu sprechen: ‚Wehe, ihr Menschen, wohin treibt ihr?' "[23] In der Diatribe über den Kynismus läßt Epiktet an dieser Stelle den Kyniker selbst eine paradigmatische moralische Unterweisung vortragen, die mit einem Zitat aus dem pseudoplatonischen ‚Kleitophon' beginnt. Die Rede, gespickt mit zahlreichen mythischen Beispielen, macht klar, daß das Glück des Menschen nicht in den äußeren Gegenständen, sondern im Willen des Menschen liege; sie wiederholt also den epiktetischen Grundgedanken der Unterscheidung dessen, was in der Gewalt des Einzelnen steht und was nicht. Wie die Rede mit einem Wort

---

[22] III 22. A.a.O. S. 131.
[23] III 22. A.a.O. S. 131 f.

des Sokrates, des ersten maßgeblichen Moralisten, beginnt, so endet sie mit dem des Diogenes. Der Kyniker stellt ihn als die exemplarische Verwirklichung der Freiheit und der daraus resultierenden Seelenruhe durch Verzicht auf die äußeren Güter seinen Zuhörern vor Augen und läßt den Diogenes sprechen: „ ‚Sieh auf mich, ich habe kein Heim und kein Vaterland, weder Besitz noch Gesinde; ich schlafe auf der bloßen Erde, habe weder Weib noch Kind noch eine Leibwache, sondern nur die Erde unter und den Himmel über mir und einen einzigen alten Rock. Und was bleibt mir? Habe ich etwa Kummer oder Angst? Bin ich nicht wahrhaft frei? Wann hätte je einer von euch gesehen, daß ich etwas begehrte und doch nicht erlangte, etwas mied und ihm doch verfiel? Wann hätte ich je mit Gott oder Menschen gehadert? Wann hätte ich je auf einen geschimpft? Hat mich jemals einer von euch mit finsterer Miene gesehen? Und wie verkehre ich mit denen, die ihr fürchtet und anstaunt? Nicht wie mit Sklaven? Meint doch jeder, der mich sieht, seinen eigenen König und Herrn zu sehen!' " Das seien, so kommentiert Epiktet abschließend diese Musterrede, „die Worte des echten Kynikers, das ist sein wirkliches Wesen, seine wahre Gesinnung."[24]

Ist tatsächlich der wahre Begriff des Kynismus, der „ächte Cynismus", wie Wieland schreibt, der moralische des Epiktet? Jedenfalls ist dieser nicht derjenige, der der Sache nach zum modernen Begriff des Zynismus führt. Auch Wieland räumt ein, daß Arrian den Diogenes nur von „der schönen Seite gemalt" habe, gewiß aber sei, daß er den Grund dafür in dem „wirklichen historischen Charakter des Diogenes" gefunden haben müsse; denn man wähle keinen Thersites zum Vorbild, wenn man einen schönen Mann malen wolle.[25] Epiktets bzw. Arrians Einseitigkeit in der Sicht des Kynismus und der Diogenes-Gestalt bestehen jedoch nicht nur in einer bloßen Verschönerung, sondern in einer Einengung auf Moral im strikteren Sinne des Wortes und einer nahezu völligen Unterschlagung dessen, was bei Diogenes aus der alten Komödie fortlebt. Zwar fordert Epiktet auch einmal Schlagfertigkeit vom Kyniker und zitiert als Beispiele zwei entsprechende Antworten des Diogenes, aber von dem aggressiven Witz und vor allen Dingen den Unverschämtheiten des Spottes und der Obszönitäten ist nichts geblieben. Hier unterscheidet sich der moralische Kynismus des Epiktet von dem des ursprünglichen Diogenes wie der Charakter seiner Diatriben von dem der Diatriben Bions. Und es ist sehr bezeichnend, daß Epiktet den Kyniker zum Zweck der moralischen Belehrung die „tragische Bühne" besteigen und seine Rede mit einem Zitat des pseudoplatonischen Sokrates beginnen läßt. Die Diogenes-Gestalt aber ist ihrem innersten Wesen nach und im Unterschied zum Sokrates der philosophischen Dialoge nicht auf der tragischen, sondern auf der komischen Bühne beheimatet. Epiktet faßt den Diogenes wie

[24] III 22. A.a.O. S. 134 f.
[25] A.a.O. S. 19.

auch Sokrates als Moralisten auf, ohne Spott, Witz und Ironie. Dem entspricht, daß er in seinen eigenen moralischen Anweisungen Witz und Lachen weitgehend verbietet. „Vermeide es auch, Witze zu machen, denn eine solche Gewohnheit geht leicht ins Gewöhnliche über und ist außerdem geeignet, die Achtung deiner Mitmenschen gegen dich zu vermindern." Gefährlich sei es auch, im Gespräch auf schlüpfrige Gegenstände zu kommen. „Wenn einmal etwas derartiges in deiner Gegenwart vorkommt, und es bietet sich eine passende Gelegenheit, so weise denjenigen zurecht, der so weit gegangen ist. Sonst zeige wenigstens durch dein Schweigen, dein Erröten oder durch eine finstere Miene dein Mißfallen an solchem Gespräch."[26] Dieses Verhalten nun widerstrebte gewiß einem Kyniker vom Schlage des Diogenes gänzlich.

2. *Lukians literarischer Kynismus*

Jemand, der gewöhnlich nicht, wie es Epiktet vom wahren Kyniker fordert, die tragische, sondern die komische Bühne bestieg, war Lukian. Gleichwohl steht er in der literarischen Tradition des Kynismus, und aus seinen Schriften ist deren Charakter wohl noch am umfassendsten erschließbar. Wes Geistes Kind er ist, bekennt er selbst in der Schrift ‚Der Fischer oder die wiederauferstandenen Philosophen', mit der er auf die Attacken reagierte, die er durch den ‚Verkauf der philosophischen Sekten', einer Satire auf die einflußreichsten philosophischen Systeme und Bewegungen seiner Zeit, auf sich gezogen hatte. Als die personifizierte Philosophie ihn fragt, wer er sei, nennt er sich „Parrhesiades";[27] damit bekennt er sich gleichsam zu Aristophanes als seinem geistigen Ahnherrn. In der ‚Geschichte der griechischen Literatur' von Schmid/Stählin stellt W. Schmid Lukian denn auch als einen Nachfolger der alten Komödie im Geist der Parodie und Satire hin; und er verbindet mit dieser Feststellung das negative Urteil über die, wie er meint, „zersetzende" Tätigkeit, die die alte Komödie wie die Satiren Lukians gemeinsam ausübten. „Von alters her war es griechische Art, dem Ernsten eine lächerliche Seite abzugewinnen durch die P a r o d i e, die schon bei Homer anfängt, auch die Götter zum Gegenstand zu nehmen. Dieses Mittel hat die Komödie so schonungslos auf alles und jedes angewandt, daß nichts Ernsthaftes und Heiliges mehr vor Verzerrung geschützt war und alle echte Ehrfurcht untergraben wurde. Der Semit Lucian hat in den Fußstapfen seines Landsman-

---

[26] Handbüchlein der Moral. A.a.O. S. 45 f.
[27] Werke 1. Bd. S. 241.

nes Menippos nach Jahrhunderten für seine zersetzende Tätigkeit in der alten Komödie den reichsten Nährboden gefunden."[28]

Die Vermittlung zwischen Lukian und der alten Komödie geschieht also durch Menipp. In dem Kapitel über ,Das Nachleben der alten Komödie, besonders des Aristophanes' schreibt Schmid, daß das „σπουδογέλοιον im Stil der altattischen Komödie" zwar von der Bühne verschwunden sei, aber ein neues Wirkungsgebiet in der kynischen Satire gefunden habe; Schmid nennt in diesem Zusammenhang Menipp, Bion und Kerkidas — Autoren des vierten und dritten Jahrhunderts v. Chr. — sowie die späteren Varro und Lukian, die den Stil Menipps aufgriffen. Daneben vermutet er einen Einfluß der Komödie schon bei den ältesten Kynikern, nämlich in den Tragödienparodien, die Diogenes und Krates zugeschrieben würden: „Es ist aber wahrscheinlich, daß nicht erst die jüngeren Kyniker, sondern schon Diogenes von Sinope und Krates in ihren nicht für die Bühne bestimmten ,Tragödien' an die Paratragodie der ἀρχαία angeknüpft haben. Eine schwache Abzweigung vom Fluß der altattischen παρρησία hat sich offenbar in den Kynismos ergossen und lebt noch in den kynisierenden Rügereden des Dion von Prusa an griechische Städte."[29] Von der Wirkung, der Lebendigkeit und der Art der Diogenes-Gestalt ausgehend möchte ich vermuten, daß diese Abzweigung gar nicht so schwach war und daß darüber hinaus der Kynismus ursprünglich zu einem wesentlichen Teil gerade darin bestand.

R. Helm ist dem Zusammenhang zwischen den Satiren des Menipp und Lukian in einer umfangreichen und detaillierten Studie nachgegangen und hat gezeigt, daß Lukian in einer ganzen Reihe von Schriften, darunter seine berühmtesten, offensichtlich menippeischen Vorlagen nachahmt; ja Helm urteilt, daß seine Wirkung und sein Ruhm eben auf dieser „genialen Idee, den Menipp wieder aufleben zu lassen" beruhte, worauf ihn sein Interesse für das Komische gebracht habe.[30] Lukian beginnt als Sophist und als Autor von Dialogen, dann aber verwendet er unter dem Einfluß Menipps den Dialog ausschließlich komisch. Diese Vereinigung von Komödie und Dialog, zu seiner Zeit eine Neuheit, trug ihm den Ehrentitel „Prometheus im Schriftstellen" ein.[31]

Lukians Werk ist im großen Umfang erhalten und, was als noch bemerkenswerter erscheint, in der Spätantike und in der Neuzeit seit Humanismus und Renaissance von erheblicher rezeptionsgeschichtlicher Bedeutung gewesen. Das referiert Helm in kurzen Zügen in der Einleitung zu seiner Studie; außerdem gibt

---

[28] 1. Teil. 4. Bd. S. 561. Hier erinnert das Vokabular der Literaturgeschichte noch an den Ungeist der Zeit, nach deren Ende sie 1946 erschien.

[29] A.a.O. S. 452.

[30] Lucian und Menipp. S. 13.

[31] Das erwähnt Lukian selbst in der Schrift ,Prometheus. An jemand, der ihn einen Prometheus im Schriftstellen genannt hatte'. Werke. 3. Bd. S. 340.

er sehr interessante, weil außerordentlich voneinander abweichende Wertungen und Urteile über ihn wieder. Neben Bewunderung und Nachahmung, angefangen bei den Humanisten über Voltaire bis zu Wieland und Goethe, finden sich immer wieder scharfe Ablehnung und Kritik. Schon der Kirchenvater Laktanz sprach tadelnd von ihm wegen seines Spottes gegen Götter und Menschen; und nachdem er von dem freien Geist der Aufklärung im 18. Jahrhundert geschätzt und gewürdigt wurde, erfuhr er im späten 19. Jahrhundert wieder negative Bewertungen. Jacob Bernays nannte ihn eindeutig abwertend einen „spottenden Epikureer", hielt ihm „nihilistische Oede" in religiösen und metaphysischen Fragen vor und wandte sich gegen den Vergleich mit Voltaire: dessen Witz und Spott habe auch die Mächtigen nicht verschont. „Lucian will seinen Leser mit lauem Spott und Spiel in bunten Bildern unterhalten und hat immer nur Schwache, wie den Jupiter und die Philosophen, angegriffen."[32] Ihm fehle, anders als Voltaire, jede Detailkenntnis und jede Überzeugung. Das einzige, was er nicht attackiere und wovor er Achtung bewahre, sei die römische Bürokratie mit dem Kaiser als ihrem Gipfel; deren tatsächliche Kritikbedürftigkeit habe er nicht erkannt oder erkennen wollen, und aus diesem Verkennen heraus habe er diejenigen gesellschaftlichen und religiösen Reformbewegungen satirisch bekämpft, die hellsichtig auf die Verfallserscheinungen des römischen Reiches und seiner Zivilisation reagiert hätten wie die Kyniker und die Christen. — Zu dem Spott des Lukian wird man bemerken müssen, daß er durchaus nicht immer nur „lau" ist, sondern, wofür es später noch genügend Beispiele geben wird, außerordentliche Schärfe erreichen kann; das geht nur oftmals durch unsere Distanz zu den Gegenständen, die Lukian verspottet, für uns verloren.

Noch eindeutiger abwertend qualifiziert ihn R. Helm: Einen Kämpfer für Vernunft und gegen Aberglauben dürfe man in Lukian nicht sehen, und darum sei auch die Zusammenstellung mit den Humanisten, die gegen klerikales Dunkelmännertum angingen, und mit Aufklärern wie Euripides und Voltaire verfehlt. Ihm komme es bloß darauf an, zum Lachen zu reizen; er habe nichts von dem „heiligen Ernst", der Überzeugtheit eines humanistischen „Pfaffenfeindes", nichts „von der sich im inneren Widerspruch verzehrenden Seele des Tragikers." „Ein passenderer Vergleich drängt sich auf, der mit Heinrich Heine, der Spottdrossel im deutschen Dichterwalde, der ihm nur an Charakterlosigkeit, an Genialität und Originalität, aber auch an Malice weit überlegen ist." Lukian sei kein Charakter, „und das setzt sein Verdienst ohne Zweifel wesentlich herab und trägt auch heute noch dazu bei, das Urteil über ihn niedrig zu stimmen."[33] Wie Schmid spricht auch Helm in bezug auf ihn von Zersetzung: das „beständig

[32] Lucian und die Kyniker. S. 43.
[33] A.a.O. S. 6 f.

Zersetzende" übe die Wirkung eines starken Gewürzes aus, das sich durch wiederholten Genuß abnutze.

Ohne mich dahinter stellen zu wollen, zitiere ich diese negativen Urteile, die nicht nur Aufschluß über ihren Gegenstand, sondern auch die Zeit geben, aus der sie stammen; sie enthalten fast alle abwertenden Prädikate, die mitgemeint sind, wenn man heute den Begriff des Zynismus als Vorwurf verwendet: verletzender Spott, mangelnde Ehrfurcht vor „heiligen" Werten, Nihilismus in ethischer, religiöser und metaphysischer Hinsicht etc. Noch eines wird an dieser Bewertung Lukians in der zweiten Hälfte des 19. und dem frühen 20. Jahrhundert deutlich: daß jemand, der in liberaleren und aufgeklärteren Zeiten als Freigeist angesehen und geschätzt wurde, aufgrund seiner kritischen, distanzierten und spöttischen Haltung zu moralischen und religiösen Idealen negativ als Zyniker hingestellt wird. Eine stark moralisierende Zeit wie das späte 19. Jahrhundert provoziert natürlich die betont distanzierte Einstellung derjenigen, die sich nicht mit den allgemein verbindlichen Normen und Idealen — seien sie religiöser, nationaler oder sexueller Art — identifizieren wollen; das Dandytum z. B. ist während dieser Zeit eine typische Form solcher Distanzierung. Und gerade Heine, dem neben der ästhetischen Distanz gewöhnlich nationales Außenseitertum, Mangel an Patriotismus vorgeworfen wurden, wobei dann fast regelmäßig der Hinweis auf seine jüdische Abstammung fiel, galt im späten 19. Jahrhundert und darüber hinaus als Zyniker par excellence.

Bei Lukian und seinen am literarischen Kynismus Menipps orientierten Satiren kann man von Zynismus im modernen Sinn des Wortes sprechen; das durchaus sachlich und weitgehend ohne die polemische Note, die dem Begriff heute so stark anhaftet, daß er vielfach nur noch ein polemisches Schlagwort zu sein scheint. Eine Begriffsgeschichte des Zynismus fände also bei Lukian nicht nur die historische Anknüpfung an den Begriff des Kynismus, sondern auch sachlich ein Beispiel dessen, was Zynismus im modernen Sinne des Wortes meint. „Dieser uns vor allem durch die literarische Hinterlassenschaft des Lukian repräsentierte antike Z y n i s m u s hat selbstverständlich in der bürgerlichen Gesellschaft der Antike wie heutzutage seine begreifliche soziologische Funktion als Reaktionserscheinung der mit dem gesellschaftlichen Alltagsdasein nun einmal unvermeidlich gegebenen Heuchelei in jeder Form. Der Effekt des plötzlichen Demaskierens ist stets seiner literarischen Wirkung sicher und wirkt in dem Maße, wie er zum Lachen bringt, klärend und reinigend. Wir können auch diesen gesellschaftlichen Zynismus wenigstens in seinen äußeren Stilmerkmalen durch Rekonstruktion der literarischen Anreger des Lukian in die hellenistische Zeit, zu Menipp und Bion zurückverfolgen."[34]

---

[34] H. Rahn. A.a.O. S. 290.

Zynismus, so läßt sich leicht beobachten, liegt regelmäßig dann nahe, wenn ein tragischer und damit moralisch-ernster Gegenstand bewußt banalisiert oder in eine komische Perspektive gerückt wird. Ein Beispiel dafür ist die bereits zitierte Ödipusinterpretation des Diogenes in der zehnten Rede des Dion Chrysostomos. Der tragische Held des Mythos wird als ein Dummkopf entlarvt, der auf die Entdeckung seiner schicksalhaften Schuld völlig irrational und unangemessen reagiert habe. „Was ich vorhin bei Ödipus noch vergaß: Er ging nicht nach Delphi, um das Orakel zu befragen, sondern traf mit Teiresias zusammen und erfuhr durch dessen Sehergabe großes Leid, was er aber seinem eigenen Unverstand zuzuschreiben hatte. Er bekam nämlich zu hören, daß er bei seiner eigenen Mutter geschlafen und Kinder von ihr habe. Das hätte man vielleicht geheimhalten oder in Theben als gesetzlich erklären sollen. Statt dessen machte er es später aller Welt kund und rief, außer sich, laut, er sei zugleich Vater und Bruder derselben Kinder, Gatte und Sohn derselben Frau. Die Hähne regen sich über solche Beziehungen nicht auf, nicht die Hunde noch die Esel, nicht einmal die Perser, die doch als die vornehmsten in Asien gelten. Zudem blendete er sich selbst und irrte blind durch das Land, wie wenn er nicht auch sehend hätte umherziehen können."[35]

Solche zynischen, rationalistisch-parodistischen Umdeutungen tragischer Mythen machten offensichtlich einen nicht unbedeutenden Teil des literarischen Kynismus aus; Diogenes Laertius zählt im Schriftenverzeichnis des Diogenes von Sinope sieben „Tragödien" auf: Helena, Thyestes, Achilleus, Medeia, Chrysippos, Oidipus; aus der letzteren dürfte mit Gewißheit die Interpretation des Ödipus bei Dion Chrysostomos stammen.[36] In Umrissen rekonstruierbar ist auch noch der ‚Thyestes', der einen der ungeheuerlichsten und greulichsten Gegenstände der griechischen Mythologie thematisiert: Aus Rache hat Atreus seinen jüngeren Bruder Thyest zu einem Mahl eingeladen, das er heimtückisch als Versöhnungsfeier ausgibt, bei dem er aber tatsächlich dem ahnungslosen Bruder die eigenen Kinder als Speise vorsetzt. Thyest bemerkt die Ungeheuerlichkeit erst, als ihm am Ende des Mahls Atreus die Köpfe und Gliedmaßen der Kinder präsentiert. Thyest erstarrt vor Entsetzen. Diogenes nun habe, so referiert der Biograph, in seinem ‚Thyestes' die Lehre vertreten, es sei kein Vergehen gegen die Gottheit, Menschenfleisch zu essen. Das soll er wie folgt begründet haben: Es ergebe sich aus dem Brauch fremder Völker, und überdies sei alles in allem enthalten, im Brot Fleischteile und im Kohl Brotteile etc.[37] Nach dem Schema des

---

[35] 10, 29-30. Sämtliche Reden. S. 172.

[36] Diogenes Laertius VI 80. Zu den sog. Diogenes-Tragödien vgl. auch E. Weber. De Dione Chrysostomo Cynicorum Sectatore. Leipzig 1887 (Leipziger Studien zur classischen Philologie. Hrsg. von O. Ribbeck und H. Lipsius. 10. Bd.) S. 113 ff.

[37] VI 73.

‚Ödipus' kann man nun den Zusammenhang dieser Argumentation im ‚Thyestes' erschließen: Diogenes wird argumentiert haben, Thyestes hätte sich nicht zu entsetzen brauchen, ja er sei sehr dumm gewesen, als er das tat. Die Barbaren äßen Menschenfleisch in aller Ruhe, jeder täte das indirekt, selbst wenn er Kohl verzehre etc.

Bei den beiden Erwähnungen der sogenannten Diogenes-Tragödien bemerkt Diogenes Laertius, daß diese dem Kyniker wie alle übrigen unter seinem Namen laufenden Schriften abgesprochen und anderen Autoren zugeschrieben worden seien. Als Verfasser werden Philiskos, ein angeblicher Schüler des Diogenes, und ein gewisser Pasiphon genannt. Auch Julian kommt in seiner Rede gegen den Kyniker Heraklios auf diese „Tragödien" und die Frage ihrer Urheberschaft zu sprechen, und zwar im Zusammenhang mit den Tragödien des Kynikers Oinomaos; der ist uns bereits als ein vehementer, aufklärerischer Kritiker des Orakelglaubens bekannt.[38] Allein aufgrund seines Kampfes gegen das Orakelwesen war er dem religiösen Kaiser suspekt. Die Ausführungen Julians sind nun in zweifacher Hinsicht interessant: Sie bestärken den Zweifel an der Autorschaft des Diogenes und vermitteln einen Eindruck davon, wie die kynischen Tragödienparodien auf einen gläubigen Anhänger der Mythen gewirkt haben. Sie sollen daher in voller Länge zitiert werden.

„Was aber die dem Diogenes zugeschriebenen Tragödien betrifft, die zwar zugestandenermaßen Werke eines Kynikers sind, aber nur noch insofern einen Gegenstand des gelehrten Streites bilden, als man darüber uneinig ist, ob sie von dem Meister, nämlich von Diogenes selbst, oder von seinem Schüler Philiskos stammen, so möchte ich den Leser kennen, der sie nicht verabscheute und nicht überzeugt wäre, daß nicht einmal die Hetären sie an Schamlosigkeit übertreffen könnten. Liest man aber erst die Tragödien des Oinomaos – er hat nämlich auch solche geschrieben, und diese Stücke sind seinen übrigen Werken ganz ähnlich –, so muß man sie für den Gipfelpunkt aller Schamlosigkeit und Schlechtigkeit erklären, und ich finde gar keine passende Bezeichnung mehr für sie, wenn ich ihnen auch die Übeltaten der Magneten und des Termeros, kurz, den Inhalt aller Tragödien mitsamt dem Satyrdrama, der Komödie und dem Mimus nachsage: so sehr hat sich der Mann in jenen Dichtungen jede Schändlichkeit und jegliche verzweifelte Narrheit zum Vorwurf gewählt. Wenn uns nun allerdings jemand nach diesen Werken ein Bild von dem Kynismus entwerfen will, indem er, wie ich schon im Anfang gesagt habe, die Götter lästert und alle Leute anbellt, dann soll er meinen Segen haben und von einem Land ins andere ziehen, wohin er nur immer will."[39]

---

[38] Vgl. dazu S. 78 f.

[39] Kaiser Julians philosophische Werke. S. 94.

Dies bestätigt noch einmal allgemein, was am einzelnen Beispiel der kynischen Ödipusinterpretation schon ablesbar war: daß der Begriff des Kynismus, den man aufgrund der Tragödienparodien erhalten würde, der des Zynismus ist. Man muß zu den Äußerungen Julians allerdings wie dem Bericht des Diogenes Laertius, wenn er aus dem ‚Thyest' referiert, darin habe die Rechtfertigung des Kannibalismus gestanden, die literarische Intention und Form dieser „Tragödien" hinzudenken. In ihnen ging es offensichtlich nicht bloß um die krude Destruktion von Moral, um die Propagierung bestialischer Gewalttaten, sexueller Perversionen u. ä. Beides wäre noch nicht zynisch, sondern nur sadistisch und pornographisch. Vielmehr wurden, wie man vermuten kann, die überkommenen, im Mythos fixierten moralischen und religiösen Wertvorstellungen an einem extremen Rationalismus gemessen, als irrational befunden, somit als auf Unverstand beruhend entlarvt und der Lächerlichkeit preisgegeben.

Ich schicke diese halbspekulativen Anmerkungen zu den kynisch-zynischen Tragödienparodien der Schrift Lukians ‚Über das Lebensende des Peregrinus' voraus, weil auch darin ein tragisch-moralischer Gegenstand in den Bereich der Komik gezogen und lächerlich gemacht wird. Lukian parodiert eine Tragödie, zwar nicht eine mythische, sondern eine historisch-reale, die er als Zuschauer selbst miterlebte, und so entsteht eine zynische „Komödie der Narrheit und der eitlen Ruhmsucht", wie H. Rahn sie treffend charakterisiert,[40] ein „Musterbeispiel" für Zynismus schlechthin. Das für unseren begriffsgeschichtlichen Zusammenhang so Interessante, ja Pikante dieser lukianischen Satire liegt darin, daß es eine Tragödie innerhalb des Kynismus ist, die Gegenstand zynischer Entlarvung und Demaskierung wird. Der Anlaß ist die Selbstverbrennung eines zu Lukians Zeit bekannten Kynikers, des Peregrinus oder Proteus, wie er sich auch nannte, der mit dieser Tat ein Fanal setzen wollte, dem er selbst und seine Jünger tragisch-mythischen Zuschnitt zu verleihen sich bemühten; Lukian dagegen stellt den Freitod als eine äußerst lächerliche Schmierenkomödie dar.

Bekanntlich bildet der Suizid innerhalb der stoischen Lehre eine legitime Möglichkeit moralischen Handelns, die z. B. bei Epiktet damit begründet wird, daß das Leben nicht dem Willen untersteht und daher zu den äußeren Gütern zählt, auf die der Einzelne verzichten können muß. Ebenso hielt die kynische Sekte der römischen Kaiserzeit, die nach E. Zellers Auffassung aus der Stoa erwuchs, den Freitod für gerechtfertigt. Diese Lehre setzte besagter Peregrinus, ein Führer der Sekte, in die Tat um, indem er sich anläßlich der olympischen Spiele vor großem Publikum selbst verbrannte. Er begründete die Tat, wie Lukian es in seinen eigenen Worten wiedergibt, unter anderem damit: er wünsche den Menschen zu nützen, indem er ihnen zeige, wie man den Tod verachten solle, alle

---

40 A.a.O. S. 290.

Menschen müßten daher seine Philoktete sein. Peregrinus will also ein moralisches Exempel statuieren für die richtige Einstellung zum Tod. Aber darüber hinaus trägt die Tat – christlicher Märtyrersucht nicht unähnlich – deutlich Züge sektiererischer und religiös-mytischer Schwärmerei; das vor allem ist es, was Lukian, einen Aufklärer aus dem Geist der Sophistik, dagegen aufbrachte. Peregrinus will Proselyten machen; daher kündigt er die Selbstverbrennung lange vor der Ausführung an, führt sie vor Publikum aus und stilisiert sie durch Berufung auf entsprechende Vorbilder zu einem mythisch-tragischen Ereignis. Dem stellt Lukian in virtuos steigernder Weise entgegen, was er als Motiv und Hintergrund der Tat sieht: bloße Ruhmsucht und Dummheit. Aus dieser psychologischen Entlarvung eines vorgeblich moralisch-tragischen Vorgangs ergibt sich der Zynismus der Satire.

Lukian kleidet sie in die Form eines Briefes, in dem er seinem Freund Kronios über die Vorgeschichte und den Hergang des Ereignisses berichtet und den er wie folgt beginnt: „Der unglückselige Peregrinus, oder, wie er selbst sich zu nennen liebte, Proteus hat nun völlig das Schicksal des homerischen Proteus erfahren. Nachdem er um des Ruhmes willen Alles geworden war und unzählige Wandlungen durchgemacht hatte, ward er schliesslich auch Feuer. Von so grosser Ruhmsucht war er besessen. Nun ist also der Wackere verkohlt wie Empedokles, jedoch mit dem Unterschiede, dass dieser bei seinem Sprunge in die Feuerschlünde sich allen Blicken zu entziehen versuchte, jener Edle hingegen die besuchteste aller hellenischen Festversammlungen abwartete, einen Scheiterhaufen möglichst hoch aufthürmte und in Gegenwart so vieler Zeugen hineinsprang, nachdem er auch wenige Tage vor der Ausführung des Unternehmens eine Ansprache über dasselbe an die Hellenen gerichtet hatte."[41]

Die satirische Tendenz dieser einleitenden Sätze – wie der ganzen Schrift – ist eine doppelte: zum einen und in erster Linie richtet sie sich gegen die historisch-individuelle Persönlichkeit des Peregrinus. Darüber hinaus aber zielt sie auf den Mythos, es fehlt nicht der Geist der lukianischen Götterparodien, auch wenn er nicht wie in anderen Satiren im Vordergrund steht. Die Verbindung zwischen den beiden Ebenen drängt sich mit der mythischen Selbststilisierung des Peregrinus auf, die Lukian noch kräftig unterstützt – in ironisch gebrochener Weise natürlich. Für die Selbstverbrennung wird als Vorbild der legendäre Freitod des Empedokles bemüht, ein Beispiel von nahezu mythischer Qualität, auch wenn Empedokles strenggenommen kein mythischer Heros, sondern ein Philosoph war. Später werden, um die Weihe des Feuertodes herauszustreichen, die Beispiele des Herakles und des Dionysos zitiert. In scharfem Kontrast zu

[41] Ich zitiere nach der Übersetzung von Bernays, die dieser seiner Schrift ‚Lucian und die Kyniker' hinzugefügt hat. – S. 67.

diesem Anspruch auf mythische Erhöhung stehen die niederen Umstände und Beweggründe der Tat: Peregrinus wird von bloßer Ruhmsucht getrieben, die Lukian an der Öffentlichkeit des Freitodes erkennt. Wenn er sich, so nachträglich die indirekte Aufforderung des ironischen Beobachters, schon wie Empedokles verbrennen wollte — was in den Augen Lukians noch immer eine Dummheit bliebe — so hätte er das wie dieser in aller Abgeschiedenheit tun sollen. Banal ist das Ergebnis des Vorgangs, von dem sich Peregrinus so viel, nämlich Eingang in den Mythos, versprochen hatte; stattdessen ist er bloß „verkohlt". Entlarvung durch Reduktion auf niedere Motive und Kontrastierung von weihevollem Anspruch und banaler Realität sind die bevorzugten Techniken der Satire.

Ein weiterer Anknüpfungspunkt an den Mythos ist der Beiname des Peregrinus, Proteus; Lukian leitet die Berechtigung für diesen Namen aus jenem Bestandteil des Proteus-Mythos ab, der zumindest seit der philosophischen Aufklärung und Kritik sowie seit Platons Dekret, die Götter seien unveränderlich, anrüchig war: der unbegrenzten Fähigkeit des Verwandlungskünstlers Proteus, seine Gestalt zu wechseln. Der satirischen Anprangerung der Charakterlosigkeit auf der individuellen Ebene des Peregrinus, der unter der Peitsche der Ruhmsucht sich jede gefällige und sensationsträchtige Gestalt zuzulegen bereit ist, entspricht auf der mythischen Ebene die Bloßstellung der Metamorphose als einer elementaren Kategorie aller Mythen.

Der aus der Mythisierung in die Banalität zurückgeholte — oder aus der anderen Perspektive: der der mythischen Falschheit überführte und entlarvte — Peregrinus erscheint als lächerlich, und nichts anderes als ein möglichst heftiges Lachen über ihn will Lukian bei seinem Leser erzeugen. So vermutet er denn sofort im Anschluß an diese ersten Sätze hinsichtlich der Reaktion des Freundes: „Ich sehe dich vor mir, wie du weidlich über die Hirnlosigkeit des alten Menschen lachst, oder vielmehr höre ich dich, wie dir die Ausrufe entfahren, die man von dir erwarten kann: ‚oh, über den Stumpfsinn, oh, über die Ruhmjägerei, oh, über' — alles Andere, was wir von diesen Menschen zu sagen pflegen."[42] Der Freund, so fährt er fort, mache diese Ausrufe in der sicheren Distanz vom Schauplatz des Ereignisses, er selbst aber habe sie unmittelbar neben dem schon brennenden Feuer getan, und da sei er — abgesehen von einigen Lachern auf seiner Seite — von den wütenden Anhängern des Peregrinus, den „Hundsphilosophen", beinahe zerrissen worden wie Aktäon von den Hunden. Daraus ist die im ‚Wörterbuch des Suidas' tradierte Anekdote über den Tod des Lukian entstanden, wonach er tatsächlich von Hunden zerrissen wurde; ein schönes Beispiel übrigens für die Entstehung von Anekdoten aus Literatur durch Abschneiden des Kontextes.

---

[42] A.a.O. S. 67.

Soweit die Exposition der Satire; dieses Grundmuster der psychologischen Entlarvung sowie der Kontrastierung von tragisch-ernstem Anspruch und lächerlicher Posse wird nun ständig wiederholt und gesteigert. Zunächst geht das Stück als „Tragödie" über die Bühne. Den „Dichter", so setzt Lukian bei seinem Freund voraus — gemeint ist damit natürlich Peregrinus selbst —, kenne er und wisse, „welche Tragödien er, weit hinaus über Sophokles und Aeschylos, während seines ganzen Lebens aufgeführt" habe.[43] Lukian schildert nun, wie er in Elis durch das Gymnasium schlendert und dabei auf einen predigenden Kyniker trifft; es ist Theagenes, der Jünger, Apostel und Evangelist des Peregrinus. „Das Finale seines Geschreis war Proteus." Theagenes verteidigt am Ende seiner Predigt seinen Meister gegen die Vorwürfe der Ruhmsucht, die dem Peregrinus aus der Ankündigung seines freiwilligen Feuertodes erwachsen sind, indem er auf die mythischen Vorbilder hinweist: „Endete Herakles nicht ebenso? Traf der Blitzstrahl nicht den Asklepios und Dionysos? Und endlich Empedokles, stürzte er sich nicht in die Feuerschlünde?"[44] — Nach eigenem Anspruch wie in den Augen seiner Anhänger läuft Peregrinus durch die Selbstverbrennung zu tragischmythischer Größe empor; damit erhebt er sich sogar über die Stifter und irdischen Säulenheiligen der kynischen Sekte: mit ihm könnten, so Theagenes, weder Diogenes noch Antisthenes, ja nicht einmal Sokrates verglichen werden. Eine solche doch erstaunliche Herabsetzung des Protokynikers Diogenes scheint in dem Kynismus der Kaiserzeit nicht unüblich gewesen zu sein; so wirft z. B. eben dieses der Kaiser Julian auch dem Kyniker Heraklios vor. Hinter dem Bestreben, die Ahnen zu überbieten, nicht bloß sie nachzuahmen, erkennt man den Absolutheitsanspruch und die Gründermentalität religiöser Schwärmerei, wie sie auch dem frühen Christentum eigen sind. Theagenes beendet seine Hymne auf Peregrinus schließlich sogar mit dessen Apotheose: „ ‚Denn dies sind die zwei vollkommensten Kunstwerke, welche die Menschheit je erblickt hat, Zeus und Proteus; die Bildner und Schöpfer sind für den Zeus Pheidias, für den Proteus die Natur. Jetzt aber wird dieses Prachtgebilde von den Menschen hinweg zu den Göttern, vom Feuer getragen, sich erheben, und wir bleiben verwaist zurück.' "[45]

Bei diesen Worten bricht der Redner in Tränen aus, rauft sich in tragischer Verzweiflung das Haar und wird schluchzend von einigen Sektenanhängern weggeleitet. Unter Lukians demaskierender Kommentierung wird auch daraus eine lächerliche und verlogene Pose: Theagenes bringt seine Schlußworte unter „vielem Schweiß" vor, seine Tränen sind „äußerst lächerlich", sorgfältig achtet er darauf, daß er nicht zu stark an den Haaren zieht.

---

[43] A.a.O. S. 68.
[44] A.a.O. S. 68.
[45] A.a.O. S. 69.

Nach der Tragödie kommt die Komödie; jetzt wird das Stück als Posse inszeniert und der tragische Held Proteus als ein Scharlatan entlarvt, der sein Leben lang aus Egomanie und Ruhmsucht seiner Umwelt eine Schmierenkomödie ersten Ranges vorgespielt hat, der er mit der Selbstverbrennung nur die Krone aufsetzt. Da erscheint dann der fromme Kyniker als wahrer Zyniker, den zu entlarven für Lukian fast eine moralische Pflicht ist; der zynischen Verlogenheit des Moralheuchlers wird die zynische Offenheit des Satirikers entgegengesetzt.

Die Überleitung von der Tragödie zur Komödie geschieht mit Hilfe des bekannten Diktums vom weinenden Heraklit und lachenden Demokrit. Nachdem Theagenes unter Tränen den Rednerstuhl verlassen hat, besetzt ihn sogleich ein „Anderer"; Lukian nennt ihn nicht mit Namen, aber offensichtlich ist es sein alter ego. Dieser nun will, wie es ironisch heißt, „seine Libation auf die noch lodernde Flamme des eben dargebrachten Opfers giessen." Zunächst lacht er nur eine geraume Zeit, „und man merkte ihm an, dass er es aus innerster Seele that. Dann begann er etwa so: ‚Da der verfluchte Theagenes seine höchst abscheuliche Rede mit den Thränen des Herakleitos beschlossen hat, so will ich im Gegentheil mit dem Gelächter des Demokritos beginnen.' " Wieder lacht er eine Weile, so daß die meisten der Zuhörer davon angesteckt werden, sammelt sich und fährt fort: „ ‚Was soll man in der That, liebe Leute, Anderes thun, wenn man so lächerliche Tiraden anhören und sehen muß, wie ergraute Männer, einer nichtsnutzigen Gloriole zu Liebe, auf offenem Markte fast Purzelbäume schlagen?' "[46] Damit man aber die Qualität „des zu verbrennenden Prachtgebildes" kennenlerne, wolle er dessen Lebensgang schildern.

Jetzt folgt die totale, zwar nicht physische, aber moralische Vernichtung des Peregrinus durch die Eröffnung seines Sündenregisters coram publico. In sein Vorleben fallen: Ehebruch; dabei wurde er ertappt und erlitt auf der Stelle die dafür im Altertum übliche, überaus schimpfliche Bestrafung,[47] weiteren Maßnahmen entzog er sich durch eine Flucht über das Dach. Knabenschändung, wofür er die Eltern des Betroffenen mit viel Geld bestach, um sie zum Schweigen zu bringen. Drittens schließlich – und das ist der Gipfel jeden privaten Verbrechens – Vatermord; den alten Mann erwürgte er allein aus dem Grund, weil dieser schon lange im Greisenalter stand und ein natürlicher Tod immer noch nicht abzusehen war. Diese Tat macht ihn zum Wanderprediger; jedoch nicht aus Reue, sondern weil ihm der Boden unter den Füßen zu heiß wird, verläßt er seine Vaterstadt. Zunächst schließt er sich einer christlichen Gemeinde an; kulturgeschichtlich interessant ist die Passage, weil sie die früheste Schilderung christlichen Gemeindelebens aus nichtchristlicher Sicht enthält. Hier rückt er bald

[46] A.a.O. S. 69 f.
[47] Den Ehebrechern wurde ein Rettich in den After getrieben.

in eine führende Stellung auf und lernt die Süße des Ruhms kennen, den er außerdem geschickt in materielle Vorteile umzusetzen versteht; wie früher das Verbrechen wird jetzt die Ruhmsucht das treibende Motiv seines Lebens.

Von den Christen wechselt er zu den Kynikern über; solche Übergänge werden auch aus anderen Quellen berichtet. Sie zeigen, daß Christentum und Kynismus der Kaiserzeit soziologisch und religionsgeschichtlich gesehen verwandte Phänomene sind.[48] Als Kyniker macht sich Peregrinus durch die notorischen kynischen „Schamlosigkeiten", darunter der sexuelle Exhibitionismus und die Schmähreden auf hochgestellte Persönlichkeiten, den Kaiser nicht ausgenommen, im Reich bekannt. Wie letzteres auf einen loyalen Bürger vom Schlage Lukians wirken mußte, dazu ein Beispiel: In Olympia hatte ein hochangesehener Mann eine Wasserleitung bauen lassen, um dem Wassermangel unter den Zuschauern während der Spiele und den daraus resultierenden Krankheitsepidemien abzuhelfen. Diesen Wohltäter greift Peregrinus öffentlich scharf an und tadelt die Verweichlichung der Massen; die Zuschauer müßten den Durst aushalten können und — wie Lukian die Begründung ironisch weiterspinnt — „natürlich auch massenhaft sterben an den verheerenden Krankheiten, welche bisher in Folge des am Ort herrschenden Wassermangels gehaust hatten."[49] Dafür wird er fast gesteinigt, zumal er selbst ungeniert von dem Wasser trinkt; dem Tod entgeht er nur durch Flucht in ein Heiligtum.

Den Höhepunkt erreicht die Satire in der Schilderung der Selbstverbrennung. Da Peregrinus den Stern seines Ruhmes verblassen sieht und ihm keine anderen Originalitäten mehr einfallen, kommt ihm in verzweifelter Eitelkeit der Gedanke des öffentlichen Freitodes; bei den olympischen Spielen kündigt er die Ausführung für die nächsten Wettkämpfe an.

In der Kommentierung dieser Ankündigung läßt Lukians anonymer Redner, der sich als lachender Demokrit eingeführt hatte, die Lebensbeschreibung des Peregrinus gipfeln. „Und jetzt ist er, wie man sagt, wirklich mit diesen Wunderdingen beschäftigt, gräbt eine Grube, trägt Holzstücke zusammen und verheisst eine absonderliche Standhaftigkeit. Meines Erachtens hätte die Pflicht in erster Reihe erfordert, den Tod abzuwarten und nicht Reissaus aus dem Leben zu nehmen. Stand nun aber sein Entschluss das Leben zu verlassen ein für alle Mal fest, so durfte er nicht das Feuer und eine solche tragische Scenerie anwenden, sondern konnte eine andere unter den unzähligen Todesarten wählen, um davonzugehen. Und wenn er eine Vorliebe für das Feuer besitzt, weil das etwas von Herakles an sich hat, warum sucht er sich dann nicht in der Stille einen bewaldeten Berg aus und verbrennt sich dort in der Einsamkeit und nimmt Einen, etwa diesen Theagenes, als Philoktetes mit? Jetzt hingegen wird er sich zu

48 Vgl. Überweg/Prächter. Die Philosophie des Altertums. S. 659.
49 A.a.O. S. 75.

Olympia in voller Festversammlung fast auf öffentlicher Bühne braten und wahrlich, beim Herakles, geschieht ihm damit nur sein Recht, da ja sowohl die Vatermörder wie die Götterleugner für ihre Thaten büssen sollen."[50] Aus dieser Perspektive allerdings habe er völlig Recht, sich selbst zu töten; nur hätte er sich deswegen schon viel eher umbringen müssen und außerdem nicht eine so rasche Todesart wählen dürfen, denn bei der Verbrennung brauche man ja nur einmal den Mund aufzumachen, und gleich sei man tot.

Peregrinus' Argumentation, er wolle durch sein Beispiel den Menschen die Furcht vor dem Tod nehmen und Nachfolger zu derselben mutigen Haltung bewegen, erschüttert der Redner mit folgenden Fragen an das Publikum: Ob die Zuhörer denn wohl wollten, daß die Verbrecher, die doch durch die Todesstrafe abgeschreckt würden, dadurch ihre letzte Hemmung verlören? Oder ob sie ihre Kinder etwa gerne in der Nachfolge des Peregrinus sähen? Dann stellt sich der Redner wieder zynisch hinter die Argumentation des Peregrinus: Was dessen Schüler angehe, so müsse man ihnen allerdings dringend raten, dem Meister in diesem wichtigsten Punkte nachzueifern und hierin nicht zu kneifen. „In der That darf man dem Theagenes vornehmlich dies vorwerfen, dass, während er im Uebrigen diesem Manne nacheifert, er seinem Meister nicht folgt und ihn, der ja, wie er sagt, sich zum Herakles begiebt, auf seinem Wege begleitet; er würde doch dann, wenn er sich mit ihm zusammen kopfüber ins Feuer stürzt, die volle Seligkeit binnen kurzem erwerben. Die Nacheiferung besteht doch wahrlich nicht in dem Ranzen, dem Stock und dem Mantel, sondern diese Dinge sind ungefährlich, leicht und für Jedermann; auf das Endziel und die Hauptsache sollte er seine Nacheiferung richten, einen Scheiterhaufen von möglichst saftigen Feigenbaumstämmen zusammensetzen und im Rauch ersticken."[51]

In diesem Stil geht es weiter. Der Vergleich mit den indischen Brahmanen, den Theagenes zur Rechtfertigung des Peregrinus angeführt hatte, wird gegen ihn ausgespielt, und zum Schluß werden die religiösen Ambitionen des Selbstmordkandidaten noch einmal durchgehechelt. Er vergleiche sich mit dem Vogel Phönix, der im höchsten Alter sich verbrennt und dann verjüngt aus der Asche steigt, und führe für seine Tat Orakelsprüche an, „dass es ihm beschieden sei, ein Nachtwächterdämon zu werden, und offenbar ist er schon nach Altären lüstern und hofft auf goldene Bildsäulen."[52] Wahrscheinlich würden sich sogar einige Dumme finden, die sich einbildeten, eine Erscheinung dieses Nachtwächterdämons gehabt zu haben und dadurch von einem Fieber befreit worden zu sein; seine „verfluchten Schüler" aber würden neben dem Scheiterhaufen wohl ein „Orakel nebst Allerheiligstem" einrichten.

---

50 A.a.O. S. 76.
51 A.a.O. S. 77.
52 A.a.O. S. 79.

Der Redner schließt mit einer Aufforderung an die Jünger des Peregrinus: Sie möchten sich bald nach einem Ort umsehen, wo sie sich „verluftigen" könnten; „dies ist nämlich ihr Ausdruck für ‚verbrennen' ". Darauf stimmen alle Umstehenden in diesen Wunsch ein und rufen: „ ‚Jetzt gleich sollen sie sich verbrennen, sie verdienen das Feuer.' " Der Redner verläßt das Podium, wie er es betreten hat, nämlich unter Lachen. Noch einmal ergreift Theagenes mit einer wütenden Replik das Wort. „Ich liess", so schreibt Lukian, „den Theagenes sich zerreissen und ging fort, um die Athleten zu sehen."[53]

Das unmittelbare Ereignis beschreibt Lukian erkennbar selbst, ohne die Maske des Redners, und erreicht damit noch einmal eine Steigerung. Auf der Wettkampfstätte in Olympia trifft er auf den „sterbesüchtigen Sophisten", der sich seine eigene Leichenrede hält. Der Vortrag sei lang gewesen, aber wegen der Menge der Umstehenden und aus Mangel an Aufmerksamkeit habe er davon nur wenig mitbekommen. Als Peregrinus geendet hat, ist die Zuhörerschaft in ihrer Meinung gespalten: „Der thörichtere Theil der Leute weinte und rief: ‚erhalte dich den Hellenen,' die derberen hingegen schrien: ‚führe deinen Entschluss aus.' " Dieser letzte Wunsch bringt den Peregrinus in angstvolle Verwirrung; hatte er doch, sozusagen gegen seinen Willen, gehofft, man werde ihn von der Tat zurückhalten; daher beginnt er zu zittern. „Du kannst dir wohl vorstellen", spricht Lukian den Freund an, „wie ich gelacht habe, denn bemitleiden konnte man den Menschen nicht, der in seiner unheilvollen Ruhmsucht Alle übertraf, welche von derselben Furie umhergejagt werden."[54] Noch beim Todesgeleit seiner Jünger habe Peregrinus mit einem Blick über die Schar der Anhänger seinen Ruhm genossen, ohne allerdings, und jetzt kommt wieder eine der zynischen Kontrastierungen, zu bedenken, daß die Verbrecher, die zur Kreuzigung geführt oder vom Henker gepackt würden, ein noch weit größeres Gefolge hätten.

Nach immer erneuten Verschiebungen setzt Peregrinus die Selbstverbrennung auf eine Nacht nach dem Ende der olympischen Wettkämpfe an. Es seien die schönsten Spiele gewesen, die er je erlebt habe, schreibt Lukian seinem Freund. Diese Bemerkung dient dazu, das jetzt Folgende unter ästhetischem Aspekt zu sehen, als einen scheußlichen und lächerlichen Kontrast zu der Schönheit und Erhabenheit des olympischen Festes.

Es ist Mitternacht, die Mondscheibe aufgegangen — „denn auch sie musste Zuschauerin dieser herrlichsten aller Thaten sein" — der Scheiterhaufen ist angerichtet. In einer Prozession ziehen die Kyniker auf, ihnen voran Peregrinus mit seinem Lieblingsjünger Theagenes, „kein übler Inhaber der zweiten Heldenrolle". Beide tragen eine Fackel, mit der sie von verschiedenen Seiten den Holz-

[53] A.a.O. S. 80.
[54] A.a.O. S. 81.

stoß in Brand setzen. Dann entkleidet sich Peregrinus – und jetzt bittet Lukian seinen Freund um dessen volle Aufmerksamkeit – bis er nur noch in einem „schmutzigen Linnen" dasteht; er streut Weihrauch ins Feuer und spricht, nach Süden gewendet – „denn auch dies, die Richtung nach Süden, gehörte zur Tragödie –: ‚Mütterliche Geister und väterliche, nehmt mich gnädig auf.' "[55] Dann springt er ins Feuer und wird sofort von den Flammen verdeckt.

Fast sollte man meinen, daß, wer unter diesem Eindruck noch lachen kann, irre sein müsse. Aber Lukians Lachen, das sich unmittelbar anschließt, hat einen so triftigen Grund, daß man sich ihm kaum entziehen kann. „Ich sehe dich wieder, liebster Kronios, über diesen Ausgang des Drama's in Lachen ausbrechen. Ich für meinen Theil hatte, als er die mütterlichen Geister anrief, allerdings nicht viel einzuwenden;" – und jetzt kommt eine Bemerkung von äußerst zynischer Komik: „wie er jedoch sein Gebet auch an die väterlichen Geister richtete, kam mir das über den Mord Erzählte in den Sinn und ich konnte das Lachen nicht unterdrücken." Den umstehenden Kynikern, die noch in gefaßter Trauer verharren und schweigend ins Feuer blicken, ruft er zu: „ ‚Lasst uns fortgehen, ihr albernen Menschen, es ist wahrlich kein lieblicher Anblick, ein gebratenes altes Männchen zu beschauen und dabei den üblen Fettdunst einzuathmen. Oder wollt ihr hier warten, bis ein Maler kommt und euch abschildert, wie man die Genossen des Sokrates neben ihm im Gefängnis malt?' "[56] An dieser Bemerkung lassen sich zwei verschiedene Formen des Zynismus studieren. Der letzte Satz rückt, wie der einleitende über die Schönheit der olympischen Spiele, das tragisch-moralische Ereignis in eine ästhetische Perspektive; im Gegensatz zu den ergriffenen Kynikern betrachtet Lukian die Szenerie mit den Augen eines Malers, in ästhetischer Distanzierung also, und er unterstellt darüber hinaus auch noch den Kynikern eine solche Distanz, indem er nämlich glauben macht, ihre moralische und religiöse Ergriffenheit sei nur Pose. Noch stärker allerdings wirkt der Zynismus des ersten Satzes. Er entkleidet den Tod aller möglichen Idealisierungen dadurch, daß er ihn auf die Ebene der Natürlichkeit reduziert, wo nur noch die Aufdringlichkeit der Verbrennungsrückstände bleibt. Statt reiner Geist, wie er sich der religiösen Idealisierung der Kyniker darstellt, ist der verbrannte Peregrinus bloßer Gestank. Eine stärkere Desillusionierung ist wohl nicht denkbar.

Dasselbe Motiv bringt Lukian noch einmal, und zwar ausgebreitet am Beginn der Satire ‚Die entlaufenen Sklaven', die nach einer Vermutung Wielands direkt im Anschluß an den ‚Peregrinus' verfaßt wurde. Lukian habe, so Wieland, mit dieser letzten Schrift „in ein großes Wespennest gestochen und den ganzen

---

55 A.a.O. S. 82.
56 A.a.O. S. 83.

zahlreichen Orden der Kyniker gegen sich aufgebracht ... Allem Ansehen nach hatte sich unter diesen kynischen Kläffern einer so besonders übel aufgeführt, daß er eine besondere Züchtigung verdiente".[57] In den ‚entlaufenen Sklaven', deren Eingang im Olymp spielt, spricht Apollo den Jupiter auf die Selbstverbrennung des Peregrinus an und fragt den „Herrn Vater", ob die Nachricht davon denn wirklich wahr sei. „Nur zu wahr, Apollo;" antwortet Jupiter, „ich wollte lieber, er hätt es bleiben lassen." Ob denn der Mann etwas besseres wert gewesen wäre als im Rauch aufzugehen? – Darauf Jupiter: „Auch das könnte vielleicht sein. Was ich gewiß weiß, ist, daß mir der garstige Bratengeruch abscheulich lästig war. Wär ich nicht Hals über Kopf nach Arabien geflohen, ich hätte, glaub ich, von dem abscheulichen Dampf zugrunde gehen müssen. Ja sogar in dieser Fülle von Weihrauch und balsamischen Düften konnte ich den verdammten Geruch nicht wieder aus der Nase bringen; und noch jetzt, da ich nur daran gedenke, kehrt sich mir alles im Leibe herum."[58]

Wie nahe der extreme Zynismus Lukians am Scheiterhaufen des Peregrinus der bloßen Gewalt steht, macht die sich unmittelbar anschließende Szene deutlich. Die entrüsteten Kyniker schimpfen, und einige greifen sogar nach ihren Stökken; da droht ihnen Lukian, er werde sie packen und ins Feuer werfen.

Auf dem Rückweg begegnet er Scharen von Menschen, die das „Schauspiel" auch hatten sehen wollen, jedoch damit gerechnet hatten, es werde erst bei Sonnenaufgang vonstatten gehen. Diesen muß er immer wieder den Hergang und die Details berichten. „Traf ich nun auf einen gebildeten Mann, so erzählte ich ihm die nackten Thatsachen, ungefähr wie dir auch; bei den Schwachköpfen aber, die den Mund nach einer Wundergeschichte aufsperrten, fügte ich aus eigenen Mitteln allerlei Tragisches hinzu; zum Beispiel, dass nachdem der Scheiterhaufen angezündet worden, zuerst ein starkes Erdbeben, von dumpfem Gebrüll begleitet, entstanden sei und dann ein mitten aus der Flamme auffliegender Geier sich gen Himmel geschwungen und mit lauter Stimme gerufen habe: ‚die Erde hab' ich verlassen, ich steige zum Olympos.' " Solche Lügen werden von den wundersüchtigen Kynikern für bare Münze genommen, und Lukian hat selbst Gelegenheit, die Umwandlung seines Spaßes über Scharlatanerie in Aberglauben zu erleben. Der Sinn dieser Anekdote ist wie der der ganzen Satire die Entlarvung und Verhöhnung des Aberglaubens. In Olympia trifft er auf einen Greis, der vor großem Publikum den Hergang der Verbrennung schildert und dabei angibt, er selbst habe das Ganze soeben miterlebt. Am Schluß der Schilderung „setzte er den Geier hinzu und schwor hoch und theuer, er habe selbst ihn aus dem Scheiterhaufen auffliegen gesehen, eben denselben Geier, den ich fliegen

---

[57] Lukian. Werke. 2. Bd. S. 477 (Anmerkungen).
[58] Werke. 2. Bd. S. 49.

gelassen hatte, um mit den Thoren und Schwachköpfen mir einen Spass zu machen."[59]

Lukian läßt die Satire ausklingen mit einer weiteren Erzählung aus der Zeit des Peregrinus vor der Selbstverbrennung, die diesen noch einmal als ruhmsüchtig und darüber hinaus als feige entlarven soll. Der Kommentar zu der Erzählung, die ich hier übergehe, beschließt zugleich die Satire und kann daher als deren generelle Quintessenz gelesen werden. Es ist ein weiteres Mal die Aufforderung zum demokritischen Gelächter über soviel Dummheit und unheilvolle Eitelkeit. „Was meinst du wohl, dass Demokrit gethan hätte, wenn er das gesehen? Hätte er den Menschen so sehr, wie er es verdient, ausgelacht? Aber wo hätte Demokritos alles d a z u nöthige Lachen hernehmen sollen? So lache auch du denn, liebster Freund, und besonders, wenn du Andere ihn bewundern hörst."[60]

Will man die Stellung Lukians zum Kynismus bestimmen — ein Problem, welches sich der Geschichtsschreibung der Philosophie allein deswegen stellt, weil neben Diogenes Laertius er derjenige antike Autor ist, von dem wir am meisten dazu Überliefertes besitzen, so muß man zunächst die verschiedenen Begriffe des Kynismus bei ihm unterscheiden. Es sind dies, wie ich meine, drei, und dementsprechend findet man bei ihm auch drei typische Kynikergestalten. Da ist zunächst der praktische Kynismus des Peregrinus, den Lukian außer in der diesem speziell gewidmeten Schrift auch in ‚Die entlaufenen Sklaven' aufs heftigste und mit allen Mitteln satirischen Spottes bekämpft. Auf der anderen Seite trifft man in zwei lukianischen Schriften, ‚Der Kyniker' und ‚Demonax' zwei positive, vielfach idealisierende Beschreibungen des Kynismus und des Kynikers; der Athener Philosoph Demonax stellt das völlige Gegenbild zu Peregrinus dar: Bei aller Askese und trotz der kynischen Unkonventionalität bleibt er zivilisiert. Die Nachahmung des Diogenes, das paracharattein to nomisma, treibt er nicht so weit, „daß er in seiner Lebensweise etwas Besonderes affektiert hätte, um Aufsehen zu erregen und von dem großen Haufen angestaunt zu werden: sondern er aß und trank wie alle anderen Leute, beobachtete in allem die gemeinen Gesetze der Anständigkeit und führte sich zu Hause und öffentlich wie ein anderer Bürger auf, ohne aus philosophischem Schwulst sich

---

[59] A.a.O. S. 84.

[60] A.a.O. S. 86. Bleibt noch ein Zynismus nachzutragen, der den Peregrinus nicht bloß als eitel, sondern auch als dumm entlarvt: „Ein solches Ende nahm der unglückselige Proteus, ein Mensch, der, um ihn mit einem kurzen Wort zu zeichnen, niemals sein Absehen auf die Wahrheit richtete, sondern bei all seinem Reden und Thun immer nur den Ruhm und das Lob der Menge im Auge hatte, so dass er sogar deshalb ins Feuer sprang, obwohl er doch nun in der Unempfindlichkeit des Todes keinen Genuss mehr von den Lobsprüchen haben konnte." (S. 85).

das mindeste herauszunehmen."[61] Er verfügt über Witz, der dem Peregrinus ganz abgeht, und nimmt hinsichtlich religiöser Fragen wie etwa der Einweihung in die Mysterien eine skeptische Haltung ein. Wieland schrieb über ihn, er wisse nicht, „ob rührend-schönere Züge von Humanität und Gutherzigkeit in der ganzen Geschichte des Menschengeschlechts zu finden"[62] seien, und dies ist, wie Wieland glaubt, auch der „ächte Cynismus" des historischen Diogenes, ein „Cynismus", mit dem Wieland selbst sich gern identifizierte.

Jacob Bernays hat die beiden zuletzt genannten, von einer positiven Sicht des Kynismus geprägten Schriften dem Lukian abgesprochen.[63] Er hat darüber hinaus stark in Zweifel gezogen, daß die Anschuldigungen gegen Peregrinus und dessen sowie des Theagenes Verunglimpfungen auf einer sachlichen Basis beruhten und damit gerechtfertigt gewesen seien. Bernays geht davon aus, daß Lukian von seiner ganzen Einstellung her aufgrund seines mangelnden moralischen und religiösen Ernstes unfähig gewesen sei, das vielschichtige Phänomen des Kynismus zu durchschauen und gerecht zu würdigen. Vor allem sei der dem Kaiser und der römischen Bürokratie unkritisch gegenüberstehende Lukian außerstande gewesen, den Hintergrund der kynischen Bewegung, die Verfallsbedrohung des Reiches, zu erkennen; er habe auch nicht das Wesen des Kynismus und seine echte, monotheistische Religiosität von manchen abstoßenden Erscheinungen eines falschen oder geheuchelten Kynismus zu unterscheiden vermocht. „Man darf vielleicht behaupten, dass der echte Kynismus dem Lucian noch unleidlicher gewesen als der erheuchelte. Jedenfalls war ihm der echte unverständlich in seinen allgemeinen psychologischen Anlässen und wohl noch unverständlicher in seiner Verurtheilung der Kaiserzeit."[64]

Einen besonderen Beleg für die feindselig-gehässige Haltung zum Kynismus sieht Bernays darin, daß Lukian in den Spott sogar den Protokyniker Diogenes miteinbezieht. In der Philosophensatire ‚Der Verkauf der philosophischen Sekten', in der in öffentlicher Versteigerung die berühmtesten Vertreter der bedeutendsten philosophischen Schulen zum Kauf angeboten werden, läßt Lukian den Diogenes nicht nur den niedrigsten, einen beschämend geringen, Preis erzielen; ihm wird auch noch eine Schilderung des kynischen Lebens in den Mund gelegt, in der es heißt, dies sei der kürzeste Weg zum Ruhm – eine Anspielung auf die Formel für den Kynismus, er sei ein kurzer Weg zur Tugend –, ihn könne jeder Gerber, Fischhändler und Geldwechsler beschreiten, wenn er nur genügend Unverschämtheit besäße und sich aufs Schimpfen verstünde.

---

61 Werke. 2. Bd. S. 111 f.
62 Lukian. Werke. 2. Bd. S. 484 (Anmerkungen).
63 A.a.O. S. 104 f. Anmerkung 24 und 25.
64 A.a.O. S. 42.

Nun kann jedoch auch Bernays nicht übersehen, daß Diogenes bei Lukian nicht nur als Gegenstand des Spottes erscheint. In den ‚Totengesprächen' nämlich, wo er mehrfach auftritt, ist er durchweg eine positive Gestalt im Sinne Lukians; im 16. Gespräch z. B. widerlegt er in dialektisch-witziger Weise ausgerechnet den Herakles, auf den sich die spätere kynische Schule als einen Patron berief, und entkleidet ihn seiner Göttlichkeit; er fungiert also als Sprachrohr der lukianischen Göttersatire.

An anderer Stelle, in ‚Der überwiesene Zeus', einer Satire auf hellenistische Göttervorstellungen, und in ‚Die Überfahrt', worin Platons Totengericht nachgeahmt wird, verwendet Lukian als satirische Maske nicht Diogenes oder einen anderen bestimmten Kyniker, sondern „Kyniskos", das „Hündlein"; und dies ist die dritte typische Kynikergestalt bei Lukian, die sich manchmal als Diogenes oder auch als Menipp konkretisiert: der Kyniker als das Sprachrohr für Lukians Satire. Dem würde ein dritter Begriff des Kynismus entsprechen, der mit dem praktischen der Kaiserzeit kaum mehr als den Namen gemein hat: Kynismus als literarisches Prinzip, nämlich als satirisches Medium; von hier aus ergibt sich ein sachlicher Bezug zum modernen Begriff des Zynismus.

IV. *DER BEGRIFF DES ZYNISMUS*

1. *Der begriffsgeschichtliche Zusammenhang mit der neuzeitlichen Rezeption von Diogenes-Gestalt und Kynismus*

„Das Tragische bleibt doch immer das Tragische". Wie Kierkegaard bei seinen Überlegungen zur Differenz zwischen dem antiken und dem modernen Tragischen von dieser trivialen Behauptung ausgehend dem Satz zunächst allgemein zustimmt, weil „doch jede geschichtliche Entwicklung stets innerhalb des Umfangs des Begriffes" liege, um dann gegen eine allzu starre Auslegung dieses Allgemeinplatzes die geschichtlichen Bedeutungsverschiebungen hervorzuheben,[1] so wäre gegen manche moderne Begriffsbestimmung von „Zynismus", die eine strikte Abtrennung vom Kynismus vornimmt, das Moment der historischen Kontinuität zu behaupten und schlicht zu betonen: das Kynische war doch immer schon das Zynische.

Das möchte man zum Beispiel zu Werner Lauers Studie ‚Humor als Ethos' — im Untertitel ‚Eine moralpsychologische Untersuchung' genannt — sagen, worin der Zynismus als „letztmögliche Art im Reich des Komischen" definiert und abgehandelt wird. Dem modernen Sprachverständnis zufolge bedeute der Begriff „das Lächerlichmachen von allen Werten, wenn auch nicht notwendig von allen gleichzeitig, besonders aber von denjenigen, die den Menschen heilig sind." Mit dieser Definition lehnt sich der Autor ausdrücklich an die des Zynikers im Grimmschen Wörterbuch an, die man so oder ähnlich heute in den meisten Wörterbüchern und Enzyklopädien finden kann und nach der ein Zyniker jemand ist, „der aus einer verneinenden Grundhaltung heraus die überkommenen Ideale in Sitte und Recht mißachtet und durch seinen beißenden Spott herabsetzt, nicht selten mit der bewußten Absicht, die Gefühle seiner Umwelt zu verletzen". Wiederum folgt Lauer nur einer mehr und mehr verbreiteten Unterscheidung zeitgenössischer Wörterbücher, wenn er diesen Begriff des Zynismus der Sache nach allein aus dem modernen Sprachverständnis meint ableiten zu können, nicht aber aus der antiken Sprachwurzel, „die mit der philosophischen Gruppe der Kyniker zusammenhängt, deren Lehre eine Rückkehr zur Natur und ein bedürfnisloses Leben wie die Hunde (. . .) beinhaltete. Entweder stammt der Name daher oder von dem Gymnasion ‚Kynosarges', wo ANTISTHENES, der Begründer der älteren kynischen Schule, lehrte."[2]

Man wird dem Autor zugestehen: mit diesem Begriff des Kynismus hat der moderne des Zynismus nichts zu tun. Aber wir haben gesehen, daß diese ver-

[1] Entweder — Oder. Übersetzt von H. Fauteck. München 1975. S. 165.
[2] Werner Lauer. Humor als Ethos. Bonn 1974. S. 207.

engte Auffassung nicht der moralisch-satirischen Vielschichtigkeit des antiken Kynismus entspricht, und wir werden weiterhin beobachten, daß die neuzeitliche Diogenes- und Kynikerrezeption lange so einseitig nicht gewesen ist. Auf dem Hintergrund eines Kynismusverständnisses, wie es etwa bei Lauer vorliegt, hätte sich der moderne Zynismusbegriff außer durch puren Zufall gar nicht bilden können. Wir werden sehen, daß wir auf die Annahme eines solchen Zufalls bei unserem Gegenstand begriffsgeschichtlich nicht angewiesen sind.

Lauer kommt auf den Zynismus in einem Zusammenhang zu sprechen, in welchem er unter systematischem Gesichtspunkt die dem Humor verwandten Phänomene vorstellt. Dieser Gesichtspunkt ist folgender: in affektpsychologischer Hinsicht repräsentiert der Humor die Verbindung zweier entgegengesetzter Tendenzen: der aggressiv-defensiven Selbstbehauptung und der Partizipation. Im Humor – so Lauer – bleibt die Selbstbehauptung relativ schwach und geknüpft an starke Tendenzen der Partizipation. Dieses Verhältnis ändert sich kontinuierlich und kehrt sich schließlich um in der Reihe der „Geschwister" des Humors, wie der Autor sie nennt: Selbstironie, Scherz, Komik, Witz, Ironie, Satire, Sarkasmus, Zynismus, so daß bei dem letzten Glied der Kette, eben dem Zynismus, eigentlich nur noch Selbstbehauptung zu konstatieren sei. Daher trennt Lauer auch strikt zwischen Humor und Zynismus; nur daß die Selbstbehauptung des letzteren „nicht einfach nihilistisch, sondern euphorisch" sei, mache diesen dem Humor verwandt. Niemals könne Humor andererseits zynisch werden, ihm bleibe als schärfste Waffe lediglich die Satire – „eine gewisse Form der Satire", wie Lauer einschränkend formuliert; daß Satire ihrerseits nicht selten in Zynismus übergeht, dafür steht die lukianische Schrift über den Tod des Peregrinus Proteus als anschauliches Beispiel.

Lauer wendet sich mit seiner strikten Trennung gegen J. Volkelt, der in seinem ‚System der Ästhetik' Mischformen wie zynischen Humor oder humoristischen Zynismus behauptet.[3] Nun hat der Begriff des Zynismus als Terminus in der Ästhetik, bezogen auf Phänomene im Bereich des Komischen und des Humors, eine – wenn auch noch kaum beachtete – Tradition, die über F. Th. Vischer letztlich auf Jean Paul zurückgeht; ich werde diese Tradition später genauer verfolgen. Unter dem „Zynischen" begriff Jean Paul die in ästhetischer Distanzierung und Freiheit thematisierte Natur vor allem geschlechtlicher Vorgänge; solche dürften von der komischen Behandlung durch den Dichter nicht ausgenommen werden. „Es ist im Dichter das Närrische so freier Entschluß als das Zynische."[4] Dabei beruft er sich unter anderem auf die Beispiele des Aristo-

---

[3] Werner Lauer. A.a.O. S. 215. Vgl. dazu Johannes Volkelt. System der Ästhetik. 2. Bd. München 1910. S. 454-462.

[4] Vorschule der Ästhetik § 34. In: Werke. 5. Bd. S. 137. Vgl. dazu unten S. 278 ff.

phanes und Swift. Jean Paul, zu dessen Zeit die orthographische Unterscheidung zwischen „Kynismus“ und „Zynismus“ noch nicht üblich war – man schrieb einheitlich „Cynismus“[5] –, sah in der Gestalt des Protokynikers Diogenes ein solch exemplarisches Phänomen des Humors, daß er diesen in der ‚Vorschule der Ästhetik‘ sogar durch jene definierte. Dabei wird der Bogen zur Gestalt des Sokrates mit dem angeblich platonischen Diktum geschlagen: „der Humor ist, wie die Alten den Diogenes nannten, ein rasender Sokrates. –“[6]

Nietzsche hat die „Cyniker“ geradezu als die „Humoristen des Alterthums“ bezeichnet und damit eine Seite des Kynismus erneut betont, die die doxographisch orientierte Geschichtsschreibung der Philosophie immer mehr vernachlässigt hatte. Und in Carl Schneiders ‚Kulturgeschichte des Hellenismus‘[7] ist die komische und humoristische Bedeutung des Kynismus neuerdings wieder angemessen berücksichtigt worden: „Der Kynismos ist eine der wenigen Philosophien in der Geschichte, die einen ganz echten und tiefen Humor besaßen. Man muß einmal unvoreingenommen das große Diogenes-Kapitel bei Diogenes Laertios im Zusammenhang lesen, und man wird mit immer neuem Staunen gewahr werden, welche Fülle vom Humor jeder Gattung, vom zartesten und feinsten Lächeln bis zum gröbsten und ungeschlachten Lachen, von der geistvoll-spritzigen Sentenz bis zur ungeschliffenen Grobheit, aus den kynischen Kreisen kam. Es findet sich wenig Ähnliches in der Weltliteratur.“ In Lauers einseitigem Begriff des Kynismus als einer philosophischen Sekte, die sich den Idealen der Bedürfnislosigkeit und des naturgemäßen Lebens verschrieben hat, ist die komisch-humoristische Dimension eliminiert – gegen die überwiegende Auffassung der Diogenes-Gestalt und der Kyniker in der frühen neuzeitlichen Rezeptionsgeschichte; geht man ihr nach, so stößt man immer wieder auf Zusammenhänge mit dem modernen Begriff des Zynismus. Bevor ich diese Rezeption unter inhaltlichem Aspekt vorstelle und ihre allmähliche Verarmung in einer mehr und mehr der Darstellung von Systemen und Systemabhängigkeiten verpflichteten Geschichtsschreibung der Philosophie nachzeichne, will ich das bloß äußere, am Umfang ablesbare Gewicht dieser Rezeption in der frühen Neuzeit mit einigen Beispielen verdeutlichen.

Humanismus und Renaissance haben durch neue Ausgaben und lateinische Übersetzungen diejenigen antiken Autoren und Texte einem gebildeten Publikum zugänglich gemacht, in denen der Kynismus als philosophische Lebensform breit repräsentiert ist oder in denen Anekdoten – vor allem zu Diogenes – den

[5] Der früheste Beleg für die Schreibung „Kyniker“, den ich bisher gefunden habe, steht im Artikel „Diogenes“ in: Encyklopädisches Wörterbuch der Wissenschaften, Künste und Gewerbe. Hrsg. von H. A. Pierer. 6. Bd. Altenburg 1826.

[6] Vorschule der Ästhetik § 35. A.a.O. S. 140.

[7] 2. Bd. München 1969. S. 606.

Kyniker als eine außerordentlich interessante und bekannte Philosophenpersönlichkeit darstellen: Diogenes Laertius, Epiktet, Lukian, Dion Chrysostomos, Plutarch etc. Diese Autoren wurden zum großen Teil in erstaunlicher Breite rezipiert und zur Fundgrube für Anekdoten und moralische Paradigmen gemacht; man braucht sich nur an Montaigne zu erinnern, der sich mit besonderer Vorliebe auf Sokratiker, Stoiker und Skeptiker beruft, wobei unter den Sokratikern die Kyniker durch Zitate und Anekdoten zahlreich vertreten sind. Im zweiten Drittel des 15. Jahrhunderts übersetzt Francesco Aretino die lange für echt gehaltenen Pseudo-Diogenesbriefe aus dem Griechischen ins Lateinische und bekennt in einem Vorwort unverhohlen seine Bewunderung für den Kyniker, den er seinen Zeitgenossen als beispielhaften Charakter vorhält. Die Übersetzung wird in Nürnberg (ca. 1475), Florenz (1487), Venedig (ca. 1495) gedruckt und erscheint in weiteren Ausgaben; 1546 folgt eine Übersetzung ins Französische. Um die Wende zum 16. Jahrhundert verfaßt ein gewisser Bartholomaeus Coloniensis in lateinischen Versen eine Darstellung des Kynismus als eine Art Anleitung zum kynischen Leben, der eine Anzahl der sogenannten Kratesbriefe beigefügt ist. Das Titelblatt zeigt Diogenes mit den Insignien Keule, Wandertasche, Faß und Hund — im Hintergrund ein gekröntes Sonnengesicht, wohl eine Anspielung auf die Diogenes-Alexander-Anekdote. Darunter ist die Quintessenz des Lehrgedichts in vier Zeilen zusammengefaßt: „Pallia non Cynicum faciunt, atrique cuculli, / Non baculus curvus paera nec ipsa facit, / Ast animus recti semper servator, & aequi, / Et qui fortunae spernere dona potest."[8]

Das eindruckvollste und sichtbarste Beispiel für die Resonanz des Diogenes im frühen 16. Jahrhundert bietet die Darstellung auf Raffaels Gemälde „Die Schule von Athen"; der Protokyniker ist eine der auffälligsten Gestalten des Bildes, er liegt in der Mitte der verschiedenen Gruppierungen halb aufgerichtet auf einer Treppe, rechts unterhalb des zentralen Paares Platon und Aristoteles und sticht ins Auge durch die fast mittlere Position und die Isolierung von den übrigen, mehr oder weniger in Gruppen zusammengefaßten Philosophengestalten. Schon Raffaels Biograph Vasari hat auf dem Bild, das auch anders, als es sein heutiger Name nahelegt, gedeutet wurde, in dieser Gestalt Diogenes erkannt.[9]

---

8 C. A. Heumann führt in seinem ‚Catalogus Scriptorum de Philosophia Cynica' (Acta Philosophorum. 2. Bd. S. 903) diese Schrift als die früheste neuzeitliche Sekundärliteratur zum Kynismus an. Über den Autor teilt er aus anderen Quellen mit, daß er „ein vortrefflicher Poet gewesen, auch noch an. 1494 zu Deventer gelebet habe." In einem Druck von 1608 ist das Gedicht in der Staats- und Universitätsbibliothek Göttingen vorhanden. Eine Bleistiftnotiz auf dem Titelblatt gibt als Ort und Jahr Erfurt 1510 an.

9 „Zwischen ihnen liegt Diogenes mit seinem Trinkgefässe auf den Stufen der Treppe, die wohldurchdachte Gestalt eines in Gedanken versenkten Mannes, welche ihrer

Sebastian Francks Weltchronik, eine ebenso erstaunliche wie aus heutiger Sicht kuriose Kompilation des zeitgenössischen Geschichtswissens aus humanistischem Geist, widmet in dem Kapitel über die antiken Gelehrten und Künstler dem „hochberümpten und fürnemen Philosopho Diogene" einen der längsten Abschnitte;[10] nur Demokrit, über dessen legendäres Gelächter ausführlich gehandelt wird, und Sokrates werden mit noch etwas mehr Raum bedacht. Eindeutig bestimmen das Interessante und die anekdotische Fülle dieser Gestalten die Länge ihrer Darstellung. – Ein frühes Werk aus der neuzeitlichen Geschichtsschreibung der Philosophie ist Thomas Stanley's ‚The History of Philosophy'; es umfaßt ausschließlich die antike Philosophie und orientiert sich in seinem Aufbau noch fast ganz an Diogenes Laertius. Wie dessen Philosophenbiographien räumt das bis zu Jacob Bruckers Zeit oft zitierte Werk der anekdotischen Überlieferung viel Platz ein, und entsprechend ausführlich ist die Darstellung des Diogenes, der als wichtig auch dadurch erscheint, daß er am Beginn seines Kapitels wie die berühmtesten Größen durch einen Kupferstich abgebildet ist.[11] Pierre Bayles Wörterbuch enthält einen ausführlichen Artikel ‚Diogenes', und weitere Kyniker sind ebenfalls durch Artikel breit vertreten. In den ersten Jahrzehnten des 18. Jahrhunderts werden an deutschen Universitäten mehrere akademische Dissertationen über die Kyniker verfaßt; C. A. Heumann beschäftigt sich in den ‚Acta Philosophorum' mit Detailfragen der kynischen Überlieferung und erstellt eine erste Bibliographie zum Kynismus.[12] Wenn man

Schönheit und des ungezwungenen Wurfes ihrer Gewandung wegen würdig ist, gelobt zu werden." (Das Leben Raphael's von Urbino. In: Hermann Grimm. Das Leben Raphaels. Berlin ²1886. S. 117).

10 Chronica. S. CXIII.

11 Th. Stanley. The History of Philosophy. S. 281.

12 Acta Philosophorum. 2. Bd. S. 899-911. Außerdem gibt er dort (S. 912-921) „Gründliche Nachricht von zehen fälschlich also genannten Cynicis" und argumentiert gegen die historische Glaubwürdigkeit der Überlieferung, nach der Diogenes in einem Faß gelebt haben soll: „Von dem Fasse des Diogenis Cynici." (S. 59-69) Heumann betrieb als einer der ersten in Deutschland eine historisch-kritische Geschichtsschreibung der Philosophie, die zunächst hauptsächlich darin bestand, die unglaubwürdigsten Geschichten aus dem umfangreichen antiken Anekdotenmaterial herauszustreichen. „Der andere General-Nutzen der Historiae philosophicae bestehet darinnen / daß man seinen Verstand in Unterscheidung der Wahrheit von dem falschen übet / und sich angewöhnet / in allen Historien die Fabeln von den wahrhafften Geschichten abzusondern. Gemeinen Leuten kan man es endlich zu gute halten / wenn sie also argumentieren: dieses ist gedruckt / Ergo muß es wahr seyn. Allein die Gelehrten müßen nicht so leichtgläubig seyn / sondern sowohl die criteria verae Historiae, als auch die criteria fabularum, immer bey der Hand haben / als einen Probier-Stein / an welchen die Erzehlungen der Alten müßen gestrichen werden." (Einleitung zur Historia Philosophica. Erstes Capitel von dem Nutzen derselben. In: Acta Philosophorum. 1. Bd. S. 12 f.) Als Beispiel für eine solche Fabel führt er die

nun noch die zahllosen Schriften, die seit dem 16. Jahrhundert die Diogenes-Gestalt nicht so sehr historisch rezipieren als vielmehr literarisch adaptieren, hinzunimmt, so wird man Jacob Bruckers Bemerkung nachvollziehen können, der in seiner Philosophiegeschichte den Protokyniker einführt als „Den berühmten DIOGENEM, von seiner Geburts-Stadt Sinopensem zubenahmßt, der wegen seiner besondern Aufführung nicht nur zu seiner, sondern auch zu unsern Zeiten, grosses Aufsehen gemacht hat."[13] Bruckers Kynismuskapitel, noch heute von informatorischem Wert, umfaßt 150 Seiten.

Es ist vor allem die Ausbildung der großen idealistischen Systeme seit dem Ende des 18. Jahrhunderts, die das Interesse an anekdotischer Philosophiegeschichte und an Philosophengestalten, die primär durch Anekdoten und nicht durch ein System repräsentiert sind, erlahmen läßt. Seit dem späten 19. Jahrhundert arbeitet die Philologie manche verdrängte Tradition wieder auf, aber zu oft hängt sie nur am Buchstaben und vernachlässigt den philosophischen Gehalt der Anekdoten und aphoristischen Lehren, die in die Philosophie zurückzuholen es an der Zeit wäre.

Die philosophische Unergiebigkeit des Kynismus unter systematischem Gesichtspunkt und die mangelnde historische Ausweisbarkeit der Diogenes-Gestalt boten anders als heute der beginnenden Rezeption in der frühen Neuzeit keine unüberwindlichen Schwierigkeiten. Eher förderten sie eine lebendige Adaption, die eine allzu genaue historische und dogmatische Fixierung möglicherweise gehemmt hätte. Dabei wurde die Diogenes-Gestalt in ihrer ganzen moralisch-satirischen Bandbreite rezipiert; um das zu belegen, muß man allerdings über philosophiegeschichtliche Texte hinausgehen und literarische Quellen miteinbeziehen. Nur so wird man den Zusammenhang mit der Genese des modernen Zynismusbegriffs voll herausarbeiten können.

Das früheste deutschsprachige Diogenes-Buch, das ich habe auftreiben können, eine 1550 in Zürich gedruckte umfangreiche Sammlung von Anekdoten am Leitfaden einer Biographie, verbindet die geschichtliche Darstellung mit der mo-

---

Anekdote vom Faß des Diogenes an: „Ebenermaßen werden wir bey genauer Untersuchung finden / daß / was man von des Diogenis Cynici Wohnung in einem Fasse mit grösestem Ernst erzehlet / lächerlich und unwahr sey." (A.a.O. S. 17) Weil, wie er schreibt, „sich nun einige meiner Leser hierüber verwundert / und dieses fast vor einen affectirten Scepticismum gehalten haben", verfaßte er die zitierte Schrift. Dagegen argumentierte Jacob Hase ebenso ausführlich in einer Dissertation (‚De doliari habitatione Diogenis Cynici') für das historische Faß. Die Diskussion, die weiterging und die sehr schön veranschaulicht, mit welcher historischen Ernsthaftigkeit die Diogenes-Gestalt in der frühen Neuzeit aufgefaßt wurde, referieren und kommentieren: J. Brucker, Kurtze Fragen Aus der Philosophischen Historie. 2. Teil. S. 994-1002 sowie F. Hersche. Diogenes von Sinope. Eine Ehrenrettung (Luzern 1865). S. 8-10.

[13] Kurtze Fragen Aus der Philosophischen Historie. 1. Teil. S. 921.

ralischen Absicht der Belehrung und der satirischen der Unterhaltung. Daher läßt sich das Buch keiner bestimmten literarischen Gattung fest zuordnen, es ist weder Philosophiegeschichte noch Satire. Der moralisch-satirische Doppelzweck des prodesse et delectare wird schon im Titel angedeutet, worin sowohl von Lehre als auch von Vergnügen die Rede ist: ‚Diogenes. Ein Lustige vnnd Kurtzwylige History von aller Leer vnnd Läben Diogenis Cynici des Heydnischen Philosophi.'[14] Eine Vorrede erläutert die Absicht des Buches genauer; der ungenannte Verfasser liefert eine Rechtfertigung dafür, warum man sich überhaupt mit dieser so berüchtigten Philosophengestalt abgeben solle: Obgleich Diogenes Cynicus seines „Hundsordens" wegen sowie wegen etlicher „grober" und „wüster" Worte und Handlungen bei vielen dermaßen „verschrieen" sei, daß sie von ihm und seiner Lehre auch gar nichts hören wollten, als wäre darin nichts Rechtes und Lobwürdiges zu finden: so wüßten doch alle Rechtverständigen bescheid, daß sie aus dieser und anderen ähnlichen Geschichten das Gute lernen und liebgewinnen, das Böse aber erkennen und hassen könnten; deshalb würden solche auch trotz aller Bedenken die Geschichte des Diogenes lesen und verwenden. Bei der Erklärung des Namens „Kyniker" werden später die mit der Diogenes-Gestalt verbundenen negativen Einschätzungen wiederholt: „Daß Cynicus ist ein Griechisch wort / vnnd heißt in Tütscher sprach: hündisch. Nämlich das Diogenes wie hienach in dem dritten Capitel volget / ein wüst / vnflättig und hündisch läben gefürt hat." „Unflätig", „grob", „wüst" und ähnliche Attribute werden zu gängigen Prädikaten des Protokynikers. So wird er zum Beispiel in einem der ersten deutschen Wörterbücher, dem ‚Thesarus linguae et sapientiae Germanicae' von 1616, als „ein berühmpter vnfletiger Philosophus zu Athen" aufgeführt, „so arm / das er weder hauß noch Hoff hatte / hielt hauß in einer kuff".[15]

Der Verfasser des Buches von 1550 gibt in seiner Vorrede eine Anleitung, mit der Geschichte des Diogenes richtig umzugehen. Er entnimmt sie dem Vorbild des Kirchenvaters Hieronymus, der in seiner Schrift gegen Jovinian dazu ein „herrliches Beispiel" liefere; denn darin sei das Leben des Diogenes in einer Weise erzählt, wie sie allein einem frommen Christen anstehe, und so müsse man die Geschichte allgemein lesen: „Nämlich das gütt behalten / das böß faren lassen." Es hätten auch die griechischen Historiographen wie Plutarch, Diogenes Laertius und andere, aus denen die vorliegende Erzählung extrahiert sei, das Leben des Kynikers nicht deswegen beschrieben, weil sie die Welt „unverschämt" machen und, wie man sage, „Läuse in den Pelz setzen" wollten, sondern einerseits des Spaßes und der Kurzweil wegen, andererseits, weil aus etli-

[14] Ein Exemplar befindet sich in der Herzog-August-Bibliothek in Wolfenbüttel, die mir freundlicher Weise einen Mikrofilm zur Verfügung gestellt hat.

[15] Georg Henisch. Teütsche Sprach vnd Weißheit. Thesaurum linguae et sapientiae Germanicae. Augsburg 1616. Neudruck Hildesheim 1973. Sp. 714.

chen und der Mehrzahl seiner Lehren viel Gutes zu nehmen und zu lernen sei; denn seine „schimpflichen" Sprüche und Taten hätten viel Ernst. Man sehe aus seinen Reden auch, was für ein „geschwinder" und „sinnenreicher" Mensch er gewesen sei, denn was je ihm angekommen wäre, darauf habe er seinen Bescheid zu geben gewußt, so daß ihn selten jemand ohne Antwort gefunden habe. Aus all dem und anderem mehr, wovon geredet werden solle, sei wohl zu verstehen, daß diese Geschichte nicht allein lustig und kurzweilig, sondern auch nützlich und gut sein werde.

Weil neben der Moral – einer Moral an der Grenze zur Unmoral – der Witz gleichrangig das Bild des Protokynikers in der frühen Neuzeit bestimmt, kann der Satiriker Fischart in seinem 1572 erschienenen ‚neuen Eulenspiegel' seinen Titelschalk einen „Diogenischen Spottvogel" und umgekehrt den Diogenes „Eulenspiglisch" und den „Eulenspieglisch Philosophum" nennen.[16]

Was in dem Buch von 1550 an der Diogenes-Gestalt als vorbildhaft hervorgehoben wird, die Fähigkeit, sich geistreich verbal zu verteidigen, „geschwind" zu parieren, bezieht den Witz als Schlagfertigkeit in die Moral mit ein. Die spätere Geschichtsschreibung der Philosophie und zumal die, die dem Anspruch Hegels folgte, die Philosophie müsse ein wissenschaftliches System ausbilden, hatte für diese unsystematische, an exemplarischen Gestalten orientierte Moral nur noch wenig Verständnis. Wenn man aber den Kynismus auf eine kohärente Lehre zu bringen versucht und das systematisch nicht Erfaßbare, das Individuelle der Gestalt und den universalen Witz vor allem, abschneidet, dann wird er unergiebig, banal und uninteressant, und er wird dann bald ganz aus der Geschichtsschreibung der Philosophie verschwinden. Gerade Moral jedoch geht, wie die Geschichte der Moralistik zeigt, nie ganz in einem System auf.

Aus mehreren wiederentdeckten antiken Autoren mußte die frühe Neuzeit von Diogenes die Vorstellung einer bedeutenden, wenn auch nicht unumstrittenen moralischen Gestalt und Autorität des Altertums gewinnen. Von besonderem Ge-

---

16 Der new Eulenspiegel Reimenweiß. In: Johann Fischarts Werke. 2. Bd. (Deutsche National-Literatur 18. Bd. Stuttgart o. J.) S. 17 und S. 458. „Hier, dieser Mann (d. i. Diogenes) hett viel die art / Deß Eulnspiegels, wie man erfahrt". Man muß dazu berücksichtigen, daß der Schalk, den Eulenspiegel verkörpert, ursprünglich eine sehr viel negativere, bösere Gestalt war als heute und teilweise satanische Züge trug. – Fischart zitiert in dem Kapitel über das Begräbnis Eulenspiegels den Begräbniswunsch des Diogenes, worin auf witzige Art die Bestattungssitten ad absurdum geführt werden (vgl. oben S. 140 f.). Er erwähnt nicht die Anekdote, nach der Diogenes auf dem Gesicht liegend begraben sein wollte, um nach den Umwälzungen, die sich ergeben würden, wieder richtig zu liegen. In diesem Motiv besteht eine auffällige Affinität zum Eulenspiegel; bei dessen Begräbnis reißen die Stricke, die den Sarg halten, so daß der Leichnam aufrecht ins Grab sinkt: derjenige, der im Leben alles umkehrt und deswegen „verkehrt" erscheint, verweigert auch im Tod die normale Lage und liegt beziehungsweise steht so am Ende richtig.

wicht war, daß der Kynismus und die Diogenes-Gestalt bei einer Reihe von antiken Autoren — etwa bei Seneca, Diogenes Laertius und in den Diatriben Epiktets — historisch und dem Geist nach als in enger Beziehung zum Stoizismus stehend dargestellt werden, zu jener Philosophie also, die vielleicht am stärksten die Moralauffassung der frühen Neuzeit bestimmt hat. Daher bezieht Justus Lipsius, der Humanist, Philologe und Freund Montaignes, in seiner berühmten Anleitung zum Stoizismus ,Manuductio ad Stoicam philosophiam' kynische Lehren, Aphorismen und Anekdoten mit ein, ja er widmet in diesem in Dialogform abgefaßten Werk den Kynikern ein eigenes Gespräch und nennt den Kynismus ausdrücklich den Ursprung des Stoizismus. „Cynicos originem Stoicis dedidiße, & Dogmata ferè conuenire. Illi ex professo laudati", faßt er den Inhalt dieses Gesprächs zusammen.[17] Lipsius verteidigt die Kyniker gegen den Vorwurf des Schmutzes und der Schamlosigkeit, den ihm sein fiktiver Gesprächspartner unter Berufung auf Cicero vorhält; das biete sich zwar dem ersten Blick dar: „Prima fronte qui Cynica adspicit, tecum dicet: qui restat & inspicit, munditias, pudorem, decus, virtutem inueniet & laudabit." Er weist die Ableitung des Namens „Kyniker" aus den negativen Eigenschaften des Hundes zurück und betont die Ziel- und Zweckhaftigkeit der Tugend in der kynischen Lehre; zur positiven Darstellung des Kynismus werden ausführlich Epiktet und Seneca zitiert. Um die Kyniker anschaulich zu schildern, bildet Lipsius einen folgenreichen und immer wieder aufgegriffenen Vergleich: man solle sie sich wie die Kapuziner vorstellen, allerdings ohne deren „pietas" und „verecundia". Später behauptet Zeller sogar einen „nachweisbaren geschichtlichen Zusammenhang" zwischen den hellenistischen Kynikern und den christlichen Mönchen.[18] Dagegen hatte zuvor Schopenhauer die Selbstgenugsamkeit und die Reduktion auf das Minimum bei den „alten ächten Kynikern" von allen spirituellen Formen der Askese wie der christlichen oder der hinduistischen unterschieden; denn in den letzteren sei das Ziel ein transzendentes, „über das Leben hinausgestecktes", bei den Kynikern aber ein immanentes: Glückseligkeit im diesseitigen Leben. Die Ähnlichkeit zwischen den Kynikern und den christlichen Mönchen sei daher eine sekundäre der Wirkungen und der äußeren Erscheinung, nicht eine der Ursachen und primären Motive.[19]

Obwohl die humanistische Wiederaufnahme antiker Tugend- und Moralbegriffe in der frühen Neuzeit sich nicht allgemein gegen die christliche Religion

17 Iusti Lipsii Manuductionis ad Stoicam philosophiam libri tres. Antwerpen 1604. S. 42.

18 Geschichte der antiken Philosophie. 1. Bd. S. 335, Anm. 3: „das Mittelglied zwischen beiden bildet der Cynismus der Kaiserzeit und die nachpythagoreische Ascese, welche theils unmittelbar, theils und besonders durch den Essäismus einen so bedeutenden Beitrag zum Mönchsthum geliefert hat."

19 Die Welt als Wille und Vorstellung. 2. Bd. Hrsg. von A. Hübscher. S. 170.

richtet, sondern eine Synthese damit anstrebt, provoziert sie heftige christliche Reaktionen. In der französischen Moralistik des 17. Jahrhunderts wird die Frage kontrovers diskutiert, ob man hinsichtlich der „heidnischen" Philosophie überhaupt von Tugenden reden könne oder ob nicht vielmehr — mit der berühmten Sentenz Augustins — die Tugenden der Heiden allesamt glänzende Laster seien. Aus dieser intoleranten christlichen Perspektive wird die Inanspruchnahme der Tugend durch die nichtchristlichen Philosophen regelmäßig als eines der größten Laster, nämlich als Hochmut oder Tugendstolz gewertet. Die Kritik zielt ferner auf solche Verbindungen religiöser Skepsis und Aufklärung mit vermeintlich libertinistischen und in christlicher Sicht offen unmoralischen Philosophien, wie man sie bei Epikur und in den Diogenes-Anekdoten findet; Epikureismus und Kynismus sind daher die bevorzugten Objekte christlicher Attacken.

Ein besonders krasses Beispiel solcher Argumentation, die die Unmoral heidnischer Philosophie aus ihrem Atheismus herleitet, liefert die ‚Doctrine curieuse' des Jesuiten Garasse; ich habe an anderer Stelle daraus die Interpretation der Diogenes-Alexander-Anekdote und die Kritik, die unter anderen La Mothe le Vayer und P. Bayle an der Deutung des Jesuitenpaters übten, zitiert. Garasse behandelt Diogenes in bezeichnender Zusammenstellung neben Demokrit, Epikur, Diagoras, Leukipp und Sardanapal in einem Kapitel, welches die „Einführung des Atheismus im Heidentum" zum Thema hat, und er will nachweisen, wie es die These des Kapitels besagt, daß diese Atheisten ihrer Sinne beraubt worden seien: der Verlust des Glaubens hat unweigerlich den Verlust der Sittlichkeit und der Vernunft zur Folge. Diogenes ist ein Verrückter, Demokrit ein bloßer Possenreißer. In diesem Sinn werden die Diogenes-Anekdoten durchweg negativ interpretiert, es bleibt auch nicht ein einziger Anhaltspunkt für ein positives Verständnis: das Faß als Behausung ist nicht Zeichen der Bedürfnislosigkeit, sondern der Ausschweifung, weil Diogenes den Wein liebte, der darin war. Wer im zeitgenössischen Paris auf der Brücke Notre Dame am hellen Vormittag mit einer Laterne herumliefe und die Passanten belästigen würde, der würde mit Recht sehr bald von den Wachen abgeführt werden; es zeuge von großer Einbildung zu glauben, daß alle Menschen außer einem selbst Tiere seien. Im Verhalten gegenüber Alexander will Garasse nichts als Unverschämtheit und Unhöflichkeit sehen. Der Begriff des Kynischen, der sich aus dieser Deutung des Diogenes ergibt, ist denn auch zwischen den Attributen „tierisch" und „unverschämt" angesiedelt: „de faict, c'est ainsi qu'il se comportoit viuant brutallement, cyniquement, effrontement és places publiques, vsant de termes pleins d'impieté, & faisant des ordures que les Tapinambours & les Cannibales auroient honte de faire."[20]

---

20 François Garasse, S. J. La doctrine curieuse des beaux esprits de ce temps. Paris 1623. S. 137.

Ein anderer Autor, den P. Bayle in seinem Artikel ,Diogenes' im Zusammenhang der Alexander-Anekdoten zitiert, um ihn, wenn auch respektvoller und ohne den gegen Garasse gerichteten Hohn zu widerlegen, ist Jean-Louis Guez de Balzac. Im ,Socrate Chrestien' lehnt Balzac Alexanders Wunsch, Diogenes zu sein, ab durch eine pejorative Charakteristik des Protokynikers, die in einen allgemeinen Vergleich der „Philosophes Cyniques" mit den „Philosophes Chrestiens" ausläuft: „Die bescheidene Armut der christlichen Philosophen hat nichts gemein mit dem provozierenden Bettlertum der kynischen Philosophen. Diese närrischen Philosophen machten ein Bekenntnis aus dem Hochmut, der Unverschämtheit und der Unreinheit: Sie haßten die Menschen unter dem Vorwand, die Laster zu hassen: Sie wollten, daß ihr Bart, ihr Elend, daß ihre Abfälle bewundert würden. Alles, was ich gerade gesagt habe, ist wohl entfernt von der Milde, von der Keuschheit, von der Demut des Christentums: Unsere Philosophen sind die Antipoden von denen da."[21]

In der von Bayle dokumentierten Kontroverse um die Diogenes-Alexander-Anekdote ist es vor allem François de la Mothe le Vayer, auf den sich Bayle zur Verteidigung des Protokynikers stützt. ,De la vertu des Payens' heißt die Darstellung antiker Moralphilosophie, in der La Mothe Diogenes als dem Repräsentanten der kynischen Schule ein eigenes Kapitel widmet. Der Titel des Werkes ist programmatisch: denn der „französische Plutarch" bezieht damit in dem Streit um die Tugend der heidnischen Philosophie grundsätzlich für diese Stellung. Das gilt prinzipiell auch für den Kynismus, obwohl der Autor für dessen dunkle und umstrittene Seiten nicht blind ist. Im ganzen aber würdigt er Diogenes als eine große Philosophengestalt der heidnischen Moral; im Verhältnis zu den Bedenken überwiegt die Hochachtung, und La Mothe bietet alle diejenigen antiken Gewährsleute auf, die in oft überschwenglicher Weise positiv von Diogenes und den alten Kynikern gesprochen haben: den Kaiser Julian, Epiktet, Seneca etc. Er erwähnt die positive Einschätzung mancher Kirchenväter und die Verwandtschaft der Kyniker mit den Stoikern, verweist auf Justus Lipsius' Vergleich mit den Kapuzinern – kurz, er läßt keine Möglichkeit der Apologie ungenutzt. Er nimmt Diogenes gegen pauschale und unkritische Angriffe etwa des Garasse und eines gewissen Dr. Collius in Schutz, welcher ebenfalls die kynische Moral als der christlichen gänzlich entgegengesetzt bezeichnet und insbesondere die Unduldsamkeit gegenüber den Mitmenschen als unchristlich verdammt hatte. La Mothe le Vayer hebt neben der Strenge des Tugendbegriffs am Kynismus den Kampf gegen den Aberglauben lobend hervor und bezieht sich dabei auf eben solche Anekdoten, die anderswo als Beispiele für den Atheismus des Protokynikers angeführt werden. Resümierend bekennt er freimütig seinen Dank

[21] Socrate Chrestien, Par le Sr de Balzac. Paris 1661. S. 120.

dem Protokyniker: man tue besser daran, sein Gedächtnis zu ehren als ihn zu diffamieren.[22]

Die Tradition des durch und durch negativen Kynismusbegriffs wird in der französischen Moralistik fortgesetzt durch Esprit Fléchiers häufig aufgelegtes und mehrfach ins Deutsche übersetztes Werk ‚La fausseté des vertus humaines'.[23] Heute steht die Bekanntheit des Autors als Kanzelredners hinter der Bossuets zurück, als Moralist steht er im Schatten von La Rochefoucauld und La Bruyère; seinerzeit war er ein namhafter Redner und Literat. Wie der Titel seines Buches andeutet, will Fléchier die Falschkeit der menschlichen Tugenden aufzeigen, indem er die egoistischen Zwecke hinter ihnen bloßlegt. Alle Philosophen, die christlichen und Platon ausgenommen, so lautet die Generalthese, haben in der Bestimmung der Tugenden und des höchsten moralischen Gutes geirrt. Diese These führt er Kapitel für Kapitel an den einzelnen Tugenden durch, referiert und widerlegt die falschen Ansichten der nichtchristlichen Philosophen und stellt ihnen am Ende die wahre christliche gegenüber. Die Auseinandersetzung mit den Kynikern findet in den Abschnitten über die Tugenden der Sittsamkeit, der Verachtung des Reichtums und der Geduld im Ertragen von Feindseligkeiten statt.[24] Im ersten Punkt fällt es Fléchier naturgemäß nicht schwer, sie aus christlicher Sicht als unsittlich abzuqualifizieren; interessant ist, daß Montaigne in diesem Zusammenhang im selben Atemzug genannt wird. In den beiden anderen Tugenden scheinen die Kyniker den Christen gleichzukommen, aber sie verfolgen damit in Wahrheit, so der Autor, Hochmut und Tugendstolz, als deren Vehikel das Ertragen von Armut und Übeln benutzt wird; im Grunde sind sie eitel und nichts weniger als geduldig und sanftmütig, sondern bissig und spöttisch.

---

22 Œuvres de François de la Mothe le Vayer. Bd. V. Teil 1. Dresden 1757. S. 176-202: „De Diogene, et de la secte Cynique." — Des Atheismus zumindest verdächtigt wird Diogenes von Franz Budde. Lehr-Sätze Von der Atheisterey und dem Aberglauben. Jena 1717. Auch hier werden Unsittlichkeit und Atheismus in unmittelbaren Zusammenhang gebracht: „Unter denen Cynicis ist der anschaulichste und merckwürdigste der Diogenes von seiner Geburts-Stadt Sinopensis genannt, gewesen, welcher, gleichwie er allen Fleiß angewandt, sich in den Credit zu setzen, daß er alle Schamhafftigkeit bey sich ausgerottet habe, also sind eben nicht geringe Muthmassungen von ihm vorhanden, daß er von der grösten Gottlosigkeit, der Atheisterey nemlich, nicht allzu weit entfernet gewesen." (S. 44).

23 Ich beziehe mich auf die 1724 in Ulm erschienene Übersetzung: „Des Hochberühmten Frantzösischen Bischoffs zu Nismes, Herrn Esprit Fleschier's Entlarvte Welt, Oder Nachdrücklicher Beweiß, Daß Diejenigen Tugenden, welche itzo von den meisten Menschen ausgeübet werden, nicht wahrhaftige Tugenden, sondern im Grunde falsch und heuchlerisch seyn. Nach der zehenden Frantzösischen Auflage ins Deutsche übersetzt, und mit Anmerckungen, auch einer neuen Vorrede von dem Leben des Autoris versehen."

24 Zweiter Teil. Kap. VI, XX, XXI.

Die Verbreitung, die Fléchiers ‚La fausseté des vertus humaines' gefunden hat, wird außer durch die zahlreichen Auflagen und Übersetzungen durch seine Rezeption bei anderen Autoren belegt. So geht sein Charakterbild des schamlosen, hochmütigen und spöttisch-aggressiven Kynikers nahezu wortwörtlich in die ‚Kirchen-Historie' des protestantischen Theologen Johann Jacob Rambach ein; ebenfalls dem Einfluß Fléchiers wird man es zuschreiben dürfen, daß Rambach einen durchweg kynisch anmutenden Sokrates darstellt. „Diese Cynische Philosophi", schreibt er von Fléchier ab, auf dessen Werk er ausdrücklich verweist, „waren die närrischten hoffärtigsten Creaturen der Welt. Sie machten ein recht Handwerck daraus, daß sie alle Gesetze der Schamhaftigkeit und des Wohlstandes spotteten. Sie hielten andere Menschen so verächtlich, daß sie selbst unerträglich darüber wurden. Nichts war ihnen angenehmer, als wenn viele Leute ihr Thun mißbilligten, und machten sich eine Ehre daraus, daß sie die Verachtung der Menschen verachten konten. Dabey hatten sie ein spöttisch scoptisch Gemüth, das sich über alle Welt moquirte."[25] Dieser auf der kynischen Satire begründete Begriff des Kynikers, der seine Befriedigung und den Sinn seiner Existenz in der Verachtung der Anderen – Verachtung gegenüber den und durch die Anderen – findet, kommt der pejorativen Bedeutung des modernen „Zynikers" sehr nahe. Ich werde die Genese dieses Zynismusbegriffs aus der satirischen Tradition des Kynismus etwas später noch weiter verfolgen.

Rambach konstatiert in seiner historischen Darstellung der Kyniker, man treffe die kynische Schamlosigkeit auch unter Gelehrten neuerer Zeit an; damit ist der Kynismus als ein Phänomen begriffen, das nicht historisch begrenzt und vergangen, sondern aktuell und gleichsam überzeitlich ist. Er zitiert eine Dissertation, die das nachweist. „Daß aber noch manche neuere Gelehrten und philosophi ob neglectum decori unter den Cynicis eine Stelle verdienen, kann man aus CRAUSSI & SCHROEDERI diss. de eruditis sine moribus sehen, und mögte man das Register derer, die darin stehen, noch gar sehr vergrösseren können."[26] Einen ähnlichen Effekt der Aktualisierung bedeutet es, wenn ein Bildungsbuch dieser Zeit Diogenes als ein abschreckendes Beispiel für den „rechtschaffenen Philosophus" aufführt. Das kuriose Werk mit dem barocken Titel: ‚Curieuser Affecten-Spiegel / Oder auserlesene Cautelen und sonderbare Maximen / Die Gemüther der Menschen zu erforschen / Und sich darnach vorsichtig und behutsam aufzuführen / In Frag und Antwort vorgestellet / Und nebst nöthigen Re-

---

[25] Joh. Jacob Rambach. Collegium Historiae Ecclesiasticae Veteris Testamenti, Oder Ausführlicher und gründlicher Discurs über die Kirchen-Historie des alten Testaments Von der Erschaffung der Welt bis auf die Geburt Christi, mit Exegetischen, typischen und sonderlich Moralischen Anmerckungen / Mit den Synchronismus der politischen und gelehrten Historie ... Andrer Theil. Frankfurt 1737. S. 712.

[26] A.a.O. S. 713.

gistern ausgefertiget von Melissantes'[27] enthält neben anderem eine Art Knigge für den Philosophen; man erfährt zum Beispiel so nützliche Dinge, wie ein Philosoph sich beliebt machen könne, aber auch: „Was kan einen Philosophum odieux machen?" Das erste in dieser Hinsicht ist ein gottloses Leben, das zweite: „Der Hochmuth / wenn er sich einbildet / er habe in seiner Ehrbegierde alle Künste allein gefressen / müsse also vermessen seyn / seinen Nächsten / der nicht so galant-gelehrt als er wäre / neben sich verachten / andere lästern / und pro Autoritate wie ein beissender Hund anbellen / und die Ruhe stören / welches Laster doch gemeiniglich einen kläglichen Ausgang gewinnet / und die capricieuse Gemüther schlecht belohnet."[28] Nicht nur die Rede vom bellenden und beißenden Hund, sondern die ganze Charakteristik: die Merkmale der Gottlosigkeit und des Hochmuts, der aktiven Verachtung und der Lästerei wecken Assoziationen an den Philosophen vom Typ des Kynikers. Der Name des Diogenes fällt ausdrücklich im siebten Punkt dieses Lasterkatalogs: der Philosoph dürfe sich nicht wie ein „Bickelhäring oder Scaramuza" aufführen, mit „Narren-Possen" das Publikum unterhalten und mit „Schand-Possen" gegen die Moral verstoßen: „Es sind heute zu Tage nicht die Zeiten / da ein DIOGENES mit der geilen Lais nach Gefallen buhlen / und sich mit grobianischen Schertzen beliebt machen / und doch ein Moraliste bedeuten kan." Ein solcher Philosoph ist, wie Melissantes an einer weiteren Diogenes-Anekdote exemplifiziert, ein „Grobianus"; diese inzwischen antiquierte Bezeichnung ist gewissermaßen ein Bindeglied in der begriffsgeschichtlichen Entwicklung von „Kynismus" zu „Zynismus". Noch bei F. Th. Vischer bedeuten „Grobianismus", von dem in Hinblick auf die Posse gesprochen wird, und „Zynismus" weitgehend dasselbe.[29]

Die kontroverse Beurteilung des Kynismus, wie sie die französische Moralistik vornimmt, spiegelt sich in den Titeln mancher akademischer Dissertationen, die in den ersten Jahrzehnten des 18. Jahrhunderts an deutschen Universitäten verfaßt werden: ‚Fastus Philosophicus virtutis colore infucatus, in imagine Diogenis Cynici' und ‚De Cynismo nec Philosopho nec homine digno' stehen in der Tradition der strikten und vehementen Ablehnung, ‚Apologeticum, quo Diogenem Cynicum, a crimine et stultitiae et impudentiae expeditum, sistit et (...) defendit' in der positiven Tradition des Kynismus und der Diogenes-Gestalt.[30]

---

[27] Frankfurt und Leipzig 1715.

[28] S. 476.

[29] Zu Vischers Begriff des Zynismus vgl. unten S. 284 ff.

[30] G. C. Lentner. Fastus philosophicus ... (Leipzig 1712) — F. Mentz. De cynismo ... (Leipzig 1744) — J. M. Backhaus. Apologeticum ... (Regensburg 1724). Weitere akademische Schriften über den Kynismus aus der ersten Hälfte des 18. Jahrhunderts: G. G. Richter. Disputatio de Cynicis. (Leipzig 1701) — J. G. Meuschen. Disputatio de Cynicis. (Köln 1703. Diese beiden Schriften verzeichnet Heumann.) — C. G. Joecher. De Cynicis nulla re teneri volentibus. (Leipzig 1743).

In G. Stolles ‚Historie der Heydnischen Morale' finden sich für Philosophen vom Schlage des Aristipp, Diogenes und Krates noch Attribute wie „rechte grobe Kerlen / garstige Sauzoten-Becker / hochmüthige Pralhanse und mit einem Worte Erzthoren".[31]

J. Brucker hat in seinem großen, dem bedeutendsten vorhegelschen Werk der Geschichtsschreibung der Philosophie in einem umfangreichen Kapitel die antiken Quellen und das bis dahin angehäufte Wissen über den Kynismus zusammengefaßt sowie zwischen dem extrem negativen und dem apologetischen Kynismus- und Diogenes-Verständnis zu vermitteln gesucht. Er bezweifelt an den grob anstößigen Anekdoten ihre historische Glaubwürdigkeit, behält aber grundsätzlich den Vorwurf des Hochmuts bei: „Das, was man ihm (d. i. Diogenes) wohl am richtigsten vorwerffen könnte, ist, daß er einen besondern Hochmuth gehabt, und in der von ihm erwählten Singularität einen grossen Vorzug der Weißheit vor andern gesucht, und gefunden zu haben vermeint".[32] Die Betonung der inneren Einstellung bei der Wesensbestimmung des Kynikers und das Absehen von äußeren Verhaltensweisen ist ein wichtiger Schritt zur Bildung des modernen Zynismusbegriffs. An ihm ist das Moment der Arroganz, die den Zyniker auszeichnet, ein Erbe des kynischen Hochmuts.

Auf die historischen Forschungen zum Kynismus bei seinem Schwiegervater Brucker und bei C. A. Heumann, dem Autor und Herausgeber der ‚Acta Philosophorum', verweist C. M. Wieland in dem Vorbericht zu seinem Roman ‚Nachlaß des Diogenes von Sinope'. Allerdings geht Wieland in der Entschärfung des Diogenes noch sehr viel weiter als Brucker. Er formt den bissigen Spott in mildere Ironie und Satire um und sublimiert die direkte Sexualität in rokokohafte Erotik. Durch seine Schönfärbung entsteht ein, wie er selbst zugibt, „ziemlich idealischer Diogenes",[33] der mit der Überlieferung bei Diogenes Laertius kaum etwas, dafür um so mehr mit der bei Epiktet beziehungsweise Arrian gemein haben soll.

---

[31] Historie der Heydnischen Morale. Jena 1714. Vorrede (ohne Seitenzählung).

[32] Kurtze Fragen Aus der Philosophischen Historie. 1. Teil. S. 929. — Zum Hochmut als Kardinallaster aus christlicher Sicht vgl.: Annie Kraus. Über den Hochmut. Frankfurt a. M. 1966.

[33] Sämmtliche Werke. 13. Bd. (Leipzig 1824) S. 23. F. Sengle (Wieland. Stuttgart 1949) erklärt den Diogenes-Roman als einen „Niederschlag des Unabhängigkeitswillens" Wielands in seiner Biberacher Zeit, in der sich Wieland gelegentlich zum Kynismus bekannte, was er damit begründete, daß er für die Lehre der Epikureer zu arm und für die der Stoiker zu jung sei. (S. 225) Über den ‚Diogenes', der nach anfänglich großem Erfolg in Deutschland kaum noch Beachtung fand — wirkungsvoller scheint das Buch in Frankreich gewesen zu sein — urteilte der alte Wieland: „Dieser Diogenes ist eines meiner besten Produkte. Ich weiß nicht, ob ich ein besseres in Prosa geliefert habe." (Sengle. S. 228).

Dieser rokokohafte Diogenes Wielands hat seine Wirkung nicht verfehlt; man spürt sie zum Beispiel noch in der Philosophiegeschichte des Johann Gottlieb Buhle, wo er deutlich als ein „feinsinniger", menschenfreundlicher Spötter und freisinniger Moralist im Wielandschen Sinne gezeichnet ist. Im Unterschied zu der ernsten und finsteren Erscheinung des Kynismus bei Antisthenes habe, so Buhle, Diogenes „den heitersten Sinn, den je die Götter einem Sterblichen verliehen. Die Regel, sich jedes Entbehrlichen zu entäussern, wußte er auf die leichteste ungezwungenste Art zu befolgen. Er besaß Witz, und das Talent, das Thörichte im menschlichen Thun und Lassen so hervorzuheben, daß das Publicum die Thorheit einsah, und dennoch den lachend-spottenden Philosophen gerne hatte. Mit diesen Eigenschaften war er fähiger, als Antisthenes, ein Sittenlehrer des großen Haufens in Athen zu seyn, wie er es in der That war; obgleich seine moralische Satire im Ganzen sehr unwirksam gewesen seyn mag. Die Athenienser fanden Vergnügen an dem seltsamen Benehmen, an den Schnurren, den Einfällen, den sinnreichen Repartieen des Diogenes; aber wenn sie auch die moralischen Absichten des Philosophen dabey nicht verkannten, so liessen sie sich nicht dadurch bessern. Sie vergassen über Diogenes den Hund, Diogenes den Moralisten."[34] Im Unterschied zu manchen späteren philosophiegeschichtlichen Darstellungen und Interpretationen ist bei Buhle die Diogenes-Gestalt noch in ihrer moralisch-satirischen Doppelnatur verstanden. Aber dieser liebenswürdige Kyniker ist nicht mehr der schmutzige Bettler, der verächtliche und menschenverachtende Spötter Fléchiers oder Rambachs und auch nicht der „Sauzoten-Becker" Stolles, er ist nicht zynisch im modernen Sinn des Wortes, sondern humoristisch. Sein satirischer, kritischer Witz basiert auf Sympathie, nicht auf Haß und Verachtung, und daher evoziert er seinerseits nur Sympathie.

Wielands Diogenes fand bei Goethe zwiespältige Resonanz. Goethe bekam den Roman unmittelbar nach der Erstveröffentlichung, als der Titel noch ‚Sokrates mainomenos oder die Dialogen des Diogenes von Sinope' war, zugeschickt und las ihn sofort. Seine erste Reaktion klingt positiv: „es war das liebste Geschenk, das er (d. i. der Buchhändler Reich) mir hätte machen können. Die Kupfer sind exzellent, und das Buch ist von Wielanden."[35] Doch eine Woche später will er sich Reich selbst gegenüber zu dem Buch nicht näher äußern; der vage Kommentar ist doppeldeutig: „Empfinden und Schweigen ist alles was man bey dieser Gelegenheit thun kann." Eine Tagebuchnotiz aus dem Jahr der Veröffentlichung wird konkreter: „Diogenes von Sinope dialogirt sehr in der Ma-

[34] Lehrbuch der Geschichte der Philosophie und einer kritischen Literatur derselben. Erster Theil bis auf Plato. Göttingen 1796. S. 407 f.

[35] Dieser und die folgenden Belege zu Goethe sind in der Sammlung enthalten: Ernst Grumach. Goethe und die Antike. 2. Bd. Berlin 1949. S. 795-799.

nier von John Falstaff. Offt eine Laune, die mehr Wendung als Gedancke ist." Wieland stellt ihm den Protokyniker zu rokokohaft verfeinert, auf höfische Umgangsformen bedacht, zu ungriechisch dar. Er retuschiert die Derbtheit des unverfälschten Kynismus, der ihm, wie Goethe erkannte, zuwider sein mußte: „Es ist sonach kein Wunder, daß die zarte Natur von Wieland sich der aristippischen Philosophie zuneigt, sowie auf der anderen Seite seine so entschiedene Abneigung gegen Diogenes und allen Cynismus aus der nämlichen Ursache sich sehr befriedigend erklären läßt. Ein Sinn, mit dem die Zierlichkeit aller Formen, wie bei Wieland, geboren ist, kann unmöglich an einer beständigen Verletzung derselben als System Wohlgefallen finden." Der Goethe des Sturm und Drang hat in seiner groben und bissigen Farce ‚Götter, Helden und Wieland' das Antikenbild Wielands als blut- und kraftlos attackiert und lächerlich gemacht; mit dieser Satire steht er selbst dem Kynismus nahe, er befindet sich damit, Lukians ‚Totengespräche' nachahmend, in der Tradition der kynischen satura menippea.

Man entdeckt bei Goethe vom mittleren Lebensabschnitt an ein auffälliges Interesse und ein häufiges Zitieren der Diogenes-Gestalt in ihren markantesten Motiven und Anekdoten. Vor allem das Bild der Tonne wird vielfältig als Ausdruck des gelassen-distanzierten Verhältnisses zu Welt und Zeit verwendet: „nichts Räthlicheres, als die Rolle des Diogenes zu spielen und mein Faß zu wälzen", „In dieser letzten unruhigen Zeit meine Tonne gewälzt"; „indessen fortgefahren meine Tonne zu wälzen". „Ich mag mich gern regieren und besteuern lassen, wenn man mir nur an der Öffnung meines Fasses die Sonne läßt." „... vor wie nach beschäftigt bin, wie St. Diogenes mein Faß zu wälzen, wobey mir die Motion gar nicht übel bekommt". „An meiner Tagesordnung ist die Maxime: man muß sich selbst schonen wo nichts geschont wird, und wie Diogenes sein Faß in der allgemeinen Verwirrung hin und her wälzen." Von Riemer möchte Goethe wissen, „wer zuerst den Diogenes den rasenden Sokrates genannt habe", und würde einen Hinweis darauf als „besondere Gefälligkeit" empfinden. Das Laternenmotiv ist in den ‚Wanderjahren' verarbeitet, wo Wilhelm von Jarno als „zweiter Diogenes" angesprochen wird; die Belege ließen sich noch vermehren.

Goethes Diogenes-Rezeption beschränkt sich auf die drei oder vier bekanntesten Anekdoten, geht darin aber bis zur Identifikation; Diogenes wird von ihm „ganz eindeutig und bewußt aber im zunehmenden Alter zum Sinnbild, ja zum Symbol seiner selbst hochgesteigert."[36] Nun ist auch dieser durch Distanz überlegene, mit einem gesunden Egoismus ausgestattete „St. Diogenes" eine geläuterte Gestalt und durchaus nicht der provozierende, skandalöse Kyniker bestimmter Provenienz. Es fällt auf, daß Goethe dort, wo er sich auf Diogenes be-

[36] Goethe Handbuch. Bd. 1. Hrsg. von Alfred Zastrau. Stuttgart 1961. Art. „Diogenes". Sp. 1870 f.

ruft, niemals das Attribut „cynisch" oder den Begriff „Cynismus" verwendet. Stattdessen macht er, um seine geistige Wahlverwandtschaft auszudrücken, den Namen zum Begriff und spricht von seinem „protestantischen Diogenismus". Offensichtlich wird die Bezeichnung „Cynismus" von Goethe vermieden, weil sie ihm zu pejorativ erscheint. Der Begriff ist durch die negative Beurteilung des Kynismus aus christlicher Sicht überwiegend auf eine pejorative Bedeutung festgelegt; das läßt sich mit weiterem Material belegen.

Wir sind mit Wielands Diogenes-Roman aus der moralistischen und philosophiegeschichtlichen Rezeption in die literarische Aneignung von Diogenes-Gestalt und Kynismus geraten, und wir müssen dieses Gebiet, wenn auch nicht erschöpfend behandeln, so doch zumindest berücksichtigen, um die begriffsgeschichtliche Entwicklung von der Kynismusrezeption zum modernen Zynismusbegriff zu verfolgen. Denn mehr noch als die moralistische Diskussion bedeutet die literarische Rezeption eine Aktualisierung der antiken Phänomene, die damit aus ihrem historischen Bezugsrahmen herausgenommen werden; eine solche Loslösung aus der zeitlichen Gebundenheit und die dadurch gewonnene Übertragbarkeit sind eine notwendige Voraussetzung dafür, daß sich der moderne Begriff des Zynismus in seiner allgemeinen, philosophiegeschichtlich unspezifischen Bedeutung bilden konnte.

Hans Sachs hat zahlreiche kynische Apophthegmen in Sprüche gefaßt und die Begegnung Diogenes-Alexander als Faßnachtspiel dramatisiert.[37] Im 17. Jahrhundert formte der bedeutende tschechische Pädagoge Johann Amos Comenius die Diogenes-Überlieferung in ein didaktisches Schauspiel um: ‚Diogenes Cynicus redivivus, sive de compendiose philosophando.'[38] Wilhelm Busch machte im 19. Jahrhundert aus einer Diogenes-Anekdote seine grotesk-satirische Bildergeschichte ‚Diogenes und die bösen Buben von Korinth';[39] und aus dem 20. Jahrhundert liegen mir vier dramatisierte Gestaltungen der Figur des Protokynikers vor, zwei weitere sind mir dem Titel nach bekannt.[40]

In der englischen Literatur findet man Diogenes mehrfach als Gestalt in fiktiven Dialogen. Die früheste mir bekannte Darstellung dieser Art stammt von Thomas Lodge, einem Vorgänger Shakespeares: ‚Catharos. Diogenes in his Singularitie.' Der erweiterte Titel charakterisiert die Schrift als humoristisch-sati-

37 Vgl. oben S. 101 f.

38 Werke. Latein, tschechisch und deutsch. Brünn 1910 ff. Bd. VI. S. 75-129. (Erstveröffentlichung: 1658).

39 Sämtliche Werke. 2. Bd. Hrsg. von Otto Noldeke. München 1943. S. 118-126.

40 Otto Erich Hartleben. Diogenes. Szenen einer Komödie in Versen. Berlin 1905. — Erich Walter. Diogenes. Leipzig 1912. — Gustav Renner. Diogenes. Stuttgart o. J. — Heinz Steguweit. Diogenes oder das Urteil nach dem Augenschein. 1936. — Max Gunter. Diogenes. Das Leben des Weisen in drei Büchern. 1938. — Ernst Fritsch. Diogenes und Alexander. Ein dramatisches Zwiegespräch um die Macht. Wien 1946.

risch geprägtes Portrait des Protokynikers: „Wherein is comprehended his merrie baighting fit for all mens benefits: Christened by him, A Nettle for Nice Noses."[41] Sir William D' Avenant, poeta laureatus in der Mitte des 17. Jahrhunderts, ließ in ‚The first days entertainment at Rutland House' Diogenes und Aristophanes gegen und für die öffentliche Unterhaltung durch das Theater diskutieren.[42] In seiner eigenen Gründung Rutland House umging D'Avenant das von den Puritanern erlassene Schauspielverbot durch Opernaufführungen; der Dialog zwischen dem Kyniker und dem Komödienautor thematisiert also ein aktuelles kulturpolitisches Problem in antiken Rollen. — Im frühen 19. Jahrhundert stellte Walter Savage Landor in einem seiner ‚Imaginary Conversations', die wegen ihrer Klassizität von Nietzsche sehr geschätzt wurden, recht passend Platon und Diogenes gegenüber; dabei liegt die Sympathie eindeutig auf Seiten des empiristisch-nüchternen Kynikers, Platon erscheint als fanatisch, überspannt, in seinen Hirngespinsten gefährlich.[43]

Die Humanisten wiederentdeckten und -belebten die Tradition der kynischen satura menippea. Justus Lipsius und der eine Generation jüngere bedeutende niederländische Philologe Petrus Cunaeus zum Beispiel verfaßten menippeische Satiren in lateinischer Sprache.[44] Am Ende des 16. Jahrhunderts wurde die französische Spottschrift auf die katholische Liga, die politische ‚Satyre ménippée', berühmt und weit verbreitet.[45] Vom Ende dieses Jahrhunderts an gibt es eine Vielzahl politischer Satiren und Mahnschriften, die an die Tradition der Menippea anknüpfen und sich der kynischen Signatur bedienen, indem sie sich auf den Protokyniker berufen; zur Illustration zitiere ich eine Reihe von Titeln aus dem Katalog des Britischen Museums: ‚Diogenes; ou, du moyen d'establir, apres tant de miseres & calamitez, vne bonne & asseuree paix en France, & la rendre plus florissante qu'elle ne fust iamais' (1582). ‚Le Diogène françois' (Paris 1615); ‚Response au Diogène françois' (1615). ‚Dialogue entre Diogène le cinique et Desp . . . l'energumène' (ca. 1788). ‚Diogène aux Etats-Généraux' (1789). ‚Diogène a Paris' (1790). ‚Dolium Diogenis. Diogenis des Cynischen Philosophi Vass,

---

41 In: The Complete Works of Thomas Lodge. Vol. 2. New York 1963 (Erstveröffentlichung: 1591).
Heumann erwähnt (Catalogus Scriptorum de Philosophia Cynica. Acta Philosophorum. 2. Bd. S. 908 f.) ein Diogenes-Buch des Engländers Anthony Stafford, das der Britische Museumskatalog unter dem Stichwort „Diogenes" aufführt: ‚Staffords Heauenly Dogge: or the life and death of that great Cynicke Diogenes' etc. (1615).

42 The Dramatic Works of Sir William D'Avenant. Vol. 3. New York 1964. S. 193 ff. (Erstveröffentlichung: 1657).

43 In: The Complete Works of Walter Savage Landor. Vol. I. London 1927 (Erstveröffentlichung: 1829).

44 Justus Lipsius. Satyra Menippaea. Somnium. Leyden 1620. — Petrus Cunaeus. Satyra Sardi venales. Leyden 1620.

45 Vgl. dazu: Josef Frank. Zur Satyre Ménippée. Programmschrift. Nikolsburg 1880.

welchs mit seinem gerumpel die Christlichen Potentaten Teudscher Nation, so sich zum Kriege wider den Türcken diese zeit rüsten, munter und freydig machen wil' (Magdeburg 1605). ,Menippus. Dialogus oder kurtzweilig ... und gut-hertzig Gespräch Diogenis, Momi und Menippi, von den schon längst in den Nider Landen vorgenommenen ... Friedens-Handlungen in dess Graven Haag' (Übersetzung aus dem Niederländischen, 1633) etc.

Eine Fülle allgemein moralisch-satirischer Literatur knüpft an die Tradition des literarischen Kynismus an, indem sie kynische Anekdoten, Motive und Gestalten aufgreift und zum Medium eigener Moralkritik und Zeitsatire macht. 1688 erscheint in Venedig das voluminöse zweibändige Opus ,Del Cane di Diogene' des Francesco Fulvio Frugoni. C. A. Heumann führt es in seinem ,Catalogus Scriptorum de Philosophia Cynica' zwar auf, aber da es kein rein historisches Werk ist, bemerkt er, es gehöre eigentlich nicht dahin, der Autor habe „seinem Wercke nur deßwegen diesen Titel beygeleget, weil er nach dem Exempel des Diogenis Cynici auch die zu seiner Zeit im Schwange gehenden Laster unerschrocken anbellen und bestrafen wollte."[46] In Deutschland werden bis ins 19. Jahrhundert hinein zahlreiche moralisch-satirische Wochenschriften, Sammelwerke etc. gedruckt, die den Namen „Diogenes" im Titel führen und zumeist nur noch lose an die Überlieferung des Protokynikers anknüpfend Moralkritik und satirische Unterhaltung liefern: 1723 kommt ,Der Leipziger Diogenes' heraus, 1736/37 in Danzig ,Der Teutsche Diogenes'; diese Schrift ist noch ganz in Versen abgefaßt. Von größerer literarischer Bedeutung ist das 1742 schon in zweiter Auflage in Köln erschienene, von Heinrich Lindenborn verfaßte und herausgegebene wöchentliche Periodicum ,Der die Welt Beleuchtende Diogenes, Die Fehler und Thorheiten der Menschen in Biblisch-Historisch-Poetisch- und Sittlichen Lustig- und ernsthaften Sin- und Traum-Bildern etc. darstellend.'[47] ,Diogenes in *** oder satyrisch-moralische Makulatur' (1774), ,Der neue Diogenes' (Rostock und Leipzig 1777/78) und ,Diogenes Laterne' (Leipzig 1799) sind moralisch-satirische Schriften aus der zweiten Hälfte des 18. Jahrhunderts. Es folgen im 19. Jahrhundert: ,Diogenes des zweyten, Beleuchtungen der Menschheit mit der Laterne bey Tage, oder wunderbare Reise in die Gemächer der Thorheit' (Leipzig 1800) und ,Diogenes, oder der Mann mit der Laterne, in Leipzig' (Leipzig 1811).

„Einiges Aufsehen macht hier Diogenes mit der Laterne, den man allgemein dem Prediger Jänisch zuschreibt. Das Werk ist cynisch", schreibt am 15. 11. 1799

---

[46] Acta Philosophorum. 2. Bd. S. 908.

[47] Vgl. dazu: Karl Beckmann. Heinrich Lindenborn, der kölnische Diogenes. Sein Leben und seine Werke (Beiträge zur Literaturgeschichte und Kulturgeschichte des Rheinlandes I.) Bonn 1908.

Kiesewetter über die ,Diogenes Laterne' an Kant.[48] Er könnte damit vornehmlich den dritten Beitrag gemeint haben: „Definizion des Menschen, als eines Thieres, welches sehr klug seyn kann, es immer seyn will, und es nie oder höchst selten ist." Darin wird bezuggenommen auf die Diogenes-Anekdote, nach der der Kyniker Platons Definition des Menschen als eines federlosen zweifüßigen Tieres kommentierte, indem er Platon einen gerupften Hahn in die Schule brachte mit den Worten: das ist Platons Mensch.

Wei bei Goethe fällt auf, daß diese Schriften durchweg bei der Berufung auf Diogenes und in ihrer Selbstcharakteristik die Bezeichnungen „cynisch" und „Cynismus" umgehen und stattdessen „diogenisch" und „Diogenismus" verwenden. Auch ihr zum Zweck der Identifikation übernommenes Diogenes-Bild ist weitgehend entschärft, ja bis zur Entstellung weich gezeichnet und schöngefärbt; so, wenn der anonyme Autor des ,Diogenes in ***' sich ausdrücklich als „Nachfolger des Diogenes" ausgibt, im gleichen Atemzug aber einschränkend erläutert, damit seien keine „strafbaren" oder „boshaften" Absichten verbunden: „Sie werden, in dieser Schrift nichts Unanständiges — keinen schmutzigen Scherz, keine unsinnigen Spöttereyen wider die Religion (...) keinen unpatriotischen Gedanken, und überhaupt nichts finden, was mir Schande machen könnte."[49] Ausgeschlossen bleiben sollen also gerade die notorischen kynischen Schamlosigkeiten, die aggressiven Witze und aufklärerischen Invektiven gegen Religion und Staat. Im Unterschied zu einem so entschärften Diogenes-Bild bleiben diese Bedeutungen am Attribut „cynisch" haften; das kann man besonders deutlich am Diogenes-Bild und dem Wortgebrauch von „diogenisch" einerseits sowie „cynisch" andererseits im ,neuen Diogenes' von 1777/78 beobachten.

In der Vorrede zum zweiten Teil gibt sich der Autor als „Anhänger der Diogenischen Secte" aus und zeichnet dazu folgendes Diogenes-Portrait: „Leider ist mein großer Vorweser, der berühmte, und zu allen Zeiten sehr oft genannte Diogenes, so wohl in den Zeiten, da die Welt so glücklich war, sein irrdisches Daseyn zu genießen, als auch von denselben an bis jetzund, immer von den mehresten für einen eingemachten Narren gehalten worden." In diesen Ruf sei er deswegen geraten, weil er freiwillig dem Umgang der großen Welt und den Genüssen der Sinnlichkeit entsagt habe, sich von den Tafeln der Freunde zurückzog, wo er „sich manchen Rausch in schweren Weinen zeugen, und seine ganze Mahlzeit mit zotischen, religionsspöttischen, und so genannten witzigen Einfällen von andern hätte würzen lassen können"; schließlich sich auch von den Tanzvergnügungen losriß, „bey welchen er den schönsten Anlaß, das allgemeine menschliche Bedürfnis der Liebe, bey einer erhitzten wollüstig gewordenen Gra-

[48] Kant's Briefwechsel. Bd. III. Berlin und Leipzig 1922 (Akademie-Ausgabe Bd. XII). S. 214.

[49] Diogenes in ***. S. 12.

zie, oder einer immer menschenfreundlichen Nymphe" zu erledigen hätte wahrnehmen können. Der Diogenes der antiken Überlieferung hatte in der Tat eine andere Gewohnheit, diesem Bedürfnis nachzukommen; die beruhte allerdings nicht auf christlichen Keuschheitsvorstellungen. – Müßte er aufgrund seiner Entsagungen in Wahrheit nicht nur nicht närrisch, sondern verehrungswürdig erscheinen, so das um so mehr, wenn man wüßte, daß er andere Menschen unerkannt glücklich machen wollte. „Wenn wir nun auch weiter nichts von dem Betragen des Diogenes nehmen wollten, als daß er sich dem Sinnlichen entriß, und Kraft genug dazu hatte, und Stärke der Vernunft genug, so müßte er schon einem jeden verehrungswürdig vorkommen, und nichts weniger als ein Narr erscheinen – Setzen wir nun aber noch zu diesem, daß er alles, was er that, alle Unbequemlichkeiten, die er davon hatte, bloß deswegen ertrug, um seine Nebenmenschen glücklich zu machen, um unerkannt, mit seiner Verachtung, und zu seinem Schaden, ihnen wohl zu thun, so ist es unmöglich, etwas anders, als die größte Hochachtung für den Mann zu fühlen, und ihn für etwas anders, als für einen großen erhabenen edlen Mann zu halten."[50] Hatte die Reaktion auf die christliche Verketzerung und Verteufelung des Protokynikers, die ihrerseits auf die antikenfreundliche Rezeption in Humanismus und Renaissance reagierte, zunächst zu einer gemäßigten Apologie (Jacob Brucker) geführt, so schlägt hier das Pendel ins andere Extrem aus: es kommt zur christlichen Vereinnahmung. Nicht nur, daß Diogenes von Obszönitäten reingewaschen wird: er avanciert zum Apostel der Keuschheit; statt des Hochmuts verkörpert er jetzt Bescheidenheit und unüberbietbare Demut, aus dem aggressiven Egozentriker wird ein Altruist franziskanischen Zuschnitts. Dieser Diogenes ist geradezu der Gegentyp zum „Cyniker"; „cynisch" sind diejenigen, die aus Haß und Bosheit der „diogenischen" Sekte, um sie verächtlich zu machen, das Attribut „cynisch" anhängen: „welcher Menschen von Cynischem Charakter – den verhaßten Namen, die Cynische gegeben haben, und deren Handlungen der Menschheit so viele Ehre machen, wie jene ihre den Hunden."[51] Formelhaft zusammengefaßt besagt das: „diogenisch" entspricht dem Humanen wie „cynisch" dem Tierischen.

Um die Beschreibung eines Menschen von „cynischem" Charakter zu gewinnen, braucht man also nur die dem „diogenischen" Charakter entgegenstehenden Eigenschaften zusammenzusetzen. Man gewinnt dann den Spötter, der mit „zotischen, religionsspöttischen und so genannten witzigen Einfällen" moralische und religiöse Werte höhnisch der Verachtung preisgibt, um sie auf diesem Weg zu destruieren. Es ist, mit einem Schlagwort des 18. Jahrhunderts, der wahre Misanthrop, der allerdings nicht mehr wie der misanthropische Archetyp Timon

[50] Der neue Diogenes. 2. Teil (1778). S. 3 ff.
[51] A.a.O. S. 90 f.

außerhalb der Gesellschaft haust, sondern mitten in ihr; der zynische Misanthrop vereinigt in sich Eigenschaften der timonischen Misanthropie mit dem Kynismus des Diogenes: er lebt seine Verachtung und seinen Haß durch kynischen Spott und Hohn aus, nicht wie Timon durch räumliche Distanzierung. Die Beschreibung eines solchen Spötters, des Gegentyps zum „diogenischen" Charakter und Zynikers im modernen Sinn des Wortes, liefert ‚Der neue Diogenes' in der Abhandlung „Ueber den witzigen Ton in Gesellschaften".

Dieser Aufsatz ist dem Problem gewidmet: „wie man am besten und gewissesten das ganze Uebel der Medisence abschaffen mögte". Unter den Begriffen „Medisance" und „Moquerie" werden der scharfe Witz und die verletzende Satire, diejenigen Formen komischer Vernichtung also, bekämpft, die Bestandteil des ursprünglichen Kynismus – dessen aristophanisches Erbe gewissermaßen – sind. Auch hierin zeigt sich die Perversion im Diogenesverständnis des ‚neuen Diogenes'.

Im Typ des Spötters, der ausdrücklich als Nachfahre des Hofnarren bezeichnet wird, da er dessen Funktion in der bürgerlichen Gesellschaft vertrete, werden zwei Klassen unterschieden, und zwar je nach Schärfe des Spotts und der zugrunde liegenden „Gemüthsverfassung" des Spötters: bei der einen herrsche trotz der Aggressivität des Witzes Freundlichkeit vor, „Ihr Herz bleibt freundschaftlich gegen den, welchen sie auslachen"; bei der anderen dagegen beruhten Spott und Witz ausschließlich auf Egomanie, verbunden mit Menschenhaß: „Es scheint ihnen das größte Vergnügen zu erwecken, wenn sie mit ihrem oft jämmerlichen und schalen Witze alles verdrehen können. Sie lachen gerne über ihre eigenen Einfälle, schätzen sich glücklich, und setzen sich in ihrer Idee weit über alle berühmte Schriftsteller, wenn sie das Glück haben, eine ganze Gesellschaft zum hämischen feindseeligen Lachen gebracht zu haben."[52] Diese Spötter nun werden als wahre Teufel, als diabolische Verdreher und Zerstörer beschrieben: intellektuell und emotional „äusserst verdorben", einzig bemüht, die „Schöpfung" von Unglück und Leid zu fördern; denn aus der negativen, destruktiven Tätigkeit beziehen sie ihre Selbstbestätigung und ihren Sinn: „Ihre angenehmsten Empfindungen, sind die Empfindungen einer hämischen Satanischen Schadenfreude, die Freude über das betrübte traurige Gefühl anderer, davon sie die Ursache sind, und durch ihre gottlosen Bemühungen gewirkt haben, die Freude über den gelungenen, und glücklich vollbrachten Anschlag, verdienstvolle und ruhmwürdige Leute verächtlich gemacht zu haben, die Freude, den Ruhm, die Eigenschaften anderer glücklich unterdrückt, und indem sie ihr Glück hätten machen können, auf ihre ganze Lebenszeit elend, oder doch wenigstens nicht so glücklich, als sie hätten sein können, gemacht zu haben, und dergleichen unna-

[52] Der neue Diogenes. 1. Teil (1777). S. 134 f.

türliche Freuden mehr, sind ihre größten Wonnen, und die Stunden, wo sie die unseeligen Früchte ihrer schändlichen Bemühungen einerndten können, die frohesten Stunden ihres Lebens."[53] Gegen diese mephistophelischen Geister, diese Satane in Menschengestalt empfiehlt der Autor denn auch eine Art Teufelsaustreibung, wenn das Mittel der Aufklärung, die Erziehung zur Vernunft, an ihnen versage; sie seien so „unausstehlich schlecht, daß man Ursache hätte, sie aus den Städten zu verbannen", und wenn es fehlschlage, sie zu vernünftigen Menschen zu machen, „so weiß ich kein besser Mittel, als daß man sie alle an der Stirne brandmarke, damit jeder sich für sie hüten könne."[54]

Diese Spötter setzen einerseits den Typ der „Cynische(n) Philosophi" des J. J. Rambach fort mit ihrem „spöttisch scoptisch Gemüth, das sich über alle Welt moquirte", die sich eine Ehre daraus machen, die „Verachtung der Menschen verachten" zu können. Andererseits sind sie Zyniker modernen Typs; sie sind gleichsam intellektuelle Gewalttäter, die anstatt andere Menschen physisch zu vernichten oder zu verletzen, sie emotional und moralisch zerstören. Dabei bedienen sie sich der Mittel der Komik, des Lachens und des Witzes; die Destruktion der anderen dient ihnen zur Selbstbestätigung und eigenen Sinngebung. Wie nah dieser Begriff des Spötters sachlich zu dem des Zynikers steht, mag der Vergleich mit einem anderthalb Jahrhunderte später erschienenen Aufsatz ‚Zur Psychologie des Cynikers' zeigen. Darin tritt als negative Kategorie an die Stelle des Satanischen das Verbrecherische: der Zyniker gilt als ein „dem Verbrecher aufs engste verwandtes Phänomen". Der Zynismus wird als intellektuelle Gewalt beschrieben, die im Vergleich zu der des Spötters lediglich noch um einen Grad abstrakter ist, da sie sich gegen die moralischen und ideellen Werte an sich richtet, nicht gegen die moralische Integrität und das Ansehen einzelner Personen. Zynismus ist Gewalt aus der Distanz und mit den Mitteln der Komik; „der Cyniker hat ausgesprochen verbrecherische Züge, vor allem freilich die diskretere Mischung rücksichtsloser Grausamkeit und feiger Scheu. Was beide unterscheidet, ist weniger das Prinzip, als die Art, in der sie es darstellen. Dem Cyniker wendet sich der Zerstörungstrieb mehr ins Intellektuelle: er geht nicht darauf aus, die Werte zu vernichten, er sucht sie zu verkleinern. Er rückt ihnen nicht mit roher Gewalt zuleibe, er fordert nicht ihren unmittelbaren Widerstand heraus, er bleibt ihnen ferne; ja er nimmt ihnen gegenüber mit Vorbedacht einen Standort ein, von dem aus gesehen sie ihm geringfügig, wesenlos, unbedeutend, in ihrer Kleinheit belächelnswert erscheinen. Der Cynismus äußert sich nicht in einem tätlichen Angriff, er beschränkt sich so auf eine Wahl der Perspektive."[55]

---

[53] A.a.O. S. 152 f.
[54] A.a.O. S. 156.
[55] Oscar Ewald. Zur Psychologie des Cynikers. In: Logos. Bd. V. S. 335.

Der Autor Oscar Ewald beginnt seinen Aufsatz mit einer einleitenden Bemerkung über den Zusammenhang dieses Zynismusbegriffs mit dem der Antike; sie habe den „Cyniker" ähnlich, aber doch anders als wir gesehen. Auch sie habe das Gewaltsame konstatiert, das in der demonstrativen Zurschaustellung der Unabhängigkeit und des Kontrastes zur Gesellschaft gelegen habe, die damit verbundene Eitelkeit und die Aggression gegenüber den Mitmenschen. Dennoch habe die Antike mit der Gestalt des Kynikers trotz aller Schattenseiten „den Begriff einer bestimmten charaktervollen, sogar idealen Willensrichtung" verbunden. Es sei damit also ein Wert assoziiert gewesen, nämlich der der starken Individualität. Der Unterschied zum modernen Zynismusbegriff bestehe darin, daß sich das damit bezeichnete Phänomen rein ins Negative gewendet habe; „der moderne Cyniker bedeutet uns keine starke Individualität mehr, sondern höchstens das Zerrbild einer solchen. Er ist gerade durch sein feindseliges Verhalten zu allen Werten, zur Idee des Wertes überhaupt charaktersiert. Sein Wesen erschöpft sich in diesem Antagonismus; es läßt keinen positiven Rest, der außerhalb desselben gelegen wäre, keinen individuellen Ueberschuß und Rückhalt, in welchem sich seine produktiven Energien sammelten und sozusagen nach innen konzentrierten. Der moderne Cynismus geht auf in seiner Abwehrstellung gegen den Wert. Er ist ein Phänomen der Opposition und nichts weiter."

Damit sind wir bei dem Begriff des Zynismus angelangt, der seine spezifische Prägung nur durch eine partielle Abtrennung von der Diogenes-Gestalt und dem antiken Kynismus gewinnen konnte; doch konnte seine eigenständige Entwicklung erst auf dem Hintergrund einer verharmlosenden, einseitig moralisierenden und zu positiv gefärbten Rezeption der antiken Phänomene in Gang gesetzt werden. Wenn andererseits Ewald schreibt, der moderne Zynismus sei der Sache als auch dem Begriff nach eindeutig negativ, so muß dies bezweifelt werden. Denn nicht nur hat F. Th. Vischer, der erste Autor, der sich ausführlich damit beschäftigt hat, dem Zynismus als Form der Moral- und Zivilisationskritik ein „bedingtes Recht" eingeräumt;[56] darüber hinaus gibt es Versuche, ihn wertfrei als ein Selbstbehauptungsphänomen zu deuten, und Nietzsche etwa legitimiert ihn als Alternative zur Moral, als Moral gegen die tradierte platonisch-christliche Moral. Bevor ich darauf näher eingehe, will ich noch die Rezeption des Diogenes und des Kynismus im 19. Jahrhundert wenigstens in ihren wichtigsten Stationen verfolgen.

Der satirisch-moralische Doppelaspekt des Protokynikers und seines Kynismus wird in der philosophischen und vor allem in der philosophiegeschichtlichen Darstellung vielfach auf den zweiten verkürzt. Zwar lebt in einem breiten volkstümlichen Bildungsbewußtsein der Neuzeit die Diogenes-Gestalt in ihren Anek-

---

[56] Über Zynismus und sein bedingtes Recht. In: Friedrich Th. Vischer. Kritische Gänge. 5. Bd. Hrsg. von Robert Vischer. München ²1922. S. 418-483.

doten auch als eine witzige Figur fort, als eine der bekanntesten Philosophengestalten der Antike überhaupt; aber die wissenschaftliche Rezeption vernachlässigt den satirisch-witzigen Aspekt zumeist, denn er sperrt sich sich gegen die Einordnung in ein System, auf das eine der wissenschaftlichen Systematik verpflichtete Philosophie gern jeden anderen Philosophiebegriff festlegen möchte. Und so ergibt sich im 19. Jahrhundert die weitgehende Reduktion des Kynismus auf Ethik im engeren Sinn einer Disziplin oder sogar einer aus der eigentlichen Philosophie herausfallenden praktischen Lebensweise.

Man kann das etwa an Schleiermachers Verwendung von Platons angeblichem Diktum über Diogenes als den „Sokrates mainomenos", den „verrückt gewordenen Sokrates", ablesen, die in der Akademieabhandlung von 1815 ‚Ueber den Werth des Sokrates als Philosophen'[57] enthalten ist. Darin tritt Schleiermacher der im 18. Jahrhundert und bis auf seine Zeit vorherrschenden, an Xenophon orientierten Auffassung des Sokrates als des „gefälligen menschlichen Weisen, der gar nichts für die Schule war sondern alles für die Welt", entgegen: eine solche Figur gehöre nicht im eigentlichen Sinne in die Geschichte der Philosophie, sondern in die der allgemeinen Bildung. Schleiermachers eigenes Sokratesbild dagegen ist an Platon ausgerichtet; danach hat Sokrates als erster die „Idee des Wissens", das rationale Moment also, in die griechische Philosophie hineingetragen, das den Keim aller späteren hellenistischen Systeme bilde und sich bei den Vorsokratikern noch nicht finde, woraus sich deren Dunkelheit erkläre. Das von ihm zurückgewiesene Sokratesverständnis nun veranschaulicht er an der Diogenes-Gestalt. „Und man muß am Ende sagen, auf dem Stamme des Sokrates, wie er uns jetzt beschrieben wird, kann nichts anderes gewachsen sein als der Cynismus, und zwar nicht der des Antisthenes, in dem auch noch manches hängt, was man dann lieber auf den Gorgias seinen früheren Lehrer zurückführen möchte, sondern jener ganz reine nur eine eigenthümliche Lebensweise darstellende des Diogenes, jenes ‚rasenden Sokrates', den man aber zur Steuer der Wahrheit höchstens den karikierten Sokrates nennen sollte. Denn in diesem Abbilde finden wir nichts als Züge jenes Urbildes, das Annähern an die göttliche Selbstgenügsamkeit durch Verringerung der Bedürfnisse, das Enthalten vom bloßen Wissen, das anspruchslose Umhergehen im Dienste des Gottes um die Thorheiten der Menschen aufzudecken."[58] Hier ist die „Manie" des Dioge-

---

[57] In: Friedrich Schleiermacher's Sämmtliche Werke. Dritte Abtheilung. Zur Philosophie. Zweiter Band. Berlin 1838. — Die Abhandlung wurde am 27. 7. 1815 verlesen. Wie Kierkegaards und Hegels Sokrates-Interpretationen muß man sie als Reaktion auf die an Xenophon ausgerichtete Sokrates-Rezeption im 18. Jahrhundert verstehen. Diese ist ausführlich dargestellt bei: Benno Böhm. Sokrates im 18. Jahrhundert. Studien zum Werdegang des modernen Persönlichkeitsbewußtseins. Neumünster ^{2}1966.

[58] A.a.O. S. 290.

nes, seine Verrücktheit, nur die Übersteigerung der praktischen sokratischen Moral, nicht deren Überlagerung durch Komik und Witz, wie ich das angeblich platonische Diktum auch verstehen möchte. Diogenes ist die radikale Konsequenz des xenophontischen Sokrates, dessen Mangel an Ironie Kierkegaard der beschränkten Perspektive und dem biederen Charakter Xenophons zuschrieb. Durch diese einseitige, Ironie und Satire übersehende Auffassung geht die Beziehung zum modernen Zynismusbegriff notwendig verloren.

In einem kurzen Aufsatz von 1891 ‚Zur Geschichte der cynischen Secte' fällt G. Süpfle über deren wissenschaftliche Rezeption in der Neuzeit ein Urteil, das streng genommen nur für die Zeit seit dem letzten Drittel des 18. Jahrhunderts gilt; er behauptet, daß der Kynismus bis auf Schleiermachers Tage in seiner Bedeutung vielfach unterschätzt worden sei und erst die „allerneueste Zeit dieses Unrecht in vollstem Maße wieder gut gemacht" habe.[59] Tatsächlich gehören für Schleiermacher die Diogenes-Gestalt und ihr Kynismus ja eigentlich nicht in die Geschichte der Philosophie, sondern in die der „allgemeinen Bildung". Die historische Kritik des 17. und frühen 18. Jahrhunderts – Bayle, Heumann, Brukker etc. – hatte das anders gesehen. Das Urteil über die wissenschaftlich-philosophische Belanglosigkeit der Kyniker hat Hegel noch deutlicher als Schleiermacher formuliert; sein Kapitel über „Die cynische Schule" in den ‚Vorlesungen über die Geschichte der Philosophie' beginnt mit der lapidaren Feststellung: „Von derselben ist nichts Besonderes zu bemerken. Die Cyniker haben wenig philosophische Ausbildung, und zu einem System, zu einer Wissenschaft haben sie es nicht gebracht; später wurde es erst durch die Stoiker zu einer philosophischen Disciplin."[60] Das kommt einem Rausschmiß aus der Philosophie gleich. Die Sätze des Antisthenes über die Tugend und den idealen Weisen kommentiert er unwillig, da sehe man „denn hier schon wieder die langweilige allgemeine Rednerei von dem Weisen anheben"; bei Diogenes und seinen Nachfolgern nehme der Kynismus „die Bedeutung mehr bloß einer Lebensweise als einer Philosophie an." In einem Zusatz zum § 195 der Rechtsphilosophie sagt er von ihm, in seiner „ganzen cynischen Gestalt" sei er „eigentlich nur ein Produkt des atheniensischen gesellschaftlichen Lebens" und ein „unartiges Produkt des Luxus." Ihn determiniere die Meinung, gegen die er opponiere, und da erst die Gesellschaft diese Gestalt hervorbringe, sei sie nicht in Wahrheit unabhängig. Anschließend erklärt Hegel hier den „Cynismus" abgelöst von seiner historischen Erscheinung im Athen des vierten vorchristlichen Jahrhunderts und allgemein als das unvermeidliche Begleitphänomen jeder gesellschaftlichen Verfeinerung und des Luxus: „Wo auf der einen Seite derselbe sich auf seiner Höhe befindet, da ist auch die Noth und Verworfenheit auf der anderen Seite ebenso

---

59 Archiv für Geschichte der Philosophie. Bd. IV. Berlin 1891. S. 414-423. Hier: S. 414.
60 Sämtliche Werke. Hrsg. von Hermann Glockner. 18. Bd. Stuttgart 1941. S. 159 f.

groß, und der Cynismus wird dann durch den Gegensatz der Verfeinerung hervorgebracht."[61]

Schon hinsichtlich des Sokrates war Hegel in die Verlegenheit geraten, das negative Urteil angesichts des mangelnden wissenschaftlich-systematischen Ertrags zu vereinbaren mit der einzigartigen Bedeutung, die er ihm als individueller Gestalt, als „welthistorischem Individuum" beimißt. Ebenso würdigt er die Kyniker trotz der Verachtung, die er ihnen unter dem Aspekt der Wissenschaftlichkeit entgegenbringt, als „interessant" aufgrund ihrer „individuellen Manier" und der „Stärke des Charakters der Einzelnen"; Antisthenes und Diogenes nennt er „sehr gebildete Menschen". Dagegen schlägt bei der Erwähnung der späteren Kyniker der moralisch eindeutig negative Kynismusbegriff durch; er qualifiziert sie als „weiter nichts als schweinische, unverschämte Bettler, die ihre Befriedigung in der Unverschämtheit fanden, welche sie gegen Andere bewiesen; und sie sind in der Philosophie keiner Beachtung würdig. Sie verdienten den Namen Hunde, der dieser philosophischen Schule beizeiten gegeben wurde, in vollem Sinne; denn der Hund ist dieß unverschämte Tier." Als Beispiel für diese Negativität des „Cynismus", der die Befriedigung in der Unverschämtheit sucht, wird der öffentliche Geschlechtsverkehr des Krates und der Hipparchia angeführt.[62] Den Witz erwähnt Hegel beiläufig als eine persönliche Eigenschaft des Diogenes; dieser habe sich neben seiner Lebensweise durch seine „beißenden, oft auch witzigen Einfälle und sarkastischen Gegenreden ausgezeichnet".

Anders als bei Hegel ist bei seinem eifersüchtigen Rivalen Schopenhauer das System nicht so sehr philosophischer Inhalt und Selbstzweck als eher Form der Darstellung. Thematisch gesehen ist Schopenhauer derjenige Philosoph des deutschen Idealismus, der der Tradition der Moralistik am nächsten steht. Seine Hochschätzung der Stoiker bedeutet gleichzeitig dieselbe Achtung vor den Kynikern, denn er sieht bei beiden denselben Grundgedanken verwirklicht. Was bei Hegel für die Beurteilung des Kynismus nur ein sekundärer Gesichtspunkt war und hinter den Tadel an fehlender Wissenschaftlichkeit zurücktrat: die freie und starke Persönlichkeit, rückt für ihn in den Vordergrund. Schopenhauer glaubte sogar, den inneren Zusammenhang von Stoa und Kynismus sowie ihr gemeinsames moralisches Prinzip als erster entdeckt und von Fehldeutungen gereinigt zu haben. In einer Selbstzitierung verweist er in ‚Parerga und Paralipomena' auf sein „Hauptwerk, Bd. 1, § 16, und Bd. 2, Kap. 16, — woselbst, und wohl zum ersten Male, der wahre Geist des Kynismus und der Stoa, gründlich dargelegt ist."[63] Danach besteht der gedankliche Ausgangspunkt des ursprünglichen und

---

[61] Sämtliche Werke. 7. Bd. Stuttgart 1938. S. 276.
[62] Sämtliche Werke. 18. Bd. S. 168.
[63] Parerga und Paralipomena. 1. Bd. Sämtliche Werke. Hrsg. von A. Hübscher. 5. Bd. S. 60.

„ächten" Kynismus im Glücksprinzip – im Unterschied zur Tugendethik, wo nicht das individuelle Glück, sondern die Tugend als der absolute Zweck des Handelns postuliert ist. Die Kyniker streben ihr Ziel, so Schopenhauer, auf dem Weg der Entbehrung an: „Der Grundgedanke des Kynismus ist demnach, daß das Leben in seiner einfachsten und nacktesten Gestalt, mit dem ihm von Natur beigegebenen Beschwerden, das erträglichste, mithin zu erwählen sei." Bei der Verwirklichung der autonomen, unabhängigen Persönlichkeit fördern Witz und Humor die innere Ruhe. „Unabhängigkeit, im weitesten Sinne, war ihre Absicht. Ihre Zeit brachten sie zu mit Ruhen, Umhergehn, Reden mit allen Menschen, viel Spotten, Lachen und Scherzen: ihr Charakter war Sorglosigkeit und große Heiterkeit." Schopenhauer ist viel daran gelegen, die Selbstgenügsamkeit und die Reduktion auf das Minimum bei den „alten ächten Kynikern" von späteren Umformungen durch christlichen Einfluß wie bei Epiktet und von allen spirituellen Formen der Askese abzugrenzen. Der Altruismus, die Selbstzweckhaftigkeit der Tugend, das Vertrauen auf ein jenseitiges Glück, kurz: das Abweichen vom diesseitigen individuellen Glücksprinzip sei dem ursprünglichen Kynismus fremd. Dagegen vergleicht er die Kyniker mit Rousseau, mit dem ihre Lebensansicht „dem Geiste der Sache nach" zusammentreffe, „da auch er uns zum rohen Naturzustande zurückführen möchte und das Herabsetzen unserer Bedürfnisse auf ihr Minimum als den sichersten Weg zur Glücksäligkeit betrachtet."[64] – Wir werden sehen, daß Schopenhauers Auffassung des Kynismus auf Nietzsche gewirkt hat.

Unter dem Eindruck der Bedeutung, die der Hegelianismus der Geschichte beimißt, erfährt im 19. Jahrhundert die Geschichtsschreibung der Philosophie – nach ihrer ersten Blüte in der Zeit der historischen Kritik vom Typ Bayles oder Bruckers – einen neuen Impuls; hinzu kommt in der zweiten Hälfte des Jahrhunderts die Prägung durch den Positivismus der mächtig und einflußreich werdenden Philologie, und so entsteht eine ausgeprägt historistische Geschichtsschreibung der Philosophie. Ein wegen seiner Materialfülle noch immer unentbehrliches Produkt aus dem Geist dieser Zeit ist das immens gelehrte Werk Eduard Zellers, ‚Die Philosophie der Griechen in ihrer geschichtlichen Entwicklung', das in der ersten Auflage 1844-1852 erschien. Entsprechend seinem leitenden methodischen Prinzip, Widersprüche in der Tradition der antiken Philosophie nicht harmonisierend zu verdecken oder durch Spekulation zu überbrücken, referiert Zeller in einem umfangreichen Kapitel über „Die Cyniker" das Quellenmaterial samt neuerer Literatur zum Kynismus unter losen und sehr allgemein formulierten Gesichtspunkten;[65] dabei wird die Darstellung im Haupttext – der historisch-kritischen Manier vom Typ Bayles nicht unähnlich – durch

[64] Die Welt als Wille und Vorstellung. 2. Bd. S. 170.
[65] 2. Teil. 1. Abt. Leipzig [5]1922. S. 180-236.

eine schier unübersichtliche Fülle von Anmerkungen überwuchert. Diese historisch-philologische Darstellungsweise hat für das zeitgenössische Verständnis des Kynismus zwei wichtige Konsequenzen: er wird zu einem Gegenstand bloß historischen Interesses, dem ein aktuelles kaum noch abgewonnen werden kann, und zu einem vagen Phänomen voller Widersprüche und ohne feste Konturen. Letzteres hat in der Zeit des philologischen Positivismus am deutlichsten vielleicht Karl Joël formuliert: „Zunächst gerät man in unheilbare Widersprüche, sobald man den Kyniker auf irgendwelche Inhalte festlegen will, irgendwelche Ideale, Güter, Zwecke unbedingt fordern, irgendwelche andern unbedingt ablehnen läßt; denn alles was er ablehnt, fordert und erlaubt er auch wieder und umgekehrt". Als ein „Januskopf" stehe der Kyniker vor uns, der die „Einheit des Wesens vermissen" lasse.[66] Das wird die Crux für eine doxographisch ausgerichtete und gleichzeitig nur am Buchstaben der Überlieferung klebende, ihre literarische Form unbeachtet lassende Geschichtsschreibung der Philosophie im Verhältnis zu Kynismus.

2. *Der Zynismusbegriff im 19. und 20. Jahrhundert*

Am Anfang der Geschichte des Zynismusbegriffs steht die antike Gestalt des Protokynikers Diogenes. Auch wenn in der Neuzeit aufgrund einer mehr als bloß historisierenden Rezeption von Diogenes-Gestalt und Kynismus dieser Begriff eine Ausweitung erfahren hat, so daß sich im 19. Jahrhundert schließlich ein Zynismusbegriff herausbildet, der nicht mehr primär als Fachterminus der Geschichtsschreibung auf die antiken Kyniker bezogen bleibt, so ist dennoch die Gestalt des Protokynikers nicht nur für das historische, sondern auch für das systematische Verständnis des modernen Begriffs ein Ausgangspunkt. Nur darf man sie zu diesem Zweck nicht doxographisch verkürzt sehen, was sie nur zu schnell banal und unergiebig erscheinen läßt; sondern man muß sie von beiden Seiten, in ihrem moralisch-satirischen Doppelaspekt, betrachten.

Sie verkörpert die Opposition gegen die „Kultur" als den Inbegriff aller religiösen, theoretischen und ethischen Bewußtseinsleistungen des Menschen und infolgedessen die Reduktion auf Natur: „Fanatischer ist wohl nie aller eigentlich menschlichen Cultur, im Namen der ‚Natur' und ‚Vernunft', der Krieg erklärt worden."[67] Dieses Programm der Kulturkritik ist in der Antithese von Gesetz und Natur (nomos und physis) auf eine einprägsame Formel gebracht, wofür

[66] Geschichte der antiken Philosophie. 1. Bd. S. 912 f.
[67] P. Natorp. Art. ‚Diogenes'. In: Paulys Real-Encyclopädie. Bd. 5. Sp. 770.

das „Umprägen der Münze" als Metapher steht; in der Anekdote von der Münzfälschung schließlich ist zu der Metapher die passende Geschichte gefunden worden. Die Rückkehr zur Natur — und darin liegt die spezifisch kynische Variante der allgemein sophistischen Antithese von nomos und physis — wird bei Diogenes „sehr buchstäblich verstanden, bis hart an die Grenze der Vertierung". Das demonstrative Abstreifen aller kulturellen Sublimierungen stellt natürlich eine Provokation der Humanität dar. Aber es kann umgekehrt für Humanität einstehen, wenn es nämlich gegen einen überflüssigen, durch die realen Verhältnisse nicht gerechtfertigten und uneinsichtigen Sublimierungszwang und damit gegen kulturelle Normen protestiert, von denen nur noch die repressive Einschränkung, nicht aber mehr Absicherung und Förderung der animalisch-physischen Natur des Menschen erfahren werden. Solche entfremdeten Normen provozieren geradezu eine „Umwertung der Werte", die die physische Natur als Bezugspunkt der Werte in Erinnerung bringt und eine neue Begründung erforderlich macht.

Nun vollzieht sich im Kynismus des Diogenes die Reduktion auf Animalität nicht als eine mehr und mehr bewußtlos werdende Vertierung; sie ist vielmehr selbst der Ausdruck eines sehr scharfen und wachen Bewußtseins. Dieses läßt sich allerdings nicht eindeutig als moralisches, wertorientiertes bestimmen, und das macht die Ambivalenz, das Schillernde und Mehrdeutige der Diogenes-Gestalt aus. Es wechseln bei ihr ständig Moral und Witz — der Begriff des Witzes hier in einer etwas veralteten Bedeutung nicht nur als intellektueller Lachanreiz, sondern darüber hinaus als Scharfsinn verstanden. Den Kynismus nur als ein Produkt moralischer Vernunft, als ein System der Moral sehen zu wollen, hieße ihn verkürzen und der Banalität ausliefern. Der Protokyniker verhält sich nämlich zu der Endlichkeit und den Widersprüchen der Existenz, die die Notwendigkeit der Moral begründen, nicht nur moralisch, indem er die Widersprüche zu überbrücken und auszugleichen sucht, sondern auch witzig-komisch, wenn er sie nämlich zwar zu Bewußtsein bringt, sie aber als Gegensätze stehen läßt und, statt sich moralisch zu engagieren, sich lachend distanziert. Das komische Bewußtsein rivalisiert bei ihm ständig mit dem moralischen; es ist gewissermaßen, als eine Art theoretischer Einstellung, seine Form von „Vernunft".

Wo aber das komische mit dem moralischen Bewußtsein in einen ernsthaften Konflikt gerät und in einem solchen Fall der Witz die Moral verdrängt, da entsteht unweigerlich Zynismus. Dies ist gewissermaßen seine Urform; und Montaignes Satz aus den ‚Essais' (1,50), der Mensch sei nicht nur ein lachendes, sondern auch ebenso ein lächerliches Tier, als letzte Wesensaussage über den Menschen genommen, wäre der Grundsatz des Zynismus. Auf das Zynische hin tendieren stets die komische Behandlung und parodierende Umformung moralischer Gegenstände oder tragischer Sachverhalte. Unter diesem Aspekt steht ein zynischer Film wie ‚Das große Fressen' neben kynischen Mythen- und Tragödienparodien etwa des ‚Oidipus' oder ‚Thyestes'.

Von der Bedeutung des Witzig-Komischen hat sich der Begriff des Zynismus ausgedehnt auf nahezu *jede bewußt und demonstrativ nicht-moralische Einstellung zu einem Gegenstand oder Sachverhalt, in bezug worauf nach allgemeinem Verständnis die moralische Einstellung unbedingt erforderlich wäre.* Dabei begründet allerdings die Relativität von Moral die des Zynismus, so daß der Standpunkt einer bestimmten Moral als zynisch erscheinen lassen kann, was sich von einem anderen aus noch als potentiell moralisch darstellt.

a) Der Zynismusbegriff des jungen Friedrich Schlegel

Gerade dieses Oszillieren des Zynismus zwischen Moral und Witz mußte das Interesse des jungen Friedrich Schlegel wecken, der es auf geniale Weise verstand, in literaturtheoretische und philosophische Zusammenhänge Begriffe einzuführen, die sich als außerordentlich funktionsfähig und wirkungsvoll erweisen sollten. Der Zeit entsprechend schrieb er das Wort mit C, und das meinte damals noch primär den antiken Kynismus. Nun begriff Schlegel aber unter „Cynismus" nicht bloß die historisch vergangene, überwiegend praktisch ausgerichtete Lebensweise einer bestimmten philosophischen Schule, wie es die Geschichtsschreibung gewöhnlich sieht, sondern er verstand darunter in erster Linie eine universelle Form von Intellektualität, die er nicht auf die historisch so genannten Kyniker beschränkte und in der er wesentliche der eigenen intellektuellen Intentionen glaubte wiederzufinden. Mit dieser intellektuellen Auffassung des Kynismus und der Ausweitung des Begriffs wird bei ihm der moderne Zynismusbegriff vorgeprägt.

In einer längeren Anmerkung zu seiner Darstellung des Kynismus zieht K. Joël Parallelen zwischen den Kynikern und den jungen Romantikern, deren theoretischer Anführer Fr. Schlegel war; er beginnt den Vergleich, indem er die Gemeinsamkeit in der fragmentarischen Form als Ausdruck einer inneren Verwandtschaft hervorhebt. „Die Romantiker denken wie die Kyniker unsystematisch, aphoristisch und suchen den Witz, der ihnen ein ‚prophetisches Vermögen' und ‚fragmentarische Genialität' ist. Auch ‚treffender Witz, echte Lebensweisheit machen den Philosophen' ". In eben dieser Verbindung von Witz und Moral sieht Joël die umfassendere innere Affinität: „So fordern die Romantiker in der Moral ‚das Ridicule'. Aber zugleich im Sinne des kynischen σπουδαιογέλοιον ‚Der Ernst muß heiter, der Scherz ernsthaft schimmern' ".[68]

Joël beruft sich in seinem Vergleich zwischen Kynismus und früher Romantik auf Rudolf Hayms Charakteristik des jungen Schlegel, über dessen Lessing-Re-

---

[68] Geschichte der antiken Philosophie. 1. Bd. S. 913-915.

zeption Haym schrieb: „Es ergeht ihm mit Lessing so etwa wie es dem Diogenes mit Sokrates erging. Nichts betont er so stark an seinem Helden als das Inkorrekte, Revolutionäre, das Dreiste und Kecke, das Zynische und Paradoxe, seinen polemischen Witz, seine fragmentarische Äußerungsweise."[69] Dies bezieht sich auf den Lessing-Aufsatz, worin Schlegel von dem „edeln vornehmen Zynismus" Lessings spricht, den er vor allen Dingen im ‚Nathan' erblickt; das Drama habe einen „durchgängig zynisierenden Ausdruck" und sei wohl mit die beste Prosa, die Lessing geschrieben habe. „NATHAN DER WEISE ist nicht bloß die Fortsetzung des ANTI-GÖTZE Numero Zwölf: er ist auch und ist ebenso sehr ein dramatisiertes Elementarbuch des höheren Zynismus. Der Ton des Ganzen, und Alhafi, Saladin nicht minder. Die Sultanschaft wäre keine tüchtige Einwendung: selbst Julius Cäsar war ja ein Veteran des Zynismus im großen Styl; und ist die Sultanschaft nicht eigentlich eine recht zynische Profession, wie die Möncherei, das Rittertum, gewissermaßen auch der Handel, und jedes Verhältnis, wo die künstelnde Unnatur ihren Gipfel erreicht, eben dadurch sich selbst überspringt, und den Weg zur Rückkehr nach unbedingter Natur-Freiheit wieder öffnet?"[70] Man erkennt hier sehr gut Schlegels Verfahren, wie er in einem großzügig experimentierenden Umgang mit dem Begriff diesen von der Bindung an äußere historische Erscheinungsweisen löst, indem er auf das Wesentliche rekurriert — den Umschlag der „Unnatur" in „Natur-Freiheit" — und das in anderen Erscheinungen wiederentdeckt.

Im Hinblick auf diese Äußerungen über Lessing spricht Haym seinerseits in bezug auf Schlegel von Zynismus: „ ‚Literarischer Zynismus', das wird jetzt die Formel für seine Existenzweise, den Zynismus überhaupt stempelt er zu seinem Lebensideal, und zynisch-renommistisch drückt er diesen Enthusiasmus für philosophische Unabhängigkeit aus, wenn er in einem Brief schreibt, daß er es in Verachtung von Kunst und Wissenschaft mit jedem aufnehme, Rousseau sei ein rechter Lump und Stümper darin, die Lessingsche schon viel besser."[71] „Cynismus", „cynisch" und „Cyniker" sind Lieblingsvokabeln Schlegels in der Zeit der Abfassung der Lyceums- und Athenäums-Fragmente, worin sie sich mehrfach finden; und es sind für ihn darüber hinaus literarische Adelsprädikate, mit denen er seine Vorbilder auszeichnet — nicht nur Lessing, sondern auch Chamfort, von dem er am meisten in der Form der fragmentarisch-aphoristischen Reflexion lernte.

---

[69] Die Romantische Schule. Berlin [5]1928. S. 279.

[70] Charakteristiken und Kritiken I. Kritische Friedrich-Schlegel-Ausgabe. Hrsg. von Ernst Behler. 2. Bd. München 1967. S. 124. Vgl. auch S. 105, 116, 121. Schlegels originale Orthographie ist „Cynismus", „cynisch", „Cyniker"; sie wird in den Bänden, die die Nachlaß-Fragmente enthalten, vom Herausgeber nicht geändert — im Gegensatz zu hier, wo die Änderung um so irreführender ist, als ansonsten die Orthographie unverändert erscheint.

[71] A.a.O. S. 279.

„Chamfort war, was Rousseau gern scheinen wollte: ein echter Zyniker, im Sinne der Alten mehr Philosoph, als eine ganze Legion trockener Schulweisen."[72]

Eine Reihe bedeutender fragmentarischer Reflexionen über den „Cynismus" enthält Schlegels 1963 erstmals veröffentlichter Nachlaß aus den sogenannten philosophischen Lehrjahren, worin die in den Lyceums- und Athenäums-Fragmenten sowie im Lessing-Aufsatz erscheinende Fassung des Begriffs konkretisiert und ergänzt ist. Diese philosophischen Fragmente kreisen alle um zentrale Themen des jungen Schlegel, der im „Cynismus" wesentliche Merkmale dessen wiederentdeckt, was er selbst in der angestrebten Verbindung von Philosophie, Poesie und Kritik zusammenbringen wollte: Moral, Witz, Polemik, die Orientierung an der Natur als Gegensatz zur Kunst im Sinne der Künstlichkeit. „Der Cynismus ist Naturφ [philosophie] und class.[isches] ηϑ [ethisches] Genie, mit annihilierender Polemik gegen d[ie] Oekonomie und Politik; absoluter Indifferentism. —"[73] Das ethisch Geniale des „Cynismus" liegt für Schlegel in der reinen Fassung des Tugendbegriffs und damit einer Moral, die ohne alle Rücksicht auf Erfolg und Lohn moralisches Handeln begründet, weil sie nur auf die freie „Willkür", d. h. auf den Willen des Einzelnen baut. In diesem Sinne erscheint ihm sogar das ursprüngliche Christentum lediglich als „universeller Zynismus"; das 16. Athenäums-Fragment formuliert: „Wenn das Wesen des Zynismus darin besteht, der Natur vor der Kunst, der Tugend vor der Schönheit und Wissenschaft den Vorzug zu geben; unbekümmert um den Buchstaben, auf den der Stoiker streng hält, nur auf den Geist zu sehen, allen ökonomischen Wert und politischen Glanz unbedingt zu verachten, und die Rechte der selbständigen Willkür tapfer zu behaupten: so dürfte der Christianismus wohl nichts anders sein, als universeller Zynismus."[74] Im Hinblick auf diese Äußerungen ergänzt Hans Eichner, was Haym über den Zynismus Schlegels als renommistische Verachtung von Geld, Beruf und bürgerlichen Ehren geschrieben hatte, und führt aus, „Zynismus" im Sinne Schlegels erstrecke „sich auf die Ablehnung jedes Gedankens an eine Belohnung tugendhafter Handlungen, welcher Art auch immer diese Belohnung sei; die Bedeutung dieses Begriffs ist also nicht auf die praktische Lebensführung und nicht einmal auf das Gebiet der Ethik beschränkt, sondern greift über auf die letzten Probleme der Philosophie und der Religion — auf den Themenkreis, den Lessing in der ‚Erziehung des Menschengeschlechts' behandelt hat."[75] Dies scheint mir allerdings seinerseits der Ergänzung bedürftig. Zwar trifft es zu, daß Schlegel in der Zeit der Ideen-Fragmente, die das Thema der Religion in den Vordergrund rücken, am „Cynismus" auch eine religiöse Seite

[72] Lyceums-Fragment 111. Kritische Ausgabe. 2. Bd. S. 161.
[73] Philosophische Fragmente II 848. Kritische Ausgabe. 18. Bd. München 1963. S. 99.
[74] 2. Bd. S. 167.
[75] Einleitung zum ersten Band der Kritischen Ausgabe. S. XXXII.

entdeckt: „Cynismus ist auch Rel[igiös] wie Pythagor.[eischer] Bund." Ein weiteres Fragment konkretisiert das: „Der Cynismus ist protestant[isch]. Pythagoras ist katholisch."[76]

Aber die Reflexionen über den Zynismus im Umkreis der Lyceums- und Athenäums-Fragmente gehen zunächst in eine andere Richtung. Wenn Schlegel im zitierten 16. Athenäums-Fragment die ethische Definition des Zynismus hypothetisch formuliert; und wenn er in einer Reflexion dem Satz: „Cyn[ismus] ist moralische Genialität" unmittelbar die Bemerkung vorausschickt: „Cynismus ist gar nicht auf ηϑ [Ethik] eingeschränkt. –" so geht in dieser Zeit die Ausweitung des Zynismusbegriffs über Ethik hinaus nicht auf Religion, sondern auf Witz, Polemik, Naturphilosophie und -poesie. „W i t z ist ein wesent[licher] Bestandtheil d[es] Cynismus, aber nur des polemischen und naiven. Der Cyniker verachtet die Kunst π [poesie] und Kunst φ [philosophie], hat aber Natur π [poesie] ‹Natur φ [philosophie]›; Ironie ist nicht in ihm."[77] Wenn es hier so scheint, als gäbe es einen höheren „Cynismus" ohne Witz und als sei Ironie grundsätzlich von ihm ausgeschlossen, so wird dem mit einem anderen Fragment widersprochen, in welchem „Cynismus" geradezu als zum Standpunkt gewordene Ironie definiert wird: „Das Wesen d[es] Cynismus ist Absonderung von Jur[isprudenz] und Fam[ilie] Die Ironie und die Selbständigkeit wird hier gleichsam z.[um] Stand und Geschäft d[es] Lebens. –"[78] Die Formulierung des zweiten Satzes bringt in frappierender Weise lange vor Kierkegaard auf den Begriff, was dieser in seiner Magisterdissertation als den Kern der Sokrates-Gestalt herausfinden und deklarieren sollte. – Wie wichtig Schlegel am „Cynismus" der Witz erscheint, geht indirekt aus einer abgrenzenden Charaktersierung von Stoizismus, „Cynismus" und Epikureismus hervor; darin werden der erste als Geist des Naturrechts, der zweite als Geist der Moral und der Epikureismus schließlich als „nur schlechter Cynismus ohne Witz und Geist" definiert.[79] Einen moralischen Witz, der ausdrücklich als „cynisch" bezeichnet ist, konstatiert Schlegel innerhalb einer Reflexion über das Verhältnis von Theorie und Praxis. Als das Korrektiv von Vorurteilen ist dieser Witz sozusagen der Berührungspunkt zwischen Moral und Theorie. „Durch d[ie] Theorie erhebt s.[ich] d[er] Mensch über die Menschheit, also ist das theoret.[ische] Leben höher als das praktische. Aber eben darum gilt d[em] Menschen die πρ [Praxis] als das erste, und die Th.[eorie] ist nothwendigerweise ewig in ecclesia pressa. Es giebt auch einen m o r a l i s c h e n Witz, dessen Tendenz ist cynisch, nämlich zur Vertilgung der Vorurtheile. –"[80]

[76] Philosophische Fragmente IV 520, IV 1533. A.a.O. S. 236, 320.
[77] Philosophische Fragmente II 851. A.a.O. S. 100.
[78] Philosophische Fragmente IV 197. A.a.O. S. 212.
[79] Philosophische Fragmente II 860. A.a.O. S. 100.
[80] Philosophische Fragmente V 696. A.a.O. S. 378.

Neben dem Witz führt Schlegel die Polemik als ein konstitutives Merkmal des „Cynismus" auf und charakterisiert sie ihrerseits als „cynische" Kunst, die er von der Pragmatik der Kritik unterscheidet. „Die Polemik ist eine cynische Kunst. Die κρ [Kritik] mehr pragmatisch." — „Wie für jede Kunst, so muß es auch für Polemik und Kritik einen e i g e n e n S i n n geben. Der Sinn für Polemik hat viell.[eicht] Affinität mit dem Cynismus."[81]

Die literarische Gattung, in der Moral, Witz und Polemik als wesentliche Bestandteile zusammentreffen, ist die Satire; sie bildet, wie ich meine, die erste Form des antiken Kynismus überhaupt — und nicht die praktische Lebensführung. Bezeichnenderweise kommt Schlegel in einem Nachlaß-Fragment, in dem er die römische Ausprägung und Rezeption der drei ursprünglich hellenistischen Philosophien Stoizismus, Kynismus und Epikureismus verfolgt, auf Horaz als den exemplarischen Vertreter der mittleren zu sprechen. „Die spätren Römer haben die Griechen wohl übertroffen in Rücksicht d[es] Ideals vom Sapiens. Trajan viell.[eicht] d[er] größte Stoiker, Horaz d[er] größte Cyniker, Atticus und Lucullus Epik[ureer]. —"[82] Die Klassifizierung des Horaz als Zyniker findet sich sowohl in den Lyceums- als auch in den Athenäums-Fragmenten. In einer Reflexion über Lyrik, die von den Gedichten der Sappho ausgeht, vergleicht Schlegel diese mit Horaz: „Nur Zyniker lieben auf dem Markt. Man kann ein Zyniker sein und ein großer Dichter: der Hund und der Lorbeer haben gleiches Recht, Horazens Denkmal zu zieren. Aber Horazisch ist noch bei weitem nicht Sapphisch. Sapphisch ist nie zynisch."[83] Und in einem selbst fragmentarischen Dialog über das Fragment als die eigentliche Form der Universalpoesie wird auf die Frage, was es für die Menschheit und die Wissenschaft leisten könne, u. a. geantwortet, „vielleicht eine zynische ‚lanx satura' im Styl des alten Lucilius oder Horaz."[84]

In Schlegels großzügig experimentierenden, mehr auf die systematische als auf die historische Bedeutung des „Cynismus" zielenden Definitionsbemühungen erfährt der Begriff eine Ausweitung, die für das späte 18. und frühe 19. Jahrhundert ganz ungewöhnlich, aber überaus weitsichtig ist, weil sie im 20. durchgängig üblich wird: nämlich die Ausweitung auf das Politische. Auch diese Verwendung kann sich nur ergeben, wenn man den antiken Kynismus nicht als auf die praktische Lebensführung eingeschränkt betrachtet, sondern ihn wie Schlegel wesentlich intellektuell versteht. Sehe man auf den Geist und nicht auf den Buchstaben, heißt das 105. Lyceums-Fragment: „so war das ganze römische Volk, samt dem Senat, und samt allen Triumphatoren und Cäsaren ein Zyni-

[81] Philosophische Fragmente II 854, II 850. A.a.O. S. 100.
[82] Philosophische Fragmente IV 199. A.a.O. S. 212.
[83] Lyceums-Fragment 119. A.a.O. S. 162.
[84] Athenäums-Fragment 259. A.a.O. S. 209.

ker."[85] Diese Bemerkung muß man wiederum auf dem Hintergrund eines Nachlaß-Fragmentes lesen: „Es gab bei d[en] Griechen auch einen φλ [philologischen] und poetischen Cynismus und diesen scheinen d[ie] Römer mit d[er] φσ [Philosophie] und mit ihrem eignen politischen Cynism verbunden zu haben. —"[86] In diesem Sinne kann Schlegel daher in dem Lessing-Aufsatz auch von Cäsar als einem „Veteran des Zynismus im großen Styl" reden und die Frage aufwerfen, ob nicht die Sultanschaft eine „recht eigentlich zynische Profession" sei.

b) Nietzsche — ein „Neo-Cyniker"?

Wenn der junge Friedrich Schlegel — den Namen Lessings im Mund und das eigene Idealbild im Sinn — von einem „höheren Cynismus" spricht, so findet dieses Prädikat eine Wiederholung im Superlativ in einer späten Formulierung Nietzsches, der in der Selbstdarstellung ‚Ecce homo' seine bis dahin veröffentlichten Bücher kommentiert, sie erreichten an manchen Stellen „das Höchste, was auf Erden erreicht werden kann, den Cynismus". Dann wird in einem Brief an Georg Brandes ‚Ecce homo' selbst als ein „Cynismus, der welthistorisch werden wird", angekündigt. Und schließlich kann man zu diesen selbstinterpretatorischen Äußerungen noch den apodiktischen Satz aus dem Nachlaß zählen, der in ‚Der Wille zur Macht' die Vorrede eröffnet: „Grosse Dinge verlangen, dass man von ihnen schweigt oder gross redet: gross, das heisst cynisch und mit Unschuld."[87]

Läßt sich wie zu Friedrich Schlegel auch zu Nietzsche eine eigene Studie über „Cynismus" schreiben, die nicht bloß bisher unbeachtetes begriffsgeschichtliches Material zutage fördern und zusammenstellen würde, sondern die darüber hinaus den Begriff als einen Schlüssel zu bedeutenden Gedanken und Motiven sowie zum Stil der Philosophie Nietzsches erweisen könnte? Die sogar noch einmal den begriffsgeschichtlichen Zusammenhang mit dem antiken Kynismus aufzeigen und damit den Ansatz dieser Arbeit, der zugleich ihren äußeren Rahmen bildet, bestätigen würde?

---

85 A.a.O. S. 160.

86 Philosophische Fragmente II 862. A.a.O. S. 101.

87 Warum ich so gute Bücher schreibe 3. Nietzsche's Werke. Leipzig 1905 ff. Bd. XV. S. 54. — Brief vom 20. 11. 1888. Friedrich Nietzsches Gesammelte Briefe. Berlin und Leipzig 1900 ff. 3. Bd. S. 321. — Werke Bd. 15. S. 137. Die kritische Gesamtausgabe von G. Colli und M. Montinari hat neben dieser noch die Version: „Große Dinge verlangen, daß man von ihnen schweigt oder groß redet: groß, das heißt mit Unschuld, — cynisch." (VIII 3. S. 335. Vgl. S. 271) Die Entstehungszeit des Aphorismus ist Frühjahr/Sommer 1888. Alle Äußerungen fallen also in das Jahr 1888.

Um auf die beiden Fragen mit zwei zeitlich weit auseinanderliegenden Äußerungen zu Nietzsche eine vorläufige Antwort zu geben: Iring Fetscher konstatiert, der Zynismus erhalte „nicht zufällig bei Nietzsche mehr und mehr positive Züge";[88] leider zitiert er lediglich die angeführte Stelle aus ‚Ecce homo' als den Gipfel dieser Tendenz, ohne die immanente Entwicklung dahin im Werk Nietzsches nachzuzeichnen. Dabei will Fetscher „Zynismus" gänzlich in der modernen, vom antiken „Kynismus" ausdrücklich unterschiedenen Bedeutung verstanden wissen. Als dagegen ein Zeitgenosse Nietzsches, Ludwig Stein, für dessen literarisch-philosophisches Werk die Bezeichnung „Neo-Cynismus" vorschlug und den Autor einen „Neo-Cyniker" nannte, da waren diese Begriffe als Analogiebildungen zu „Neo-Kantianismus" oder „Neo-Hegelianismus" gedacht, „Cynismus" also im antiken Sinn gemeint.[89]

Um das Thema und den Ansatz dieser Arbeit am Werk Nietzsches durchzuführen, ist wiederum etwas mehr zu leisten als strikte Begriffsgeschichte, nämlich Achtsamkeit auf Gestalten, Motive und literarische Formen, auf Anekdoten und Metaphern, in denen Kynisches in der Antike auftrat und in die Neuzeit überliefert wurde. Solches „Literarische", das in der antiken Philosophie nicht als fremd oder gar unangemessen empfunden wurde und das zum Einwand gegen die Philosophie erst gemacht werden konnte, als diese sich selbst vornehmlich als „systematisch" und „streng wissenschaftlich" darstellte, spielt gerade bei Nietzsche, und zwar nicht bloß als vom Gedanken ablösbare Form, eine große Rolle; er hat es vielfältig übernommen, virtuos entwickelt, ja sogar darauf reflektiert wie etwa auf die Metapher in dem nachgelassenen Essay ‚Über Wahrheit und Lüge im aussermoralischen Sinne.'[90]

Ich möchte an dieser Stelle mit einigen kurzen Beobachtungen und Zitaten die Aufmerksamkeit auf Nietzsches Wertschätzung der Anekdote lenken. Denn wenn es noch einer Rechtfertigung dessen bedarf, diese literarische Form philosophisch ernst zu nehmen, so bietet sich Nietzsche dafür als der beste Gewährsmann an.

Otto Crusius, Mitherausgeber der nachgelassenen philologischen Arbeiten des Studenten und jungen Baseler Professors, hebt die Neigung zur Anekdote als

---

88 Reflexionen über den Zynismus als Krankheit unserer Zeit. A.a.O. S. 340.

89 Friedrich Nietzsche's Weltanschauung und ihre Gefahren. In: Deutsche Rundschau Bd. LXXIV. Berlin 1893. S. 392-419 und Bd. LXXV. S. 230-254. Mit dem Untertitel ‚Ein kritischer Essay' erschien der Aufsatz noch im selben Jahr als Buchveröffentlichung (Berlin 1893), woraus ich zitiere.
Karl Joël, dessen Vergleich der frühen Romantiker mit den Kynikern im vorigen Kapitel zitiert wurde, hat in der Affinität zum Kynismus eine Verwandtschaft zwischen Nietzsche und den Romantikern konstatiert (Nietzsche und die Romantik. Jena²1923. S. 248 f.; vgl. auch S. 93 f.).

90 Werke Bd. X. S. 188 ff.

eine besondere Eigentümlichkeit hervor: Gegen den philologischen Positivismus seiner Zunft komme Nietzsche der Forderung Jacob Burckhardts nach, vor allem „ ,das Interessante zu sehn'. Merkwürdig ist, wie ihn die anekdotische Kleinüberlieferung, die man als geschichtlich wertlos unter den Tisch zu wischen pflegt, lockt und beschäftigt. Hier lagen die markanten Vorzüge, aber" – und in diesem Vorbehalt hat die „wissenschaftliche" und „systematische" Philosophie der Philologie nur allzu gern beigepflichtet – „auch die Gefahren seiner Natur."[91] Dieser Kommentar verrät, daß er, selbst noch unter dem Einfluß des philologischen Positivismus und des historischen Mißverständnisses der Anekdote, nicht gesehen hat, worauf es Nietzsche mit der Verwendung der Anekdote ankommt und was er daraus zu machen versteht. Nietzsche selbst formuliert es in einem späteren Vorwort zu der ebenfalls nachgelassenen Schrift ,Die Philosophie im tragischen Zeitalter der Griechen' so: „Aus drei Anekdoten ist es möglich, das Bild eines Menschen zu geben; ich versuche es, aus jedem Systeme drei Anekdoten herauszuheben, und gebe das übrige preis."[92]

Hinter einem philosophischen oder moralischen System die Persönlichkeit, hinter dem Begriff Gestalten und Gesten zu erblicken – „weil *ich* keine Worte lese, ohne Gebärden zu sehn," heißt es aufschlußreich in der Entlarvungsschrift ,Der Antichrist'[93] –: das zeichnet Nietzsche als Psychologen und kritischen Moralisten aus. Als in der Tradition der Moralistik stehend, die mit der Sokratik beginnt und zu der von Anfang an die Kritik metaphysischer und religiöser Systeme gehört, soll er hier betrachtet werden, was immer Heidegger über ihn als den Endpunkt der Metaphysikgeschichte geschrieben hat.

Das Interesse an der Anekdote ist also nicht bloß einer der „literarischen" Züge Nietzsches; es konvergiert mit dem Interesse des aufklärerischen: Systeme

---

[91] Werke Bd. 18 (Philologica Bd. II). S. XIV.

[92] Werke Bd. X. S. 7.

Vgl. dazu das Kapitel „Anekdote" bei: Ernst Bertram. Nietzsche. Versuch einer Mythologie. Berlin 1918. S. 227-237. Bertram nennt Nietzsche geradezu eine „anekdotische Natur" und sieht darin einen romantischen Zug. Über das Kapitel stellt er als Motto die Äußerung von Novalis: „Geschichte ist eine große Anekdote. Eine Anekdote ist ein historisches Element, ein historisches Molekül ... Ein Anekdotenmeister muß alles in Anekdoten zu verwandeln wissen." Bertram sieht sogar einen ursprünglichen Zusammenhang zwischen dem „anekdotische(n) Urcharakter alles Romantizismus" und der Affinität zum Zynismus; dieser Charakter werde „um so deutlicher herausgetrieben gerade da, wo Romantik mit Skepsis, Enthusiasmus mit Zynismus streitet, wo der extreme Individualismus gleichsam in beiderlei Gestalt triumphiert: dort wird die Anekdote (in ihrem intensivsten Sinne) die legitime Form, geradezu der notwendige und unvermeidliche Ausdruck, der einzige, der beide Tendenzen zugleich enthalten kann." (S. 227 f) Daß Bertram den Einfluß der französischen Moralisten hierin herabspielt, geschieht zu Unrecht; denn Chamfort z. B. war schon für Fr. Schlegel anerkanntes Vorbild.

[93] Werke Bd. VIII. S. 274.

entlarvenden Psychologen und dem des Moralisten an Persönlichkeiten und Gestalten. Wer die Geschichte der Moral — der Moralistik vor allem und nicht nur der Moralphilosophie — verfolgt, der nimmt wahr, daß sie nicht primär aus Begriffen und Systemen besteht und daß in ihr exemplarische Gestalten, paradigmatische Individuen, idealisierte Persönlichkeiten, Heilige, Weise etc. außerordentliches Gewicht besitzen. Daß Nietzsche Zugang zur antiken Philosophie neben der Platonlektüre wesentlich über die Philosophenbiographien des Diogenes Laertius, einem Werk voller Anekdoten, gefunden hat, ist von symptomatischer Bedeutung. Lou Andreas-Salomé, die zeitweilige Freundin und Vertraute, hat es so gesehen und den Stellenwert der philologischen Quellenstudien für die philosophische Entwicklung Nietzsches in diesem Sinn eingeschätzt: „nicht umsonst ist es gewesen, daß Nietzsche in die Philosophie nicht auf dem Wege abstrakter philosophischer Fachstudien eintrat, sondern auf dem einer tiefen Auffassung des philosophischen Lebens in seiner innersten Bedeutung."[94]

Möglicherweise hätte Ludwig Stein in dem seinerzeit vielbeachteten, heute vergessenen Aufsatz ‚Friedrich Nietzsche's Weltanschauung und ihre Gefahren' das Thema „Nietzsches Neo-Cynismus" vielschichtiger darstellen können, wenn er nicht von der Warte des Philosophieprofessors aus den Autor wegen mangelnder Systematik von vornherein als Philosophen disqualifiziert gesehen und ihn lediglich als Dichter und Aphoristiker als bedeutend eingeschätzt hätte. So hält er das Thema im Rahmen des Nachweises, daß bei Nietzsche eine Reihe kynischer Gedanken, die Stein in der abendländischen Geistesgeschichte mehrfach als Kulturkritik und als Ruf „zurück zur Natur!" entdeckt, als „Umwertung der Werte" wiederauftauchen. Auch dies, die Bezeichnung „Neo-Cynismus", ist als Vorwurf gemeint; sein Essay ist eine Polemik gegen Nietzsche mit dem Zweck, vor ihm zu warnen — K. Jaspers[95] führt ihn bibliographisch in der Rubrik „Schmähschriften"; das jedoch wird der Fairness der Polemik nicht gerecht.

Stein war deutschsprachiger Jude ungarischer Herkunft, besuchte in Holland das Gymnasium, studierte in Deutschland Philosophie vornehmlich bei Eduard Zeller, habilitierte sich mit einer Arbeit über ‚Die Psychologie der Stoa', wurde Professor in Zürich und Bern, dann freier Schriftsteller und Journalist in Berlin;

---

94 Friedrich Nietzsche in seinen Werken. Dresden o. J. (Erstauflage: Wien 1894) S. 57. Vgl. Nietzsches Brief an Lou von Salomé (vermutlich vom 16. 9. 1882): „Meine liebe Lou, Ihr Gedanke einer Reduktion der philosophischen Systeme auf Personal-Akten ihrer Urheber ist recht ein Gedanke aus dem ‚Geschwistergehirn': ich selber habe in Basel in diesem Sinne Geschichte der alten Philosophie erzählt und sagte gern meinen Zuhörern: ‚Dies System ist widerlegt und tot — aber die Person dahinter ist unwiderlegbar, die Person ist gar nicht tot zu machen.' — Zum Beispiel Plato." (Ed. Schlechta. 3. Bd. S. 1189).

95 Nietzsche. Einführung in das Verständnis seines Philosophierens. Berlin [2]1947. S. 468.

er begründete das ‚Archiv für Geschichte der Philosophie', das er als Herausgeber bis zu seinem Tod im Jahr 1930 leitete. Als Mensch und als Philosoph war er so ziemlich der Gegentyp zu Nietzsche: diplomatisch, weltmännisch-verbindlich mit Beziehungen bis hinein in die höchsten gesellschaftlichen Kreise, wissenschaftlich erfolgreich, politisch von Einfluß. In seiner von permanenter Hochstimmung getragenen Autobiographie ‚Aus dem Leben eines Optimisten'[96] bezeichnet er seine „Weltanschauung" als „Sozialen Optimismus"; eine programmatische Schrift mit diesem Titel hatte er 1905 veröffentlicht. Das verweist einmal auf Leibniz, von dem er neben dem Optimismus noch die Vorstellung entlehnte, ein Philosoph müsse ein System ausbilden, zum anderen auf sein theoretisches Interesse am Sozialen; er selbst rechnete sich zu den Begründern einer deutschsprachigen Soziologie.

In der Autobiographie schildert Stein seine erste Bekanntschaft mit dem Werk Nietzsches sowie den Anstoß zu dem Essay, für dessen Einschätzung wie für den Autor überhaupt diese Darstellung aufschlußreich ist: Als Herausgeber des ‚Archivs' erhielt er von Nietzsche persönlich, der ihm bis dahin völlig unbekannt war, ‚Die fröhliche Wissenschaft', ‚Jenseits von Gut und Böse' und die ‚Götzen-Dämmerung' zugeschickt, damit sie in seinem Organ rezensiert würden. Die Reaktion auf die erste flüchtige Lektüre der letzten Schrift war die Frage: „bin ich verrückt, oder ist es der Verfasser?" Man achte auf die Metaphorik: schon hier klingt, wenn auch ungewollt, der „verrückte Sokrates" an, und es wäre aufschlußreich, die Metaphorik des Krank- beziehungsweise Verrücktseins bei Nietzsche und bei den Reaktionen, die er evozierte, zu untersuchen, zumal diese Metaphorik durch Nietzsches spätere Erkrankung einen geradezu unheimlichen Realitätsgehalt bekam. Stein entschloß sich zu einer Auseinandersetzung auf einem breiteren und weniger wissenschaftlichen Forum. Es hatte sich bei ihm eine „fixe Idee" festgesetzt: daß er nämlich „die von Nietzsche geprägten Schlagworte ‚von der Umwertung aller Werte', von der ‚Sklavenmoral', von der Verherrlichung ‚der blonden Bestie im Urwalde' schon leitmotivisch habe durchklingen hören." Die Idee läßt ihn kaum schlafen, mitten in der Nacht steht er auf, greift instinktiv nach Platons ‚Gorgias' und stößt dort auf das, was ihm vage vorschwebt: „In der dort entwickelten Sophistenlehre fand ich das ganze geistige Rüstzeug Nietzsches wieder, wobei freilich sehr viele Reminiszenzen an den Zyniker Antisthenes mitunterliefen." Gleich am anderen Morgen fragt er brieflich bei einem Bekannten in Basel, einem Kollegen Nietzsches, an, was dieser „mit den Zynikern und dem platonischen Gorgias zu tun hätte." Postwendend erhält er die Antwort, versehen mit mokanten Bemerkungen über Nietzsches Auftreten in Basel: Nietzsche habe „über die Zyniker eine Dissertation" abgefaßt und den ‚Gorgias' mehrfach mit Schülern durchgenommen.

---

[96] Berlin 1930, S. 102 ff.

Damit liegen für Stein die Strategie seiner Auseinandersetzung und auch schon deren Ergebnis auf der Hand: „Nach Feststellung dieser Tatsachen war mein philosophiegeschichtliches Gewissen beruhigt. Nur solange mir seine Ideen als unerhört neuartig erschienen, konnte ich in ihnen eine Gefahr erblicken. Als aber meine philosophiegeschichtliche Rubrizierungspflicht" — ein herrlicher Ausdruck für philosophischen Historismus beziehungsweise historistische Philosophie — „feststellen mußte, daß es sich um eine Wiederbelebung zynischer und sophistischer Weisheiten handelt, die längst erörtert und widerlegt worden sind, da stand mein Entschluß fest, diesem Neuzynismus und dieser Neosophistik philosophisch entgegenzutreten."[97] — Er hätte sein Gewissen, zumindest sein philologisches, nicht so schnell beruhigen sollen. Aber der großzügige Umgang mit vermeintlichen „Tatsachen", die sich gut in seinen Plan fügen, ist nicht untypisch für den „Optimisten" Stein. Hätte er genauer recherchiert, so hätte er festgestellt, daß Nietzsche keineswegs eine eigene Dissertation über die Kyniker geschrieben hat. Wie konnte dann die Auskunft beziehungsweise das, was Stein daraus gemacht hat, zustande kommen?

Nietzsche hat 1868-1870 im ‚Rheinischen Museum' eine größere und eine kleinere quellenkritische Studie in lateinischer Sprache zu Diogenes Laertius veröffentlicht,[98] worin einige Passagen auf die kynische Literatur eingehen. Er hat die philologischen Diogenes-Laertius-Studien in einer Programmschrift des Baseler Pädagogiums fortgesetzt, von deren elf Paragraphen die letzten beiden dem Kyniker Menipp gewidmet sind.[99] Entweder waren diese zwei Kapitel in der Auskunft gemeint, die Stein erhielt, oder es liegt einfach eine Verwechslung des Kynikers Diogenes mit Diogenes Laertius vor. So wird Steins interpretatorischer Zugriff auf Nietzsche, fragwürdig schon auf Grund des historischen Ansatzes, der zu simpel annimmt, einen Autor aus seinen Quellen deduzieren zu können, noch fragwürdiger durch die Nachlässigkeit, mit der die Quellen eruiert werden.

Dennoch lohnt es, mit geringerem Anspruch und philologisch exakter den Spuren des Kynismus nachzugehen, die die Beschäftigung mit Diogenes Laertius bei Nietzsche hinterlassen hat; das allein schon wegen bedeutender Einsichten in die Eigenart des Kynismus. Diese äußerlich nicht sehr umfangreichen Ergebnisse finden sich vor allem im philologischen Nachlaß; ich habe sie mehrfach für meine Darstellung verwendet und fasse an dieser Stelle nur das Wichtigste zusammen: An den Todesanekdoten erkennt Nietzsche die Ambivalenz von

[97] Aus dem Leben eines Optimisten. S. 42 ff. Stein hat inzwischen die neue Schreibung „Zynismus" übernommen, die er auch auf den Kynismus anwendet. Vgl. seine ‚Geschichte der Philosophie bis Platon'. München 1921. S. 255 ff.

[98] Werke Bd. XVII (Philologica Bd. I) S. 69-152 und S. 153-170.

[99] A.a.O. S. 171-214.

Pessimismus und Lebensbehauptung; in einem Katalog von Themen, die er am Ende der Studienzeit in Leipzig auszuführen gedenkt, trägt das Thema ‚Der Pessimismus im Alterthum' in Klammern den Zusatz: „oder Rettungen der Cyniker".[100] Nietzsche sieht im Kynismus das Eindringen der Sklaven in die Literatur; vor allem sieht und versteht er — im Unterschied zu den meisten philosophiegeschichtlichen Darstellungen — Kynismus auch als Literatur, deren Stellenwert in der griechisch-römischen Literaturgeschichte er als beachtlich einschätzt. Stilistisch erblickt er darin die Auflösung der früheren einheitlichen Gattungsformen und die Mischung der Stile, inhaltlich Humor und Satire; ihre Eigenart begreift er aus dem Zusammenhang mit dem Sokratismus: die Kyniker „übersetzten gleichsam Sokrates in ein litterarisches genus, samt dem Satyrgehäuse und dem Gott darin. Also sind sie die Humoristen des Alterthums geworden", wie es in einem Briefentwurf heißt, der anläßlich der Bewerbung um die Professur in Basel geschrieben wurde.[101]

Aus dieser Perspektive heraus, die den literarischen Kynismus als die dichterische Umsetzung der Sokrates-Gestalt deutet, erscheinen in der ‚Geburt der Tragödie' die „cynischen Schriftsteller" als die konsequenten Nachfolger und Radikalisierer Platons; denn sie überbieten die Stilmischung der platonischen Dialoge durch noch größere „Buntscheckigkeit" und führen damit fort, was mit dem „naiven Cynismus" des gemeinsamen Lehrers Sokrates begann: die Zerstörung der Tragödie.[102]

Bekanntlich steht in Nietzsches philosophischer Erstlingsschrift die Gestalt des Sokrates für all das, was dem tragischen Pessimismus, dem Dionysischen als dem Urprinzip des Lebens entgegenwirkt: Rationalismus, Dialektik, optimistische Wissenschaftlichkeit, wie sie sich dann in der alexandrinischen Epoche vollends durchsetzen. Der Gedanke eines solchen Gegensatzes kehrt wieder in der zweiten der ‚Unzeitgemäßen Betrachtungen' als Antithese von Leben und Historie: Eine übermäßig betriebene Geschichtswissenschaft bildet Haltungen aus, die das Leben gefährden. In ihnen erkennt man unschwer die Gefährdungen wieder, denen in der Antike die Tragödie erlag, auch wenn sie in modernem Gewand auftreten; vor allem die beiden letztgenannten Haltungen erinnern an den Sokratismus und den „Cynismus", wie Nietzsche sie als Gegenpol zur Tragödie darstellte. Ein Übermaß an Historie stört die Instinkte eines Volkes und ruft den Glauben hervor, Spätling und Epigone zu sein; „durch dieses Übermaass geräth eine Zeit in die gefährliche Stimmung der Ironie über sich selbst und aus ihr in die noch gefährlichere des Cynismus: in dieser aber reift sie im-

---

100 Friedrich Nietzsche. Werke und Briefe. Historisch-kritische Gesamtausgabe 1,4. Hrsg. von H. J. Mette und K. Schlechta. München 1937. S. 119.

101 Werke Bd. XIX (Philologica Bd. III). S. 387 f.

102 Werke Bd. I. S. 98 f.

mer mehr einer klugen egoistischen Praxis entgegen, durch welche die Lebenskräfte gelähmt und zuletzt zerstört werden." „Cynismus" ist ein typisches Spätzeit-Bewußtsein und als solches die Folge der hegelschen Geschichtsphilosophie, die ihrem Zeitalter mit dem Stolz, auf dem Höhepunkt der geschichtlichen Entwicklung zu stehen, ein wahres Danaergeschenk gemacht hat: das melancholische Gefühl der Endzeit; von da ist es nur ein kleiner Schritt zu der lähmenden Anerkennung des unabänderlichen Ganges der Geschichte: „Dicht neben dem Stolze des modernen Menschen steht seine Ironie über sich selbst, sein Bewusstsein, dass er in einer historisierenden und gleichsam abendlichen Stimmung leben muss, seine Furcht, gar nichts mehr von seinen Jugendhoffnungen und Jugendkräften in die Zukunft retten zu können. Hier und da geht man noch weiter, in's Cynische und rechtfertigt den Gang der Geschichte, ja der gesammten Weltentwicklung ganz eigentlich für den Handgebrauch des modernen Menschen, nach dem cynischen Kanon: gerade so musste es kommen, wie es gerade jetzt geht, so und nicht anders musste der Mensch werden wie jetzt die Menschen sind, gegen dieses Muss darf sich keiner auflehnen. In das Wohlgefühl eines derartigen Cynismus flüchtet sich der, welcher es nicht in der Ironie aushalten kann; ihm bietet überdies das letzte Jahrzehnt eine seiner schönsten Erfindungen zum Geschenke an, eine gerundete und volle Phrase für jenen Cynismus: sie nennt seine Art, zeitgemäss und ganz und gar unbedenklich zu leben, ‚die volle Hingabe der Persönlichkeit an den Weltprozess.' "[103]

Der Vergleich der beiden Abschnitte aus Nietzsches ersten philosophischen Veröffentlichungen dürfte deutlich gemacht haben, daß in seinem Begriff des „Cynismus" antike und moderne Bedeutung noch zusammenhängen und sich wechselseitig bestimmen. Dabei hängt dem Begriff unüberhörbar ein negativer Akzent an; „Cynismus" wird sowohl in seiner antiken wie auch in seiner modernen Erscheinung als Verfallssymptom gedeutet. Mit dieser Wertung kontrastiert auffällig die positive in jenen anfangs zitierten Äußerungen des späten Nietzsche. Läßt sich die veränderte Einstellung in der Wertung aus Nietzsches Werk selbst erklären, oder muß man sich damit begnügen, eine terminologische Beliebigkeit des Wortes anzunehmen, wie sie im alltäglichen Sprachgebrauch zu beobachten ist?

Noch in einer späten Schrift werden bei dem Vorwurf der Stilmischung an die Adresse Platons wie in der ‚Geburt der Tragödie' die Kyniker mitgenannt, ein weiteres Indiz dafür, daß Nietzsche platonische und kynische Literatur aus einem Zusammenhang heraus begriff. „Plato wirft, wie mir scheint, alle Formen des Stils durcheinander, er ist damit ein erster décadent des Stils: er hat etwas Ähnliches auf dem Gewissen, wie die Cyniker, die die satura Me-

---

[103] Werke Bd. I. S. 319; S. 358.

n i p p e a erfanden."[104] Das erscheint wie eine kurze Reminiszenz an ‚Die Geburt der Tragödie'. Doch mit dem Blick auf das dazwischen liegende Werk wird man diesen Satz hintergründiger und mit mehr Assoziationen lesen; denn Nietzsche hat sich selber zu jener „Verborgenheit und Sphinx-Natur" entwickelt, wie er sie seinerseits Platon zuschrieb.[105] Der Kontext in der ‚Götzen-Dämmerung' erweckt nahezu den Eindruck eines Wutausfalls gegen Platon; bei solchen Gelegenheiten verrät Nietzsche, dessen Feindschaften gewöhnlich Haßlieben sind, zumeist eigene Seiten.

In ‚Ecce homo' bezeichnet er sich in dem Abschnitt über ‚Die Geburt der Tragödie' als den „ersten t r a g i s c h e n P h i l o s o p h e n";[106] damit soll das Bild des Pessimisten korrigiert werden, das das philosophische Debüt des jungen Schopenhauer-Anhängers und Wagnerianers hinterlassen hatte. Die Bezeichnung fügt sich sehr gut zu einer anderen, die der junge Nietzsche einmal für seine Philosophie geprägt hat: „umgedrehter Platonismus".[107] Dieser Titel, die ganze Ambivalenz und damit doch auch die Nähe zu Platon verratend, ist ebenso aufschlußreich wie vieldeutig. Er kann Sophistik und Kynismus beziehungsweise Zynismus besagen – die Metaphorik des Umkehrens, Umwertens könnte in diese Richtung weisen –, er kann aber auch verstanden werden als Rehabilitierung des Tragischen gegenüber Platons moralischer Suspendierung der Tragödie: Nietzsche hebt die Moral auf und setzt wieder das Fatum, das Schicksal an ihre Stelle.

Nun ist allerdings das Tragische bei ihm nicht letzter, absoluter „Standpunkt", sondern eher Rolle oder Maske. Es gibt daneben bei Nietzsche auch eine Moral, die Moral der Selbststeigerung, des Übermenschen, des Willens zur Macht etc., in deren Konzeption G. Simmel sogar eine Verwandtschaft mit Platons idealistischer Moral konstatiert.[108] Aber auch sie darf man nicht zu ausschließlich nehmen; es hieße Nietzsche verkürzen, wollte man ihn auf diese Moral als den systematischen, alles umfassenden Grundgedanken festlegen, wozu Simmel allerdings neigt.

Es ist, wie mir scheint, bisher zu wenig berücksichtigt worden, daß das Komische bei Nietzsche neben dem Tragischen und dem Moralischen eine eigenständige Rolle spielt. Nietzsche hat sich als tragischen Philosophen, als Moralisten und moralischen Gesetzgeber, aber auch als Narren begriffen, und in dieser Maske kommt er dem Kyniker oder Zyniker sehr nahe. „Philosophie in der Hanswurstjacke" übersetzt er das antike Bild, in dem von dem Kyniker Bion

---

104 Götzen-Dämmerung: Was ich den Alten verdanke. Werke Bd. VIII. S. 167 f.
105 Jenseits von Gut und Böse 28. Werke Bd. VII. S. 48.
106 Werke Bd. XV. S. 65.
107 Werke Bd. IX. S. 190.
108 Friedrich Nietzsche. Eine moralphilosophische Silhouette. In: Zeitschrift für Philosophie und philosophische Kritik. Neue Folge. 107. Bd. Leipzig 1896. S. 202-215.

gesagt wurde, er habe der Philosophie das bunte Hetärengewand angezogen.[109] Possenreißer" und „wissenschaftlicher Satyr" heißt der „Cyniker" in einem Aphorismus, der später noch ausführlicher zu besprechen sein wird. Das sind Bezeichnungen, die Nietzsche vor allem in seiner späten Zeit, aus der auch die anfangs zitierten Lobsprüche auf den eigenen „Cynismus" stammen, teils im geistigen Zusammenbruch auf sich selbst bezieht: „Ich will kein Heiliger sein, lieber noch ein Hanswurst ... Vielleicht bin ich ein Hanswurst ..."; „ich hänge den ernstesten Dingen einen kleinen Schwanz von Posse an". „Da ich verurteilt bin, die nächste Ewigkeit durch schlechte Witze zu unterhalten ..."[110] Franz Overbeck schildert Nietzsche, wie er ihn unmittelbar nach dem Zusammenbruch angetroffen hat: „... im ganzen überwogen die Äußerungen des Berufs, den er sich selbst zuschrieb, der Possenreißer der neuen Ewigkeiten zu sein".[111]

Solche Äußerungen, für die sich weitere Belege reichlich zitieren ließen, sprechen direkt aus, was subtiler zuvor schon im Werk angelegt ist; der Standpunkt der Komik, der Parodie, des Narrentums wird als literarisches Prinzip zum Beispiel in der ‚Fröhlichen Wissenschaft' zur Geltung gebracht, wo er das Tragische relativiert. „Incipit tragoedia" ist der letzte Aphorismus des vierten, ursprünglich letzten Buches überschrieben, der die Gestalt Zarathustras einführt; „die Tragödie b e g i n n t ...", endet im angehängten fünften Buch der vorletzte Aphorismus. Aber dann folgt unmittelbar die Komödie: im „Epilog" wird das „boshafteste, munterste, koboldigste Lachen laut", und es folgen als Anhang die „Lieder des Prinzen Vogelfrei", zumeist parodistische Gedichte, die mit der Parodie auf den „Chorus mysticus", die Schlußverse von ‚Faust II' beginnen. „Welt-Spiel, das herrische, / Mischt Sein und Schein: — / Das Ewig-Närrische / Mischt u n s — hinein! ..." In solchen Parodien nähert sich Nietzsche nicht nur

---

109 Werke Bd. XIX (Philologica Bd. III). S. 388. Vgl. oben S. 175 f.

110 Ecce homo: Warum ich ein Schicksal bin 1. Werke Bd. XV. S. 116. — Brief an Georg Brandes vom 4. 5. 1888. Gesammelte Briefe 3. Bd. S. 306. — Brief an Jacob Burckhardt vom 5. oder 6. 1. 1889 (ed. Schlechta. 3. Bd. S. 1351).

111 Brief an Peter Gast (d. i. Köselitz) vom 15. 1. 1889. Zitiert nach C. A. Bernoulli. Franz Overbeck und Friedrich Nietzsche. 2. Bd. Jena 1908. S. 234. Vgl. zu diesem Thema: Walter Bröcker. Nietzsches Narrentum. In: Nietzsche-Studien. Bd. I. Berlin/New York 1972. S. 138-146. Bröcker geht es primär um Nietzsches Wahrheitsbegriff, dem er logische Inkonsistenz nachweisen möchte; Narrheit erscheint in erster Linie als Suspendierung der Wahrheit. Für die literarische Funktion des Närrischen als Maske und perspektivische Darstellung hat Bröcker keinen Blick, das Thema ist nicht annähernd erschöpft. Daß die Rezeption der Kynikergestalt bei Nietzsche und das Problem des Zynismus nicht einmal gestreift werden, sei nur am Rande vermerkt. — K. Jaspers sieht hier wenigstens einen Zusammenhang: „Nirgends scheint Nietzsche widerspruchsvoller, als in den Fragen des Narren als Maske. Possenreißer, Buffo, Hanswurst, Zyniker kommen bei ihm ebensowohl als Kontrast zu ihm selber wie als identisch mit ihm, in bedeutsamer Zweideutigkeit, immer wieder vor". (A.a.O. S. 404).

inhaltlich, sondern auch formal dem Kynismus; denn er schreibt in jener „Buntscheckigkeit des Stils", die er als Eigentümlichkeit der kynischen Literatur erkannte. Nach der ‚Geburt der Tragödie' kommt Tragisches in Reinkultur nicht mehr vor, Tragödie nicht mehr ohne Parodie, und so kündigt Nietzsche sich und sein weiteres Schaffen in der Vorrede zur ‚Fröhlichen Wissenschaft' an: „ ‚Incipit tragoedia' — heisst es am Schlusse dieses bedenklich-unbedenklichen Buchs: man sei auf seiner Hut! Irgend etwas ausbündig Schlimmes und Boshaftes kündigt sich an: incipit parodia, es ist kein Zweifel ..."[112]

Will man die positive Einschätzung des „Cynismus", ja die Identifikation damit beim späten Nietzsche verständlich machen, so muß man die mit den Diogenes-Laertius-Studien beginnende Kynismus-Rezeption noch nach einer anderen Seite als der des Komischen und Parodistischen hin verfolgen. Ohne Zweifel ist es vor allem der Einfluß des Diogenes Laertius und seines sechsten Buches, daß der Kynismus in Nietzsches Gesamtvorstellung der griechischen Philosophie einen festen und nicht unbedeutenden Platz einnimmt und daß er berücksichtigt wird, wenn Nietzsche ein Gesamturteil über die griechische Philosophie fällt; so etwa bei einer Unterscheidung der „Philosophie im tragischen Zeitalter" von der nachsokratischen: die Philosophen nach Sokrates, so konstatiert er, seien im Gegensatz zu der großartigen Einseitigkeit ihrer Vorgänger allesamt „Mischcharaktere"; allein die Einseitigkeit der „Cyniker" mache da eine gewisse Ausnahme, aber sie sei „nicht Typus, sondern Carricatur".[113] Die Formulierung erinnert übrigens an Schleiermachers Übersetzung des griechischen Topos „Sokrates mainomenos" durch den „karikierten Sokrates".

Die Berücksichtigung des Kynismus gilt naturgemäß noch mehr dort, wo Nietzsche pauschal über die sokratischen Schulen urteilt, und an den Kynismus wird man daher bei solchen Urteilen denken müssen; etwa wenn er sie aus dem Geist des Positivismus heraus unter dem Titel „Der Störenfried in der Wissenschaft" an den Anfang des Prozesses setzt, wo die Philosophie sich von der Wissenschaft scheidet, weil sie ihre Erkenntnis primär auf die Frage des Glücks richtet, das heißt moralisch wird.[114] Vor allem trifft auf den Kynismus eine Äußerung zu, die Nietzsche in einer Reflexion über den „Begriff der Sittlichkeit der Sitte" anstellt. Er leitet die Sittlichkeit historisch aus den Sitten ab und stellt sie damit — wie es die sophistisch-kynische Kritik des nomos tat — der Relativierung anheim. Wenn es der Tradition nach allgemein als sittlich und moralisch gelte, daß der Einzelne seine Interessen den Sitten zum Opfer bringe, so seien die sokratischen Individualisten im Verhältnis zur überkommenen griechischen Ethik am wenigsten moralisch gewesen: „Jene Moralisten dagegen, wel-

[112] Werke Bd. V. S. 4 f.
[113] Werke Bd. X. S. 16.
[114] Menschliches, Allzumenschliches. 1. Bd. 7. Werke Bd. II. S. 23.

che wie die Nachfolger der sokratischen Fusstapfen die Moral der Selbstbeherrschung und Enthaltsamkeit dem Individuum als seinen eigensten Vortheil, als seinen persönlichen Schlüssel zum Glück an's Herz legen, machen die Ausnahme — und wenn es uns anders erscheint, so ist es, weil wir unter ihren Nachwirkungen erzogen sind: sie gehen alle eine neue Strasse unter höchlichster Mißbilligung aller Vertreter der Sittlichkeit der Sitte, — sie lösen sich aus der Gemeinde aus, als Unsittliche, und sind, im tiefsten Verstande, böse."[115] Dasselbe sieht Nietzsche übrigens auf die frühen Christen und ihr Verhältnis zur römischen Sittlichkeit zutreffen; in einem formalen Sinn bedeuten Sokratik und Christentum „Umwertung der Werte", und das vor allem ist es, was Nietzsche in das bekannte ambivalente Verhältnis zu beiden bringt.

Wenn wir im folgenden die Stellen genauer ansehen, in denen Nietzsche explizit den Kynismus zum Gegenstand der Reflexion macht, so werden wir einmal mehr beobachten können, daß sein Interesse weniger das an der moralphilosophischen Lehre ist als vielmehr das an der Philosophengestalt, die dahinter steht, an ihrem Auftreten, ihren Gesten und Gebärden — in diesem Fall dazu noch an einer Gestalt, die so sehr der für ihn zentralen Sokrates-Gestalt ähnelt. Hierin zeigt sich seine Affinität zu Diogenes Laertius — sei es nun als dessen unmittelbarer Einfluß über die philologischen Studien oder als eine Art ursprünglicher Wahlverwandtschaft. Nietzsche hat die wesentlichen Motive und Erscheinungsweisen des Kynikertyps in Gedanken gefaßt, die, als Aphorismen über das Werk zerstreut oder in größeren Kontexten gleichsam nebenbei geäußert, die kynische Philosophengestalt lebendiger wiedergeben als manche weitschweifige Darstellung der Geschichtsschreibung. Überhaupt hat die antike Philosophie seit der Renaissance wohl keine so verständnisreiche und zugleich belebende Rezeption erfahren wie bei Nietzsche.

In der Formel „Reduktion auf die animalische Natur" habe ich den kynischen Grundgedanken zu fassen gesucht, eine Formel, die paradox ist, wenn sie als Moral begriffen wird; denn die animalische Natur ist nicht moralisch. An diese Formel und an dieses Paradox wird man erinnert bei einem Gedanken Nietzsches, in dem er das Tier als den „vollendeten Cyniker" definiert; das kann man umgekehrt auch als Definition des Kynikers lesen. — Am Anfang der zweiten ‚Unzeitgemäßen Betrachtung' hebt er die Bedeutung hervor, die dem Vergessen für einen vollen Lebensgenuß und damit für das Glück zukommt, dem die Historie als die methodisch und zum Zweck gemachte Erinnerung im Weg steht. Nietzsche beginnt diese Betrachtung, indem er sich und dem Leser das Ideal der erinnerungslosen tierischen und kindlichen Existenz vorhält: sie lebt nur dem Augenblick und erlebt darin das höchste Glück. Kind und Tier waren

---

[115] Morgenröthe 9. Werke Bd. IV. S. 17 f.

im Kynismus beliebte Paradigmen, Nietzsche führt hier umgekehrt den Kyniker als Beispiel an, weil dieser als einziger Philosoph eine solche Moral des augenblickhaften, erinnerungslosen animalischen Glücks verwirkliche. „Wenn ein Glück, wenn ein Haschen nach neuem Glück in irgendeinem Sinne das ist, was den Lebenden im Leben festhält und zum Leben fortdrängt, so hat vielleicht kein Philosoph mehr Recht als der Cyniker: denn das Glück des Tieres, als des vollendeten Cynikers, ist der lebendige Beweis für das Recht des Cynismus."[116] Diese sehr weitgehende Legitimation des „Cynismus" wird lediglich von der Prämisse abhängig gemacht, daß das Glück das höchste Lebensziel und damit das erste Prinzip der Moral sei — die selbstverständliche Voraussetzung zum Beispiel der aristotelischen Ethik. Nietzsche selbst hat später für seine Moral diese Prämisse nicht geteilt.

Wenn er an anderer Stelle im Kyniker einen Pessimisten aus Einsicht erblickt, dann scheint das im Widerspruch zu der Einschätzung des Kynismus als einer Glücksmoral, als der konsequentesten in dieser Hinsicht überhaupt zu stehen. Nun war aber von Nietzsche die Ambivalenz von Lebenstrieb und Leiden am Leben schon früh als die Aussage der kynischen Todesanekdoten verstanden worden, und so ist folgender Aphorismus aus dem Nachlaß der achtziger Jahre als Ergänzung dessen zu lesen, was über das Glück des Kynikers geschrieben wurde: „Die Werthlosigkeit des Lebens ist erkannt im Cynismus, aber hat sich noch nicht gegen das Leben gewendet. Nein: viel kleine Überwindungen und ein loses Maul befriedigen da!"[117]

Im ersten Aphorismenbuch sind mehrere Aphorismen der Erhellung der kynischen Philosophengestalt und der Bestimmung des Kynismus gewidmet. Der wichtigste davon, „Cyniker und Epikureer", übernimmt im wesentlichen Schopenhauers Erklärung der von diesem so geschätzten kynischen Gestalt aus ‚Die Welt als Wille und Vorstellung': hier wie dort wird dem Kynismus als motivierende Grunderkenntnis die Einsicht in den „Zusammenhang zwischen den vermehrten Schmerzen des höher cultivirten Menschen und der Fülle von Bedürfnissen" zugeschrieben. Der Kyniker betreibt seine Reduktion der Bedürfnisse aus dieser Einsicht heraus als eine Art Kur: „damit gewinnt er ein Gefühl der Freiheit und der Kräftigung, und allmählich, wenn die Gewohnheit ihm seine Lebensweise erträglich macht, hat er in der That seltnere und schwächere Unlustempfindungen als die cultivirten Menschen und nähert sich dem Hausthier an". Was unterscheidet den Kyniker noch vom Tier? Bei dieser Überlegung stößt Nietzsche auf die Bedeutung des kritischen Bewußtseins, das sich im Kynismus als satirischer Witz, als „Parrhesie", als „abenteuerlich böses Maul" (Jacob Burckhardt) oder „loses Maul", wie es in dem Aphorismus aus dem Nachlaß

---

116 Werke Bd. I. S. 285.
117 Werke Bd. XIII. S. 103 f.

heißt, äußert: „überdies empfindet er alles im Reiz des Contrastes — und schimpfen kann er ebenfalls nach Herzenslust: so dass er dadurch wieder hoch über die Empfindungswelt des Thieres hinauskommt."

Nietzsche sieht denselben Gesichtspunkt, wie ihn der Kyniker besitzt, beim Epikureer eingenommen, nur daß sich beide durch ihr Temperament unterscheiden. Ferner erhebt sich der Epikureer über die gemeinsam als schmerzbringend erkannte Kultur durch eine höhere, während der Kyniker in der Negation verharrt; der Epikureer zieht sich aus den Stürmen der Zeit in die Windstille des „Gartens" zurück. „Der Cyniker dagegen geht gleichsam nackt draussen im Windeswehen umher und härtet sich bis zur Gefühllosigkeit ab."[118]

Die Negation, die Opposition zur Umwelt können zu einer eigenen Quelle der Lust und des Glückes werden: das ist die Quintessenz einer Reflexion der ‚Morgenröthe'. Diesmal wird der Kynismus nicht historisch aus der Entwicklung der Kultur, sondern formal aus der Konkurrenz philosophischer Prinzipien erklärt; das Glück des Kynikers besteht im Ärger anderer Philosophen über ihn — ein typischer Gedanke entlarvender Psychologie. „Als die Philosophie die Sache des öffentlichen Wetteifers war, im Griechenland des dritten Jahrhunderts, gab es nicht wenige Philosophen, welche glücklich durch den Hintergedanken wurden, dass Andere, die nach andern Principien lebten und sich dabei quälten, an ihrem Glücke Ärger haben müssten: sie glaubten, mit ihrem Glücke jene am besten zu widerlegen, und dazu genügte es ihnen, immer glücklich zu scheinen: aber dabei mussten sie auf die Dauer glücklich werden! Diess war zum Beispiel das Loos der Cyniker."[119]

Was Nietzsche neben dem allgemeinen Glücksprinzip der kynischen Moral — einmal als animalisches Glück der unmittelbaren Bedürfnisbefriedigung, das andere Mal als Glück des Widerspruchs interpretiert — am Erscheinen des Kynikers zur Reflexion bewegt, ist das Moment der Ehr-, Scham- und Würdelosigkeit. Dies hängt für ihn eng mit der sozialen Herkunft zusammen; „vornehm" und „schlecht" deutet er bekanntlich als ursprüngliche Ständeprädikate. Der soziologische Aspekt der kynischen Literatur — die niedere Herkunft beziehungsweise der Sklavenstand einer Reihe kynischer Autoren — findet in den philologischen Studien erhebliche Beachtung. Diogenes' zeitweiser Sklavenstand, von dem die anekdotische Überlieferung erzählt, wird für eine Reflexion über den Unterschied zwischen Sklave und Arbeiter ausgewertet: dem Kyniker ist jene „Eitelkeit" fremd, die auf Grund einer abstrakten Idee von „Menschenwürde" den Arbeiter höher schätzt als den Sklaven, obwohl er im Vergleich zu diesem weniger sicher und weniger glücklich lebt. „Der Cyniker denkt anders darüber,

---

118 Menschliches, Allzumenschliches. 1. Bd. 275. Werke Bd. II. S. 255 f.
119 Morgenröthe 367. Werke Bd. IV. S. 272.

weil er die Ehre verachtet: — und so war Diogenes eine Zeitlang Sclave und Hauslehrer."[120] Dagegen warnt ein anderer Aphorismus vor dem „Cynismus im Verkehre", da die öffentliche Schamlosigkeit den Verlust der Selbstachtung bekunde: „Der Cynismus im Verkehre ist ein Anzeichen, dass der Mensch in der Einsamkeit sich selber als Hund behandelt."[121] Aus wiederum anderer — ästhetischer — Perspektive erscheint „cynische Philosophie" wie ethischer Rigorismus, wie „derbe Possen" und „Verachtung der feineren Lebensart" als Kompensation für mangelnde „Anmut."[122] Einen solchen Kynismus des ehr-, scham- und anmutlosen billigen Glücks macht Nietzsche seinerseits satirisch verächtlich: „Nothdurft ist billig, Glück ist ohne Preis: / drum sitz' ich statt auf Gold auf meinem Steiss."

„Aus der Tonne des Diogenes"[123] ist dieser satirische Vers überschrieben. „Etwas Cynismus vielleicht, etwas ‚Tonne' " — damit kennzeichnet Nietzsche gleichzeitig oder etwas später in einem Vorwort von 1886 rückblickend den Zustand und die Gemütslage, worin der zweite Band von ‚Menschliches, Allzumenschliches' entstand.[124] Mit dieser kynisierenden Selbstcharakteristik sei — als Gegengewicht zu den moralischen und satirischen Abwertungen — einmal mehr an die anfangs zitierten positiven Äußerungen über den „Cynismus" des eigenen Werkes erinnert. Ein wichtiger Schritt hin zu diesen späten Identifikationen mit dem „Cynismus" liegt in einem Aphorismus in ‚Jenseits von Gut und Böse'; denn jetzt entdeckt Nietzsche den „Cyniker" in einer Rolle jenseits positiver Moral, in welcher Rolle er sich ihm besonders verwandt fühlen mußte: in der des moralkritischen Aufklärers.[125]

Der Aphorismus beginnt damit, daß Nietzsche sein Verständnis für den „auserlesenen Menschen" beteuert, der sich, um „die Regel ‚Mensch' " zu vergessen, und im Bewußtsein seiner als Ausnahme davon, von der Masse isoliert und sich nach einer abschirmenden „Burg" sehnt. „Wer nicht im Verkehr mit Menschen gelegentlich in allen Farben der Noth, grün und grau vor Ekel, Überdruss, Mitgefühl, Verdüsterung, Vereinsamung schillert, der ist gewiss kein Mensch höheren Geschmacks". Diese bei Nietzsche häufig ausgedrückte Menschenverachtung ist das typische Merkmal einer „schwarzen" Moralistik; ich habe sie als Grundhaltung des Kynikers mit der Misanthropie Timons vergli-

---

120 Menschliches, Allzumenschliches. 1. Bd. 457. Werke Bd. II. S. 338.

121 Menschliches, Allzumenschliches. 2. Bd. 256. Werke Bd. III. S. 136.

122 Morgenröthe 266. Werke Bd. IV. S. 237.

123 Werke Bd. VIII. S. 363.

124 Werke Bd. III. S. 10. Vgl. dazu die Schilderung der Schwester: „Es ist kein Zweifel, daß mein Bruder damals ein wenig Diogenes in der Tonne nachzuahmen versuchte, er wollte einmal sehen, mit wie wenig ein Philosoph auskommen kann." (Elisabeth Förster-Nietzsche. Der einsame Nietzsche. Leipzig 1925. S. 81).

125 Jenseits von Gut und Böse 26. Werke Bd. VII. S. 44-46.

chen und als das wesentliche Unterscheidungskriterium herausgestellt, daß der Misanthrop die völlige Isolation sucht, während der Kyniker in der Gesellschaft verbleibt.

Auch Nietzsche sieht diese beiden Möglichkeiten, und er warnt vor der ersten, der der Isolierung, weil sie der Erkenntnis der Masse abträglich sei, eine Erkenntnis, die der „auserlesene Mensch" zum Bewußtsein der eigenen Exzeptionalität brauche: er ist zu dem von Verachtung getragenen Umgang mit den Menschen gleichsam verurteilt. „Das Studium des durchschnittlichen Menschen, lang, ernsthaft, und zu diesem Zwecke viel Verkleidung, Selbstüberwindung, Vertraulichkeit, schlechter Umgang – jeder Umgang ist schlechter Umgang ausser dem mit Seines-Gleichen –: das macht ein nothwendiges Stück der Lebensgeschichte jedes Philosophen aus, vielleicht das unangenehmste, übelriechendste, an Enttäuschungen reichste Stück." Allerdings kann dieser Leidensweg der üblen Erfahrungen abgekürzt werden, dann nämlich, wenn der Philosoph auf gewisse Vorbilder stößt, von denen er lernen kann – und diese Vorbilder sind die „Cyniker": „Hat er aber Glück, wie es einem Glückskinde der Erkenntniss geziemt, so begegnet er eigentlichen Abkürzern und Erleichterern seiner Aufgabe, – ich meine sogenannten Cynikern" – die Rede von den „Abkürzern" ist eine offensichtliche Reminiszenz an die antike Formel des Kynismus als „eines kurzen Weges zur Tugend", die bei Diogenes Laertius steht; indem Nietzsche daraus einen kurzen Weg zur Erkenntnis macht, deutet er die Formel und damit den Kynismus von Tugend- in Aufklärungsphilosophie um. Konsequenterweise erscheint dann die kynische Reduktion auf die animalische Natur nicht mehr als moralisches Prinzip, sondern als Aufklärungsstandpunkt. Diese Doppelbedeutung ist, wie wir gesehen haben, in ihr ursprünglich angelegt. Nietzsche fährt fort: „also Solchen, welche das Thier, die Gemeinheit, die ‚Regel' an sich einfach anerkennen und dabei noch jenen Grad von Geistigkeit und Kitzel haben, um über sich und Ihres-Gleichen vor Zeugen reden zu müssen: – mitunter wälzen sie sich sogar in Büchern wie auf ihrem eigenen Miste." Das Primäre am Kynismus ist die Reduktion auf animalische Natur; denn indem der Kyniker die Scham als den Inbegriff dessen ablegt, was seine Triebhaftigkeit einschränkt, anerkennt und lebt er das „Tier" in sich. Das „cynische" Bewußtsein ist etwas Sekundäres; es besteht darin und es dient nur dazu, von der animalischen Triebhaftigkeit des Menschen Zeugnis zu geben, die „cynische" Reduktion auf Animalität als Paradigma zu leben. Als solches aber ist es wahrer und wahrhaftiger als alles idealistische Bewußtsein. „Cynismus ist die einzige Form, in der gemeine Seelen an Das streifen, was Redlichkeit ist; und der höhere Mensch hat bei jedem gröberen und feineren Cynismus die Ohren aufzumachen und sich jedesmal Glück zu wünschen, wenn gerade vor ihm der Possenreisser ohne Scham oder der wissenschaftliche Satyr laut werden."

Daß an dieser Stelle der „Cynismus" als Form der Redlichkeit gegenüber der Verlogenheit der Scham und der Moral in bezug auf „gemeine Seelen" eingeschränkt wird, darf man konkret soziologisch verstehen, als Reminiszenz wiederum an den antiken Kynismus und den Sklavenstand seiner Autoren und Anhänger. Nietzsche selbst hebt diese Beschränkung wenig später auf, wenn er vom „Cynismus" als Maske und Form emotionaler Selbstbehauptung bei Hamlet oder dem Abbé Galiani spricht: „Es gibt freie freche Geister, welche verbergen und verleugnen möchten, dass sie zerbrochene stolze unheilbare Herzen sind (der Cynismus Hamlets – der Fall Galiani), und bisweilen ist die Narrheit selbst die Maske für ein unseliges allzu gewisses Wissen."[126] Diesen letzten Satz wird man nicht zuletzt als ein Selbstbekenntnis Nietzsches lesen dürfen.

Die ursprüngliche Gestalt, in der der „Cynismus" auftritt, um die Reduktion auf die animalische Natur zu propagieren, ist die „Narrheit"; der Proto„cyniker" ist der „Possenreißer". Aber er gibt sich seriöser auch als „wissenschaftlicher Satyr", worunter Nietzsche zumal den Abbé Galiani verstand: „Es giebt sogar Fälle, wo zum Ekel sich die Bezauberung mischt: da nämlich, wo an einen solchen indiskreten Bock und Affen, durch eine Laune der Natur, das Genie gebunden ist, wie bei dem Abbé Galiani – dem tiefsten, scharfsichtigsten und vielleicht auch schmutzigsten Menschen seines Jahrhunderts – er war viel tiefer als Voltaire und folglich auch ein gut Theil schweigsamer." In ähnlicher Weise sagte Nietzsche von Stendhal, den er als Psychologen außerordentlich schätzte, ihm werde nachgehen müssen, „wer mit feinen und verwegenen Sinnen begabt ist, neugierig bis zum Cynismus, Logiker beinahe aus Ekel, Rathselrather und Freund der Sphinx gleich jedem geborenen Europäer".[127] Der „Cynismus" kann schließlich die Gestalt wissenschaftlicher Neugier und reiner Wissenschaft annehmen, und so fährt die Reflexion in ‚Jenseits von Gut und Böse' fort: „Häufiger schon geschieht es, dass, wie angedeutet, der wissenschaftliche Kopf auf einen Affenleib, ein feiner Ausnahme-Verstand auf eine gemeine Seele gesetzt ist, – unter Ärzten und Moral-Physiologen namentlich kein seltenes Vorkommniss." Der zynische Arzt ist im 19. Jahrhundert eine verbreitete literarische Figur, man denke etwa an Jean Pauls „Dr. Katzenberger"; und von Nietzsche selbst stammt, so weit ich sehe, der Kalauer „medizynisch".[128] – Der „Cynismus" wird unvermeidlich immer dann, wenn der Mensch in seiner Entwicklung über das Tier hinaus nicht den Weg der Moral einschlägt, wenn er sich selbst, aus komischer oder wissenschaftlicher Perspektive, ausschließlich als ein anima-

---

[126] Jenseits von Gut und Böse 270. Werke Bd. VII. S. 259.

[127] Werke Bd. XIV. S. 178.

[128] „ich sage nicht Alles, ich würde sonst medi-cynisch werden" (im Kontext der Entlarvung der „schönen", d. h. weiblichen „Seele". Ecce homo: Warum ich so gute Bücher schreibe 5. Werke Bd. XV. S. 58).

lisches, triebgesteuertes Wesen begreift und legitimiert und damit den Glauben an Freiheit und an eine autonome Moral als Vourteil entlarvt oder der Komik preisgibt. „Und wo nur einer ohne Erbitterung, vielmehr harmlos vom Menschen redet als von einem Bauche mit zweierlei Bedürfnissen und einem Kopfe mit Einem; überall wo Jemand nur Hunger, Geschlechts-Begierde und Eitelkeit sieht, sucht und sehn w i l l, als seien es die eigentlichen und einzigen Triebfedern der menschlichen Handlungen; kurz, wo man ‚schlecht' vom Menschen redet – und nicht einmal s c h l i m m –, da soll der Liebhaber der Erkenntniss fein und fleissig hinhorchen, er soll seine Ohren überhaupt dort haben, wo ohne Entrüstung geredet wird. Denn der entrüstete Mensch, und wer immer mit seinen eignen Zähnen sich selbst (oder, zum Ersatz dafür, die Welt, oder Gott, oder die Gesellschaft) zerreisst und zerfleischt, mag zwar, moralisch gerechnet, höher stehn als der lachende und selbstzufriedne Satyr, in jedem andern Sinne aber ist er der gewöhnlichere, gleichgültigere, unbelehrendere Fall. Und Niemand l ü g t soviel als der Entrüstete. –"

Nietzsche anerkennt den „Cyniker" als ein lehrreiches Beispiel, weil dieser das praktisch vorführt, was an anderer Stelle in die Devise gefaßt ist: „den Menschen nämlich zurückübersetzen in die Natur";[129] er wiedererkennt ihn in solchen Gestalten, die diese „seltsame und tolle Aufgabe" ausüben, wie in Moralphysiologen und Psychologen. „Toll" ist, nebenbei bemerkt, auch das Prädikat für den Menschen, der den Tod Gottes verkündet, eine Diogenes-Gestalt übrigens; ich werde gleich darauf kommen. Von hier aus ist es kein großer Schritt mehr, daß Nietzsche sich selber oder einen seiner Protagonisten in der Maske des „Cynikers" erscheinen läßt.

„Der Cyniker redet", ist ein Aphorismus überschrieben, worin Nietzsche seine Einwände gegen die Musik Wagners als „physiologische" vorträgt und die musikalische Ästhetik in Natur zurückübersetzt. Dabei muß man bedenken, wie sehr Wagner zuvor für ihn eine Art Moralersatz und ästhetischer Lebensform gewesen ist: „Protestirt aber nicht auch mein Magen? mein Herz? mein Blutlauf? meine Eingeweide? Werde ich nicht unvermerkt heiser dabei? – Und so frage ich mich: was w i l l eigentlich mein ganzer Leib von der Musik überhaupt? Ich glaube, seine E r l e i c h t e r u n g: wie als ob alle animalische Functionen durch leichte kühne ausgelassne selbstgewisse Rythmen beschleunigt werden sollten."[130] Als eine solche Musik lobte er später Bizet's „Carmen", die er bekanntlich gegen Wagner ausspielte. „Carmen" und die darin dargestellte Auffassung der Liebe bekommen denn auch ausdrücklich das Prädikat „cynisch": „die in die N a t u r zurückübersetzte Liebe! N i c h t die Liebe einer

---

[129] Jenseits von Gut und Böse 230. Werke Bd. VII. S. 190.
[130] Die fröhliche Wissenschaft 368. Werke Bd. V. S. 321.

,höheren Jungfrau'! Keine Senta-Sentimentalität! Sondern die Liebe als Fatum, als Fatalität, cynisch, unschuldig, grausam — und eben darin Natur!"[131] Allerdings hat Nietzsche auch durchblicken lassen, daß es mit der Begeisterung für Bizet nicht so ganz ernst gemeint war; dafür saß Wagner zu tief. Der „Cynismus" ihm gegenüber war nicht bloß der unbeschwerte Genuß einer gleichsam animalischen Musik, er war auch ein Akt rationaler Selbstbehauptung vor der Verführbarkeit durch Wagners romantisch-idealistischen Musikrausch, den er insgeheim als Rivalen des Denkens, als Gefährdung der Erkenntnis in sich selbst fürchtete: „Man muss Cyniker sein, um hier nicht verführt zu werden, man muss beissen können, um hier nicht anzubeten. Wohlan, alter Verführer! Der Cyniker warnt dich — ,cave canem' . . ."[132]

Und so taucht schließlich der „philosophische Hund",[133] der Protokyniker Diogenes samt seinen Anekdoten als Maske im Werk Nietzsches wieder auf. Auf Diogenes beruft sich der Autor am Ende der dritten der ,Unzeitgemäßen Betrachtungen', um gegen die harm- und folgenlose akademische Universitätsphilosophie eine praktische Philosophie zu fordern, die notwendig verletzend sein müsse. Was Diogenes über Platon sagte, als man diesen lobte, wäre angesichts des Kathederphilosophen und akademischen Denkers zu wiederholen: „ ,Was hat er denn Grosses aufzuweisen, da er so lange Philosophie treibt und noch Niemanden betrübt hat?' Ja, so sollte es auf der Grabschrift der Universitätsphilosophie heissen: ,sie hat Niemanden betrübt' ".[134]

Die Diogenes-Alexander-Anekdote erfährt eine originelle Wiederauflage im Dialog zwischen dem „Wanderer" und seinem „Schatten"; ich habe sie an anderer Stelle zitiert.[135] Beide, der „Wanderer" und der „Schatten", sind Masken Nietzsches.

An exponierter Stelle erscheint die Diogenes-Gestalt mit dem Laternenmotiv: als „toller Mensch", der die Botschaft vom Tod Gottes unter die Menschen bringt.[136] Das ist mehrfach konstatiert, aber für die Interpretation nie voll ausgeschöpft worden. Selbst Eugen Biser, der extensiv die Symbolik in der Erzählung ,Der tolle Mensch' untersucht, gibt sich ausgerechnet hier mit sehr wenig zufrieden: die Erzählung erscheine „vordergründig nach dem Modell der bekannten Anekdote stilisiert, die Diogenes Laertius über den Kyniker Diogenes überliefert. In ihrer eigentlichen Signatur gesehen, meint sie jedoch den Typus des unverstandenen und darum für ,toll' erklärten Propheten, in dem sich Nietz-

---

131 Der Fall Wagner 2. Werke Bd. VIII. S. 9 f.
132 Der Fall Wagner. Nachschrift. Werke Bd. VIII. S. 42.
133 Menschliches, Allzumenschliches. Werke Bd. III. S. 375.
134 Werke Bd. I. S. 492 f.
135 Vgl. oben S. 108.
136 Die fröhliche Wissenschaft 125. Werke Bd. V. S. 163 f.

sche – als ‚Possenreißer der neuen Ewigkeiten' (...) – selbst wiedererkennt."[137] Offensichtlich traut Biser der Diogenes-Gestalt keine wesentliche Bedeutungs- und Symbolkraft zu, sonst hätte er ihr mehr Beachtung geschenkt und nicht zwischen „vordergründiger" und „eigentlicher Signatur" der Erzählung unterschieden; daß er die Kynikerfigur sozusagen links liegen läßt, ist aber nur ein Indiz dafür, wie sehr die Diogenes-Gestalt allgemein an philosophischer Potenz eingebüßt hat.

Dabei ist es – auch im Blick auf Nietzsche – durchaus aufschlußreich, das Motiv rezeptionsgeschichtlich und metaphorologisch zu untersuchen. Das Thema gäbe allerdings Stoff genug für eine eigene Studie, die sehr schnell den gegenwärtigen Rahmen sprengen würde; das Folgende liefert daher nur Bausteine für eine solche Studie. – Das Motiv der Anekdote, nach der Diogenes am hellen Tag mit angezündeter Laterne einen Menschen sucht, stammt möglicherweise aus der äsopischen Fabelliteratur.[138] Von der antiken Verwendung der sehr beliebten Anekdote sei hier nur eine erwähnt, die zu der Nietzsches eine sehr eigentümliche Affinität besitzt.

Der frühchristliche Theologe und lateinische Kirchenvater Tertullian vergleicht in seiner Polemik ‚Adversus Marcionem' den Häretiker mit dem Protokyniker. Der äußere Anknüpfungspunkt ist Markions Geburtsort Sinope, der Überlieferung nach auch die Vaterstadt des Diogenes. Der Zweck des Vergleichs ist Diffamierung: aus dieser barbarischen Gegend am Schwarzen Meer, so der Kirchenvater, kommen eher barbarische Philosophen als Christen. Des näheren verknüpft Tertullian den häretischen Abfall Markions effektvoll mit dem Laternenmotiv, die Anekdote gibt den Anstoß zu einer eigenartigen Lichtmetapher. „Nam ille canicola Diogenes hominem invenire cupiebat lucernam meridie circumferens, Marcion deum quem invenerat extincto lumine fidei suae amisit."[139] Ob Nietzsche diese Stelle gekannt hat, ist kaum zu eruieren; jedenfalls wäre ihm das „lumen fidei" ebenso paradox und unsinnig vorgekommen wie Tertullians berühmtes „credo, quia absurdum est", ein Satz, den Nietzsche mehrfach kritisch bis höhnisch als Beispiel christlicher Vernunftfeindlichkeit und als „Sünde wider den Geist" zitiert und parodiert.[140] Glaube assoziert bei Nietzsche Dunkelheit oder Verblendung, nicht Licht; Licht gehört zur aufklärerischen Vernunft wie die Fackel als Metapher dafür. Das dem Aufklärer Voltaire gewidmete Aphorismenbuch ‚Menschliches, Allzumenschliches' wird im Rückblick durch die-

---

137 ‚Gott ist tot'. Nietzsches Destruktion des christlichen Bewußtseins. München 1962. S. 31 f. – Vgl. auch noch: Peter Köster. Der sterbliche Gott. Nietzsches Entwurf übermenschlicher Größe. Meisenheim am Glan 1972. S. 71 f.

138 Vgl. oben S. 82.

139 Tertullian. Adversus Marcionem. Ed. Ernest Evans. Oxford 1972. S. 4.

140 Vgl. etwa: Menschliches, Allzumenschliches. 1. Bd. 630. Werke Bd. II. S. 405; Morgenröthe, Vorrede 3. Werke Bd. IV. S. 7. Morgenröthe 417. Werke Bd. IV. S. 286.

se Metapher charakterisiert: „Eine Fackel in den Händen, die durchaus kein ‚fackelndes' Licht giebt, mit einer schneidenden Helle wird in diese Unterwelt des Ideals hineingeleuchtet."[141] Der „tolle Mensch" mit der Laterne ist eine ebensolche Aufklärungsgestalt, man kann die Erzählung davon als aufklärerisches Gegenstück zu Tertullians Apologie des Glaubens und seiner vom Laternenmotiv inspirierten Lichtmetaphorik lesen, auch wenn sich nicht philologisch nachweisen läßt, daß sie konkret darauf Bezug nimmt.

In der Neuzeit ist das Laternenmotiv weit über die philosophiegeschichtliche Rezeption der Diogenes-Gestalt und bis in die Malerei hinein populär und sogar sprichwörtlich geworden; es wurde zum Inbegriff für moralisch-satirische Menschenprüfung. ‚Der die Welt Beleuchtende Diogenes' oder ‚Diogenes-Laterne' zum Beispiel sind Titel moralisch-satirischer Periodica des 18. Jahrhunderts. Die Laterne als Signatur des Moralisten: ich will auch hier nur auf eine Verwendung des Motivs näher eingehen, die als Vorbild Nietzsche literarisch angeregt haben könnte.

Der französische Moralist Chamfort wurde nicht nur vom jungen Friedrich Schlegel, der ihm bewundernd das Prädikat „echter Cyniker"[142] gab, sondern auch von Nietzsche hoch geschätzt — „dieser witzigste aller Moralisten" nannte er ihn.[143] Literarisch beruht die Wertschätzung nicht zuletzt auf der allen dreien gemeinsamen Vorliebe für Aphorismen und Anekdoten. Chamfort steht damit in der Tradition antiker Anekdotenschreiber und -sammler; aber er hat durch seine neuen Anekdoten den antiken Bestand aufgefrischt und teilweise überflüssig gemacht. Dennoch findet sich bei ihm zumindest zweimal das Zitat der Diogenes-Anekdote von der Laterne: „Ein geistreicher Mann ist verloren, wenn er nicht auch ein Mann von energischem Charakter ist. Hat man die Laterne des Diogenes, so muß man auch des Diogenes Stock haben."[144] In Chamfort's Rezeption wird das Bestreben spürbar, das Motiv gegen die Abnutzung durch allzu häufige und beliebige Verwendung zu schärfen und zu aktualisieren; eine andere Maxime heißt: „Wenn Diogenes heutzutage lebte, müßte seine Laterne eine Blendlaterne sein!"[145] Das soll besagen, der kritische Gedanke des moder-

---

141 Ecce homo: Warum ich so gute Bücher schreibe. Werke Bd. XV. S. 74.

142 Lyceums-Fragment 111. Vgl. oben S. 247.

143 Vgl.: Die fröhliche Wissenschaft 95. Werke Bd. V. S. 125 f.

144 Die französischen Moralisten. Hrsg. und übersetzt von Fritz Schalk. München 1973. Bd. 1. S. 302.

145 A.a.O. S. 278. Zur Blendlaterne als Symbol überraschender, überfallartiger Gedanken vergleiche folgende Stelle aus den Dialogen des Abbé Galiani: „Nehmen Sie sich in acht, Herr Präsident. Das ist die übliche Bosheit des Chevaliers. Solche neuartigen, seltsamen, unerhörten Ideen bringt er immer vor, durch die er die Leute überrascht und überfällt. Er hat gleichsam eine Blendlaterne unter dem Mantel. Plötzlich zieht er sie hervor, hält sie einem vor die Augen und blendet." (Die französischen Moralisten. 2. Bd. S. 73) Nietzsche wird die Stelle gekannt haben.

nen Moralisten und Aufklärers muß schlagartig und überraschend sein; es nützt nichts, alte Gedanken und Motive lediglich zu wiederholen. Als hätte er diese Maxime beherzigen wollen, hat Johannes Grützke, ein Maler unserer Gegenwart, einen modernen Diogenes mit einer Taschenlampe abgebildet und so noch einmal das Motiv durch Steigerung und Überbietung authentisch gestaltet.[146]

Auch Nietzsche ist die Anekdote natürlich geläufig. Aber auch er übernimmt — wie es seiner ganzen Haltung gegenüber der Tradition entspricht — das Motiv nicht bloß, sondern reflektiert auf seine Valenz und moderne Übertragbarkeit; er tastet es gleichsam seinen unausgeschöpften Möglichkeiten nach ab. *„Der moderne Diogenes.* — Bevor man den Menschen sucht, muss man die Laterne gefunden haben. — Wird es die Laterne des C y n i k e r s sein müssen?"[147] Ist der „Cynismus", so wird man diesen Aphorismus übersetzen können, der richtige Zugang zur Erkenntnis des Menschen? Der ausführlich zitierte 26. Aphorismus aus ‚Jenseits von Gut und Böse' bejaht die Frage zumindest halb, wie wir gesehen haben.

In der Erzählung vom „tollen Menschen" wird dagegen nicht auf die „Laterne des Cynikers" reflektiert. Die Erzählung modifiziert und überbietet das Motiv hinsichtlich dessen, was mit ihr gesucht wird, sie macht die antike Anekdote zum Medium für die Botschaft vom Tod Gottes. „Habt ihr nicht von jenem tollen Menschen gehört, der am hellen Vormittage eine Laterne anzündete, auf den Markt lief und unaufhörlich schrie: ‚Ich suche Gott! Ich suche Gott!' " Der Mensch wird von den Umstehenden ironisch verlacht, denn er ist auf Ungläubige gestoßen, denen diese Geste überflüssig erscheint: die Aufklärung ist in einem vordergründigen Atheismus versandet. Darauf macht der „tolle Mensch" in einer eindringlichen Predigt klar, was die Abwesenheit Gottes bedeutet und welche Konsequenz sie hat: Gott ist tot, von den Menschen gemordet, die sich nur dadurch entsühnen können, daß sie selbst zu Göttern werden. Von dieser Auslegung sind die Hörer befremdet; sie verschließen sich der Botschaft, und der „tolle Mensch" muß sich als unverstanden, unzeitgemäß erkennen. Er wirft seine Laterne zu Boden, so daß sie zerspringt und ihr Licht erlischt. „Man erzählt noch, dass der tolle Mensch desselbigen Tages in verschiedene Kirchen eingedrungen sei und darin sein ‚Requiem aeternam deo' angestimmt habe. Hinaus-

---

146 „Diogenes in Berlin" (1970). Abgebildet im ‚Zeitmagazin' Nr. 38/13. 9. 1974. Ein Beispiel für die Rezeption des Motivs in der Malerei des Barock ist das Bild des Diogenes mit Laterne von Jacob Jordaens.

147 Menschliches, Allzumenschliches. 2. Bd. 2. Abt. 18. Werke Bd. III. S. 205. Vgl. auch noch das Motiv als Redensart in einem Nachlaß-Aphorismus: „Aber wer heute nach Philosophen sucht, welche Aussicht hat er, zu finden, was er sucht? Ist es nicht wahrscheinlich, dass er, mit der besten Diogenes-Laterne suchend, umsonst Tags und Nachts über herumläuft?" (Werke Bd. XV. S. 488).

geführt und zur Rede gesetzt, habe er immer nur diess entgegnet: ‚Was sind denn diese Kirchen noch, wenn sie nicht die Grüfte und Grabmäler Gottes sind?' "

Im „tollen Menschen" vereinigen sich die drei Rollen des zynischen Aufklärers, des absoluten Moralisten und des Narren; dabei ist die Narrheit als „die Maske für ein unseliges allzugewisses Wissen"[148] in sich doppelsinnig: in ihr tritt die neue Wahrheit, das „allzugewisse Wissen" auf, das seinerseits „unselig" macht. Der „tolle Mensch" wird närrisch, nachdem er die Laterne, das Licht der Vernunft, weggeworfen hat: er flieht in die Narrheit.

Von der Erzählung „Der tolle Mensch" aus werden Nietzsches späte Reden über den eigenen „Cynismus" verständlicher, und man wird sie beziehungsreicher lesen als zuvor. Sein „Cynismus" wurzelt in seinem Kampf gegen das Christentum. „Ich habe jetzt mit einem Cynismus, der welthistorisch werden wird, mich selbst erzählt. Das Buch heißt ‚Ecce homo' und ist ein Attentat ohne die geringste Rücksicht auf den Gekreuzigten; es endet in Donnern und Wetterschlägen gegen Alles, was christlich oder christlich-infekt ist, bei denen Einem Sehen und Hören vergeht. Ich bin zuletzt der erste Psychologe des Christenthums und kann, als alter Artillerist, der ich bin, schweres Geschütz vorfahren, von dem kein Gegner des Christenthums auch nur die Existenz vermuthet hat. – Das Ganze ist das Vorspiel der ‚Umwerthung der Werthe', des Werks, das fertig vor mir liegt: ich schwöre Ihnen zu, daß wir in zwei Jahren die ganze Erde in Konvulsionen haben werden. Ich bin ein Verhängniss."[149]

„Umwertung der Werte" – das ist das Stichwort für den letzten Schritt, der möglich und notwendig ist in dem Verständnis über Nietzsches „Cynismus". Ludwig Stein sieht in dieser Formel die umfassende Klammer, die Nietzsche mit den antiken Kynikern verbindet: „Das tragende philosophische Problem Nietzsche's, die Umwerthung aller moralischen Werthe, ist fast so alt wie die abendländische Philosophie selbst. Die ersten halbbewußten Vertreter dieses Gedankens waren in Griechenland die Sophisten, und der erste vollbewußte moralische ‚Werthestürzler' war Antisthenes, der Cyniker."[150] Was ich zu der Formel hier leisten möchte, ist nicht, was Stein tut, an einzelnen abendländisch-christlichen Werten nachzuweisen, wie Nietzsche bei ihrer Umwertung den Kynikern nahe kommt oder zynisch wird. Ich möchte vielmehr den anschaulichen Hintergrund der Formel untersuchen: Läßt sich darin eine Beziehung zum „paracharattein to nomisma" der Diogenes-Anekdote und der antiken Metaphorik aufzeigen?

---

148 Jenseits von Gut und Böse 270. Werke Bd. VII. S. 259.

149 Brief an Georg Brandes vom 20. 11. 1888. Gesammelte Briefe 3. Bd. S. 321.

150 Friedrich Nietzsche's Weltanschauung und ihre Gefahren. S. 3.

Eine entfernte Verwandtschaft besteht darin, daß die zwei Begriffe „nomisma" und „Wert" beide doppeldeutig sind, beide bezeichnen einen ökonomischen und einen moralisch-ethischen Sachverhalt. Allerdings ist bei „Wert" die Anschaulichkeit der ökonomischen Bedeutung schwächer ausgeprägt als bei „nomisma", der Begriff ist abstrakter, der Gegenstand dahinter weniger greifbar als eine Münze, auch wenn im 19. Jahrhundert wahrscheinlich die ökonomische Bedeutung noch mehr Gewicht besaß als heute. Wir sind aber dafür gewissermaßen entschädigt dadurch, daß bei Nietzsche die Münzmetaphorik mit besonderer Vorliebe verwendet wird — worüber natürlich kein Register Auskunft erteilt.

Auch das gäbe interessanten Stoff genug für eine eigene Studie; ich will hier nur einige Beispiele für Tendenzen anführen, die sich beobachten lassen. Die weitaus häufigste Variante dieser Metaphorik ist „Falschmünzer" und „Falschmünzerei", und diese Metaphern stehen am häufigsten in den späten Schriften, deren Polemik besonders heftig ist. „Falschmünzerei" ist die vielleicht am meisten verwendete polemische Vokabel, sie wird den Gegnern der späten Auseinandersetzungen und allem, was Idealismus-verdächtig ist, immer wieder zum Vorwurf gemacht, in erster Linie also Wagner und dem Christentum. Ich gebe zunächst einige Beispiele zu Wagner: Bizet's Musik, das Gegenstück zu der Wagners, ist „ohne Falschmünzerei"; „die ganze Falschmünzerei der Transcendenz und des Jenseits, hat in Wagner's Kunst ihren sublimsten Fürsprecher"; Wagner hat mit anderen Vertretern der Dekadenz gemeinsam „die Falschmünzerei in der Nachbildung grosser Formen".[151]

Die Hauptadressaten für den Vorwurf der „Falschmünzerei" sind die zwei Kontrahenten, gegen die Nietzsche bewußt „Cynismus" aufbot; die Beispiele im Zusammenhang mit dem Christentum zeigen deutlich, daß die Vorwürfe in der Zeit kulminieren, in der Nietzsche sein Werk als „Cynismus" stilisierte, im Jahr 1888. „Indem wir die christliche Interpretation dergestalt von uns stossen und ihren ‚Sinn' wie eine Falschmünzerei verurtheilen (...)" „Sie sind elend, es ist kein Zweifel, alle diese Munkler und Winkel-Falschmünzer"; (über Schopenhauers Vereinungsbedürftigkeit des Willens:) „die grösste psychologische Falschmünzerei, die es, das Christenthum abgerechnet, in der Geschichte giebt"; „dieses Erbstück des Priesters, die F a l s c h m ü n z e r e i v o r s i c h s e l b s t"; Paulus: „dieser Falschmünzer aus Hass"; die Evangelien: „diese Wort- und Gebärden-Falschmünzerei als K u n s t"; Blindheit vor der christlichen Moral ist „Falschmünzerei ‚in psychologicis' bis zum Verbrechen". Hier begegnet auch die Münzmetaphorik im Zusammenhang mit dem Wertbegriff: „A l l e Begriffe der Kirche sind erkannt als das, was sie sind, als die bösartigste Falschmünzerei, die es

---

151 Werke Bd. VIII. S. 8; Bd. VIII. S. 41; Bd. VIII. S. 45.

giebt, zum Zweck, die Natur, die Natur-Werthe zu e n t w e r t h e n". Zuvor hieß es von den Juden, den Vorgängern der Christen, sie hätten „jenes Wunderstück von Umkehrung der Werthe" zustande gebracht, nämlich „das Wort ‚Welt' zum Schandwort gemünzt."[152]

Die „Umwertung der Werte" macht eine vorgängige „Falschmünzerei" rückgängig; dies war übrigens auch ein möglicher, vielleicht der ursprüngliche Sinn der Diogenes-Anekdote: der Kyniker prägt die durch Tradition überkommenen und verkommenen Gesetze und Sitten um. Was aber das Eigentümliche der Anekdote ausmachte, war, daß dies als Vorwurf der Falschmünzerei auf Diogenes zurückschlug.

Auch hierzu gibt es bei Nietzsche Parallelen. Als junger Anhänger Schopenhauers beschreibt er einmal dessen philosophisch-literarische Arbeit mit Hilfe folgender Münzmetapher: „Er hat verachtete Münzen gereinigt und ihren Goldglanz enthüllt."[153] Nach der Abwendung von ihm ist Schopenhauer „der alte pessimistische Falschmünzer";[154] Nietzsche stellt ihn in eine Reihe mit den idealistischen Hervorbringungen der Deutschen: „sie haben immer nur ‚unbewusste' Falschmünzer hervorgebracht (— Fichte, Schelling, Schopenhauer, Hegel, Schleiermacher gebührt dies Wort so gut wie Kant und Leibniz; es sind alles blosse Schleiermacher —): sie sollen nie die Ehre haben, dass der erste r e c h t - s c h a f f n e Geist in der Geschichte des Geistes, der Geist, in dem die Wahrheit zu Gericht kommt über die Falschmünzerei von vier Jahrtausenden, mit dem deutschen Geiste in Eins gerechnet wird."[155] Nietzsche, wie er sich hier sieht, entlarvt Falschmünzerei und richtet sie; das gehört als Vorstufe zur „Umwertung der Werte". Aber er schafft auch neue Werte, und noch das faßt er in eine Münzmetapher. In einem Brief an Georg Brandes, den späten Brieffreund, dem er die erste öffentliche Resonanz in der Wissenschaft verdankte und dem er daher zuletzt mehrfach Einblicke in sein Werk, seine Gedanken und seine Person gab, erklärt er die Formel „Umwertung der Werte": „Diese Wochen habe ich dazu benutzt, ‚Werthe umzuwerthen'. — Sie verstehen diesen Tropus? — Im Grunde ist der Goldmacher die verdienstlichste Art Mensch, die es giebt: ich meine der, welcher aus Geringem, Verachtetem etwas Werthvolles und sogar Gold macht. Dieser allein bereichert, die andern wechseln nur um. Meine Aufgabe ist ganz kurios dies Mal: ich habe mich gefragt, was bisher von der Menschheit am besten gehaßt, gefürchtet, verachtet worden ist — und daraus gerade habe ich mein ‚Gold' gemacht . . ." Unmittelbar darauf folgen zwei Sätze, in de-

---

152 Werke Bd. V. S. 302; Bd. VII. S. 230; Bd. VIII. S. 133; Bd. VIII. S. 228; Bd. VIII. S. 270; Bd. VIII. S. 274; Bd. XV. S. 123; Bd. VIII. S. 264; Bd. VII. S. 126 f.

153 Der Stil in philosophischen Schriften (1868). Musarion-Ausgabe Bd. 1. S. 402.

154 Werke Bd. VIII. S. 33.

155 Werke Bd. XV. S. 112.

nen Nietzsche sich selbst in die größte Nähe zur Diogenes-Anekdote von der Münzfälschung bringt: „Daß man mir nur nicht Falschmünzerei vorwirft! Oder vielmehr; man wird es thun. –"[156]

Nietzsche hat seinen eigenen „Cynismus" der Spätzeit in erster Linie gegen das Christentum gerichtet, in dem er eine „Umwertung der Werte" mit anderen Vorzeichen sah. Die eigentümliche Ambivalenz in seinem Verhältnis zum Christentum drückt sich auch darin aus, daß er diesem „Cynismus" polemisch zum Vorwurf macht, genauer: dem jüdischen Erbe, das durch Paulus ins Christentum hineingetragen wurde, und zwar gegen das Christentum Jesu und des ursprünglichen Evangeliums: „Dies Alles ist – man vergebe mir den Ausdruck – die Faust auf dem Auge – oh was für einem Auge! – des Evangeliums: ein welthistorischer Cynismus in der Verhöhnung des Symbols",[157] das heißt der Gestalt Jesu, die für Nietzsche ein Idiot im Sinne Dostojewskis ist. Man wird die Identität der Ausdrücke bemerkt haben: als „Cynismus, der welthistorisch werden wird", bezeichnet er die als Selbstdarstellung geführte Attacke auf das Christentum in ‚Ecce homo'. – Paulus hat den „Logiker-Cynismus eines Rabbiners";[158] der „Cynismus" ist überhaupt typisches Merkmal des Priesters: „er misst, mit einem kaltblütigen Cynismus, die Völker, die Zeiten, die Einzelnen darnach ab, ob sie der Priester-Übermacht nützten oder widerstrebten."[159] Auch dies ist eine Formulierung, die die Ambivalenz der Polemik gegen das Christentum verrät, weil man sie praktisch unverändert und nur mit positiven Vorzeichen versehen als Beschreibung des Typs lesen kann, den Nietzsche als zukünftig zu verwirklichendes Ideal zeichnet. In einem Nachlaß-Fragment wirft er den zeitgenössischen Psychologen Fixierung auf Symptome der Dekadenz vor, man sehe „immer nur die schwächenden, verzärtelnden, verkränkelnden Wirkungen des Geistes; aber es kommen nun

	die Cyniker	
neue Barbaren:	die Versucher:	Vereinigung der geistigen Überlegenheit mit
	die Eroberer	Wohlbefinden und Überschuss von Kräften."[160]

Es gibt ein erschütterndes Briefdokument, welches deutlich macht, wie sehr Nietzsche zuletzt bis hinein in das eigene Gefühlsleben den Zynismus gegen die Moral zu forcieren versuchte; erschütternd ist dieses Dokument, weil es auf

---

156 Brief an Georg Brandes vom 23. 5. 1888. Gesammelte Briefe 3. Bd. S. 308.

157 Der Antichrist 34. Werke Bd. VIII. S. 260.

158 Der Antichrist 44. Werke Bd. VIII. S. 273. Zu Nietzsches Paulus-Verständnis vgl.: Jörg Salaquarda. Dionysos gegen den Gekreuzigten. In: Zeitschrift für Religions- und Geistesgeschichte. Bd. XXVI. Heft 2. Köln 1974. S. 97-124.

159 Der Antichrist 26. Werke Bd. VIII. S. 247. Vgl. schließlich noch die scherzhafte Formulierung: „Gott (...) mit dem ihm eigenen Cynismus" (Brief an R. v. Seydlitz vom 12. 2. 1888. Gesammelte Briefe 1. Bd. S. 441).

160 Werke Bd. XVI. S. 307.

eine Szene aus dem geistigen Zusammenbruch vorausdeutet und in diesem Zusammenhang das Gewaltsame, Überfordernde der Anstrengung offenbart; Nietzsche brachte sich dadurch in eine Art moralischer Schizophrenie. „Gestern dachte ich mir ein Bild aus von einer ‚moralité larmoyante', mit Diderot zu reden. Winterlandschaft. Ein alter Fuhrmann, der mit dem Ausdruck des brutalsten Cynismus, härter noch als der Winter rings herum, sein Wasser an seinem eignen Pferd abschlägt. Das Pferd, die arme geschundne Creatur, blickt um sich, dankbar, sehr dankbar —".[161] Ist diese Vorstellung selbst Ausdruck von „Cynismus" oder von „moralité larmoyante"? Oder von „Cynismus" als Selbstbehauptung gegen die eigene „moralité larmoyante"? Kaum dreiviertel Jahr später, am 3. Januar 1889, erlebt Nietzsche die Fiktion als Realität: als er sieht, wie auf dem Platz vor seinem Turiner Quartier ein alter Droschkengaul von dem Kutscher mißhandelt wird, fällt er der „geschundenen Kreatur" weinend um den Hals. Diese Szene wurde von seiner Umgebung später als das erste Anzeichen für den Ausbruch der Krankheit erinnert.[162]

Die Frage, ob Nietzsches Philosophie „Cynismus" sei, ist im Anschluß an Ludwig Steins Essay mehrfach aufgenommen und kontrovers beantwortet worden. Georg Simmel verneinte sie strikt. „Dass man in dieser Lehre einen Epikuräismus und Zynismus erblickt hat, gehört zu den wunderlichsten in der an derartigen optischen Erscheinungen nicht armen Geschichte der Moral."[163] Simmel nennt Stein als Adressaten nicht beim Namen, aber es ist offensichtlich, daß er ihn meint; denn Stein hatte die — letztlich nicht durchgehaltene Unterscheidung gemacht, Nietzsche strebe „mit cynischen Mitteln nach hedonischen Zielen".[164] Dabei wird von Stein nur der „Cynismus", nicht der Hedonismus abgelehnt, da dieser als Optimismus ein erwünschtes Gegenmittel zum Pessimismus Schopenhauers sei. Simmel, wie mir scheint, sieht Nietzsche zu eng, da er ihn zu sehr auf eine „geschlossene Weltanschauung", auf die Moral der Stärke und der Selbststeigerung festlegt und den kritischen, aufklärerischen Nietzsche vernachlässigt. Diese Einengung wird dadurch erreicht, daß Simmel sich in bedenklicher Weise auf die Schriften vom ‚Zarathustra' bis zur ‚Götzen-Dämmerung' beschränkt und die früheren als nicht in gleichem Maße selbständige Werke außer acht läßt. Der Nachlaß war 1895 noch nicht erschienen.

Georg Brandes, dem Nietzsche brieflich ‚Ecce homo' als „Cynismus, der welthistorisch werden wird", vorgestellt hatte, ist in der Frage vorsichtiger. „Ob er

---

161 Brief an R. v. Seydlitz vom 13. 5. 1888. Gesammelte Briefe 1. Bd. S. 445.

162 Vgl.: Otto Flake. Nietzsche. Rückblick auf eine Philosophie. Baden-Baden ^{2}1947. S. 168 f.

163 A.a.O. S. 209.

164 A.a.O. S. 5. Im Original gesperrt.

cynisch ist? Was schadet es? Cynismus kann sehr wohlthuend sein, und wir wollen Nietzsche ja nicht nachplappern."[165]

Dagegen hat Hermann Diels, Mitarbeiter Ludwig Steins am ‚Archiv für Geschichte der Philosophie', in einer Festrede vor der preußischen Akademie der Wissenschaften die Polemik Steins gegen Nietzsche aufgegriffen. Der leitende Gedanke der Rede ist die Warnung vor wissenschafts- und kulturfeindlichen Tendenzen. Diels zieht hier wie Stein eine Linie vom antiken Kynismus über Agrippa von Nettesheim, wo der „alte Cynismus" in der Renaissance wiederauflebe, Montaigne, der den „revolutionären Cynismus des Alterthums" mit neuen Beobachtungen verbinde und über Rousseau zu Nietzsche; ihn vergleicht er allerdings weniger mit Antisthenes und den Kynikern als mit dem Sophisten Gorgias. Dieser Vergleich ist auch wohl aufschlußreicher, wenn man nur die seit Platon übliche Abwertung der Sophistik beiseite läßt, die auch Diels noch zur Geltung bringt.[166]

Wenn Otto Flake den Zynismus „die Grundlage einer Philosophie von höchstem Rang"[167] nennt, so setzt diese positive Einschätzung die Reihe entsprechender Formulierungen des jungen Friedrich Schlegel und des späten Nietzsche fort. Der Begriff ist dabei noch einmal in engem Zusammenhang mit seiner antiken Herkunft gedacht; das verrät schon die Parallelisierung mit „Stoizismus". Zynismus wird begriffen als Möglichkeit individueller Moral und Philosophie, nachdem dogmatische Religion und Moral – in letztere ist auch der kategorische Imperativ Kants einbezogen – sich überlebt haben, beziehungsweise als Chance, um diese aufzubrechen. „Zynismus und Stoizismus sind jene Erweiterung der Pflichtmaxime (d. h. des kategorischen Imperativs), von der oben die Rede war. Sie sind die Garantie gegen Erstarrung, gegen die Tendenz der Ideen, dogmatisch zu werden."[168]

Flake steht mit seiner Skepsis gegenüber Religion und dogmatischer Philosophie in der Nachfolge Nietzsches. Leider haben seine philosophischen Essays wenig von der Anschaulichkeit und der lebensweltlichen Konkretheit der französischen Moralisten, um die er sich durch Übersetzungen und Aufsätze verdient gemacht hat, sondern wirken konstruiert und schrecken ab durch einen unangemessenen Aufwand terminologisierender Begrifflichkeit. Daß sich der Begriff des Zynismus nicht in der terminologischen Eindeutigkeit positiver Prägung halten läßt, in der ihn Flake einführen möchte, wird bei ihm selbst offenkundig, wenn er ihn nämlich polemisch gegen Nietzsche und dessen Lehre vom

---

165 Menschen und Werke. Frankfurt a. M. ^{2}1895. S. 210.
166 Sitzungsberichte der Königlich Preussischen Akademie der Wissenschaften. Jg. 1902. 1. Halbband. S. 25-43.
167 Pandämonium. München 1921. S. 251.
168 Die moralische Idee. München 1921. S. 71.

Übermenschen einsetzt und sich darin mit Ludwig Stein trifft. „Der Übermensch ist eine neue Illusion, weiter nichts, mit falsch liegendem Schwerpunkt. Er führt über den Zynismus zum hoffnungslosen Pessimismus."[169]

c) Der Zynismus des Witzes in ästhetischen und psychoanalytischen Theorien

Die Rede von einem „edeln vornehmen" und „höheren" Zynismus bei Friedrich Schlegel sowie Nietzsches Einschätzung, der Zynismus sei das „Höchste, was auf Erden erreicht werden kann", stehen im Widerspruch – und dieser Widerspruch ist zumindest bei Nietzsche bewußt provokativ gemeint – zu der überwiegend negativen Verwendung des Begriffs; im 19. Jahrhundert herrscht die Auffassung vor, der Zynismus sei etwas Niedriges.

Man kann den Grund für diese Auffassung deutlich bei Jean Paul erkennen, der unter dem Begriff die Thematisierung solcher Gegenstände versteht, die von Tabus umgeben sind und über die daher nur in ganz bestimmter Form und aufgrund legitimierender Absichten geredet werden darf, deren tabufreie Thematisierung dagegen als „unsittlich" gilt, um einen Ausdruck zu wählen, der zwischen „unanständig" und „unmoralisch" liegt.

Jean Paul hat den Begriff in die Ästhetik eingeführt und damit einen Impuls nicht nur für nachfolgende ästhetische, sondern auch für psychoanalytische Theorien gegeben. In einem Vorwort zu dem satirischen Roman ‚Dr. Katzenbergers Badereise' bereitet er den Leser auf den Zynismus der Schrift vor, indem er vier Arten unterscheidet und auf ihre Legitimation hin überprüft. Die erste sei der „rohe in Betreff des Geschlechts", d. h. der sexuelle Zynismus, wie er sich bei Aristophanes, Rabelais und Fischart – also Komikern und Satirikern – sowie bei den Ärzten finde; er sei nicht gegen die Sittlichkeit an sich gerichtet, sondern lediglich gegen den Geschmack einer bestimmten Zeit. Die zweite Art betrifft ebenfalls die Sexualität; sie ist zwar subtiler als die erste, aber unsittlich: dieser „glatte nattergiftige Zynismus" male „schwarze Laster zu glänzenden Sünden" aus; ihn schreibt Jean Paul allgemein den Franzosen zu. Den Unterschied zwischen den beiden Arten drückt er, um nicht zu deutlich, d. h. selbst zynisch zu werden, bewußt bildlich aus. „Von dem zweiten Zynismus unterscheidet sich überhaupt der erste so vorteilhaft-sittlich, wie etwan (um deutli-

[169] Was bedeutet uns Nietzsche? (1929) In: Otto Flake. Werke. Bd. V: Freiheitsbaum und Guillotine. Hrsg. von R. Hochhuth und P. Härtling. Frankfurt a. M. 1976. S. 396. In dem genannten Nietzsche-Buch von 1947 (2. Auflage) hat Flake nach dem Zusammenbruch des Nationalsozialismus Nietzsche als Wegbereiter des Faschismus hingestellt und unmittelbar mitverantwortlich für die Greuel der Hitlerzeit gemacht.

cher zu sprechen) Epikurs Stall von der Sterkoranisten Stuhl, worin das Gottgewordene nicht Mensch wird; oder auch so wie boue de Paris (Lutetiae) oder caca du Dauphin von des griechischen D i o g e n e s offizinellem album graecum verschieden ist."

Die dritte Art besteht im Zynismus, „welcher bloß über natürliche, aber geschlechtslose Dinge natürlich spricht", d. h. Vorgänge der Ausscheidung am menschlichen Körper thematisiert. Auch sie brauche nicht unsittlich oder schmutzig zu sein, sondern könne in satirischer Absicht der Sittlichkeit dienen. Der „reine, sowie keusche Swift" habe aus Liebe für die geistige und leibliche Reinheit die Leser gleichsam als Patienten „recht tief in sein satirisches Schlammbad" gedrückt. Auch diesen Zynismus sieht Jean Paul bei den Franzosen verbreitet, darüber hinaus vor allem bei den Engländern, von denen eine ganze Reihe von Autoren als Beispiel genannt wird. Im Vergleich dazu beklagt er die Prüderie und kleinstädtische Borniertheit der gegenwärtigen Deutschen. Die vierte Art, so schließt die Aufzählung verschiedener Zynismen, sei Jean Pauls eigene, und sie sei vielleicht die beste, weil sie der britischen — damit ist die dritte gemeint — vorsichtig und mit Abstand nachfolge, nämlich sich nur wenig erlaube. Dieser Zynismus halte den Grundsatz fest, daß das Komische die Annäherung an die unzensierte Offenheit der Mediziner gestatte und sogar, zumal in der Darstellung eines Arztes, verlange. Schon Lessing habe das „Komisch-Ekle" in seinem ‚Laokoon' legitimiert.[170]

Der Autor des ‚Katzenberger' versteht also unter Zynismus die von keinem Tabu zensierte Thematisierung sexueller und ekelhafter Gegenstände. Damit verbindet Jean Paul jedoch zwei Aspekte, die eine solche Thematik legitimieren können und müssen: einmal die satirisch-kritische Absicht, die einer falschen Prüderie und einer überzüchteten Sentimentalität entgegenwirkt. So stellt der Zynismus Katzenbergers satirisch das sentimentale Schwärmertum des Dichters Theudobach bloß. In derselben Absicht hatte übrigens schon Lessing in einem Brief an Eschenburg 1774, in der Zeit des Werther-Fiebers also, den Zynismus als ein Gegengift der Sentimentalität und ihrer Auswirkungen empfohlen; er schlägt vor, Goethe möge dem ‚Werther' noch „eine kleine kalte Schlußrede" anhängen, „wenn so ein warmes Produkt nicht mehr Unheil als Gutes stiften soll"; damit ist auf die realen Nachahmungstendenzen angespielt, die der literarische Selbstmord Werthers ausgelöst hatte. „Also, lieber Göthe", empfiehlt Lessing, „noch ein Kapitelchen zum Schlusse; und je cynischer je beßer!"[171]

Der andere Aspekt betrifft die Form des Zynismus. Mit seinen Beispielen deutet Jean Paul als mögliche legitime Formen die objektive Wissenschaftlich-

---

170 Jean Paul. Werke. 6. Bd. S. 81-83.

171 Gotthold Ephraim Lessings sämtliche Schriften. Hrsg. von Karl Lachmann. 18. Bd. Leipzig ^{3}1907. S. 115 f.

keit etwa des Mediziners und die komische des Satirikers bzw. des Humoristen an; die zweite diskutiert er in der ‚Vorschule der Ästhetik'. In der dritten Abteilung des Werkes, „II. oder Jubilate-Vorlesung, vierte (8te) Kautel des Herzens", konstatiert er zwei Arten von Empfindungen, welche keinen „reinen freien Kunstgenuß" zuließen, da sie beim Zuschauer „das Anschauen in Leiden" verkehrten; das soll besagen, sie nehmen ihm die für den ästhetischen Genuß erforderliche emotionale Distanz und zwingen ihm gleichsam ein Engagement des Gefühls auf. Diese Empfindungen sind die sexuellen und ekelhaften. Nun behauptet Jean Paul allerdings, daß es doch noch eine Möglichkeit gebe, sexuelle und ekelhafte Vorstellungen ästhetisch zu supendieren, und zwar durch Witz und Humor; „so zersetzt der Witz und der Humor eben die Gestalt zum bloßen Mittel und entzieht sie durch die Auflösung in bloße Verhältnisse gerade der Phantasie." Daher ist der Zynismus in der Dichtung nur als komischer, als „Zynismus des Witzes und Humors" erlaubt, weil darin der „zynische" — sexuelle oder ekelhafte — Gegenstand hinter den Zweck des Witzes als Mittel zurücktritt, wohingegen der „ernste", nichtkomische Zynismus mit eben diesen Gegenständen und ihrer Wirkung auf die Phantasie spekuliert; er verstärkt die libidinösen, „lüsternen" Phantasievorstellungen nur, anstatt sie aufzulösen. Als Vertreter des komischen Zynismus werden wiederum die klassischen Satiriker und die Briten angeführt, dem ernsten die Franzosen und „manches von Wieland" zugerechnet. Im Gegensatz zu klassischen Kunstwerken, in denen die „üppige" — die natur- und triebhafte — Gestalt des Menschen durch „höhere" Empfindungen gleichsam eingeschleiert und die Schwere des Stoffes durch die Macht der Schönheit verklärt werde, werde in jener französischen und bei Wieland französisierenden Gattung der Mensch besiegt „und das Tier befreiet; alles Edle wird lachend, d. h. vernichtend behandelt, alles Sinnliche ernst und warm ins Feld geführt und der Mensch zum Affen des Urangutangs gemacht; so daß die ganze Gattung gerade so sittlich- als poetisch-zweideutig verbleibt."[172] Der ernste Zynismus reduziert also den Menschen auf seine animalische Natur, ohne diese Reduktion als eine begrenzte, relative sittlichen Zwecken unterzuordnen; er verbindet sich im Gegenteil mit der komischen Vernichtung gerader solcher sittlicher und höherer Zwecke allgemein — hier unter dem Titel des „Edlen" zusammengefaßt —, die den Menschen vom Tier unterscheiden. Genau dies wird der Begriff des Zynismus in einer verschärften Bedeutung, die eine moralische Qualifikation ausschließt.

---

172 Werke. 5. Bd. S. 427 f. Vgl. auch § 34 der ‚Vorschule der Ästhetik', a.a.O. S. 132-139. — Jean Pauls ästhetische Legitimation des Zynismus wird von W. Preisendanz als „eher system- als sachgerecht" angezweifelt. In: Die nicht mehr schönen Künste. Poetik und Hermeneutik III. Hrsg. von H. R. Jauß. München 1968. 5. Diskussion. S. 615. Anm.

In einer Studie über ‚Dr. Katzenbergers Zynismus' hebt Jost Hermand hervor, daß „Zynismus" für Jean Paul ein „poetischer Terminus" sei und eine „Stilhaltung" bezeichne, die aus der Tradition der Groteskesatire stamme. Hermand grenzt den Zynismus im ‚Katzenberger' nach zwei Seiten hin ab: zum einen gegen den modernen Zynismus und zum anderen gegen den Humor. Im Verhältnis zum ersten besitze er eine „versöhnliche Note", er bleibe im Bereich des poetischen Spiels mit der Sprache, es sei „ein Zynismus ohne Stachel, ohne satanische Entgleisungen oder exzessive Schwülstigkeit", der etwas „rein Poetisches" habe; das sieht Hermand im Hinblick auf grotesk-komische Romane der Gegenwart, deren Hintergrund desillusionierende Entfremdung und ironische Verzweiflung an sich selbst und deren Ausstattung Perversitäten seien; man kann hier aber auch ebenso gut an grotesk-komische Filme wie ‚Das große Fressen' denken, dem die Kritik allgemein Zynismus bestätigte. Andererseits bestimmt Hermand den Zynismus im ‚Katzenberger' als groteskstatirische Stilhaltung in Abgrenzung vom Humor etwa der Romane Kellers oder Raabes: der Humor entspringe dem Prinzip des Geltenlassens, er anerkenne die Übermacht des Vorgegebenen zumal gesellschaftlicher Verhältnisse und materialer Umstände; dagegen drücke die schärfere Satire mit ihrem Prinzip des Auslachens stets Veränderungsabsichten aus.[173]

Berüchtigt für seinen Zynismus war der Dramatiker Grabbe, den Heinrich Heine mit Anspielung auf Diogenes als den „verrückten Sokrates" einen „betrunkenen Shakespeare" nannte. Anstößig ist sein Zynismus, weil er sich nicht an die von Jean Paul festgelegten Bedingungen zu halten scheint; so beschränkt er sich nicht auf die traditionellen literarischen Gattungen des Komischen, die Groteskesatire und die Komödie etwa, die nach Jean Paul als die natürlichen Orte des „poetischen Zynismus" in seiner legitimen Form angesehen werden müssen. In einem Brief über die Tragödie ‚Herzog Theodor von Gothland', Grabbes Erstlingswerk, thematisierte Ludwig Tieck den Zynismus des Stücks; ohne explizit darauf aufmerksam zu machen, verwendet Tieck wie Jean Paul den doppelten Begriff eines legitimen und eines illegitimen Zynismus, was die Schwierigkeit der Festlegung und des terminologisch exakten Umgangs nur unterstreicht. In einer geradezu dialektischen Formulierung kritisiert Tieck, Grabbes Stück gefalle sich so sehr im „Entsetzlichen" und „Zynischen", daß es nicht nur Sentimentalität ironisiere, „sondern zugleich alles Gefühl und Leben des Schauspiels, ja selbst diesen Zynismus" zerstöre.[174] Allgemein gesteht der Kritiker zu, daß es erlaubt sei, eine narzistische Sentimentalität – „die sich verhätschelnde Stimmung, eine gewisse schmachtende Melancholie" – als einen Selbstbetrug „zy-

---

173 In: Hesperus. Blätter der Jean-Paul-Gesellschaft. Nr. 21. Bayreuth 1961. S. 46-49.

174 In: Christian Dietrich Grabbe. Werke und Briefe. Historisch-kritische Gesamtausgabe in sechs Bänden. 1. Bd. Emsdetten 1960. S. 3-7. Hier S. 3.

nisch anzugreifen"; der Humor habe dies schon oft getan. Aber wie Jean Paul fordert auch Tieck, daß sich der Zynismus durch Komik und durch die Unterwerfung unter „höhere Werte" relativieren müsse; an sich bedeute er nämlich die Reduktion des Menschen auf eine Ebene noch unterhalb des Tierischen. Damit ist indirekt gesagt, daß Tieck bei Grabbe die Tendenz zur Verabsolutierung des Zynismus sieht und die Relativierung vermißt; er mahnt ihn: „Nur muß sich dann dieser Zynismus, der alles im Menschen tief unter das Tier hinabwirft und dadurch die Lüge vernichten will, nicht selbst als die einzige und letzte Wahrheit geben: denn was er gibt und lehrt ist auch nur Schein, ein Bedingtes, ein an sich Unnützes und Verwerfliches: und die Wahrheit unsers Seins, das Echte, Göttliche, liegt in einer unsichtbaren Region, die ich so wenig mit meinen Händen aufbauen als zerstören kann." Was Tieck dem absoluten Zynismus entgegensetzt, wozu er sich bekennt und Grabbe bekehren möchte, ist der Platonismus transzendenter Werte. Von hier aus kritisiert er vornehmlich moralisch den Zynismus Grabbes als „unpoetischen Materialismus".

Rein literarisch wird die Kritik durch den Vergleich mit Shakespeare; diese Kritik ist in der Formel zusammengefaßt, das Gräßliche sei nicht tragisch, „wilder roher Zynismus ist keine Ironie". Das enthält die Aufforderung, im Bereich des Komischen zum romantischen Prinzip der Ironie zurückzukehren; dabei muß man bedenken, daß Tieck Ironie, so wie er sie verwendet wissen will, ausdrücklich von schärferen satirischen Arten der Komik wie Spott oder Hohn abhebt und sie im Gegensatz zu diesen als negativ qualifizierten Formen als „etwas durchaus Positives" versteht; die von ihm verworfene negative Ironie dagegen kommt dem Zynismus nahe und geht in ihn über.[175]

Grabbe hat die Stellungnahme Tiecks, um die er gebeten hatte, versehen mit eigenen Stellungnahmen und Repliken, einer Ausgabe seiner Dramen von 1827 vorausgeschickt. Dadurch erhalten seine Anmerkungen zu Tiecks Kritik gleichsam programmatische Bedeutung. Er kommentiert in der ersten Anmerkung Tiecks Mahnung, der Zynismus dürfe nicht absolut sein, der seinige des Stücks wolle sich auch durchaus nicht „als das Höchste und Letzte" geben; er erscheine

---

175 Tiecks Abgrenzung der Ironie von „Hohn, Spott, Persiflage oder was man sonst darunter zu verstehen pflegt," findet sich im Gespräch mit Köpke. Vgl. dazu die Einleitung zu Solgers ‚Erwin' von R. Kurtz: Erwin — 4 Gespräche über das Schöne und die Kunst. Berlin 1907. S. XXV. — Zum Übergang von Ironie in Zynismus vgl. Rudolf Jancke. Das Wesen der Ironie. Phil. Diss. Leipzig 1929. S. 33 sowie: Werner Lauer. Humor als Ethos. Bern 1974. 1. Teil. 2. Kapitel. Übrigens könnte und müßte ein ausführlicher Vergleich zwischen Ironie und Zynismus bei sokratischer Ironie und Kynismus beginnen. „Bei Sokrates knüpft, wie die Tugendlehre, so auch die Redeform an, deren sich der Kyniker bedient; es ist die sokratische Ironie in vergröberter Form, die sich in den scharf pointierten Worten, in Witzen aller Art, aber auch in Schmähreden äußert." (R. Helm. Art. ‚Kynismus'. In: Paulys Real-Encyclopädie. 23. Halbband. Stuttgart 1924. Sp. 23).

nur partiell, nämlich „als Gegensatz der neumodischen Sentimentalität" und verliere sich im Ganzen der Tragödie. Hier läßt sich Grabbe noch grundsätzlich auf die Prämisse Tiecks ein; das ändert sich in der nächsten Anmerkung, worin deutlich wird, daß sich in Tieck und Grabbe völlig verschiedene Dichtungsauffassungen — Romantik und Realismus — begegnen, ohne sich dulden zu können. Tieck hatte den Vorwurf des „unpoetischen Materialismus" an einem Bild verdeutlicht. Rhetorisch-rücksichtsvoll hatte er gefragt, ob es sich mit dem Stück nicht so verhalte wie mit jemandem, der, um einen Landschaftsmaler zu kritisieren, die Farbe des Gemäldes abkratze, auf die bloße Leinwand — die Natur — hinweise oder sogar noch ein Loch in sie hineinschlage. Das beantwortet Grabbe gereizt und mit einem Seitenhieb auf die Romantiker, wobei die Tatsache, daß er sich Tiecks eigener Formulierungen bedient, diesem die Möglichkeit gibt, sich als nicht gemeint anzusehen. „Die Produkte der jetzigen ‚sich selbst verhätschelnden und vergötternden Schriftsteller' sind keine G e m ä l d e, sondern meistenteils nur häßlich ü b e r f ä r b t e r Zynismus; wenn man auf diesen Grundstoff hinzeigt, so kratzt man kein Stück des Gemäldes weg, sondern reinigt bloß die übertünchte Natur von einer elenden Farben-Pfuscherei, — das dient zur Warnung". Grabbe begründet seinen antiidealistischen, einer naturverklärenden Romantik unversöhnlich gegenüberstehenden Realismus mit der Forderung, die Kunst müsse „der Spiegel der Natur" sein; mit diesem ästhetischen Grundsatz beruft er sich auf Shakespeare, und er bittet zu bedenken, daß ein Spiegel selbst die „ärgerlichste Erscheinung" wiedergebe, ohne sich zu beflecken. Die realistisch aufgefaßte, unromantische Natur wird zum Maßstab der Kunst und Wahrheit, dem sich Grabbe unbedingt verpflichten will, und dadurch wird er für den Romantiker zum Zyniker.

In den wesentlichsten Grundzügen ist Jean Pauls Begriff des Zynismus als poetologischer Terminus in verschiedene Theorien der Ästhetik und speziell des Komischen eingegangen. Ganz deutlich, bis in die Formulierungen hinein wörtlich übereinstimmend ist der Zusammenhang bei Carl Julius Weber, dessen Essay ‚Der Cynismus' in den 1832-1840 posthum erschienenen essayistischen Feuilletons bezeichnenderweise zwischen den Artikeln über das Groteske und die Zote plaziert ist. Der Zynismus machte einen „Hauptzweig des Niedrigkomischen" aus; alle echten Komiker seien „etwas cynisch" gewesen und hätten wie Diogenes und Wieland die „Tonne des Diogenes" gewälzt. Die Anlehnung an Jean Paul tritt zutage in der Klassifikation des ästhetischen Zynismus nach sexuellen und ekelhaften Gegenständen, und wie Jean Paul fordert auch Weber, daß es der Zynismus nicht ernst meinen dürfe, sondern komisch-witzig sein müsse.[176]

---

176 Demokritos (d. i. C. J. Weber) oder hinterlassene Papiere eines lachenden Philosophen. 12. Bd. Stuttgart o. J. S. 169-180. Hier: S. 169 f.

Auf Jean Pauls Definition des Humors, dieser sei „wie die Alten den Diogenes nannten, ein rasender Sokrates", beruft sich in seiner Ästhetik Friedrich Th. Vischer;[177] und er zitiert vom selben Autor die ästhetische Legitimation des Zynismus, das Zynische sei im Dichter „freier Entschluß". Ja er geht so weit zu behaupten, daß das Komische an sich zynisch und der Komiker „notwendig auch Naturalist und Zyniker" seien; denn er sei auf den Bereich der Sinnlichkeit angewiesen. Als Belege für komisch-ästhetischen Zynismus führt er dieselben Namen wie Jean Paul ins Feld und schließlich ihn selbst, der im ‚Katzenberger' den Zynismus des Mediziners als des reinen Fachmannes „durchaus in der trefflichsten Weise für die niedrige Komik verarbeitet" habe.

Nun bleibt bei Vischer die Analyse derjenigen Art von Komik, die notwendig zynisch ist, der Komik im Bereich der Sinnlichkeit, nicht auf den rein ästhetischen Aspekt beschränkt. Überhaupt ist Vischer, wie Willi Oelmüller hervorhebt,[178] sich schon in seiner Habilitationsschrift bewußt, daß Begriffe des Tragischen und des Komischen von der Antike bis zur Renaissance nicht bloß ästhetische, sondern auch sittliche, religiöse und politische Bedeutung hatten. So sieht er z. B. die Posse, worin sich ihm zufolge niedere Komik am stärksten manifestiert und die „völlig zynisch" sei, unter soziologisch-kulturellem Aspekt als literarische Form der Kritik an Institutionen des Staates und der Kirche sowie deren Mißbräuche. In der Posse verschafft sich die sinnliche Natur einen Ausdruck, und sie braucht daher „den derben Ausbruch der Sinnlichkeit" — das vor allem gegen ihrerseits unmoralische Einschränkungen der Natur durch Moralvorschriften wie etwa „das Verbrechen des Zölibats". Dies speziell und die Kirche allgemein attackiert die zynische Posse mit der Darstellung schwarzer und blasphemischer Messen, geiler und perverser Priester etc.

Von hier aus begreift und legitimiert Vischer den Zynismus als die bewußte Konfrontation der sinnlichen Natur des Menschen mit historisch gewachsenen kulturellen Normen, die, weil sie die Natur unnötig einengen, zur „Unnatur" geworden sind. „Das Zynische ist keineswegs einfach als Schmutz zu verstehen, sondern es ist die absichtliche Aufdeckung der Natur in ihren gröbsten Bedürfnissen aus Opposition gegen die Unnatur, daher wird die feinste Bildung, wenn es eine Revolution gegen Verkennung der Natur, gegen den Schein des Erhabenen in falscher Zartheit und Anständigkeit gilt, zynisch (. . .) Der wahre Zynismus ist ein Kampf der Gesundheit und Sittlichkeit gegen Verbildung und ihre

---

177 Ästhetik oder Wissenschaft des Schönen. 1. Teil. Metaphysik des Schönen. § 214. Vgl. zum folgenden §§ 219, 171, 189 (in der Reihenfolge der Zitate).

178 Einleitung zu: Friedrich Theodor Vischer. Über das Erhabene und Komische und andere Texte zur Ästhetik. Frankfurt a. M. 1967. S. 10. Zu Stellung und Bedeutung Vischers in nachhegelscher Ästhetik vgl. auch: Willi Oelmüller. Friedrich Theodor Vischer und das Problem der nachhegelschen Ästhetik. Stuttgart 1959.

Verdorbenheit. Ja der Stoff für den Zynismus steigt in dem Grade, in welchem man sich seiner schämt. Je delikater die Bildung wird, desto mehr Schmutziges gibt es."[179]

Auch hier wird durch das Attribut „wahr" der Begriff des Zynismus differenziert und die Legitimation relativiert. Daß der Zynismus nur ein „bedingtes Recht" habe, bringt der Titel der Schrift zum Ausdruck, die Vischer speziell der Untersuchung des Zynismus gewidmet hat;[180] darin führt er den in der Ästhetik gegebenen Begriff aus und bezieht ihn noch expliziter auf gesellschaftliche Phänomene.

Aus dieser Schrift kann man den umgangssprachlichen Begriff des Zynismus im 19. Jahrhundert entnehmen; darunter verstehe alle Welt, so Vischer, „eine Art, mit dem Schmutzigen umzugehen, es mit Bewußtsein so zu traktieren, daß ein gewisser Akzent darauf fällt."[181] Vischers Grundproblem in der Abhandlung heißt, ob das Zynische im Sinne des bewußten Aufdeckens des Schmutzigen – oder in der Sprache der Ästhetik: des Häßlichen – generell unerlaubt oder unter bestimmten Bedingungen gerechtfertigt sei.

Etymologisch leitet er das Wort unter Auslassung des antiken Kynismus direkt von „Hund" ab; das Tier habe aufgrund seiner ihm unbewußten Naturanlage zwei menschlichen Eigenschaften den Namen gegeben: von seiner unbedingten Anhänglichkeit an den Herrn sei die Bezeichnung „hündisch" als Ausdruck serviler Selbstaufgabe und von der Angewohnheit, ohne Scham in Schmutz und natürlichen Dingen zu wühlen, „zynisch" abgeleitet. Zynismus charakterisiere daher öfters „besonders frech auftretende moralische Gemeinheit", nämlich die Einstellung, alles, was moralisch schlecht und ehrlos sei, verstehe sich von selbst.[182] Die eigentlichen Zyniker, denen der Name in „spezieller Geltung" gebühre, seien diejenigen, die aus „voller Liebe im Schmutz umzurühren gewohnt sind – recht aus Haß gegen die edlere Menschenbildung, recht aus herzlicher Gemeinheit."[183] Um diesen „eigentlichen" Zynismus in „spezieller" Bedeutung geht es Vischer allerdings nicht.

Worum es ihm vielmehr geht, deutet er eingangs der Schrift an, indem er deren Anlaß erklärt. Er hatte über die zeitgenössische Mode geschrieben und dabei mit einigen für die Zeit drastischen – für uns völlig harmlosen – Ausdrücken modische Entwicklungen kritisiert, die ihm als unnatürlich und teilweise unsitt-

---

179 A.a.O. § 189, Zusatz. S. 447.

180 Über Zynismus und sein bedingtes Recht. In: Friedrich Theod. Vischer. Kritische Gänge. Fünfter Band. S. 418-483. – Zuerst in: Mode und Cynismus. Beiträge zur Kenntniß unserer Kulturformen und Sittenbegriffe. Stuttgart 1879.

181 A.a.O. S. 444.

182 A.a.O. S. 427.

183 A.a.O. S. 445.

lich erschienen. Das hatte ihn in den Verdacht des Zynismus, der bewußten und provokativen Anstandsverletzung, gebracht; gegen die Vorwürfe will er sich mit einer allgemeinen Untersuchung des Zynismus rechtfertigen.

Zynismus wird hier also konkret als Opposition gegen den Anstand begriffen. Da Anstand auf gewissen Gebieten nicht das Höchste sei, sondern ein höheres Recht über sich habe, könne der Zynismus als ein Mittel eben des höheren Rechts legitim sein. Anstand definiert Vischer als „zum Gesetz der Gesellschaft gewordene und dadurch verflachte, formell gewordene Scham."[184] Scham ihrerseits bestehe in der Scheu des Menschen, in die bloße Natur zurückzufallen, aus der er sich herausgebildet habe. Der Anstand, der aus der Scham hervorgeht, kann nun, muß aber nicht sittlich sein; in seiner Verfestigung zur gesellschaftlichen Konvention liegt eine doppelte Gefahr: er kann einerseits die Natur unnötig einengen, indem er zu einer „zweiten Natur" wird; das läuft dann auf Prüderie hinaus. Und er kann sich so sehr von der wirklichen Scham entfernen, daß er sogar eine Form für Schamlosigkeit wird; Vischer sieht das in einigen Erscheinungen der Mode realisiert, wenn es z. B. als anständig durchgehe, daß eine Frau ihre Geschlechtsmerkmale kaum verhüllt präsentiere, aber als unanständig gelte, das beim Namen zu nennen. Der Anstand entartet — dabei muß man die Zeit berücksichtigen, in der die Schrift abgefaßt wurde: das letzte Viertel des 19. Jahrhunderts — zu einer Verbindung aus Heuchelei und Prüderie. „Benamsen wir in Kürze diesen Knäuel mit dem Wort: Unnatur!"

Die bewußte Verletzung des Anstands in Form des Zynismus vertritt also das Recht der Natur, und sie kann darüber hinaus moralisch-sittlich sein, indem sie Lüge und Heuchelei bloßstellt. „Also humoristisch derbe Aufdeckung der Natur mit der Absicht, die Unnatur k o m i s c h zu bestrafen, dies ist das Erste, wovon wir reden und was wir unter Zynismus verstehen."[185] Unter diesem Aspekt der Kritik gesellschaftlicher Etikette, wo es nicht primär um die rein ästhetische Leistung geht: die Suspendierung eines ansonsten ästhetisch nicht suspendierbaren Stoffes, kann Vischer in Abweichung von Jean Paul neben dem komischen auch einen „polemischen" und einen „ernsten" Zynismus als legitim konstatieren. Aber der komische ist sozusagen der prototypische Zynismus; den Narren und Hanswurst, den der Volkshumor geschaffen und dem Gottsched später den Prozeß gemacht habe, bezeichnet Vischer als einen „Zyniker erster Sorte."[186]

Von Jean Paul und Fr. Th. Vischer aus läßt sich die Wirkungsgeschichte des Zynismusbegriffs in zweifacher Richtung weiterverfolgen: in der ästhetischen und der psychoanalytischen. Die erste ist durch Johannes Volkelt repräsentiert. In seiner Ästhetik beruft er sich explizit auf Vischer und merkt an, in dessen

---

184 A.a.O. S. 441.
185 A.a.O. S. 444.
186 A.a.O. S. 453.

Aufsatz finde sich das „Beste, was jemals über die Berechtigung des Zynischen gesagt wurde."[187] Allerdings reduziert Volkelt die Diskussion, die bei Vischer stets die institutionenkritische Funktion des Zynismus einbezogen hatte, im wesentlichen wieder auf Ästhetik. Er systematisiert in erster Linie die schon erörterten, zuerst von Jean Paul thematisierten ästhetischen Aspekte des Zynismus, obwohl er sich bewußt ist, daß es sich dabei um ein Grenz- und Übergangsphänomen zwischen den Bereichen des Ästhetischen und des Moralischen handelt. Volkelt rechnet den Zynismus wie die Fabel und die Satire zur „unfreien" bzw. „unreinen" Komik.[188] Die Einschränkung der reinen Komik sieht er einmal im Stoff begründet – „Wollust, Ekel und Grausen" –, der reine Komik nicht zulasse. Dabei konstatiert er Grade der Abstufung je nach dem Gewicht, das der Stoff einerseits und die Komik andererseits besitzen; je mehr die Komik gewinnt, desto schwächer wird der Zynismus. Die andere Einschränkung der ästhetischen bzw. komischen Reinheit des Zynismus liegt in seiner Absicht, moralisch oder moralkritisch zu wirken.

Als einen neuen Aspekt, den er aber nur als eine interessante Frage aufwirft, ohne ihm gründlich nachzugehen, thematisiert Volkelt das Verhältnis von Graden des Zynismus und Realitätsnähe bzw. -ferne. Je wirklichkeitsferner der Bereich sei, den die Komik behandle, desto stärkere Zynismen könne sie „verdauen". Das bedeutet auch, daß in größerer Distanz – sei es historischer oder ästhetischer – zur unmittelbaren Realität als bloß noch komisch-humoristisch erscheinen kann, was real zynisch wäre, z. B. die Satire Lukians auf den Tod des Kynikers Peregrinus, die um so zynischer wirkt, je mehr man sich über die historische Distanz hinweg ihren Realitätsgehalt vergegenwärtigt.

Was in Volkelts ästhetischer Theorie ohne Beachtung bleibt: die institutionenkritische Leistung und Funktion des Zynismus, macht bei Freud das spezifische Merkmal des zynischen Witzes aus. Der Begründer der Psychoanalyse – noch Vischers Zeitgenosse – stellt sich in seiner Schrift über den Witz ausdrücklich in die Tradition ästhetischer Theorien des 19. Jahrhunderts; allen voran werden Jean Paul und Fr. Th. Vischer genannt. Hier ist der Zusammenhang zwischen ästhetischer und therapeutischer Theorie direkt greifbar,[189] auch wenn

---

187 System der Ästhetik. 2. Bd. S. 457.

188 „In dem Satirischen und dem Zynisch-Komischen verbindet sich das Komische mit widerästhetischen oder doch die Gefahr des Widerästhetischen nahelegenden Elementen. Das Satirische und das Zynisch-Komische stellen Mischgebilde von Kunst und Lebensprosa dar. Sie bedeuten, sei es in berechtigtem oder unberechtigtem Sinn, ein Herausfallen aus dem Rein-Künstlerischen." (A.a.O. S. 461).

189 Den unterschwelligen Zusammenhang behandelt: Odo Marquard. Über einige Beziehungen zwischen Ästhetik und Therapeutik in der Philosophie des 19. Jahrhunderts. In: Schwierigkeiten mit der Geschichtsphilosophie. Frankfurt a. M. 1973. S. 85-106.

Freud betont, daß in den ihm vorliegenden ästhetischen Theorien sein eigentliches Thema, der Witz, stets im Hintergrund des allgemeineren Problems der Komik gestanden habe.[190]

Freud rechnet den zynischen Witz zu den „tendenziösen", die er von den bei Vischer als „abstrakt" bezeichneten, von ihm jedoch lieber „harmlos" genannten unterscheidet. Er betrachtet den Witz – und dadurch ist dieser Gegenstand für die therapeutische Theorie von Interesse und potentiell aufschlußreich – unter dem Aspekt der Lust. Diese entsteht bei den harmlosen Witzen allein durch eine bestimmte Technik, die ich hier nicht näher erläutern will; bei den tendenziösen kommt eine eigene Lust aufgrund gewisser Tendenzen hinzu, die entweder aggressiv oder obszön sind. Der obszöne Witz wird durch die Beziehung auf Sexualität, der aggressive durch ein Erlebnis der Befreiung als lustvoll erfahren, indem nämlich hier die Kritik an einer Autorität – wenn auch nur in komischer Form – zugelassen wird. Zur Differenzierung des tendenziösen Witzes unterscheidet Freud hinsichtlich der Autorität die institutionelle von der rein persönlichen. „Die Angriffsobjekte des Witzes können aber ebensowohl Institutionen sein, Personen, insofern sie Träger derselben sind, Satzungen der Moral oder der Religion, Lebensanschauungen, die ein solches Ansehen genießen, daß der Einspruch gegen sie nicht anders als in der Maske des Witzes, und zwar eines durch seine Fassade gedeckten Witzes auftreten kann. Mögen der Themata wenige sein, auf die dieser tendenziöse Witz abzielt, seine Formen und Einkleidungen sind äußerst mannigfaltig. Ich glaube, wir tun recht, diese Gattung von tendenziösem Witz durch einen besonderen Namen auszuzeichnen."[191] Eben diesen Witz nennt Freud nach der Analyse einiger Beispiele den zynischen, weil er Zynismen verhülle; damit ist gemeint, daß sich in ihm der Wunsch nach einer Bedürfnisbefriedigung ausdrückt, die nur den sinnlichen Genuß, das Ausleben der Triebe anstrebt, die aber durch Moral eingezwängt wird. Der Witz versteckt diesen Wunsch mehr oder weniger; je geringer die witzige Einkleidung, desto unverhüllter und stärker der Zynismus.

Die historische Variabilität des Zynismusbegriffs durch Relation auf Moral wird bei Freud daran deutlich, daß er noch konstatiert, die meisten zynischen Witze beträfen die Ehe, daß er also Zynismus primär als sexuellen begreift: „Unter den Institutionen, die der zynische Witz anzugreifen pflegt, ist keine wichtiger, eindringlicher durch Moralvorschriften geschützt, aber dennoch zum Angriff einladender als das Institut der Ehe. Kein Anspruch ist ja auch persönlicher als der auf sexuelle Freiheit, und nirgends hat die Kultur eine stärkere Unterdrückung zu üben versucht als auf dem Gebiete der Sexualität."[192] Die

---

190 Der Witz und seine Beziehung zum Unbewußten. Frankfurt a. M. 1958. S. 7.

191 A.a.O. S. 88.

192 A.a.O. S. 90.

gegenwärtige Liberalisierung und tendenzielle Entmoralisierung des Sexualverhaltens gräbt hier dem Zynismus sozusagen das Wasser ab; dafür taucht er in anderen Zusammenhängen wieder auf, wo eine verstärkte Moralisierung – wie etwa in der Politik – stattfindet.

Ganz im Rahmen der Theorie Freuds, die sie expliziert, bleibt die Studie des orthodoxen Freudschülers Theodor Reik, ‚Psychoanalytische Bemerkungen über den zynischen Witz'.[193] Wie Freud, der neben dem moralkritischen noch den blasphemischen Witz innerhalb des zynischen kennt, versteht auch Reik diesen von seinen moralischen und religiösen Angriffsobjekten her und deutet die zynisch-witzige Opposition als Selbstbehauptung der individuellen „Lebenslust" gegen einschränkende Institutionen. „Dergleichen Witze zeigen den Wunsch, sich um Morals- und Religionsgebote nicht zu kümmern und sich nur seiner Lebenslust hinzugeben. Sie wollen sagen: Moral, das ist der Stock, der uns zum Krüppel schlägt. Ihre zweite Lehre ist: man kann die strengen Gebote der Moral im harten Kampf ums Dasein oft nicht aufrechterhalten. Der geistvolle Talleyrand spricht diese Meinung in einem zynischen Worte offen aus: ‚Die erste Regung ist fast immer gut, man muß sie unterdrücken.' "[194] Im zynischen Witz zeigt sich, daß die Einstellung des Menschen zu moralischen Autoritäten und Tabus ambivalent ist: vom moralischen Bewußtsein werden solche Institutionen als Ergebnisse der Triebsublimierung geachtet und hochgehalten, aber vom vielfach unbewußten Triebleben insgeheim gehaßt. Der zynische Witz – so Reik – bildet gleichsam einen Kompromiß zwischen diesen beiden entgegenstrebenden Tendenzen; denn in ihm verschafft sich der von der Moral unterdrückte Trieb „eine Augenblicksbefreiung aus der psychischen Stauung", aber doch noch hinter einer Fassade – es ist nicht der völlig unkontrollierte, unbewußte Durchbruch der triebhaften Natur. „Auch im Zynischen wird Hohes mit Niedrigem verknüpft: es will ja das Triebleben hinter der äußerlichen Erhabenheit aufdecken. Und auch hier sind dieselben zwei Faktoren am Werke: das Bewußtsein, welches an Moral und Konvention festhält, und das Unbewußte, das sie negiert und in ungestümem Drange sie übertreten will."[195] In dem ständigen Erinnern, dem stetigen Aufdecken der Kluft zwischen der Moral und dem Triebleben sieht Reik die positive Funktion des Zynismus; überlebte moralische Vorstellungen, die durch ihre Unzeitgemäßheit zur „Plage" würden, seien seinem

---

193 In: Imago. Zeitschrift für Anwendung der Psychoanalyse auf die Geisteswissenschaften. Hrsg. von S. Freud. 2. Bd. Leipzig und Wien 1913. S. 573-588. Aus Anm. 1, S. 573 geht hervor, daß der Aufsatz Teil eines Vortrages über die „Psychologie des Zynismus" ist, gehalten vor der Wiener psychoanalytischen Vereinigung am 29. 5. 1912. Der ganze Vortrag scheint nicht mehr zugänglich zu sein.

194 A.a.O. S. 578.

195 A.a.O. S. 583 f.

Seziermesser ausgeliefert. Der Zynismus bedeute ihnen, daß sie abgelaufen seien. Ihn zu studieren, empfehle sich daher denjenigen, die für die Formulierung der Sittengesetze verantwortlich seien. Zynismus und Moral erscheinen so bei Reik als dialektische Antithesen, womit impliziert ist, daß es eine absolute Moral nicht gibt, sondern nur eine historisch-relative. Dem Zynismus ergehe es wie seinem größten Vertreter, Mephisto: er will stets das Böse und schafft stets das Gute. „Auch der Zynismus ist von Haus aus ein asoziales, ja sogar ein antisoziales Phänomen und muß doch letzten Endes den großen sozialen Tendenzen dienen."[196]

Freuds und Reiks Analysen des zynischen Witzes sind vor der psychoanalytischen Konzeption des Über-Ichs als der Internalisierung äußerer moralischer Autoritäten entstanden. Daß eine psychoanalytische Theorie des Zynismus auf dem Hintergrund der ausgebildeten Lehre vom Über-Ich anders ausfallen muß, lehrt Edmund Berglers Arbeit ‚Zur Psychologie des Zynikers',[197] die allerdings einen theoretisch zwiespältigen Eindruck hinterläßt. Sie geht davon aus, daß das Phänomen des zynischen Witzes von den bisherigen Autoren der Schule nicht erschöpfend abgehandelt worden sei.[198] Bergler selbst konstatiert nicht mehr und nicht weniger als 64 „Spezialformen des Zynismus", die er ohne ersichtlichen Zusammenhang lediglich aufzählt. Das erscheint wie ein Verzicht auf eine einheitliche Theorie des Zynismus, und tatsächlich behauptet er auch, daß es einen „typischen Zynismus als Einheit" überhaupt nicht gebe. Dagegen will er nur einen „psychischen Mechanismus Zynismus" anerkennen, dessen sich Menschen aus verschiedenen unbewußten Gründen bedienten.

Die Annahme eines spezifischen „zynischen Mechanismus" revidiert nun in gewissem Sinne die Abrede des „Zynismus als Einheit". Zwar wird der Zynismus nicht mehr – wie im 19. Jahrhundert in der Nachfolge Jean Pauls – von bestimmten Gegenständen her als einheitliches Phänomen begriffen; damit wird Bergler der Entwicklung gerecht, daß sich der Begriff des Zynischen inzwischen über die traditionell damit verbundenen Gegenstände hinaus ausgeweitet hat und abstrakter geworden ist. Aber eine Einheit im Mechanismus wird konstatiert – das läßt überhaupt die Rede von Zynismus und eine Theorie darüber, um die sich auch Bergler bemüht, noch zu.

Der zynische Mechanismus erledigt einen Konflikt – im Grunde ist es der bekannte Konflikt zwischen Individuum und Moral, nur unter dem spezifischen Aspekt der psychoanalytischen Theorie über Moral und Gewissen, woraus Berg-

---

196 A.a.O. S. 588.

197 In: Psychoanalytische Bewegung. V. Jahrgang. Wien 1933. S. 19-52 und S. 130-166.

198 Genannt wird außer Freud und Reik noch E. Hitschmann, der Redakteur der ‚Psychoanalytische(n) Bewegung', allerdings ohne bibliographischen Nachweis; die Arbeit Hitschmanns ist mir unbekannt.

ler den Zynismus ableitet. In ihm verschafft sich die von der Moral nicht geduldete „Ambivalenz" einen Ausdruck; diese gibt der Zyniker offen zu und will damit den anderen Menschen beweisen, daß sie dieselbe Ambivalenz wie er haben. Was ihm diese verbietet, ist allerdings nicht allein die Moral in Gestalt äußerer Autoritäten, sondern auch in Gestalt des Über-Ichs oder Gewissens, des „inneren Feindes": „Der Angriff des Zynikers gilt scheinbar diesem Außenweltanteil des Über-Ichs, in Wirklichkeit wehrt sich der Zyniker gegen sein strenges, ihm unbewußtes, nur im Schuldgefühl wahrnehmbares, inneres Über-Ich. Das ‚Rabiate' des Zynikers rührt nicht nur von seiner Aggression (im wesentlichen oraler und analer Sadismus), es ist zugleich der Ausdruck seines verzweifelten Abwehrkampfes gegen seinen ‚inneren Feind', das intrapsychische Über-Ich, wobei der Kampf auf ‚fremdem Boden' ausgetragen wird."[199]

Die individuelle Genese des Zynismus ist nach Bergler daher dort zu suchen, wo psychoanalytischer Theorie zufolge Über-Ich und Moral ihren Ursprung haben: in der ödipalen Situation und ihrem Konflikt. Mit Berufung auf Freud behauptet Bergler eine allgemeine Phase des Zynismus in der individuellen Entwicklung des Kindes, wenn dieses nämlich bewußt erlebt, daß der Vater mit der Mutter geschlechtlich verkehrt; dann identifiziere der Knabe die Mutter mit einer Dirne, er konstatiere, wie Freud es formuliert, mit „zynischer Korrektheit", daß der Unterschied zwischen der Mutter und einer Hure doch nicht so groß sei. – Allerdings wird nicht gesagt, woher das Kind das moralische Vorstellungsvermögen der Differenzierung zwischen Mutter und Hure hat, aufgrund dessen es erst zynisch werden kann. – Es unterliege keinem Zweifel, so Bergler, daß in dieser Phase der Zynismus von jedem Knaben erlebt werde. Daraus folgert er, daß er hauptsächlich eine männliche Eigenschaft sei und daß letzten Endes „viele Zyniker im Zynismus ihre alten Ödipuskonflikte"[200] auslebten. Konsequenter Weise hat Bergler in einem als ‚Beitrag zur Psychologie des Zynikers' untertitelten biographischen Essay über Talleyrand versucht, dessen Zynismus aus seinen Kindheitserlebnissen genetisch zu erklären.[201]

Der Rekurs auf den Ödipuskonflikt in Verbindung mit einer individualgenetisch-biographischen Betrachtungsweise wird in der Psychoanalyse manchmal zu einer Manie, einer Erklärungseuphorie, von der nichts verschont bleibt. Zu Anfang seiner Arbeit geht Bergler mit ausführlichen Zitaten aus philosophiegeschichtlichen Darstellungen auf den antiken „Zynismus", d. h. den Kynismus ein, um von dort Aufschluß über den modernen Zynismus zu erhalten, konstatiert allerdings, daß dieser historische Weg kaum zu Erkenntnissen führe; das

---

199 A.a.O. S. 35. Im Original gesperrt.
200 A.a.O. S. 40.
201 E. Bergler. Talleyrand, Napoleon, Stendhal, Grabbe. Psychoanalytisch-biographische Essays. Wien 1935.

liegt nun allerdings nicht zuletzt an den Darstellungen von Zeller und Bernays, auf die er sich stützt und die den Kynismus einseitig als praktische Lebensweise, nicht als Satire beschreiben. Am Ende der Arbeit versucht Bergler umgekehrt, die psychologischen Erkenntnisse über den Zynismus für das Verständnis der Kyniker fruchtbar zu machen, wenn er auch zugesteht, dieses Verfahren sei aus Mangel an biographischem Detailwissen spekulativ. Er erkennt in den Kynikern aufgrund ihres Rigorismus „aggressive Masochisten", „Menschen mit schwerstem inneren Strafbedürfnis". Hierfür kann nur ein unbewältigter Ödipuskomplex die Ursache sein; als dessen Ausdruck deutet Bergler, daß Diogenes sich einerseits zwar von Antisthenes habe prügeln lassen, um dessen Schüler zu werden, andererseits aber ihm einen Dolch zur Selbsttötung angeboten habe, als Antisthenes über Schmerzen klagte. Diogenes' Leben im Faß könne symbolisch im Sinne einer „Mutterleibsphantasie" verstanden werden; was hätte Bergler erst mit der kynischen Ödipus-Travestie angefangen, die dem Diogenes zugeschrieben wurde, wenn er von ihr gewußt hätte?

Während bei Freud und Reik der Zynismus wesentlich als Konflikt des Individuums bzw. seiner unterdrückten „Lebenslust" — daraus macht die psychoanalytische Fachterminologie später das „Lustprinzip" — mit einschränkenden äußeren Mächten, vornehmlich moralischen und religiösen Institutionen, aufgefaßt ist und damit seine gesellschaftliche Relevanz hervorgehoben wird, sieht Bergler auf dem Hintergrund der Über-Ich-Theorie den Zynismus primär als innerpsychologischen, individuellen Konflikt, als die Selbstbehauptung eines Teilbereichs der Psyche gegen einen anderen. Das verlagert das Gewicht auf die psychologische Funktion und Relevanz des Zynismus. Bergler bezeichnet ihn an einer Stelle als „Distanzierungs- und Abwehrmethode", ohne von dieser aufschlußreichen Definition jedoch genügend Gebrauch zu machen.

Was darunter verstanden werden kann, deutet der Psychoanalytiker Martin Grotjahn[202] an, wenn er schreibt, ein Zyniker schütze sich „durch seine gefühllos zur Schau gestellte Aggressivität gegen Depressionen." Der Zynismus wehrt schmerzliche Emotionen ab — etwa die des Mitleids beim Anblick fremden Unglücks —, indem er sie durch Lachen oder auf andere Weise suspendiert oder distanziert; das macht seine notorische „Kälte" aus. Allgemein kann man beobachten, daß die stärksten Zynismen solche Gegenstände oder Vorgänge betreffen, die am meisten schmerzliche und beängstigende Emotionen wecken und dadurch bedrohlich werden: den Tod, schwere Schädigungen der physischen oder psychischen Gesundheit etc. Als Beispiel für einen solchen Zynismus erzählt Grotjahn eine Begebenheit, die sich nach einem Eisenbahnunglück zutrug. Ein

202 Ein Wort über den Zyniker. In: Vom Sinn des Lachens. Psychoanalytische Betrachtungen über den Witz, das Komische und den Humor. München 1974. S. 56-59 (amerikanische Originalausgabe: Beyond Laughter. New York 1957).

total erschöpfter Arzt will sich, nachdem die Rettungsarbeiten vorerst beendet erscheinen, gerade ausruhen, als ein weiteres Unfallopfer herantransportiert wird. Der Arzt bittet den Fahrer des Krankenwagens, er möge ein anderes Hospital aufsuchen, erhält aber die Antwort, der Verletzte sei nicht mehr transportfähig, er habe beide Beine verloren. „Nach einem kurzen, erschütterten Schweigen kam die Antwort des Arztes: ‚Also gut, bringen sie ihn herein. Für einen halben Patienten haben wir noch Zeit und Platz.' "

Daß der Beruf des Mediziners mehr als gewöhnlich Zyniker auspräge, ist eine weit verbreitete Auffassung, die sich zum Beispiel in der Verballhornung „medizynisch" ausdrückt. „Die ‚Abgebrühtheit' des Mediziners und der sprichwörtliche Zynismus beispielsweise der ‚Medizinerwitze' sind als Ausdruck des Verdrängungsbedürfnisses derer anzusehen, die den Tod und das Leben alltäglich vor Augen haben — das ist zumindest schon ein psychologischer Gemeinplatz."[203] Sozialpsychologische Untersuchungen in den USA wollen diese Auffassung zumindest darin bestätigt gefunden haben, daß im Vergleich mit anderen Fachrichtungen bei Medizinern während des Studiums der Zynismus überdurchschnittlich zunehme.[204]

d) Der Begriff des Zynismus außerhalb des Komischen

Was sich am Begriff des Zynismus von der ästhetischen Theorie des frühen 19. bis zur psychoanalytischen des 20. Jahrhunderts durchhält, ist das Merkmal der Suspendierung von Moral beziehungsweise Sittlichkeit — zunächst eingeschränkt auf bestimmte Gegenstände als Problem der Ästhetik, später allgemein als existentielles Problem des Individuums und seiner Vitalität thematisiert.

Durch Abstraktion von der konkreten, dem Kynismus entlehnten Bedeutung der Reduktion menschlicher Verhaltensweisen auf animalische Natur und Triebhaftigkeit vor allem in der Sexualität wird der moderne Zynismusbegriff immer mehr zur Bezeichnung jeder theoretischen Einstellung, die eine moralische verdrängt. In dieser abstrakten Fassung hat Oscar Wilde, selbst für Zynismen bekannt, den Begriff definiert: „Cynicism is merely the art of seeing things as they are instead of as they ought to be." Wilde hat in mehreren scharfsinnigen

203 Niklas Stiller. Der Arzt und der Tod. Essay. In: Der Spiegel. Nr. 23. 31. Jg. 30. Mai 1977. S. 202-203.

204 Vgl. Robert M. Gray u. a. An Analysis of Physicians' Attitudes of Cynicism and Humanitarianism Before and After Entering Medical Practice. In: The Journal of Medical Education. Vol. 40. No. 7. 1965. S. 760-766 und Adina M. Reinhardt, Robert M. Gray. A Social Psychological Study of Attitude Change in Physicians. Vol. 47. No. 1. 1972. S. 112-117.

Aphorismen über den Zynismus reflektiert und dabei die Möglichkeit einer zynischen Einstellung auf den Begriff gebracht, die die Moral nun nicht mehr durch die Reduktion auf Natur, sondern auf eine andere als die moralische Form des Wertes infrage stellt und relativiert. „A cynic is one who knows the price of everything, the value of nothing."[205]

Ich möchte hier, ohne auf Vollständigkeit abzuzielen, sondern in paradigmatischer Absicht, drei Formen des Zynismus vorstellen, die darin bestehen, daß ein nichtmoralischer Wert einen moralischen verdrängt. Die erste ist die ästhetische; das 19. Jahrhundert hat nicht bloß den Begriff des ästhetischen Zynismus, sondern auch das Phänomen des zynischen Ästhetentums und den entsprechenden Begriff der zynischen Ästhetik hervorgebracht. Davon spricht z. B. der Psychopathologe Cesare Lombroso in bezug auf Heine, und zwar anläßlich der Erwähnung eines berühmten Satzes, den Heine auf dem Sterbebett geäußert haben soll. Dem Priester, der ihn angesichts des Todes auf die Gnade Gottes verweisen wollte, soll Heine gesagt haben: „Ganz gewiß, er wird mir verzeihen; es ist sein Beruf." Freud analysiert den Ausspruch als Beispiel eines zynisch-blasphemischen Witzes,[206] und Lombroso kommentiert ihn: „Diese letzte Ironie setzt einem Leben cynischer Aesthetik, wie unsere Zeit kein zweites kennt, doch wohl die Krone auf."[207]

Die Ästhetik wird im Dandytum des 19. Jahrhunderts zur bestimmenden Form der Lebensführung, und indem der Dandy seine Existenz an ästhetischen statt an moralischen Leitsätzen ausrichtet, wird er Zyniker. Otto Mann hat den Zynismus zugleich als Voraussetzung und als Konsequenz des Dandytums dargestellt; Zynismus begreift er dabei als negative Form des Stoizismus. Der Dandy braucht wie der Zyniker die Gesellschaft, um sich von ihr abzusetzen, indem er ostentativ ihre Ordnung und ihre Normen negiert. „Der moderne Zyniker bedarf der Gesellschaft als des Materials, worin er seinen Zynismus

---

205 Zitiert nach: Helmut Rahn. Die Frömmigkeit der Kyniker. In: Paideuma Bd. VII. 1959/61. S. 290.

206 Der Witz und seine Beziehung zum Unbewußten. A.a.O. S. 93. „Das ist ein herabsetzender Vergleich, technisch etwa nur vom Werte einer Anspielung, denn ein métier, Geschäft oder Beruf, hat etwa ein Handwerker oder ein Arzt, und zwar hat er nur ein einziges métier. Die Stärke des Witzes liegt aber in seiner Tendenz. Er soll nichts anderes sagen als: Gewiß wird er mir verzeihen, dazu ist er ja da, zu keinem anderen Zweck habe ich ihn mir angeschafft (wie man sich seinen Arzt, seinen Advokaten hält). Und so regt sich noch in dem machtlos daliegenden Sterbenden das Bewußtsein, daß er sich Gott erschaffen und ihn mit Macht ausgestattet hat, um sich seiner bei Gelegenheit zu bedienen. Das vermeintliche Geschöpf gibt sich noch kurz vor seiner Vernichtung als den Schöpfer zu erkennen." Der Zynismus ist also Selbstbehauptung vor dem Gedanken der realen Existenz Gottes und der Abhängigkeit des Menschen von ihr.

207 Der geniale Mensch. Hamburg 1890. S. 40 (Übersetzung von M. O. Fraenkel).

auswirkt; er ist damit an die von ihm verachtete Ordnung gebunden und ohne die Freiheit des Nihilisten; hierin dem Dandy am tiefsten verwandt, der gleichfalls die Umwelt verachtet, ohne sie doch entbehren zu können. Dieser Zynismus ist die Voraussetzung des vollkommen getätigten Dandytums überhaupt. Als negative Erhebung über die Werte, denen die Gesellschaft sklavisch anhängt, verleiht er dem Dandy Freiheit und Macht gegen diese, womit er, wie auch der Stoizismus, weitreichend in das dandyhafte Wirkungssystem gehört."[208] Übrigens erinnert der Dandy rein äußerlich gerade aufgrund des völlig konträren Erscheinungsbildes an den antiken Kyniker: in beiden Fällen wird der größtmögliche Kontrast zur Durchschnittsmode gesucht. Schon Sokrates soll über die demonstrativ lumpige Kleidung des Antisthenes bemerkt haben, aus ihren Löchern schaue die Eitelkeit hervor,[209] und auf den Dandy ließe sich beziehen, was Hegel zur Kritik des Kynismus in einem Exkurs über die Mode geschrieben hat. „Da ist es nicht meine Sache, etwas zu erfinden; es haben Gottlob schon andere erfunden. Der Schnitt meines Rocks wird bestimmt, man muß es der Meinung überlassen —; der Schneider wird es schon machen; die Hauptsache ist die Gleichgültigkeit, die man ihm bezeigt: Wenn es gleichgültig, so ist er auch als ein Gleichgültiges zu behandeln."[210]

Als einen erhellenden Extremfall des Dandytums und seines Zynismus hebt O. Mann den Maler, Schriftsteller und Kunstkritiker T. G. Wainwright hervor: bei ihm zerbreche die dandyhafte Ausgeglichenheit, decke aber eben darin ihren „negativ zynischen Untergrund" auf. Denn Wainwrights Amoralismus, beim einfachen Dandy eine ästhetische Haltung, geht in ein praktisches Verbrechertum über; der Dandy wird zum Betrüger und Giftmörder. Als den erklärenden Hintergrund seiner Verbrechen, die durch materielles Interesse nicht ausreichend motiviert erscheinen, bezeichnet Mann die intellektuelle Verachtung der Gesellschaft und den Moralverlust durch Ich-Enthemmung. „Seine Verbrechen entspringen der zynischen Opposition des isolierten, von keinem Außen mehr regulierten Subjekts. Das materielle Interesse löst das Verbrechen aus, aber erzeugt es nicht. Als letzter Untergrund erscheint das Schwinden jeder Hemmung, die das Ich in sich selbst beschränkt, ein schrankenloses Sichausleben, das vom angeborenen Hasse vergiftet ist und die letzten, von äußerem Interesse freien Mordversuche erklärt."[211]

---

208 Der Dandy. Ein Kulturprogramm der Moderne. Vom Verfasser überarbeitete Neuauflage. Heidelberg 1962. S. 45.

209 Diogenes Laertius VI 8.

210 Vorlesungen über die Geschichte der Philosophie. 2. Bd. Sämtliche Werke. Hrsg. von Hermann Glockner. 18. Bd. S. 165, „es ist Geckenhaftigkeit, sich gegen die Mode zu setzen" (ebd.).

211 Der Dandy. S. 48.

Oscar Ewald hat den Zyniker als „ein dem Verbrecher aufs engste verwandtes Phänomen" zu beschreiben versucht und den Unterschied lediglich darin gesehen, daß der Zynismus sich nicht in einem „tätlichen Angriff" auf die moralischen Werte äußere, sondern sich auf eine „Wahl der Perspektive" beschränke.[212] Zur Definition des Zynismus und seiner Abgrenzung vom Verbrechen als realem Amoralismus ist es notwendig, diese Differenz in der Einstellung – intellektuelle statt praktischer Haltung – zu berücksichtigen. Der Zynismus wird verbrecherisch, sobald er diese Grenze überschreitet, und umgekehrt das Verbrechen zynisch, wenn es auf die Ebene der Intellektualität gehoben wird. Mit einem solchen Zynismus hat Oscar Wilde die Giftmorde Wainwrights als eine der ästhetischen Kreativität gleichrangige Form des Selbstausdrucks interpretiert: „Erst viel später suchte er sich mit der Feder oder dem Gifte auszudrükken."[213]

Heute bietet der Film die vielleicht auffälligsten Beispiele für eine zynische Ästhetik; so wird als „der zynische Philosoph der Gewalt" der Regisseur Sam Peckinpah von einem Kritiker apostrophiert, weil er Gewalt im Medium des Films so inszeniere, daß von ihr eine sinnliche Faszination ausgehe, anstatt sie eindeutig als sinnlos und moralisch verwerflich darzustellen.[214] Um ein ähnliches Beispiel für Zynismus im Film zu nennen, weise ich auf den Unterschied zwischen dem traditionellen und modernen Western hin. Der erste hatte bei aller Brutalität und Gewalttätigkeit, die dem Helden konzediert waren, eine Moral und einen Ehrenkodex ausgebildet, an die sich auch noch der edle Schurke hielt: nicht heimtückisch zu töten, dem Gegner eine Chance zu bieten, sich nicht an Wehrlosen zu vergreifen etc. Eben dieses Ideal des traditionellen Westernhelden und seine Moral destruiert der moderne Western; in ihm durchbricht der Antiheld den Ehrenkodex ständig – etwa wenn er ein Maschinengewehr gegen einen Revolver einsetzt. Solche Inszenierung hemmungsloser Gewalt verbindet sich manchmal mit dem Anspruch, die idealisierten legendären

---

212 Zur Psychologie des Cynikers. In: Logos. Bd. V. 1914/15. S. 331-337.

213 Zitiert bei Otto Mann. Der Dandy. S. 48.
Dostojewski stellt in den ‚Dämonen' den Zynismus als die intellektuelle Haltung der russischen Anarchisten und zugleich als das geistige Klima dar, das diese erzeugen wollen, um damit den Umsturz der Gesellschaft vorzubereiten. Und im letzten Jahr wurde die Studentenvertretung einer deutschen Universität durch den Kultusminister vom Amt suspendiert, weil sie eine Flugschrift gebilligt hatte, die laut Begründung des Ministers „in ihrer zynischen Art und Weise nicht mehr zu übertreffen ist"; in der Schrift war ein die politische Öffentlichkeit stark bewegender Entführungsfall dahingehend kommentiert worden, daß über das Schicksal des Opfers, eines bedeutenden Repräsentanten der Industrie, eine „klammheimliche Freude" zum Ausdruck kam.

214 Wolfgang Limmer in: Der Spiegel. 31. Jahrgang. Nr. 6. 31. 1. 1977. S. 126 f.

Gestalten des traditionellen Western als Banditen zu entlarven, spekuliert aber überwiegend mit der Faszination der Gewalt.

Ein zweites Medium des Zynismus, das hier erwähnt werden soll, auf das O. Wildes Definition des Zynikers als eines Menschen, der den Preis von allem, den Wert von nichts wisse, insbesondere zutrifft, ist das Geld. Die Disposition, Zynismus zu erzeugen, hat Georg Simmel aus einer spezifischen Fähigkeit des Geldes hergeleitet. Simmel unterscheidet die Bedeutung des modernen Zynismusbegriffs von der griechischen „Lebensphilosophie", von der der Name stamme; letztere verfüge über „ein ganz positives Lebensideal: die unbedingte Seelenstärke und sittliche Freiheit des Individuums". — Ich will hier nicht erneut darauf eingehen, ob diese Qualifikation des Kynismus generell haltbar ist oder ob kynischer Individualismus zumindest im Kontext seiner Entstehung nicht ebenso als negativ, weil die traditionelle Polisethik destruierend gesehen werden muß. — Zwischen den von dem modernen und dem antiken Begriff bezeichneten Phänomenen besteht nach Simmel allerdings „doch eine, wenn auch sozusagen perverse Beziehung": Für die Kyniker werden angesichts des einen absoluten Wertes der freien Persönlichkeit alle anderen Werte gleichgültig und nivellieren sich. Diese Nivellierung, ohne auf einen absoluten sittlichen Zweck bezogen zu sein, vielmehr zum Selbstzweck geworden, ist laut Simmel das wesentliche Merkmal dessen, was der moderne Begriff des Zynismus besagt. „Für die jetzt als zynisch bezeichnete Gesinnung scheint es mir entscheidend, daß auch für sie keine Höhendifferenzen der Werte bestehen, und das im allgemeinen Hochgewertete seine einzige Bedeutung darin hat, auf das Niveau des Niedrigsten herabgezogen zu werden — daß aber der positive und ideelle sittliche Endzweck dieser Nivellierung weggefallen ist. Was für jene paradoxen Abkömmlinge sokratischer Lebensweisheit ein Mittel oder ein sekundäres Ergebnis war, ist hier das Zentrum geworden und hat sich dadurch in seiner Bedeutung völlig geändert." Einer solchen Nivellierungstendenz kommt in einzigartiger Weise die Fähigkeit des Geldes entgegen, ansonsten inkommensurable Werte auf eine einzige „Wertform" zu reduzieren und dadurch auf dasselbe „prinzipielle Niveau" zu bringen. Die „Pflanzstätten des Zynismus" seien daher die Umschlagplätze großer Geldmengen wie etwa die Börsen; je mehr das Geld zum Mittelpunkt des Interesses werde, umso spöttischer und leichtfertiger gehe man mit den „höheren Lebensgütern" um, die wie Waren des Wochenmarktes einen Preis erhielten. Wie Oscar Wilde definiert Simmel den Zynismus vom Begriff des Preises her: „Der Begriff des Marktpreises für Werte, die ihrem Wesen nach jede Schätzung außer der an ihren eigenen Kategorien und Idealen ablehnen, ist die vollendete Objektivierung dessen, was der Zynismus in subjektivem Reflex darstellt."[215]

---

[215] Georg Simmel. Philosophie des Geldes. S. 263 f.

Im 20. Jahrhundert gewinnt der Begriff des Zynismus zunehmend eine soziologisch-politische Bedeutung; mehr noch als in ästhetischen Zusammenhängen liegt hier allerdings das Gewicht auf seinen Wertungs- statt auf den Beschreibungsqualitäten. Zynismus ist eine polemische Vokabel mit außerordentlichem Reizvermögen; das beeinträchtigt entsprechend die begriffliche Prägnanz. Ein kurzer Zeitungsartikel Simmels, „Bergson und der deutsche ‚Zynismus' ", kann dies exemplifizieren.[216] Der Artikel ist am 1. 9. 1914, einige Wochen nach Ausbruch des ersten Weltkrieges also, geschrieben; das erklärt seine Tendenz sowie seinen verletzten und pathetischen Ton. Er reagiert auf eine Zeitungsmeldung, der zufolge Bergson, wie Simmel referiert, „von dem Zynismus gesprochen habe, mit dem Deutschland diesen Krieg begonnen habe und der einen Rückfall in die Barbarei bedeute." Auf diesen Vorwurf antwortet Simmel aus einer äußersten Verletztheit heraus. Zwar nimmt er Bergson gegen die Herabsetzung als Philosoph in Schutz, indem er seine philosophischen Verdienste und intellektuellen Fähigkeiten würdigt; daß er aber die ansonsten von Franzosen geübte Sachlichkeit und Fairneß in der literarischen Polemik außer acht lasse, eröffne „einen Blick in einen Abgrund von Verblendetheit und Verkehrtheit, für die kein Wort der Entrüstung und der Trauer stark genug ist. Zynismus wirft man uns vor! — während die erste Signatur dieser furchtbaren und großen Zeit unzweifelhaft das gänzliche Verschwinden aller der Erscheinungen war, die man unter dem Begriff des Zynismus zusammenfassen könnte und die uns in den letzten Jahren an manchen Schichten unseres Volkes irre werden ließen." Gedankenlosigkeit über die gefährdeten Bedingungen der Existenz, „Mammonismus", die Selbstsucht der Klassen und „ästhetisierendes Genießertum" — „diese Wurzeln und Früchte gerade des Zynismus" — seien aus dem Erscheinungsbild des deutschen Lebens wie weggewischt. Die Bereitschaft zum Krieg, über den Simmel mit den Attributen des Tragischen spricht, beweist für ihn genau das Gegenteil des Zynismus: die uneingeschränkte „sittliche Kraft" des deutschen Volkes. „Wären wir Zyniker — wir hätten ihn vielleicht um den Preis unserer Würde und unserer Zukunft vermieden; denn der Zyniker sucht vor allem Ruhe, Sicherheit vor äußeren Gefahren, Freiheit vor starken, grundaufwühlenden Bewegtheiten, sein Wahlspruch war stets: après nous le déluge." Daß man den Deutschen den Makel des Zynismus anhängen wolle, den sie gerade abgestreift hätten, — „dieses einzige Wort reißt noch eine Kluft zwischen uns und unseren Gegnern auf, die eine lange Zukunft nicht ausfüllen wird."

Der Vorwurf des Zynismus spricht dem Betroffenen die moralische Einstellung ab; daher evoziert er, außer beim wirklichen Zyniker, stets Empörung. In

---

[216] In: Internationale Monatsschrift für Wissenschaft, Kunst und Technik 9. Berlin 1914/15. Sp. 197-200.

der Verwendung des Vorwurfs drücken sich das Bewußtsein der moralischen Überlegenheit und der Anspruch, allein die Moral zu vertreten, aus. Mit dem Zorn desjenigen, der sich als Sozialist nicht nur auf der Seite des objektiven, geschichtlich unvermeidlichen Fortschritts, sondern auch auf der Seite der Gerechtigkeit, der Moral und der Humanität weiß, hat Maxim Gorki die bürgerliche Gesellschaft des Kapitalismus und ihre Selbstbehauptung vor dem Sozialismus als zynisch charakterisiert. „Als Abwehrmittel gegen das Drängen der historischen Gerechtigkeit hat das Spießbürgertum den Zynismus auserwählt."[217]

Nun ist „historische Gerechtigkeit" eine metaphysische Kategorie, die politische Moral streng genommen nur als Unterwerfung unter die überindividuelle „Macht der Geschichte" zuläßt, nicht aber als freie Entscheidung des Individuums. Daher ist Zynismus in diesem Zusammenhang auch eher eine Art von Blasphemie, die selbstzerstörerische Verweigerung eines höheren Moral- und Gerechtigkeitsanspruchs. Die Selbstbehauptung vor dem historischen Fortschritt, den M. Gorki mit dem Leben schlechthin identifiziert, wird zur Selbstzerstörung: das Spießbürgertum verstecke sich im „Schlupfwinkel" des Zynismus vor dem Leben, die Luft sei verpestet „durch die in der Selbstzersetzung begriffenen Zyniker." Zwar werden Zynismus und Spießbürgertum nicht völlig identifiziert; aber das Spießbürgertum hat den Zynismus als Ausdrucksmittel des Menschen gleichsam verdorben. „Einst hatte er selbst seinen Zynismus der Welt in blendenden, kräftigen Umrissen gezeigt; der Zynismus der Gegenwart aber ist unsäglich krüppelhaft und abgeschmackt."[218]

Dieser kapitalistisch-spießbürgerliche Zynismus erscheint in drei verschiedenen „Masken": er gibt sich als Pessimismus, der die Werte des Lebens verneint — aber nur aus Angst vor dem Leben und d. h. immer aus Angst vor dem Tod; daher spielt der Zyniker mit beiden: „Die Zyniker fürchten den Tod, aber noch mehr spielen sie mit ihm — es ist dasselbe Blindekuhspiel, das sie mit dem Leben treiben!" Seine zweite Maske ist die Ästhetik, und sie scheint das Gegenteil des Pessimismus zu behaupten. „Des Lebens Maß ist die Schönheit! ruft der Zyniker mit fremden Worten, deren tiefer Sinn sich gegen den Zynismus kehrt." Denn der Zynismus verweigert die Einsicht, daß der Kapitalismus Elend, Krankheit und Häßlichkeit produziert; er erklärt das mißbrauchte und entwürdigte Volk als häßlich, dumm und verdorben und fürchtet von seiner Erhebung den Sturz der Kultur in die Barberei. Aber diese Kultur, so Gorki, repräsentiert nicht die wahre Schönheit, welche allein im Leben des Volkes begründet liegt. Die dritte, „niederträchtigste" Maske schließlich ist die individuelle Freiheit; in

[217] Zynismus und Zyniker. In: Dokumente des Fortschritts. Berlin 1908. S. 323-333. Hier: S. 324. Auch in: Maxim Gorki. Die Zerstörung der Persönlichkeit. Aufsätze. Dresden 1922. S. 87-105 (dort unter dem Titel ‚Über den Zynismus').

[218] A.a.O. S. 327.

ihrem Namen postuliert der Zyniker die Befreiung von der Moral, zumal der Sexualmoral, und das Recht auf Perversitäten. Darin gipfelt für Gorki die Selbstzerstörung des Zynikers, dessen Maxime heißt: „Ich gehe zugrunde, aber vorher will ich noch alles, was ich kann, restlos besudeln!"[219]

Vor allem dieser letzte Satz, der den Zynismus — und das ist bei Gorki eine durchgängige Tendenz — so eng wie möglich mit realem Schmutz in Verbindung zu bringen sucht, d. h. nicht nur metaphorisch, zeigt die Nähe dieses Zynismusbegriffs zu dem des frühen 19. Jahrhunderts. Politische Bedeutung erhält der Begriff durch die Funktion, die der Flucht aus der Moral in die Perversion zugeschrieben wird; das Spießbürgertum verschließt in einem verzweifelten Akt der Selbstbehauptung die Augen vor der „historischen Gerechtigkeit", die zu respektieren bedeuten würde, die eigene Gesellschaftsordnung infrage zu stellen.

So bekommt der Begriff des Zynismus in politischer Hinsicht allgemein die Bedeutung, an die Stelle der Moral in der Politik die bloße Erhaltung der Macht als obersten Zweck zu setzen. Die Auffassung vom Primat der Machterhaltung kann sich in doppelter Weise ausdrücken; sie kann sich — wie etwa bei Machiavelli — als solche offen erklären. Einen solchen offenen Zynismus hat Fr. v. Weizsäcker die „Versuchung des Kapitalismus" genannt und im Gegensatz dazu im „Zwang zur Lüge" die Versuchung des Sozialismus gesehen.[220] Aber Zynismus und Lüge sind nicht sich völlig ausschließende Gegensätze. Es gibt auch einen politischen Zynismus, der sich nach außen hin als Moral tarnt und nur im kleinen Kreis Eingeweihter, an der Macht Partizipierender eingesteht, daß ihm die Moral lediglich als Mittel der Machterhaltung, zur Aufbesserung des Image und als Beeinflussung des Volkes, dient. In politischen Systemen, in denen die Regierenden von Wahlen abhängig sind, scheint mir eher als der offene Zynismus dieser mit Lüge und Heuchelei paktierende die Versuchung zu sein, und er war z. B. gemeint, wenn der Begriff im Zusammenhang der Watergate-Affäre fiel.[221]

Es ließen sich noch etliche weitere Formen des Zynismus anführen wie etwa der wissenschaftliche, wenn nämlich moralische Subjekte oder Sachverhalte völlig zu Objekten einer rein wissenschaftlichen Beschäftigung gemacht werden, die eine moralische Beurteilung neben bzw. über sich explizit ausschließt. Heute kann der Begriff des Zynismus allgemein jede bewußte Verdrängung einer

---

219 A.a.O. S. 332.

220 Wo endet die Geschichte? In: Merkur Heft 9. Sept. 1973. S. 820.

221 „Wenn man also bei Nixon die Frage ‚Warum?' stellt, so muß die Antwort lauten: Weil er zugleich Fanatiker und Opportunist, Ideologe und Nihilist, Machtanbeter und Zyniker ist." (Wolf W. Zuelzer. Watergate — die amerikanische Version von ‚1984'. In: Merkur Heft 9. Sept. 1973. S. 866).

wertenden Einstellung, sei es durch generelle Nivellierung oder durch den Wechsel auf eine niedrigere Wertebene, bezeichnen.

e) Zeitgenössische Ansätze zu einer Theorie des Zynismus

Ich will mich hier noch mit zwei neueren Ansätzen beschäftigen, die den Zynismus als eine umfassende Daseins- und Lebenseinstellung überhaupt zu begreifen und einerseits mehr geistesgeschichtlich, andererseits mehr anthropologisch-soziologisch zu erklären versuchen. Dabei wird noch einmal der Bogen zurück zum Ausgangspunkt dieser Arbeit, dem antiken Kynismus, zu schlagen sein.

In Parallelisierung und zugleich in Konfrontation mit dem antiken Kynismus nämlich beschreibt Klaus Heinrich den „Zynismus in der Gegenwart"[222] als ein Selbstbehauptungsphänomen, das in Selbstpreisgabe umschlägt, als Selbstbehauptung konkret vor der Angst der Sinnlosigkeit. Diese entsteht geistesgeschichtlich dort, wo der Glaube der Aufklärung an eine „universale Harmonie", die als dem Geschichtsprozeß immanent oder als sein Ergebnis gedacht war, zerbricht. Nietzsche läßt seine Diogenes-Gestalt, den tollen Menschen mit der Laterne, diese Sinnlosigkeit als Tod Gottes ausrufen.

Drei Möglichkeiten entsprechend, die Angst vor der Sinnlosigkeit zu verarbeiten, unterscheidet Heinrich drei Bedeutungen des Zynismusbegriffs. Die erste bezeichnet eine Haltung, die die Bedrohung erkennt und die bestehenden Institutionen anklagt, die den Einzelnen darin allein lassen und ihn um den Sinn betrügen, so wie der antike Kynismus diejenigen Mächte, allen voran die Polis, desavouierte, die ihn bei seiner Selbstverwirklichung im Stich ließen. „In einem verbreiteten Sinne der Anwendung des Wortes wird Zynismus zu einem Synonym für standhaltendes Erkennen."[223]

Doch sei es selbst zynisch, eine solche Haltung als Zynismus zu charakterisieren — und damit ist Heinrich bei der zweiten Bedeutung des Begriffs: Zynismus als Verdrängung der bedrohenden Erkenntnis um der Selbstbehauptung willen. Der Zyniker in dieser Wortbedeutung resigniert vor der erkannten Bedrohung, anstatt gegen sie zu protestieren; das ist Zynismus laut Heinrich in seinem eigentlichen Sinn. Der Zyniker steht sozusagen zwischen dem Naiven, dem sich das Problem der Sinnlosigkeit und damit der Selbstbehauptung vor ihr gar nicht stellt, und dem Protestierenden, der der Bedrohung begegnet. Wie diesem geht es auch ihm um Selbstbehauptung, und er ist daher ebenso „existen-

---

[222] Antike Kyniker und Zynismus in der Gegenwart. In: Parmenides und Jona. S. 129-156.

[223] A.a.O. S. 147.

tiell engagiert“, jedoch unter dem Verzicht auf Selbstverwirklichung. Darin sieht der Autor den fundamentalen Unterschied zum antiken Kyniker und zum Zyniker der ersten Kategorie; der Zyniker der zweiten „hat den Anspruch preisgegeben, der das Zentrum jedes existentialistischen Protestes der antiken Kyniker war: den Anspruch auf Selbstverwirklichung. Zynismus, so können wir sagen, ist heute nichts anderes als die resignierende Form der existentialistischen Bewegung.“[224] Dieser Zynismus gibt sich in vielfältigen Spielarten, Heinrich nennt davon drei: die offen eingestandene Resignation, den Fanatismus, hinter dem sich stets Resignation verbirgt, der aber die Enttäuschung nicht eingestehen will, und Indifferenz, sobald sie zur Anpassung wird: die Anpassung an ein inhumanes System, die Einfügung in eine Karriere. Zynismus ist das Einverständnis mit Enttäuschung und Resignation, Selbstverrat als Selbstbehauptung. Aber eines Tages erfüllt resignierendes Einverständnis auch nicht mehr seine Selbstbehauptungsfunktion, es wird sich selbst zur Gefahr. „Selbstbehauptung, die die eigene Enttäuschung in Kauf nimmt, kann nur ein Durchgangsstadium sein im Resignationsprozeß des gegenwärtigen Zynismus.“[225] Hatte die „zynische Reduktion“ – ein Ausdruck, den Heinrich analog zur kynischen Reduktion auf das Minimum animalischer Selbstbehauptung prägt – zunächst auf die Selbstverwirklichung verzichtet, aber dabei an den „enttäuschenden Formen der Selbstbehauptung“ festgehalten, so verwirft sie schließlich noch diesen letzten Rest des Selbst. Es ist der Versuch, eine Position jenseits aller Enttäuschungsmöglichkeiten zu beziehen, buddhistischer Meditation nicht unähnlich, „und in der Tat erscheint die hier bezeichnete Spielart des Zynismus als eine Art von neo-buddhistischer Lösung, verwandt dem Zen, in unserer Situation. Doch dieser Sprung in die Transzendenz, die Selbstpreisgabe aus extremer Resignation, kann nicht gelingen; der Zyniker fällt stets in den Enttäuschungsprozeß zurück. „Zynismus, in einem dritten, extremen Sinne, wird zu einem Synonym für dieses Schwanken.“[226]

Zynismus, so stellt es Heinrich dar, entsteht im Scheitern der existentialistischen Selbstverwirklichung; um sich das zu verdeutlichen, muß man sich die drei unterschiedenen Begriffe als Phasen eines einzigen Prozesses vorstellen: In der ersten sind Zynismus und Existentialismus identisch: beide halten der aus der erkannten Sinnlosigkeit resultierenden Angst stand; in der zweiten flieht der Zyniker unter Aufgabe des Selbstverwirklichungsanspruchs in die bloße Selbstbehauptung und daraus schließlich drittens in die Selbstpreisgabe.

Der Autor vergleicht diesen Prozeß mit der „kynischen Reduktion“ der Existenz; den Unterschied zum modernen Zynismus sieht er darin, daß es „für den

224 A.a.O. S. 148.
225 A.a.O. S. 153.
226 A.a.O. S. 154.

antiken Kyniker das Nicht-Enttäuschende gab, nämlich den animalischen Kern der Person", worauf das kynische Selbstbehauptungsprinzip beruht. Doch fragt es sich, und dem geht Heinrich, wie mir scheint, zu wenig nach, wie aus animalischer Selbstbehauptung der Anspruch auf menschliche Selbstverwirklichung hervorgehen kann; wie kommt man vom animalischen Kern zur Person?

Denn animalische Selbstbehauptung, konsequent verfolgt, endet ebenso in menschlicher Selbstpreisgabe wie „rauschhafte Selbstauslöschung"; daher begreift Iring Fetscher die Finalisierung animalischer Selbstbehauptung, der alle intellektuellen Fähigkeiten zu bloßen Mitteln werden, als das wesentliche Merkmal des Zynismus und als ein notwendig enttäuschendes Prinzip, von dem er den moralischen Individualismus der antiken Kyniker strikt unterschieden wissen will; dabei bringt aber Fetscher die Kyniker im Anschluß an Paul Tillich als „Schüler des Sokrates" allzu schnell mit einem positiv verstandenen sokratischen Rationalismus und mit sokratisch-moralischer Subjektivität, d. h. der sittlichen Autonomie des Individuums, in Zusammenhang. „Mit den antiken Zynikern haben unsere Zeitgenossen wenig gemein. Ihr Zynismus ist von radikalerer, trostloserer Art, eine letzte verzweifelte Weise des Lebens, ja eigentlich eher des seelischen Todes."[227]

Fetscher geht von der scheinbaren Tugend der Zyniker, der Ehrlichkeit, aus, die ihm auf doppelte Weise fragwürdig ist: sie impliziert die Verachtung all derjenigen Tugenden, die der Heuchler noch insofern anerkennt, als er sie vorzutäuschen für notwendig erachtet; und sie dient dem Zyniker, auf dem Wege der Bewunderung anderer sich Überlegenheit zu verschaffen. „Zwei Aspekte dieses Verhaltens sind es, die der Erklärung bedürfen: einmal die Verachtung moralischer Normen und Werte, zum andren das Streben nach Anerkennung und Überlegenheit gegenüber andren (die durch moralische Normen sich beschränken lassen."[228] Der Zyniker ist nicht schlechthin naiver Amoralist, denn seine demonstrative Verachtung der Moral beweist, daß er für diese durchaus einen Sinn hat. Für solche Verachtung, so vermutet Fetscher, liegt die Ursache in der enttäuschenden Erfahrung darüber, daß moralische Werte und Normen im Leben der meisten Menschen eine untergeordnete Rolle spielen und dem, der sich an sie hält, gewöhnlich mehr schaden als nützen; diese Erfahrung prägt zwei Haltungen aus: die des Moralisten, der die Menschen verurteilt — um an den Normen festhalten zu können, wie man wohl folgern muß —, und die des Zynikers, der die Moral wegen ihrer Schwäche verachtet. Zyniker wird man also und ist es nicht von vornherein. „Einmal, so scheint mir, hat sich der spätere Zyniker ganz mit seiner eigenen Freundlichkeit oder Liebe identifiziert und ist

---

227 Reflexionen über den Zynismus als Krankheit unserer Zeit. In: Denken im Schatten des Nihilismus. Hier: S. 334.

228 A.a.O. S. 335.

zutiefst verletzt worden. Er hat die Erfahrung gemacht, daß der Liebende allemal schwach ist, leicht verletzt werden kann. Diese Erfahrung hat ihn hart und zynisch werden lassen." Zynismus entsteht aus dem Zwang zur Selbstbehauptung und zur Kompensation der Schwäche, ein Zwang, der allein in der Liebe aufgehoben ist. Lieben, so zitiert der Autor Adorno, könne man nur dort, wo man Schwäche zeigen dürfe, ohne Stärke zu provozieren.

Dies aber sei – und damit geht Fetscher von der individuellen Wurzel des Zynismus auf die historisch-soziologische über – in der modernen Gesellschaft nicht möglich. Die feudale Strukturierung der Gesellschaft ließ zu, daß man „Ritterlichkeit" – Hilfsbereitschaft, Güte u. ä. – zeigen konnte, ohne schwach zu werden, da eine Überlegenheit durch die Klassenschranke gewährleistet blieb; nur dadurch waren die ritterlichen Tugenden möglich. Dagegen ist Zynismus „eher eine plebeische Haltung. Sie entsteht in einer formell egalitären Gesellschaft, wo keiner die ‚natürliche' oder ‚konventionelle' Überlegenheit des anderen anerkennt, jeder mit jedem frei konkurriert."[229] Diese Gesellschaft von Natur aus gleicher und miteinander konkurrierender Individuen, so konstatiert Fetscher, hat schon Hobbes beschrieben. Daß der Zynismus dennoch „erst in unseren Tagen mehr und mehr an Boden" gewinne, erklärt er einmal mit dem langen Nachwirken traditioneller Normen und Wertvorstellungen, von denen sich zunächst nur eine kleine Oberschicht emanzipierte und so die individuelle sittliche Autonomie mit ihrer zweifachen Möglichkeit der Amoralität und der Moralität gewann. Die Erschütterung der traditionellen Wertvorstellungen vollzieht sich als „Entdeckung" der Relativität der Normen und Werte in der Aufklärung. Hinzu kommt ein anderer Faktor, der sich im 19. Jahrhundert anschließt – und der in dieser Folge an das Hervorgehen des antiken Kynismus aus der sophistischen Aufklärung erinnert –: „Die Erkenntnis des animalischen Charakters des Menschen und seiner Triebe tat ein übriges, um die überlieferten Normen als willkürlich, ‚unnatürlich' und ‚künstlich' erscheinen zu lassen. Schließlich schien nur noch jenes Verhalten als ‚angemessen', das der (animalischen) Selbsterhaltung, dem direkten Lustgewinn, dient."[230] Der Zyniker reduziert humane Selbsterhaltung nicht nur auf die individuelle der isolierten, miteinander konkurrierenden Monaden, sondern darüber hinaus auf animalische Selbstbehauptung. Nicht zufällig gewinne der Zynismus im Werk Nietzsches immer mehr positive Züge.

Fetschers Aufsatz ist überschrieben: ‚Reflexionen über den Zynismus als Krankheit unserer Zeit', und im Text selbst wird vom „Krebsleiden des selbstzerstörerischen Zynismus" gesprochen, an dem die Menschheit zugrunde zu ge-

---

229 A.a.O. S. 337.
230 A.a.O. S. 340.

hen drohe. Derselben metaphorischen Redeweise bedient sich ein pädagogisches Lexikon, worin die Anweisung zu finden ist, der Zynismus sei, wenn überhaupt, „nur durch äußerst nüchterne und wahrhaftige Verkörperung der Tradition ausheilbar".[231] Es wäre zu einfach und überdies eine simple Anleihe bei Nietzsche, dagegen von der Moral als der Krankheit zu reden, die zu heilen wäre. Aber die Anwendbarkeit der Krankheitsmetapher auf Zynismus und Moral kann den inneren Zusammenhang, das gegenseitige Bedingungsverhältnis beider Phänomene zu bedenken geben. Auch hierin bietet übrigens der antike Kynismus die entsprechende Parallele: war der Protokyniker Diogenes von Platon angeblich als der „verrückte" Sokrates bezeichnet worden — das griechische Wort ist zugleich ein medizinischer Ausdruck für Geisteskrankheit —, so verstand sich seinerseits der Kyniker als der Arzt, der die Menschheit von ihren Illusionen heilen wollte.[232]

---

231 Lexikon der Pädagogik. Bd. IV. Freiburg 1955. Art. ‚Zynismus'.

232 Vgl. Dion Chrysostomos 8, 4-8 (Diogenes oder von der Tugend). In: Sämtliche Reden. S. 149 f.

VERZEICHNIS DER ZITIERTEN LITERATUR

W. Abele. Die antiken Quellen des Hans Sachs. Programm. Cannstatt 1897.
Claudius Aelianus. Vermischte Nachrichten (Werke I-III). Übersetzt von E. Wunderlich. Stuttgart 1839.
L. Andreas-Salomé. Friedrich Nietzsche in seinen Werken. Dresden o. J.
Anthologia Graeca. Griechisch-deutsch. Ed. H. Beckby. München 1957.
Aristoteles. Die Nikomachische Ethik. Übersetzt und hrsg. von O. Gigon. München 1972.
Aristophanes. Die Wolken. Übersetzt von J. G. Droysen. Leipzig o. J.
H. von Arnim. Leben und Werk des Dion von Prusa. Berlin 1898.
Arrian. Anabasis Alexandri. Griechisch und englisch. 2. Bd. London 1958.
Augustinus. Gottesstaat. Übersetzt von A. Schröder. 2. Bd. Kempten und München 1914.
J. M. Backhaus. Apologeticum, quo Diogenem Cynicum, a crimine et stultitiae et impudentiae expeditum, sistit et ... defendit. Regensburg 1727.
Jean-Louis Guez de Balzac. Socrate Chrestien. Paris 1661.
P. Bamm. Alexander oder die Verwandlung der Welt. Zürich 1965.
Bartholomaeus Coloniensis. Diogenis Cynici Philosophi Secta. Erfurt 1510.
P. Bayle. Peter Baylens Historisches und critisches Wörterbuch. Übersetzt von J. C. Gottsched. Leipzig 1741-1744.
K. Beckmann. Heinrich Lindenborn, der kölnische Diogenes. Sein Leben und seine Werke. Bonn 1908.
H. Bengtson. Griechische Geschichte. Sonderausgabe München 1965.
E. Bergler. Zur Psychologie des Zynikers. In: Psychoanalytische Bewegung. V. Jg. Wien 1935.
Ders. Talleyrand, Napoleon, Stendhal, Grabbe. Psychoanalytisch-biographische Essays. Wien 1935.
J. Bernays. Lucian und die Kyniker. Berlin 1879.
C. A. Bernoulli. Franz Overbeck und Friedrich Nietzsche. 2. Bd. Jena 1908.
E. Bertram. Nietzsche. Versuch einer Mythologie. Berlin 1918.
F. Bertram. Die Timonlegende, eine Entwicklungsgeschichte des Misanthropentypus in der antiken Literatur. Heidelberg 1906.
E. Biser. ‚Gott ist tot'. Nietzsches Destruktion des christlichen Bewußtseins. München 1962.
H. Blumenberg. Aspekte der Epochenschwelle: Cusaner und Nolaner. Frankfurt a. M. 1976.
Ders. Selbsterhaltung und Beharrung. In: H. Ebeling (Hrsg.). Subjektivität und Selbsterhaltung. Frankfurt a. M. 1976.
Ders. Der Sturz des Protophilosophen. Zur Komik der reinen Theorie — anhand einer Rezeptionsgeschichte der Thales-Anekdote. In: Poetik und Hermeneutik VII. München 1976.
B. Böhm. Sokrates im 18. Jahrhundert. Neumünster ²1966.
G. Brandes. Menschen und Werke. Frankfurt a. M. ²1895.
W. Bröcker. Nietzsches Narrentum. In: Nietzsche-Studien. Bd. I. Berlin/New York 1972.
J. Brucker. Kurtze Fragen Aus der Philosophischen Historie. 1. Teil. Ulm 1731.
A. Buck. Democritus ridens et Heraclitus flens. In: Wort und Text. Festschrift für Fritz Schalk. Frankfurt a. M. 1963.

F. Budde. Lehr-Sätze Von der Atheisterey und dem Aberglauben. Jena 1717.
J. G. Buhle. Lehrbuch der Geschichte der Philosophie und einer kritischen Literatur derselben. 1. Teil. Göttingen 1796.
R. Bultmann. Der Stil der Paulinischen Predigt und die kynisch-stoische Diatribe. Göttingen 1910.
J. Burckhardt. Griechische Kulturgeschichte. 3. Bd. (Gesammelte Werke. VII. Bd.). Darmstadt 1962.
W. Busch. Sämtliche Werke. 2. Bd. München 1943.
I. Bywater. Paracharaxis. In: The Classical Review. Vol. 54. London 1940.
W. Capelle / H. I. Marrou. Art. ‚Diatribe' in: Reallexikon für Antike und Christentum. Bd. III. Stuttgart 1957.
A. H. Chroust. Socrates, Man, and Myth. London 1957.
Cicero. Gespräche in Tusculum. Lateinisch-deutsch. Hrsg. von O. Gigon. München ^{2}1970.
Johann Amos Comenius. Diogenes Cynicus redivivus. In: Werke. Latein, tschechisch und deutsch. Brünn 1910 ff. Bd. VI.
W. Crönert. Kolotes und Menedemos. München 1906.
Petrus Cunaeus. Satyra Sardi venales. Leyden 1620.
William D'Avenant. The first days entertainment at Rutland House. In: The Dramatic Works of Sir William D'Avenant. Vol. 3. New York 1964.
D. Diderot. Art. ‚Cyniques' in: Œuvres complètes. Bd. 14. Liechtenstein ^{2}1966.
Ders. Ästhetische Schriften. Hrsg. von F. Bassenge. 2 Bde. Frankfurt a. M. 1968.
Ders. Philosophische Schriften. Hrsg. von T. Lücke. 2 Bde. Berlin 1961.
H. Diels. Aus dem Leben des Cynikers Diogenes. In: Archiv für Geschichte der Philosophie. 7. Bd. Berlin 1894.
Ders. Vom Nutzen der Wissenschaften und Künste im Staate. In: Sitzungsberichte der Königlich Preußischen Akademie der Wissenschaften. Jg. 1902. 1. Halbband.
H. Diels / W. Kranz (Hrsg.). Die Fragmente der Vorsokratiker. Berlin ^{6}1951.
W. Dilthey. Weltanschauung und Analyse des Menschen seit Renaissance und Reformation. In: Gesammelte Schriften. Bd. II. Stuttgart/Göttingen ^{5}1957.
Diogenes. Ein Lustige vnnd Kurtzwylige History von aller Leer vnnd Läben Diogenis Cynici des Heydnischen Philosophi. Zürich 1550.
Der Leipziger Diogenes. 1723.
Der Teutsche Diogenes. Danzig 1736 f.
Diogenes in *** oder satyrisch-moralische Makulatur. 1774.
Der neue Diogenes oder Beurtheilung alltäglicher unbemerkter Weltbegebenheiten, zum Behuf eines freiern vernünftigern Denkens und Handelns. Rostock und Leipzig 1777.
Diogenes Laterne. Leipzig 1799.
Diogenes des zweyten, Beleuchtungen der Menschheit mit der Laterne bey Tage, oder wunderbare Reise in die Gemächer der Thorheit. Leipzig 1800.
Diogenes, oder der Mann mit der Laterne, in Leipzig. Leipzig 1811.
Art. ‚Diogenes' in: Encyklopädisches Wörterbuch der Wissenschaften, Künste und Gewerbe. 6. Bd. Altenburg 1826.
S. v. ‚Diogenes, the Cynic' in: British Museum General Catalogue of Printed Books. Vol. 53. London 1960.
Art. ‚Diogenes' in: Der kleine Pauly. 2. Bd. Stuttgart 1967.
Diogenes Laertius. Leben und Meinungen berühmter Philosophen. Übersetzt von O. Apelt, hrsg. von K. Reich. Hamburg ^{2}1967.
Diogenis Epistolae interprete Francesco Aretino. Florenz 1487.

Dion Chrysostomos. Sämtliche Reden. Übersetzt von W. Elliger. Zürich/Stuttgart 1967.
H. Dörrie. Der Begriff ‚Pronoia' in Stoa und Platonismus. In: Freiburger Zeitschrift für Philosophie und Theologie. 24. Bd. Freiburg (Schweiz) 1977.
F. Dornseiff. Die griechischen Wörter im Deutschen. Berlin 1950.
D. R. Dudley. A History of Cynicism. London 1937.
H. Ebeling (Hrsg.). Subjektivität und Selbsterhaltung. Frankfurt a. M. 1976.
V. Emeljanow. A note on the cynic short cut to happiness. In: Mnemosyne XVIII. 1965.
Epiktet. Unterredungen und Handbüchlein der Moral. Hrsg. von A. von Gleichen-Rußwurm. Berlin 1914.
Erasmus von Rotterdam. Briefe. Wiesbaden 1947.
Ders. Fürstenerziehung. Paderborn 1968.
O. Ewald. Zur Psychologie des Cynikers. In: Logos. Bd. V. Tübingen 1915.
I. Fetscher. Reflexionen über den Zynismus als Krankheit unserer Zeit. In: Denken im Schatten des Nihilismus. Hrsg. von A. Schwan. Darmstadt 1975.
J. Fischart. Der new Eulenspiegel Reimenweiß. In: J. Fischarts Werke. 2. Bd. (Deutsche National-Literatur 18. Bd.) Stuttgart o. J.
J. Fischl. Geschichte der Philosophie. Graz u. a. 1964.
O. Flake. Pandämonium. Eine Philosophie des Identischen. München 1921.
Ders. Die moralische Idee. München 1921.
Ders. Was bedeutet uns Nietzsche? (1929) In: Werke. Bd. V: Freiheitsbaum und Guillotine. Frankfurt a. M. 1976.
Ders. Nietzsche. Rückblick auf eine Philosophie. Baden-Baden [2]1947.
G. Flaubert. Briefe. Hrsg. und übersetzt von H. Scheffel. Stuttgart 1964.
Esprit Fléchier. Des Hochberühmten Frantzösischen Bischoffs zu Nismes, Herrn Esprit Fleschier's Entlarvte Welt . . . Ulm 1724.
E. Förster-Nietzsche. Der einsame Nietzsche. Leipzig 1925.
Sebastian Franck. Chronica. Ulm 1536. Neudruck Darmstadt 1969.
J. Frank. Zur Satyre Ménippée. Programmschrift. Nikolsburg 1880.
S. Freud. Abriß der Psychoanalyse. Das Unbehagen in der Kultur. Frankfurt a. M. 1970.
Ders. Der Witz und seine Beziehung zum Unbewußten. Frankfurt a. M. 1958.
Friedrich II. von Preußen. Die Werke Friedrichs des Großen in deutscher Übersetzung. Hrsg. von G. B. Volz. Berlin 1912-1914.
E. Fritsch. Diogenes und Alexander. Ein dramatisches Zwiegespräch um die Macht. Wien 1946.
K. von Fritz. Quellenuntersuchungen zu Leben und Philosophie des Diogenes von Sinope. Leipzig 1926 (Philologus. Supplementband XVIII. Heft II).
Ders. Rezension zu: D. R. Dudley. A History of Cynicism. In: Mind. Vol. XLVII. London 1938.
Francesco Fulvio Frugoni. Del Cane di Diogene. Venedig 1688.
François Garasse. La doctrine curieuse des beaux esprits de ce temps. Paris 1623.
P. Gardner. Diogenes and Delphi. In: The Classical Review. Vol. 7. London 1893.
J. Geffcken. Kynika und Verwandtes. Heidelberg 1909.
A. Gehlen. Studien zur Anthropologie und Soziologie. Neuwied und Berlin 1963.
Ders. Moral und Hypermoral. Frankfurt a. M. 1969.
G. A. Gerhard. Zur Legende vom Kyniker Diogenes. In: Archiv für Religionswissenschaft. 15. Bd. Leipzig 1912.
O. Gigon. Antike Erzählungen über die Berufung zur Philosophie. In: Museum Helveticum. 3. Jg. Basel 1946.
Ders. Studien zu Platons Protagoras. In: Phyllobolia. Festschrift für P. Von der Mühll. Basel 1946.

Ders. Sokrates. Bern 1947.
Ders. Die antike Kultur und das Christentum. Gütersloh 1966.
Goethes Werke. Hrsg. im Auftrag der Großherzogin Sophie von Sachsen. Weimar 1877 ff.
Goethe Handbuch. Bd. 1. Hrsg. von A. Zastrau. Stuttgart 1961.
C. W. Goettling. Diogenes der Cyniker oder die Philosophie des griechischen Proletariats. In: Gesammelte Abhandlungen aus dem classischen Alterthume. 1. Bd. Halle 1851.
T. Gomperz. Eine verschollene Schrift des Stoikers Kleanthes, der ‚Staat' und die sieben Tragödien des Cynikers Diogenes. In: Zeitschrift für die österreichischen Gymnasien. 29. Jg. Wien 1878.
Ders. Griechische Denker. 2. Bd. Leipzig [2]1903.
M. Gorki. Zynismus und Zyniker. In: Dokumente des Fortschritts. Berlin 1908.
C. D. Grabbe. Werke und Briefe. Historisch-kritische Gesamtausgabe in sechs Bänden. 1. Bd. Emsdetten 1960.
R. M. Gray u. a. An Analysis of Physicians' Attitudes of Cynicism and Humanitarianism Before and After Entering Medical Practice. In: The Journal of Medical Education. Vol. 40. No. 7. 1965.
H. Grimm. Das Leben Raphaels. Berlin [2]1886.
M. Grotjahn. Vom Sinn des Lachens. München 1974.
E. Grumach. Goethe und die Antike. 2. Bd. Berlin 1949.
R. Guardini. Der Tod des Sokrates. Stuttgart [3]1947.
M. Gunter. Diogenes. Das Leben des Weisen in drei Büchern. 1938.
O. E. Hartleben. Diogenes. Szenen einer Komödie in Versen. Berlin 1905.
R. Haym. Die Romantische Schule. Berlin [5]1928.
G. W. F. Hegel. Sämtliche Werke. Hrsg. von H. Glockner. Stuttgart 1938 (7. Bd.) und 1941 (18. Bd.).
H. Heine. Werke und Briefe in zehn Bänden. Bd. 7. Berlin 1962.
F. Heinimann. Nomos und Physis. Darmstadt 1965.
K. Heinrich. Antike Kyniker und Zynismus in der Gegenwart. In: Parmenides und Jona. Frankfurt a. M. 1966.
R. Helm. Lucian und Menipp. Leipzig und Berlin 1906.
Ders. Art. ‚Kynismus' in: Paulys Real-Encyclopädie der classischen Altertumswissenschaft. 23. Halbband. Stuttgart 1924.
G. Henisch. Teütsche Sprach vnd Weißheit. Augsburg 1616.
D. Henrich. Die Grundstruktur der modernen Philosophie. In: H. Ebeling (Hrsg.). Subjektivität und Selbsterhaltung. Frankfurt a. M. 1976.
R. Hercher (Hrsg.). Epistolographi Graeci. Paris 1873.
J. Hermand. Dr. Katzenbergers Zynismus. In: Hesperus. Blätter der Jean-Paul-Gesellschaft. Nr. 21. Bayreuth 1961.
Hermann. Zur Geschichte und Kritik des Diogenes von Sinope. Schulschrift Heilbronn 1860.
Herodot. Das Geschichtswerk des Herodotos von Halikarnassos. Übertragen von T. Braun. Leipzig 1956.
F. Hersche. Diogenes von Sinope. Eine Ehrenrettung. In: Zwei Characterbilder aus dem classischen Alterthum. Luzern 1865.
C. A. Heumann. Von dem Fasse des Diogenes Cynici. In: Acta Philosophorum. 2. Bd. Halle 1716.
Ders. Catalogus Scriptorum de Philosophia Cynica. In: Acta Philosophorum. 2. Bd. Halle 1716.

J. Himmelstrup. Sören Kierkegaards Sokratesauffassung. Neumünster 1927.
E. Hoffmann. Platon. Reinbek bei Hamburg 1961.
J. Hoffmeister (Hrsg.). Wörterbuch der philosophischen Begriffe. Hamburg ²1955.
G. Hohnstein. Jean Jacques Rousseau in Selbstzeugnissen und Bilddokumenten. Reinbek bei Hamburg 1972.
R. Höistad. Cynic Hero and Cynic King. Uppsala 1948.
Ders. Art. ‚Cynicism' in: Dictionary of the History of Ideas. Bd. 1. New York 1968.
M. Horkheimer / T. W. Adorno. Dialektik der Aufklärung. Amsterdam 1947.
R. Jancke. Das Wesen der Ironie. Leipzig 1929.
K. Jaspers. Nietzsche. Einführung in das Verständnis seines Philosophierens. Berlin ²1947.
C. G. Joecher. De Cynicis nulla re teneri volentibus. Leipzig 1743.
K. Joël. Der echte und der xenophontische Sokrates. Berlin 1893 (Bd. I) und 1901 (Bd. II, 1. und 2. Teil).
Ders. Die Auffassung der kynischen Sokratik. In: Archiv für Geschichte der Philosophie. Bd. 20. Berlin 1906.
Ders. Geschichte der antiken Philosophie. 1. Bd. Tübingen 1921.
Ders. Nietzsche und die Romantik. Jena ²1923.
Julian. Kaiser Julians Philosophische Werke. Übersetzt und erklärt von R. Asmus. Leipzig 1908.
Kant's Briefwechsel Bd. III (Akademie-Ausgabe Bd. XII). Berlin und Leipzig 1922.
H. Kesten. Lauter Literaten. München 1966.
S. Kierkegaard. Über den Begriff der Ironie. Frankfurt a. M. 1976.
Ders. Philosophische Brocken. Frankfurt a. M. 1975.
Ders. Entweder — Oder. Übersetzt von H. Fauteck. München 1975.
H. von Kleist. Sämtliche Werke und Briefe. 2. Bd. München ⁴1965.
P. Köster. Der sterbliche Gott. Nietzsches Entwurf übermenschlicher Größe. Meisenheim am Glan 1972.
A. Kraus. Über den Hochmut. Frankfurt a. M. 1966.
P. Kroh. Lexikon der antiken Autoren. Stuttgart 1972.
H. Kuhn. Die wahre Tragödie. Platon als Nachfolger der Tragiker. In: K. Gaiser (Hrsg.). Das Platonbild. Hildesheim 1969.
H. Kusch. Art. ‚Diogenes von Sinope' in: Reallexikon für Antike und Christentum. Bd. III. Stuttgart 1957.
Laktanz. Des Luc. Cael. Firm. Lactantius Ausgewählte Schriften (Bibliothek der Kirchenväter Bd. 36). Kempten und München 1914.
François de la Mothe le Vayer. De la vertu des Payens. Œuvres Tome V. Partie I. Dresden 1757.
W. S. Landor. Diogenes and Plato. In: Imaginary Conversations IV. 1829. The Complete Works of W. S. Landor. Vol. I. London 1927.
W. Lauer. Humor als Ethos. Bern 1974.
H. Lausberg. Handbuch der literarischen Rhetorik. München ⁴1966.
G. C. Lentner. Fastus philosophicus virtutis colore infucatus, in imagine Diogenis Cynici incluto philosophorum ordine concedente. Leipzig 1712.
F. Leo. Diogenes bei Plautus. In: Hermes. 41. Bd. Berlin 1906.
G. E. Lessing. Sämtliche Schriften. Hrsg. von K. Lachmann. 18. Bd. Leipzig ³1907.
H. Lindenborn. Der die Welt Beleuchtende Diogenes. Köln ²1742.
Iusti Lipsii Manuductionis ad Stoicam philosophiam libri tres. Antwerpen 1604.
Ders. Satyra Menippaea. Leyden 1620.

Thomas Lodge. Catharos. Diogenes in his Singularitie. In: The Complete Works of Thomas Lodge. Vol. 2. New York 1963.
C. Lombroso. Der geniale Mensch. Hamburg 1890.
A. O. Lovejoy u. a. Primitivism and Related Ideas in Antiquity. New York 1965.
Lukian. Werke in drei Bänden. Nach der Übersetzung von C. M. Wieland hrsg. von J. Werner und H. Greiner-Mai. Berlin/Weimar 1974.
N. Machiavelli. Das Leben des Castruccio Castracani. In: Gesammelte Schriften. Hrsg. von H. Floerke. 2. Bd. München 1925.
O. Mann. Der Dandy. Ein Kulturproblem der Moderne. Heidelberg ²1962.
Marc Aurel. Wege zu sich selbst. Griechisch und deutsch. Hrsg. und übertragen von H. Theil. Zürich 1951.
O. Marquard. Über einige Beziehungen zwischen Ästhetik und Therapeutik in der Philosophie des 19. Jahrhunderts. In: Schwierigkeiten mit der Geschichtsphilosophie. Frankfurt a. M. 1973.
G. Martin. Platon in Selbstzeugnissen und Bilddokumenten. Reinbek bei Hamburg 1969.
Maximus Tyrius. Dissertationes. Hrsg. von I. Davisius. London 1770.
Melissantes. Curieuser Affecten-Spiegel. Frankfurt und Leipzig 1715.
F. Mentz. De cynismo nec philosopho nec homine digno. Leipzig 1744.
J. G. Meuschen. Disputatio de Cynicis. Köln 1703.
Migne. Patrologia Graeca. Bd. 31 und 32 (Basilius der Große); Bd. 47 (Johannes Chrysostomos); Bd. 78 (Isidor von Pelusium); Bd. 91 (Maximus Confessor).
Ders. Patrologia latina Bd. 23 (Hieronymus).
Michel de Montaignes Gesammelte Schriften. Hrsg. von O. Flake und W. Weigand. München und Leipzig 1908.
R. Mortier. Diderot in Deutschland 1750-1850. Stuttgart 1972.
H. Mostar. Weltgeschichte höchst privat. Ein Buch von Liebe, Klatsch und sonstigen Menschlichkeiten. West-Berlin 1965.
P. Von der Mühll. Interpreatationen biographischer Überlieferungen. In: Museum Helveticum. 23. Jg. Basel 1966.
A. Müller. Art. ‚Kynismus' in: Historisches Wörterbuch der Philosophie. Bd. 4. Basel/Stuttgart 1976.
G. Müller. Das Häßliche in Poesie und Poetik der Griechen. In: Poetik und Hermeneutik III. München 1968.
P. Natorp. Art. ‚Diogenes' in: Paulys Real-Encyclopädie der classischen Altertumswissenschaft. 5. Bd. Stuttgart 1905.
W. Nestle. Griechische Geistesgeschichte von Homer bis Lukian. Stuttgart ²1955.
B. G. Niebuhr. Kleine historische und philologische Schriften. Erste Sammlung. Bonn 1828.
Nietzsche's Werke. Leipzig 1905 ff.
Ders. Gesammelte Briefe. Berlin und Leipzig 1900 ff.
W. Oelmüller. Friedrich Theodor Vischer und das Problem der nachhegelschen Ästhetik. Stuttgart 1959.
Ders. Einleitung zu: Friedrich Theodor Vischer. Über das Erhabene und Komische und andere Texte zur Ästhetik. Frankfurt a. M. 1967.
A. Packmohr. De Diogenis Sinopensis apophtegmatis quaestiones selectae. Münster 1913.
Jean Paul. Werke. Hrsg. von N. Miller. München 1963.
Phaedrus. Liber Fabularum. Lateinisch und deutsch. Hrsg. von O. Schönberger. Stuttgart 1975.

Platon. Sämtliche Werke. Übersetzt von F. Schleiermacher. Hrsg. von W. F. Otto u. a. Hamburg 1957 ff.

Plutarch. Moralische Abhandlungen. Übersetzt von J. F. S. Kaltwasser. Frankfurt a. M. 1786 (3. Bd.) und 1795 (6. Bd.).

K. Praechter. Zur kynischen Polemik gegen die Bräuche bei Totenbestattung und Totenklage. In: Philologus. Bd. LVII. Leipzig 1898.

H. Rahn. Die Frömmigkeit der Kyniker. In: Paideuma. Bd. VII. 1959/61.

J. J. Rambach. Collegium Historiae Ecclesiasticae Veteris Testamenti. Frankfurt 1737.

T. Reik. Psychoanalytische Bemerkungen über den zynischen Witz. In: Imago. Zeitschrift für Anwendung der Psychoanalyse auf die Geisteswissenschaften. 2. Bd. Leipzig und Wien 1913.

A. M. Reinhardt, R. M. Gray. A Social Psychological Study of Attitude Change in Physicians. In: The Journal of Medical Education. Vol. 47. No. 1. 1972.

G. Renner. Diogenes. Stuttgart o. J.

A. N. M. Rich. The Cynic Conception of αὐτάρκεια. In: Mnemosyne IX. 1956.

G. G. Richter. Disputatio des Cynicis. Leipzig 1701.

K. Rosenkranz. Diderots Leben und Werke in zwei Bänden. 2. Bd. Leipzig 1866.

Ders. Aesthetik des Häßlichen. Stuttgart-Bad Canstatt 1968 (Neudruck der Ausgabe Königsberg 1853).

G. Rudberg. Zur Diogenes-Tradition. In: Symbolae Osloenses 14. Oslo 1935.

Ders. Zum Diogenes-Typus. In: Symbolae Osloenses 15/16. Oslo 1936.

Ders. Diogenes the Cynic and Marcus Aurelius. In: Eranos. Vol. XLVII. Uppsala 1949.

Hans Sachs. Werke. Hrsg. von A. von Keller und E. Goetze. Hildesheim 1964 (Neudruck der Ausgabe Stuttgart 1870 ff.).

J. Salaquarda. Dionysos gegen den Gekreuzigten. In: Zeitschrift für Religions- und Geistesgeschichte. Bd. XXVI. Heft 2. Köln 1974.

F. Sayre. Diogenes of Sinope. A Study of Greek Cynicism. Baltimore 1938.

Ders. The Greek Cynics. Baltimore 1948.

F. Schalk (Hrsg.). Die französischen Moralisten. 2 Bde. München 1973.

A. Scherbantin. Satura Menippea. Die Geschichte eines Genos. Phil. Diss. Graz 1951.

F. Schlegel. Kritische Ausgabe. Hrsg. von E. Behler. München 1967 (2. Bd.) und 1964 (18. Bd.).

F. Schleiermacher. Ueber den Werth des Sokrates als Philosophen. In: Sämmtliche Werke. 3. Abtheilung. 2. Bd. Berlin 1838.

W. Schmid / O. Stählin. Geschichte der griechischen Literatur. 1. Teil. 4. Bd. München 1946.

C. Schneider. Kulturgeschichte des Hellenismus. 2. Bd. München 1969.

A. Schopenhauer. Die Welt als Wille und Vorstellung. Bd. 1. 2. Hrsg. von A. Hübscher. Wiesbaden ²1949 (Sämtliche Werke Bd. 2. 3).

Ders. Parerga und Paralipomena. Bd. 1. Hrsg. von A. Hübscher. Wiesbaden ²1946 (Sämtliche Werke Bd. 5).

E. Schwartz. Diogenes der Hund und Krates der Kyniker. In: Charakterköpfe aus der Antike. 2. Auflage der Neuausgabe. Leipzig 1943.

Lucius Annaeus Seneca des Philosophen Werke. 7. Bd. Von den Wohlthaten. Buch 5; 6. Übersetzt von J. M. Moser. Stuttgart 1829.

F. Sengle. Wieland. Stuttgart 1949.

G. Simmel. Philosophie des Geldes. München ⁴1912.

Ders. Friedrich Nietzsche. Eine moralphilosophische Silhoutte. In: Zeitschrift für Philosophie und philosophische Kritik. Neue Folge. 107. Bd. Leipzig 1896.

Ders. Bergson und der deutsche ‚Zynismus'. In: Internationale Monatsschrift für Wissenschaft, Kunst und Technik 9. Berlin 1914/15.
K. W. F. Solger. Erwin — Vier Gespräche über das Schöne und die Kunst. Berlin 1907.
M. Sommer. Ist Selbsterhaltung ein rationales Prinzip? In: H. Ebeling (Hrsg.). Subjektivität und Selbsterhaltung. Frankfurt a. M. 1976.
R. Spaemann. Bürgerliche Ethik und nichtteleologische Ontologie. In: H. Ebeling (Hrsg.). Subjektivität und Selbsterhaltung. Frankfurt a. M. 1976.
Der Spiegel. 31. Jg. Nr. 6. Hamburg 1977 und 30. Jg. Nr. 7/1976.
T. Stanley. The History of Philosophy. London 1701.
H. Steguweit. Diogenes oder das Urteil nach dem Augenschein. 1936.
L. Stein. Friedrich Nietzsche's Weltanschauung und ihre Gefahren. Ein kritischer Essay. Berlin 1893.
Ders. Aus dem Leben eines Optimisten. Berlin 1930.
Steinhart. Art. ‚Diogenes' in: Allgemeine Encyklopädie der Wissenschaften und Künste. 1. Section. 25. Theil. Leipzig 1834.
N. Stiller. Der Arzt und der Tod. Essay. In: Der Spiegel. 31. Jg. Nr. 23. 1977.
G. Stolle. Historie der Heydnischen Morale. Jena 1714.
G. Süpfle. Zur Geschichte der cynischen Secte. In: Archiv für Geschichte der Philosophie. Bd. IV. Berlin 1891.
Suidae Lexicon. 1.-5. Bd. Ed. Ada Adler. Leipzig 1928-38.
W. W. Tarn. Alexander, Cynics, and Stoics. In: American Journal of Philology. Vol. LX. Baltimore 1939.
Tatians Rede an die Bekenner des Griechentums. In: Bibliothek der Kirchenväter. Frühchristliche Apologeten und Märtyrerakten. 1. Bd. Kempten und München 1913.
Tertullian. Adversus Marcionem. Ed. E. Evans. Oxford 1972.
P. Tillich. Der Mut zum Sein. Stuttgart 1953.
F. Überweg / K. Prächter. Grundriß der Geschichte der Philosophie. 1. Teil. Die Philosophie des Altertums. Berlin [12]1926.
Valerius Maximus. Sammlung merkwürdiger Reden und Thaten. Übersetzt von D. F. Hoffmann. Stuttgart 1829.
K. A. Varnhagen von Ense. Zur Geschichtschreibung und Litteratur. Hamburg 1833.
F. T. Vischer. Ästhetik oder Wissenschaft des Schönen. 1. Teil. München [2]1922.
Ders. Über Zynismus und sein bedingtes Recht. In: Kritische Gänge. 5. Bd. München [2]1922.
R. Vischer. Das einfache Leben. Wort- und motivgeschichtliche Untersuchungen zu einem Wertbegriff der antiken Literatur. Göttingen 1965.
J. Volkelt. System der Ästhetik. 2. Bd. München 1910.
E. Walter. Diogenes. Leipzig 1912.
W. Warnach. Art. ‚Autarkie' in: Historisches Wörterbuch der Philosophie. Bd. 1. Basel/Stuttgart 1971.
C. J. Weber. Demokritos. 12. Bd. Stuttgart o. J.
E. Weber. De Dione Chrysostomo Cynicorum Sectatore. Leipzig 1887.
F. Wehrli. Hauptrichtungen des griechischen Denkens. Zürich und Stuttgart 1964.
H. Weinrich. Münze und Wort. In: Romanica. Festschrift für G. Rohlfs. Halle a. S. 1958.
F. von Weizsäcker. Wo endet die Geschichte? In: Merkur Heft 9. September 1973.
P. Wendland. Philo und die kynisch-stoische Diatribe. In: P. Wendland und O. Kern. Beiträge zur Geschichte der griechischen Philosophie und Religion. Berlin 1895.
Ders. Die hellenistisch-römische Kultur in ihren Beziehungen zu Judentum und Christentum. Tübingen [2]1912.

C. M. Wieland. Σωκρατης μαινομενος oder die Dialogen des Diogenes von Sinope. Leipzig 1770. Späterer Titel: Nachlaß des Diogenes von Sinope. In: Sämmtliche Werke. 13. Bd. Leipzig 1824.

P. Wilpert. Art. ‚Autarkie' in: Reallexikon für Antike und Christentum. Bd. I. Stuttgart 1950.

Xenophon. Erinnerungen an Sokrates. Griechisch-deutsch. Hrsg. von P. Jaerisch. München 1962.

E. Zeller. Die Philosophie der Griechen in ihrer geschichtlichen Entwicklung. 2. Teil. 1. Abteilung. Leipzig [5]1922 ([4]1909).

W. W. Zuelzer. Watergate – die amerikanische Version von ‚1984'. In: Merkur Heft 9. September 1973.

Art. ‚Zynismus' in: Lexikon der Pädagogik. Bd. IV. Freiburg 1955.

NAMENREGISTER